오바마의 미국

미국사 산책 17

미국사 산책 17 : 오바마의 미국

ⓒ강준만, 2010

1판 1쇄 2010년 12월 31일 펴냄 1판 2쇄 2016년 2월 12일 펴냄

지은이 | 강준만 **펴낸이** | 강준우 **기획편집** | 박상문, 박지석, 박효주, 김환표
디자인 | 이은혜, 최진영 **마케팅** | 이태준, 박상철 **펴낸곳** | 인물과사상사
출판등록 | 제17-204호 1998년 3월 11일 **주소** | (121-839) 서울시 마포구 서교동 392-4 삼양빌딩 2층
전화 | 02-471-4439 **팩스** | 02-474-1413 **홈페이지** | www.inmul.co.kr | insa@inmul.co.kr
ISBN 978-89-5906-171-6 04900   ISBN 978-89-5906-139-6 (세트)

값 14,000원

이 저작물의 내용을 쓰고자 할 때는 저작자와 인물과사상사의 허락을 받아야 합니다.
파손된 책은 바꾸어 드립니다.

오바마의 미국

미국사 산책 17

강준만 지음

인물과
사상사

제1장 오바마 시대의 개막

'오바마 강림 신드롬' 오바마와 힐러리의 대결 •9
2008년 대선 제44대 대통령 버락 오바마 •35
오바마의 대통령 취임 공화당의 지리멸렬 •63

제2장 미국 자존심의 시련

'자유의 여신상'에서 '관타나모 수용소'로 이라크전쟁이 삼킨 미국 •81
미국 '자존심의 상징'이 무너지는가? GM의 파산보호 신청 •100
"영어가 미국의 몰락을 막는다" 미국의 '소프트 파워' 헤게모니 •112

제3장 의료보험 논란

의료보험 망국론 오바마의 도전 •133
'오바마 효과'와 '게이츠 사건' 인종차별 논란 •143
"오바마는 거짓말쟁이!" 의료보험 개혁 전쟁 •155

제4장 '티파티 운동'의 도전

정녕 '역사의 종언'인가? 오바마의 노벨상과 베를린장벽 붕괴 20주년 •181
'증오 마케팅'의 승리인가? '티파티 운동'과 폭스뉴스의 번영 •198
"죽음보다 더 힘든 삶" 1000만 불법체류자의 운명 •227

제5장 '오바마의 미국'은 어디로 가는가?

'살찐 고양이들'을 어찌할 것인가? 골드먼삭스 사건과 기업 정치광고 파동 •253
제2의 베트남전쟁인가? 오바마의 발목을 잡는 아프가니스탄 •280
디지털 정보제국인가? '구글-위키피디아-아이폰'의 정치학 •298

맺음말 왜 미국은 '제2의 한국'인가? •313

참고문헌 •381   찾아보기 •402

• 일러두기

외국인의 인명은 생존한 경우 괄호 안에 본래 이름만 넣었고, 사망한 경우 본래 이름과 생몰연도를 함께 실었다. 그 외에 인명과 연도를 괄호 안에 함께 묶은 것은 책의 끝에 있는 참고문헌의 길라잡이로 밝히고자 함이다.

제1장
오바마 시대의 개막

'오바마 강림 신드롬'
오바마와 힐러리의 대결

오바마의 흑인 사회 비판

2008년 대선의 최고 '흥행 카드'는 단연 버락 오바마(Barack H. Obama) 상원의원이었지만, 다른 한편 오바마가 피부 색깔은 둘째 치고 이름 때문에 겪어야 하는 시련은 만만치 않았다. 8년 전엔 이런 일이 있었다. 2000년 연방 하원의원 예비선거에서 떨어져 낙담하던 오바마에게 한 미디어 컨설턴트가 한동안 일리노이(Illinois) 주지사에 출마해보라고 권유했다. 그런데 '9 · 11테러' 발생 직후인 2001년 9월 하순 그는 "정치역학이 변했다"며 돌연 태도를 바꿨다. 이유를 묻는 오바마에게 그는 신문 1면에 큼직하게 찍힌 활자 '오사마 빈 라덴(Osama Bin Laden)'을 가리키며 "정말 운이 따르지 않는군요. 당신이 개명할 리 없고 정치 초년병이 별명을 쓰기도 그렇고. 유권자들이 공연히 의심할 텐데……"라며 말꼬리를 흐렸다나.(이유식 2009a)

이후로도 이름으로 인한 수난은 계속되었다. 2007년 1월 1일 CNN

2008년 부시 임기 말, 미국인들은 금융 위기와 장기화된 대테러전으로 미국의 쇠퇴에 대해 위기의식을 느끼고 있었다. 사진은 대통령 취임행사 리허설.

은 테러리스트 빈 라덴 사진 밑에 "오바마는 어디 있는가"라는 자막을 달아 방송했다. 이틀 뒤엔 야후(Yahoo)가 사고를 쳤다. 오바마의 사진 밑에 '오사마 빈 라덴'이라고 쓴 것이다. 우연치고는 너무나 시기가 딱 들어맞아 음모론도 등장했다. 이뿐만이 아니었다. 오바마의 풀 네임은 '버락 후세인 오바마'여서 기독교 신자인 그를 모슬렘으로 몰아붙이는 글이 인터넷을 도배했다. 많은 지식인조차 그를 모슬렘이라 믿고 있었다.

이에 대해 남정호(2007)는 "선진국 미국에서 어떻게 이런 코미디가 가능할까? 이는 9·11테러에 질린 미국인들 사이에서 생긴 '과잉 반응'으로 봐야 한다. 충격에 따른 과잉 반응은 어쩌면 자연스럽다. 극도의 흥분 상태에서 조목조목 따질 틈이 어디 있겠는가"라고 말했다. 그러나 오바마만큼은 모든 걸 조목조목 따져야만 했다. 그래야 승리가 가능할 게 아닌가.

"흑인 아이들은 공부 잘하는 친구를 보고 '백인처럼 논다'고 야유합니다. 잘못된 일 아닌가요?" "랩을 들어보면 욕설로 가득하며 품격이라곤 없습니다." "사촌 푸키(Cousin Pookie; 게으른 흑인을 일컫는 말)가 투표장에 나가면 정치가 바뀔 텐데요."(유윤종 2007)

백인 인종주의자들의 말이 아니다. 2007년 5월 초 오바마가 흑인 사회를 향해 쏟아낸 쓴소리다. 일부 흑인의 시각에서 보면 막말이나 다름없는 질타였다. 이런 발언으로 인해 떨어져 나가는 흑인 표가 얼마나 될지는 몰라도 백인 표가 오바마를 향해 쏟아지는 소리가 '우수수' 들리는 듯했다.

2007년 5월 15일 미국 정치에 막강한 영향력을 행사해온 보수주의 기독교 지도자 제리 폴웰(Jerry L. Falwell Sr., 1933~2007) 목사가 심장마비로 별세했다. 향년 73세였다. 침례교도인 지미 카터(Jimmy Carter) 전 미국 대통령은 "폴웰은 지옥에 떨어질 것"이란 악담을 했었지만, 그가 과연 천국과 지옥 중 어느 곳으로 갈지는 알 수 없는 일이었다. 외신들은 폴웰 목사의 근본주의가 미국에서 점차 불관용으로 인식되고 있다는 점에서 그의 죽음은 미국 정치에서 한 시대의 종언이기도 하다고 말했다.(박선영 2007)

폴웰의 사망 여파가 그토록 컸던 걸까? 5월 21일 『뉴욕타임스(New York Times)』와 『워싱턴포스트(Washington Post)』는 복음주의 세력이

오바마는 컬럼비아대학과 하버드법학대학원을 졸업하고 시카고 빈민가에서 지역사회 조직가 및 민권변호사로 일했다. 그 후 일리노이 주 상원의원(3선)을 거쳐 연방 상원의원을 지냈다. 힐러리는 남편의 임기 말인 2000년 연방 상원의원으로 선출되어 2001년부터 활동해왔다. ⓒ Nathan Forget

정치적 당파성은 멀리하고, 지구 온난화, 에이즈 퇴치와 같은 보편적인 의제로 미 기독교인들을 결집하기 시작했다고 보도했다. 성급하긴 했지만 틀린 말은 아니었다. 3개월 후 『파이낸셜타임스(Financial Times)』도 비슷한 내용을 보도하면서 그 이유 중의 하나로 폴웰의 사망을 거론했다.(손병호 2007, 전병근 2007a)

5월 30일 미 여론조사기관 조그비(Zogby)는 "지금 대선을 실시하면 오바마 후보가 당선될 것"이라고 분석했다. 라이벌인 힐러리 클린턴(Hilary Rodham Clinton) 상원의원보다 높은 지지도를 보였을 뿐 아니라 공화당 상대 주자들과의 가상대결에서도 전승(全勝)을 거뒀다. 흑인을 향한 그의 쓴소리가 소기의 성과를 거두기 시작한 것일까?

힐러리는 권력욕의 화신인가?

반면 힐러리에겐 계속 안 좋은 일만 일어났다. 2007년 5월 20일 『뉴욕타임스』는 힐러리가 1986년부터 6년 동안 미국 최대 유통업체인 월마트(Wal mart)의 사외 이사를 지냈다고 보도했다. 당시 39세 변호사였던 힐러리는 월마트의 첫 여성 이사를 지내며 1년에 네 번 정도 회의에 참석하고 연 1만 5000달러를 받았다. 『뉴욕타임스』는 당시 힐러리 이사는 월마트의 고질적인 문제인 반(反)노조주의에 대해서는 입을 다물었다고 전했다. 이 때문에 정치 분석가들은 상대적으로 노조와 가까운 민주당의 후보로 대선에 나선 힐러리로서는 월마트와의 관계가 알려지는 것이 도움이 되지 않는다고 판단해, 자신의 대선 후보 웹사이트에서 월마트 이사 경력을 누락시킨 것이 아니냐고 보았다. 『뉴욕타임스』는 그러나 힐러리의 월마트 '거리 두기'는 표면적인 것일 뿐 아직까지 끈끈한 유대를 이어 가고 있다고 밝혔다.

힐러리뿐 아니라 남편인 빌 클린턴(Bill Clinton) 전 대통령도 월마트와 가까웠다. 월마트의 본사는 클린턴 전 대통령이 주지사를 지낸 고향 아칸소에 있으니 어찌 가깝지 않을 수 있었으랴. 이 같은 인연으로 클린턴은 2006년 7월 뉴욕 자택으로 월마트의 최고경영자인 리 스콧(H. Lee Scott, Jr.)을 초청해 식사를 함께 하기도 했다. 아울러 힐러리는 2007년 들어 월마트의 고위 인사와 민주당 선거 조직원 레슬리 다치, 월마트 불매운동 주도단체인 식품상업연합노조(UFCW) 위원장의 3자 비밀회담을 주선했다. 이 회담의 목표는 월마트를 비난하고 있는 시민단체 '웨이크업월마트(WakeUpWalMart)' 등과 월마트 사이의 적대감을 완화하는 전략을 논의하기 위한 것이었다. (김정선 2007)

월마트는 소비자 지상주의를 내세워 노조를 배척하고, 비용절감을 위해 중국산만 수입해 미국 경제를 무너뜨리고 있다는 안팎의 비난에 직면해 있다.
(위)연말 기부에 참여하는 월마트 매니저와 직원들. (아래)월마트 내부. ⓒ UpstateNYer

2007년 5월 25일 『워싱턴포스트』는 6월 초에 잇달아 발간될, 힐러리를 파헤친 책들의 주요 내용을 보도했다. 리처드 닉슨(Richard M. Nixon, 1913~1994) 대통령의 워터게이트 사건을 파헤친 칼 번스타인(Carl Bernstein)은 8년간 힐러리를 추적한 책 『여성 지도자: 힐러리 로댐의 삶(A Woman in Charge: The Life of Hilary Rodham Clinton)』(2007)에서 힐러리를 남편의 부정(不貞)을 참아내며 권력을 추구한 야망의 여성으로 묘사했다. 빌 클린턴은 1992년 대통령에 취임하기 위해 아칸소를 떠나는 날 오전 5시 15분에도 자신과 오랜 관계를 맺어온 아칸소의 한 전력회사 간부인 매릴린 조 젠킨스(Marilyn Jo Jenkins)를 관저로 끌어들여 마지막 밀애(密愛)를 즐겼다. 빌 클린턴은 힐러리에게 이혼을 요구했지만, 힐러리는 "당시 돈도 없이 딸 첼시를 어떻게 키울지 걱정해서 거절했다"고 번스타인은 힐러리의 지인을 인용해 소개했다. 이후 클린턴과 힐러리는 애정 없는 부부 관계를 유지했다. 힐러리는 또 남편이 대통령이 되면 출입기자들의 눈을 의식해서 여성 관계를 정리할 것으로 잘못 판단했다고 한다. 힐러리는 남편의 끝없는 불륜에도 권력욕 때문에 이혼하지 않았다고 이 책은 밝혔다.

　『뉴욕타임스』의 제프 거스(Jeff Gerth)와 돈 밴 내타(Don Van Natta)가 함께 쓴 『그녀의 길: 힐러리 클린턴의 희망과 야망(Her Way: The Hopes and Ambitions of Hillary Rodham Clinton)』(2008)은 클린턴과 힐러리가 결혼하기 이전에 이미 민주당을 개혁해 백악관에 입성한다는 '20년 계획'을 세웠다고, 클린턴의 전 여자친구 말러 크라이더의 말을 인용해 주장했다. 클린턴 부부는 또 1992년 대통령선거에서 승리한 뒤 클린턴이 퇴임하면 힐러리가 대선에 출마한다는 새로운 계획을 세웠다고 책은 밝혔다.

한편, 워싱턴의 정치전문지 『폴리티코(Politco)』는 이 책들이 사전에 언론에 소개된 것 자체가 힐러리 캠프의 치밀한 계산에 따른 것이라고 주장했다. 『폴리티코』는 "힐러리 선거운동 웹사이트에 출판사 측이 공개하지도 않은 내용들이 소개된 것도 힐러리 진영이 이미 이들 책을 입수했다는 방증"이라고 주장했다. 즉, 별로 새로운 내용이 없다고 '김 빼기' 전략을 편 것이라는 분석이었다.(이석호 2007)

'제나 식스' 사건

2007년 8월 민주당의 마이클 듀카키스(Michael Dukakis) 전 매사추세츠 주지사는 민주당 행사에서 민주당 우세지역 위주의 선거운동에 재고를 촉구하면서 "미국이 빨간(공화당 지지) 주와 파란(민주당 지지) 주로만 구분돼 있는 건 아니다. 사실 요즘 많은 주들이 점점 자주색을 띠고 있다. 이 중 오클라호마(Oklahoma)와 콜로라도(Colorado), 유타(Utah) 주는 이미 민주당 쪽으로 넘어오고 있다"고 주장했다. 허풍은 아니었다. 당시 진행되고 있던 대선 선거자금 모금에서도 공화당 후보들은 민주당 후보들의 절반밖에 모으지 못하고 있었다.(류재훈 2007c, 손병호 2007)

그러나 선거자금을 많이 모으는 게 꼭 자랑할 만한 일은 아니었다. 이른바 '선거자금 아웃소싱'이 활발해지면서 '검은 돈'의 우려가 높아졌기 때문이다. 선거자금 아웃소싱은 자금 모금을 전문으로 하는 외부 컨설턴트에게 선거자금 모금을 의뢰하는 것으로 불과 25년 전만 해도 존재하지 않았지만 2000년대 들어 전국적 현상으로 확대됐다.

시민단체인 책임정치센터(CRP)의 조사에 따르면, 2007년 9월까지 하원 및 대선 후보들과 각 정당 등이 고용한 선거자금모금 컨설턴트가 800여 명에 달하며 이들에게 지급한 비용도 3110만 달러에 이르렀다.

이는 선거 비용이 갈수록 커지는 데 반해 선거운동법 개정으로 개인이 낼 수 있는 기부금은 더욱 제한돼 정치인들이 더 많은 기부자를 확보해야 하는 데서 비롯됐다. 민주당의 한 선거운동 관계자는 "하루는 시애틀, 다음 날은 샌프란시스코, 그다음 날은 덴버에서 자금을 모을 줄 아는 사람들을 필요로 하게 됐다"고 말했다. 문제는 이 같은 선거자금 브로커들이 전국을 무대로 무차별적으로 모금활동을 벌이다 보니 '검은 돈'의 유입 가능성이 커진다는 점이었다. 홍콩 출신의 사업가인 노먼 쉬 사건이 대표적 사례였다. 힐러리와 오바마 등 많은 민주당 인사에 대한 정치자금 기부자 겸 자금 모금가로 행세하면서 피라미드식 사기행각을 벌인 것이 들통 나 파문을 일으킨 사건이다.(송용창 2007)

2007년 9월 21일 미국 루이지애나 주에 있는 인구 3000여 명의 작은 마을 제나(Jena)에서, 앨 샤프턴(Al Sharpton) 목사와 제시 잭슨(Jesse Jackson) 목사 등 흑인 인권운동가들이 이끄는 전국에서 온 시위대원 2만여 명이 행진을 벌이는 사건이 일어났다. 이들은 주민의 85퍼센트가 백인인 이 마을의 제나 고교에서 발생한, 흑인 학생 여섯 명이 백인 학생 한 명을 실신할 정도로 때린 사건과 관련해 사법부가 당시 흑인 학생들에게 부당한 판결을 내렸다고 항의했다. 시위대는 "흑인의 힘!" "정의 없이, 평화도 없다!" "사법의 색깔은 무엇인가"라는 구호를 외쳤다.

'제나 식스' 사건 처리에 항의하는 클리블랜드 시위대 행진. 이 사건은 '제2의 민권운동'이라 불리며 흑인들을 단결하게 했다. ⓒ meredithwz

제나 고교의 흑인 학생 여섯 명이 연루됐다고 해서 '제나 식스(Jena Six)'라고 불리는 이 사건의 발단은 2006년 8월 이 학교의 한 나무에 걸린 '교수형 밧줄(noose)'이었다. 흑인 학생 몇 명이 백인 학생들이 주로 모이는 나무 아래에 앉은 다음 날, 백인 학생 세 명이 이 나무에 과거 백인우월주의단체 KKK(Ku Klux Klan; 큐클럭스클랜)의 사형을 연상케 하는 밧줄을 내걸어 정학 조치됐다. 이후 흑백 학생 간 갈등이 심화되던 중 2006년 12월 흑인 학생 여섯 명이 백인 학생 한 명을 폭행해 의식을 잃게 했다. 이들은 한때 '살인미수' '살인 모의' 등의 혐의로 기소됐지만, 애초 밧줄을 건 백인 학생들은 정학 외에 형사처벌은 받지 않았다.

애초 묻히는 듯했던 '제나 식스' 사건은 ●인터넷을 통한 흑인 대학생들의 뉴스 유포 ●문자 메시지 ●흑인 라디오 방송을 통한 보도로 사건 발생 1년 만에 전국적인 뉴스로 커졌다.

흑인 인권운동가들은 사법당국이 애초 밧줄을 나무에 건 백인 학생들에 대해선 '증오범죄(hate crime)'를 적용하지 않고, 흑인 학생들이 학교 마당에서 백인 학생을 때린 것만 '살인미수'로 몰고 갔다고 분노했다.(남승우 2007a)

오바마는 제나 시위에 상원 투표가 있다는 이유로 참가하지 않았지만, 이 사건은 인종 간 '화합'을 부르짖는 오바마에게 유리하게 작용했다. 오바마는 인종 간 화합을 외쳤을 뿐 아니라 그간 백인들의 전유물로 비쳤던 '팍스 아메리카나(Pax Americana)'의 지속을 주장했다. 그는 "이라크전쟁에서 수천 명의 미군이 죽고 수십억 달러가 낭비되었기 때문에 미국 국민은 이제 미국 내부로 눈을 돌리고 세계적 리더십을 양도하고 싶을 수도 있다"며 다음과 같이 말했다.

"그러나 그것은 해서는 안 될 실수다. 미국 혼자서는 21세기의 위협에 대처할 수도 없고, 세계도 미국 없이는 대처할 수 없다. 미국은 세계에 등을 돌릴 수도 없고 세계를 지배할 수도 없다. 미국은 행동과 모범으로 세계를 이끌어야 한다. …… 이 지도력을 위해 루스벨트, 트루먼, 케네디의 심오한 통찰을 다시 복원해야 한다. …… 미국이 세계를 인도하던 시대(American moment)는 아직 끝나지 않았다. 미국은 그 시대를 다시 붙잡아야만 한다. 미국의 힘이 회복 불능으로 쇠락하고 있다고 보는 태도는 세계에 대한 미국의 위대한 약속과 역사적 목표를 부정하는 태도다. 미국은 세계에 대한 책임을 지니고 있으며 대통령이 되면 나는 이 약속을 지킬 것이다."

이 주장에 대해 권용립(2010)은 이렇게 말한다. "얼핏 보면 이라크로부터 조기 철군을 단행하라는 민주당의 요구를 거부하는 조지 부시(George W. Bush) 대통령의 연설문처럼 보이지만, 이 글은 오바마의 글이다. 이 글은 선거를 위한 겉치레용 연설문이 아니라 위대한 미국이 세계를 지도해야 한다고 믿는 미국 정신의 관습을 재확인하면서 대통령의 피부색과 상관없이 앞으로도 백인 공화국의 전통이 미국 외교를 지배할 것이라는, 어찌 보면 당연한 사실을 말해주고 있다."

'여성들은 선두에 선 적 없다'

2008년 1월 3일 아이오와 코커스 당원대회와 8일 뉴햄프셔 프라이머리(예비선거)는 사상 최고 투표율을 기록하는 등 미국인들의 폭발적인 관심을 끌었다. 아니, 전 세계적인 관심의 대상이 되었다. 『크리스천 사이언스모니터(The Christian Science Monitor)』(2008.1.10)는 이런 이례적인 현상은 오바마의 약진 때문이라고 분석했다. 백인 우월주의가 여전한 미국에서 흑인이 처음으로 유력 후보로 부상하자 다른 나라 사람들도 흥분을 감추지 못하고 있다는 것이다. 프랑스국제관계연구소의 자크 미스트랄은 "오바마는 세계가 꿈꾸는 미국의 모습"이라고 말했다. 그는 오바마와 힐러리 클린턴을 비교하며 "유럽에서 여성 대통령은 새로울 게 없지만, 흑인 대통령은 급격한 변화의 상징"이라고 덧붙였다.(박병수 2008)

오바마는 '검은 케네디(Black Kennedy)'로 불리며 열성 지지자들을 거느렸다. "행복감이 폭발하고 있습니다. 지난 6년간 정말 희망이 없었어요", '버락은 미국의 꿈입니다. 그는 정치인이 아니라 지도자죠", "버락은 합리적이고 서민적이고 싸움을 초월하며, 선의적이고 공정하고 비이념적이며 느낌이 좋습니다" 등등 찬사가 쏟아져 나왔다.(여시동 2008)

한국에서도 미국 대선이 2030 세대를 중심으로 큰 관심을 끌었다. 당시 한국에선 〈24〉〈프리즌 브레이크(Prison Break)〉〈히어로즈(Heros)〉 등 미국 드라마(미드)가 선풍을 일으키고 있었는데, 미드의 높은 인기가 미국 선거에 대한 관심으로까지 연결됐다는 분석이 나왔다. 퇴근 후 미국 드라마 한 편을 꼭 보고 잔다는 어느 '미드족(族)'은 "미국 대선은 마치 또 하나의 미드 같다"며 "멋진 흑인 대통령이 등장했던 미드 〈24〉처럼 이번에는 실제로 최초의 흑인 대통령이 나왔으면 좋겠다"고 말했다. 정치 컨설턴트 박성민은 "최초의 여성 대통령, 최초의 흑인 대통령, 최초의 부부 대통령 등 상징성을 지닌 인물들이 등장한 게 미국 대선의 주된 흥행 요인"이라며 "이들이 스포츠처럼 극적인 승부를 벌이는 것에 사람들이 반응하고 있다"고 설명했다.(강인식 · 박유미 2008)

"흑인인 오바마를 지지하는 것은 인종통합이고, 여성인 힐러리를 지지하는 것은 남녀갈등 조장이라니 말이 되는 것인가?" 2008년 1월 8일 저명 페미니스트 운동가이자 언론인인 글로리아 스타이넘(Gloria Steinem)은 『뉴욕타임스』에 기고한 「여성들은 선두에 선 적 없다」라는 제목의 글에서 미국 사회의 남녀 차별은 흑백 차별보다 뿌리 깊으며 "힐러리가 좋은 대통령이 될 수 있을 뿐 아니라 여성이기에 지지한다"고 말했다.

이제 74세의 고령이 된 스타이넘은 "오바마처럼 지역사회 운동가와 변호사, 주의원 8년에 흑백 혼혈이라는 동일한 조건을 갖춘 정치인이 여성이었다면 대통령후보에 오를 수 있었겠는가"라고 물으며, 미국 정치가 여전히 여성들을 조직적으로 배제하고 있다고 주장했다. 그는 "일부 흑인 남성들은 어떤 인종의 여성보다도 반세기 일찍 투표권을 얻었다"며 "흑인들은 이미 여성들이 접근하지 못한 기업의 고위 임원직부터 군의 고위직까지 주요 자리를 차지했다"고 지적했다. 그럼에도 성차별이 인종차별만큼 심각하게 여겨지지 않는 것은 한때 인종차별이 그랬던 것처럼 성차별이 '자연스러운' 것으로 받아들여지기 때문이라는 것이다.

스타이넘이 특히 표적으로 삼은 것은 힐러리처럼 '잘난' 여성에 환호하는 여성들에 대한 따가운 시선이었다. 스타이넘은 오바마를 찍은 아이오와 남성 유권자들이 '같은 남성'을 찍는다는 점을 의식하지 않는 반면, 힐러리를 찍는 여성들은 '같은 여성이므로, 또는 페미니스트 시각에서 찍었다'는 오해와 함께 편협하다는 비난을 받아야 한다는 점이 우려된다고 주장했다. 그는 또 젊은 여성들과 달리 50~60대 장년층 여성에서 힐러리 지지도가 높은 점을 들어 "역시 여성들은 (남성과 달리) 나이를 먹을수록 과격해진다"고 풀이했다.

스타이넘은 언론 보도도 힐러리에 지나치게 적대적이라고 비판했다. 그는 "자신을 존 F. 케네디에 종종 비교하고, 힐러리를 워싱턴의 고질적인 병폐로 묘사하는 오바마의 구식 선거전에 언론이 눈을 감고 있다"고 주장했다. 스타이넘은 여성운동과 흑인 인권운동의 갈등과 반목은 공멸로 이어진다는 게 역사의 교훈이기에 두 세력은 힘을 합칠 수밖에 없다며 "어차피 조지 부시 대통령이 남겨 놓은 난장판을 청소하려면 (힐러리) 클린턴 행정부 두 번과 오바마 행정부 두 번 정도는 필요할 것"이라고 말했다.(서수민 2008a)

"오바마가 케네스 스타를 닮아간다"?

그러나 아무래도 행운은 힐러리를 비켜 가는 듯 했다. 경선 기간 중 힐러리 클린턴은 "마틴 루서 킹 목사의 꿈은 린든 존슨 대통령이 1964년 민권법을 통과시킴으로써 비로소 실현되기 시작했다"고 말해 논란을 빚었다. 흑인들은 이 발언이 킹 목사가 민권운동에서 차지하는 비중과 역할을 폄훼한 것이라고 반발했다. 민주당의 원로 실력자인 에드워드 케네디는 이 발언에서 자신의 형 존 F. 케네디의 업적이 무시당했다며 반발했다. 꼭 그런 이유 때문이었는지는 알 수 없지만, 에드워드 케네디는 2008년 1월 28일 오바마를 지지한다고 발표해 모든 이들을 놀라게 했다.(정상환 2010)

케네디의 오바마 지지에 더하여 오바마의 탁월한 연설능력에 대한 찬사가 쏟아져 나왔으니, 힐러리의 마음이 편했을 리 없다. 그녀는 "그저 말만 잘할 뿐 '콘텐츠'가 없다"고 오바마를 지속적으로 공격했다. 이에 열이 받은 오바마는 2월 16일 위스콘신(Wisconsin) 주 밀워키(Milwaukee) 연설에서 흥분된 목소리로 이렇게 반박했다. "(내 경쟁자는) 말이 중요하지 않다고 하는데 '내겐 꿈이 있다'는 명언도 그저 말일 뿐이다. '만인은 평등하게 태어났다'는 명언 역시 말일 뿐이다. '두려움 말고는 두려워할 게 없다'는 것도 결국 말이요, 연설일 뿐이지 않은가."

2월 18일 힐러리 후보 측은 "오바마 후보의 16일 위스콘신 주 밀워키 연설이 2년 전 매사추세츠 주지사 선거에 나섰던 디벌 패트릭(Deval L. Patrick) 현 주지사의 연설과 조사 하나 다르지 않다"며 표절 의혹을 제기했다. 실제로 위에 소개한 대목은 오바마 후보의 정치적 동지이자 절친한 친구인 패트릭 주지사의 2006년 10월 연설과 동일한 구조와 단어로 이뤄진 것으로 밝혀졌다. 힐러리 후보 측은 파급력이 큰 유튜브 동영상을 통해 둘의 연설을 직접 비교했고 오바마 후보가 본인이 직접 생각해낸 창의적인 언어를 사용했는지 의심이 간다고 지적했다. 지식인에게는 사망 선고에 가까운 '표절' 의혹을 제기한 것이다. 파장이 커지자 오바마 후보는 "나는 두 권의 책을 썼다. 내 친구인 패트릭과 나는 항상 생각을 공유하고 그도 때때로 내 것을 쓴다"고 해명했다. 그는 또 "힐러리 후보 역시 내가 즐겨 쓰는 '우리는 할 수 있다(Yes, We Can)'는 말을 사용하지만 난 크게 개의치 않는다"고 반박했다.(하태원 2008)

양측의 싸움은 이후로도 계속됐으며 더욱 사나워졌다. 특히 2008년 3월 초 힐러리 후보가 텔레비전에 출연해 "(오바마 후보가 이슬람교도라는 루머를) 믿는 건 아니겠죠?"라는 질문을 받고 한 대답은 두고두고 회자되었다. 힐러리 후보는 "아뇨(안 믿어요), 내가 왜……. 아무 근거가 없잖아요"라고 대답한 뒤 "내가 아는 한에서는(as far as I know)"이라고 덧붙였다. 터무니없는 루머에 대해 '내가 아는 한'이란 사족을 붙인 데 대해 논평가들 사이에서 '너무 한다'는 탄식이 터져나왔다.

3월 6일 힐러리 캠프 대변인은 오바마 후보 측이 '힐러리 후보의 세금공제 자료를 공개하라'고 요구한 데 대해 "오바마가 케네스 스타를 닮아간다"고 공격했다. 케네스 스타(Kenneth Starr)는 빌 클린턴 전 대통령의 성추문인 르윈스키 스캔들을 수사한 특별검사다. 민주당 측에서 '클린턴 죽이기'를 떠올리는 1990년대 인물의 이름까지 들먹일 정도로 힐러리 캠프의 공격은 연설문 표절 의혹, 부동산 개발업자 스캔들, 북미자유무역협정(NAFTA) 말 바꾸기, 외교안보 풋내기론 등 이슈와 분야를 불문하고 이루어졌다.

오바마 캠프도 힐러리 후보의 이라크전쟁 지지 경력, 세금공제 자료 의혹 등을 거론하며 맞불을 놓으려 했지만 '때리기 싸움'에선 수세에서 벗어나지 못했다. 오바마를 도운 건 언론이었다. 언론이 힐러리에게 '키친 싱크'란 표현을 붙이기 시작했기 때문이다. '키친 싱크(kitchen sink; 부엌 개수대) 정치'는 동원할 수 있는 모든 수단을 끌어와 상대를 공격하는 행태를 뜻한다. 모든 게 포함됐다고 과장되게 강조할 때 '심지어 키친 싱크까지' 또는 '키친 싱크만 빼고 다'라고 말하는 데서 유래한 표현이다.(이기홍 2008a)

오바마의 또 다른 우군은 인터넷이었다. 사이트 방문자 수나 관련 블로그 수, 인터넷 모금 액수 등에서 오바마가 여타 후보를 압도했기에 '개미들의 힘', '롱테일의 승리'라고도 했다. 사이버 세계에선 '오바마 컬트', '오바마 강림 신드롬(Obama Comedown Syndrome)', '오바마니아(Obamania)' 등 관련 신조어들이 생겨날 정도로 '오바마 열풍'이 불었다.(안민호 2008)

힐러리의 텔레비전 정치광고마저 부메랑 효과를 가져온 듯 보였다. 이런 내용이었다. 아이들이 곤히 자고 있는 새벽 3시에 갑자기 전화벨이 울린다. 지구촌 어딘가에서 긴박한 일이 발생했다. 누가 그 전화를 받기를 원하는가. 외교경험이 전혀 없는 오바마보다 8년간 퍼스트레이디로서 다양한 국제무대를 경험한 힐러리가 낫다는 암시다. 오바마 측은 '긴급전화를 받을 때 중요한 것은 경험보다 판단력'이라는 광고로 대응하고 나섰지만, 여론조사기관 라스무센(Rasmussen)이 '이 전화를 누가 받기를 원하느냐'는 설문조사를 했더니 '존 매케인(John S. McCain III) 공화당 후보'라는 응답이 45퍼센트로 가장 많았다. 이렇듯 별 재미를 보지 못한데다, 힐러리가 국가안보에 대한 공포심을 유발한다는 비판을 불러일으켰으니, 힐러리로선 죽을 맛이었겠다.(정성희 2008)

랠프 네이더 논쟁

그렇듯 티격태격 싸우던 오바마와 힐러리가 단결해야 할 일도 생겼다. 2008년 2월 24일 소비자 운동가인 랠프 네이더(Ralph Nader)가 다섯 번째 대통령선거 출마를 선언하고 나섰기 때문이다. 네이더는 NBC 〈언론과의 만남〉에 출연해 "현재의 공화·민주 양당 후보들은 미국이 안고 있는 문제점에 대한 공약 제시가 부족하다"며 "제3정당 소속으로 대선 출마를 결심했다"고 밝혔다. 공화당의 존 매케인, 민주당의 버락 오바마·힐러리 클린턴 상원의원 모두 의료보험제도의 전국민 확대를 지지하지 않고, 이라크전 등 쓸데없는 예산 낭비를 막지 못했다는 것이다.

"네이더 때문에 졌다"는 말이 나올 정도로 2004년 대선의 악몽을 기억하는 민주당은 한 목소리로 네이더의 출마를 비난했다. 힐러리는 "정말 불행한 일"이라고 말했다. 오바마도 "매번 대통령후보로 나선다고 노동자들의 식탁에 음식을 제공할 수 있는 것은 아니다"라고 가세했다. 반면 공화당은 그의 대선 출마를 환영했다. 네이더는 민주당의 불만을 의식한 듯 "현행 선거법은 후보 선택의 자유를 부정한다"며 승자독식 방식의 문제점을 지적했다.(김주현 2008)

네이더의 지지자들은 어떤 생각을 했을까? 풀뿌리 민주주의 운동가인 짐 하이타워(Jim Hightower)의 지론이 그들의 생각을 잘 대변한다고 볼 수 있다. 하이타워는 "우리에게 제3당이 필요하다고 말하는 이들이 있다. 그러나 우리에게 필요한 건 제2당이다"라며 다음과 같이 주장했다.

미국 노인층을 대변한 공화당의 매케인 후보.

"미국 정치의 실제 영역은 우파와 좌파가 아니라 상층부와 하층부로 나뉘어 있다. 우파 대 좌파는 이론에 지나지 않는다. 상층부 대 하층부가 바로 우리가 경험하는 현실이다. 오늘날 대부분의 사람은 자신이 상층부 권력자들과 서로 목소리조차 들리지 않는 거리로 멀어져 있음을 잘 알고 있다. 권력자들이 공화당이나 민주당, 보수주의자나 자유주의자 가운데 어느 쪽의 탈을 쓰고 있건 사정은 마찬가지다."(Spayde & Walljasper 2004)

그러나 자신도 '상층부'에 속하겠다는 일념, 즉 '아메리칸 드림'의 세례를 받은 다수 미국인들은 그런 주장에 매료되지 않았다. 오히려 이들에게 중요한 건 '드라마'와 '스펙터클'이었고, 그런 점에서 2008년 대선은 과거 그 어느 대선보다 더 그런 형식적 요건을 갖춘 듯 보였다. 흑인인 오바마, 여성인 힐러리, 72세 노인인 매케인의 대결구도는 세 그룹이 소외된 그룹이었다는 점에서 '계급'을 뛰어넘는 진보성을 담보하고 있는 듯 보였다.

2008년 3월 중순 조지프 나이(Joseph S. Nye 2008)는 "최종적으로 남은 세 명의 경쟁자가 여성과 흑인, 소속 정당에 종종 도전해온 노인이라는 점은 미국이 스스로를 재창조할 수 있는 능력을 갖고 있음을 시사한다"며 "지도자들은 하드·소프트 파워 자원을 결합해 '스마트 파워' 전략으로 재탄생시킬 수 있는 지성을 발현해야 한다. 누가 차기 대통령이 되든, 그 또는 그녀는 이 같은 교훈을 배울 필요가 있을 것이다"라고 말했다.

'돈 전쟁'의 족쇄

2008년 4월 오바마를 곤혹스럽게 만든 사건이 일어났다. 오바마가 20년간 다닌 교회의 담임 목사(흑인)인 제러마이어 라이트(Jeremiah A. Wright, Jr.)가 3월 '갓 댐 아메리카(Got Damn America)' 파문을 일으킨 이후 40여 일 만인 4월 28일 워싱턴 내셔널프레스클럽 초청 연사로 나타나 그 파문을 증폭시켰기 때문이다. 그는 "미국을 겨냥한 9·11테러가 결과적으로 미국의 자업자득"이라는 자신의 발언을 재확인했고, 심지어 "미국 정부가 흑인 소수민족을 말살하기 위해 대량학살 수단으로 에이즈를 만들어 흑인 사회에 퍼뜨렸다"고 주장했다. 큰일이

1998년 백악관 조찬기도회 중 빌 클린턴과 대화 중인 라이트 목사. 그는 오바마에게 '담대한 희망'이라는 메시지를 전달했던 정신적 스승으로 알려져 있다. 라이트 목사는 9·11테러가 미국이 키운 테러리즘 때문에 발생했다며 '갓 블레스 아메리카'를 비꼰 '갓 댐 아메리카'라는 표현을 사용했다.

라고 생각한 오바마는 그간 라이트를 옹호하려던 입장을 내던지고 다음 날 유세에서 "라이트 목사의 발언에 몹시 화가 난다"며 "어제 내가 본 사람은 20년 전 내가 만난 그 사람이 아니다"라고 절연을 선언했다.(김성수 2009)

이런 논란에 대해 코웃음 치면서 누가 대통령이 되건 선거제도 자체가 대통령의 발목을 잡게 돼 있다고 보는 시각도 있었다. 무엇보다도 '돈 전쟁'이 된 선거판에서 돈을 대는 로비 세력의 입김으로부터 자유로울 수 없으리라는 추측 때문이다. 2008년 6월 김창진(2008)은 "과연 오바마는 워싱턴의 악명 높은 '로비 정치'를 '풀뿌리 정치'로 바꾸는 데 성공할 것인가? 더 지켜봐야겠지만, 아직까지 그 대답은 회의적이다"라며 다음과 같이 말했다.

"왜냐하면 오바마는 공화당과 민주당이라는 미국의 양당제 틀 속에서 나온 정치인이지, 기존 정치구조로부터 독립적인 '제3의 후보'가 아니기 때문이다. 다시 말하면, 그는 미국 정치를 둘러싸고 있는 거대한 자본과 특수 이익단체, 기득권 집단들의 끈질기고도 효율적인 회유와 저항의 견고한 벽을 넘어야 한다. 그가 대통령에 당선되더라도 그런 벽을 무너뜨리기 위해서는 1968년과 같은 폭발적인 대중운동이 뒷받침되지 않으면 안 될 것이다. 1960년대 초반의 존 F. 케네디 그리고 1990년대 빌 클린턴의 경험을 보라. 새로운 정치 세대의 등장이라는 축복을 받으며 대통령직을 시작한 그들이었지만, 워싱턴 정치는 변하지 않았다. 오히려 그들이 부여한 온건한 이미지 탓에 민주당의 타락이 은폐되는 역설적인 결과를 가져오기까지 했다."

실제로 오바마가 민주당 후보로 선출되는 데 필요한 대의원을 확보한 직후, 로이터통신(Reuters)은 미국 자본주의의 심장부인 월스트리트에서 민주당과 오바마 진영으로 선거자금이 몰리고 있다고 보도했다. 5월 말까지 오바마 쪽이 월가로부터 받은 선거자금은 모두 790만 달러(약 80억 원)로 매케인 쪽보다 거의 두 배가 많은 액수였다. 역설 같지만, 오바마가 지금까지 발표한 경제·통상 정책이 매케인 쪽보다 자신들에게 불리하기 때문이었다. 그러니 금융자본이 오바마를 '주요 투자처'로 간주해 접근해야 하지 않겠는가.

미국의 정치자금 문제를 전문적으로 다루고 있는 책임정치센터(www.opensecrets.org)에 따르면, 오바마는 5월 말까지 총 2억 6500만 달러(약 2700억 원)를 거둬들였다. 힐러리 클린턴은 2억 1400만 달러(약 2150억 원) 그리고 매케인은 9600만 달러(약 970억 원)를 선거자금으로 모금했다. 이미 중도에서 탈락한 후보들은 제쳐두고라도 세 명이 모금한 액수만 벌써 5억 7500만 달러(약 5800억 원)가 넘었다. 이와 관련해 김창진(2008)은 다음과 같이 말했다.

"대통령과 의회는 거대기업과 이익단체의 매수 대상 일순위에 올랐다. 정부와 의회는 물론, 심지어 사법부까지 그들의 이익을 반영하고 있다. 미국 정치는 그리고 아메리카 제국은 거대기업과 군수산업체, 에너지 업계에서부터 광우병 발생의 위험을 기꺼이 무릅쓰고 쇠고기 수출을 감행하는 축산업계에 이르기까지 거의 모든 방면에서 막대한 정치자금을 매개로 정치인들을 포섭하는 '업자들'에 사로잡혀 있다. 그 사이에 미국의 '국익'도, 전 국민을 위한 의료보험도, 공립학교의 재정도 질식돼 가고 있는 것이다."

흥미롭게도 이런 구태의연한 '머니 게임'에서도 오바마가 힐러리를 압도했다. 대선 후에 밝혀진 비화지만, 오바마 후보가 예상 외로 선전하자 빌 클린턴 전 대통령은 자주 평정을 잃었다. 급기야는 1월 중순 한 측근과의 통화에서 "오바마의 당선은 미국 공직에 최대 오욕이 될 것"이라며 언성을 높이기도 했다. 에드워드 케네디 상원의원이 "분열을 조장하지 말라"고 설득 전화를 걸었지만 그는 "오바마 측이 먼저 시작한 일"이라고 주장했다.(김정안 2008a) 클린턴은 케네디에게 "몇 년 전만 해도 이 친구(오바마)는 우리한테 커피나 갖다줬을 사람"이라고 불평하기도 했다.(전병근 2010) 빌 클린턴의 평정심 상실은 이미 그때에 게임이 종료되었음을 시사한다. 여기에는 여러 이유가 있었겠지만, 아무래도 가장 큰 이유는 오바마의 '뉴스 가치'가 힐러리의 '뉴스 가치'를 압도했다는 점에서 찾아야 하지 않을까?

오바마의 '구세주 이미지'?

오바마는 '뉴스 가치'와 더불어 탁월한 언변 능력을 갖고 있었다. 2008년 5월 18일 『뉴욕타임스』는 인터넷판에서 오바마는 "어떤 정치인보다 잘 쓰인 이야기의 힘을 아는 인물"이라며 "그가 민주당 대통령후보로 부상한 것은 그의 정치적 경력보다는 자신의 삶을 진솔하게 이야기할 수 있는 문학적 재능에 힘입었다"고 주장했다.(정재홍 2008c) 로널드 레이건(Ronald Reagan, 1911~2004) 전 대통령의 연설문 작성자였던 페기 누넌(Peggy Noonan)은 오바마에 대해 "레이건에 버금가는 대중 소통 능력에 덧붙여 '구세주(savior)'의 이미지까지 갖고 있다"고 평가했다.(김민구 2008c)

2008년 6월 4일 『뉴욕타임스』는 오바마가 단기간에 정치적으로 성공한 데에는 그의 시적 감수성과 마키아벨리적 정치술수가 뒷받침됐다고 보도했다. 이 신문은 "오바마는 유대교 율법학자와 같은 엄격함으로 정치적 흐름을 파악하고 라이벌 정치인의 장단점을 연구·분석한다"며 "타고난 친화력을 바탕으로 민주당뿐 아니라 공화당에도 정치적 후견인을 뒀다"고 밝혔다. 조지 매클라우드 영스타운주립대학 부총장은 "오바마는 시적 감수성을 정치적 언어로 표현하는 능력을 갖고 있다"며 "미국에서는 1960년대 흑인 인권운동 지도자인 마틴 루서 킹 목사 이후 이런 능력을 갖춘 정치가가 없었다"고 말했다. "그의 연설은 개신교 부흥회 같이 청중을 열광시키는 힘이 있다"는 것이다.(정재홍 2008d)

결국 그 힘에 힐러리가 나가떨어지고 말았다. 2008년 6월 7일 힐러리는 미국 워싱턴의 국립빌딩박물관(National Building Museum)에서 패배 승복 연설을 했다. "오늘 나는 선거운동을 중단한다. 그의 승리를 축하한다. 그를 전폭적으로 지지한다. 여러분이 나를 위해 한 것처럼 오바마를 위해 열심히 뛰어달라. …… 우리가 비록 가장 높고, 가장 단단한 유리 천장(여성에 대한 보이지 않는 차별)을 깨지는 못했으나 그 천장엔 1800만 개의 틈(경선에서 힐러리를 찍은 표)이 생겼다. 그것을 통해 들어온 빛이 반짝반짝 빛나고 있다. 나는 여자이고, 여성에겐 아직도 사회적 장벽과 편견이 남아 있다. 나는 우리 모두를 존중하는 미국을 만들길 원한다." 시카고에서 인터넷을 통해 힐러리의 연설 장면을 지켜본 오바마는 "힐러리의 지지를 얻게 된 데 대해 전율과 영광을 느낀다"며 "그는 나의 딸과 모든 여성을 대신해 장벽을 허물었고, 여성은 그들의 꿈에 제한이 없다는 걸 알게 됐다"는 성명을 발표했다.(이상일 2008a)

오바마의 인기가 치솟으면서 '오바마 후보를 지지하는 보수주의자(conservative)'를 뜻하는 '오바마콘(Obama+conservative)'이라는 용어까지 생겨났다. 네오콘(Neo-Conservative; 신보수주의자) 이론가였던 프랜시스 후쿠야마(Francis Fukuyama) 존스홉킨스대학 교수는 언론 인터뷰 등에서 "공화당이 이라크에서 저지른 거대한 오류에 대한 책임을 묻지 않을 수 없다"며 "아주 내키는 건 아니지만 오바마에게 표를 줄 것"이라고 밝혔다.(이기홍 2008b)

반면 『뉴욕타임스』의 칼럼니스트 데이비드 브룩스(David Brooks)는 칼럼에서 오바마 의원이 겉으로는 매우 부드러운 신사처럼 보이지만 이면으로는 매우 냉혹한 마키아벨리적 정치인이라고 평가했다. 그는 "공화당이 오바마를 단지 '진보적 정치인'으로만 생각한다면 큰 착각"이라며 "오바마는 미국 정치인 가운데 가장 극명한 양면성을 지닌 정치인"이라고 비판했다.(최우석 2008a)

그러나 어찌 보면 이런 평가도 '비판'이라기보다는 '칭찬'이다. 마키아벨리적 근성과 품성 없이 어찌 지도자 노릇을 할 수 있으랴. 게다가 흑인이 미국 대통령을 꿈꾸는 데 있어선 그런 양면성이야말로 가장 먼저 갖춰야 할 덕목이 아닐까? 물론 오바마의 이런 솜씨는 곧 시험대 위에 오르며, 급기야 다른 곳도 아닌 흑인 민권운동 진영에서 "오바마의 그곳을 잘라버리고 싶다"는 말까지 불거져 나온다.

참고문헌 Nye 2008, Obama 2007 · 2008, Spayde & Walljasper 2004, 강인식 · 박유미 2008, 권용립 2010, 김민구 2008c, 김성수 2009, 김정선 2007, 김정안 2008a, 김주현 2008, 김창진 2008, 남승우 2007a, 남정호 2007, 류재훈 2007c, 박병수 2008, 박선영 2007, 서수민 2008a, 손병호 2007, 송용창 2007, 안민호 2008, 여시동 2008, 유윤종 2007, 이기홍 2008a · 2008b, 이상일 2008a, 이석호 2007, 이유식 2009a, 전병근 2007a · 2010, 정상환 2010, 정성희 2008, 정재홍 2008c · 2008d, 최우석 2008a, 하태원 2008

2008년 대선
제44대 대통령 버락 오바마

"오바마의 그곳을 잘라버리고 싶다"

대선 기간 중 버락 오바마가 내세운 화합의 메시지엔 명암(明暗)이 있었다. 화합을 반기는 이들도 많았지만 분노를 표하는 이들도 있었다. 특히 전통적인 흑인 민권운동가들이 가장 강하게 반발했다. 미국 흑인 사회에서 가장 존경받는 인물 중 하나인 제시 잭슨 목사는 2008년 6월 "버락이 흑인들을 폄훼하고 있다"며 "그의 그곳을 잘라버리고 싶다"고 말한 것으로 알려졌다. 오바마가 흑인들에게 연설을 하며 실업률이나 재소자, 부동산 문제 같은 구조적인 문제를 도외시한 채 도덕적 문제만 언급하는 오류를 저지르고 있다며 비난한 것이다.(서수민 2008)

나중에 잭슨은 오바마의 대통령 당선에 감격의 눈물까지 흘리지만, 오바마가 잭슨의 주장대로 했더라면 대통령에 당선될 순 없었을 것이다. 잭슨의 문제제기를 어떻게 평가하건 오바마가 미국인들이 느끼는 피로 현상의 핵심을 건드린 건 분명했다. 오바마는 갈등과 분열을 넘어선 그 무엇을 기대하는 유권자들의 심리를 제대로 파고든 셈이다.

2008년 7월 보수 성향의 텔레비전 토크쇼 진행자 존 매클로플린(John McLaughlin)은 한 토론회에서 "버락 오바마는 '오레오(oreo)'의 전형적 인물"이라고 주장했다. 오레오는 미국의 제과회사 크래프트 나비스코(Kraft Nabisco)가 1912년부터 그때까지 5000억 봉지 가깝게 팔아온 대표적인 과자다. 검은색 비스킷에 흰 크림이 들어 있는 이 과자에 빗대어 '백인처럼 행동하는 흑인'을 오레오라고 부른다. 백인에게 고분고분한 흑인을 가리켰던 '엉클 톰'의 손자뻘쯤 되는 말이다. 반면 스스로 미국인이라고 느끼고 행동하는 아시아계를, 안에 흰 크림이 가득 찬 갈색 케이크 과자 이름을 따 트윙키(twinkie)라고 부른다. 백인처럼 구는 멕시코인이나 아메리카 원주민을 두고선 '코코넛'이나 '애플'이란 말도 있다. 이에 대해 여현호(2009)는 다음과 같이 말했다.

"오바마를 오레오로 지목한 발언은 흑인 사회 저변의 정서를 건드릴 수도 있었다. 흑인 사회에서도 교육 기회의 확대 등으로 중산층이 크게 늘었지만, 절대다수는 여전히 빈곤에서 벗어나지 못했다. 많은 중산층 흑인들은 백인 주류사회로 편입되려 했다. 흑인들이 이들을 오레오라고 부를 때는 은근한 적대감도 깔려 있었다. 변호사 출신인데다 어머니가 백인인 오바마는 이런 정서 탓에 선거운동 초기 흑인 사회의 전폭적인 지지를 얻지 못한 터였다. 그럼에도 결국 오바마가 흑인 사회의 지지를 얻어낸 것은 그에 대한 기대가 그런 반감보다 훨씬 컸던 탓일 것이다. 그만큼 흑인 사회가 성숙했다는 말도 된다."

오바마가 대선에서 맹활약하자 영국의 흑인들에겐 "왜 당신들은 미국의 그들처럼 하질 못하는가?'라는 힐난의 시선이 쏟아졌다. 이에 대해 흑인인 영국 런던시의회 의장 트레버 필립스(Trevor Phillips)는 "답은 간단하다. 미국의 흑인 정치권 명사들처럼 카리스마가 흘러넘치며 유능하고 냉혹성을 갖춘 인물들을 영국 흑인 사회에서는 거의 찾아볼 수 없기 때문이다. 수적으로도 영국 흑인 인구 비중은 미국의 6분의 1에 불과하다"며 다음과 같이 말했다.

"영국 흑인들은, 수백 년 동안 가혹한 노예제에 운영되다가 그로부터 벗어난 지 불과 50~60년밖에 안된 미국 흑인들과 같은 역사를 겪지 않았다. 현재 영국 흑인들은 영국에 온 지 60년이 채 안되는 흑인들이 대다수를 차지한다. 그래서 영국 백인들은 미국 백인들이 저지른 역사적 범죄로부터 자유로운 편이다."(문성호 2008)

"언론이 오바마와 열애에 빠졌다"

2008년 7월 19일 시작된 오바마의 중동 · 유럽 순방을 앞두고 취재를 신청한 기자는 200명이 넘어 경쟁률이 5대 1에 달했다. 미 3대 공중파 텔레비전인 ABC · NBC · CBS는 모두 메인 앵커를 보냈다. 반대로, 7월 초 공화당 대선후보 매케인의 콜롬비아와 멕시코 방문 때는 3대 방송의 앵커는 물론 없었고, CBS는 기자도 보내지 않았다. 4개월 전 매케인은 프랑스 · 영국 · 이스라엘 순방에서도 그런 푸대접을 받았다.

참다못한 매케인은 7월 21일 지지자들에게 보낸 이메일에서 "언론들이 버럭 오바마와 열애에 빠졌다"고 불만을 토로했다. 매케인의 이메일에 링크된 동영상에선 MSNBC 앵커 크리스 매튜스(Chris Matthews)가 오바마의 연설을 소개하면서 "다리에서부터 전율을 느낀다. 흔치 않은 기분"이라고 감탄한다. 또 다른 동영상에선 NBC 기자가 오바마의 유세 분위기를 전하면서 아예 "객관적인 보도가 힘들다. 지지자들의 열정이 전염된 것 같다"고 외친다.

7월 21일 저녁, 뉴햄프셔 주 맨체스터공항에 도착한 매케인을 맞은 기자는 현지 일간지 『뉴햄프셔 유니언리더(New Hampshire Union Leader)』(하루 6만여 부 발행)의 기자 두 명뿐이었다. 같은 시각 오바마가 이라크에서 누리 알 말리키(Nouri Kamel al Maliki) 이라크 총리를 만나 미군 철수 문제를 논하는 것은 미 언론이 앞다투어 보도했다. 선글라스를 끼고, 데이비드 페트레이어스(David H. Petraeus) 이라크 주둔 미군 사령관과 함께 헬리콥터에서 바그다드(Baghdad) 시내를 내려다보는 오바마의 모습은 다음 날 『뉴욕타임스』와 『로스앤젤레스타임스(Los Angeles Times)』를 비롯한 미국 주요 신문 1면에 일제히 소개됐다.

미 언론은 풍자와 조롱거리로만 매케인을 찾았다. '너무 많은' 나이(72세), 부시 대통령과 다를 것 없는 '정치 성향'을 놀리는 내용이 대부분이었다. 문화·시사 월간지 『배니티 페어(Vanity Fair)』(8월호)는 매케인을 보행 보조장치에 의존하는 노인으로 그린 표지 그림을 게재했다. 오바마에 대한 풍자는 극히 드물었다. 괜히 흑인인 그를 놀렸다가 인종차별 논란에 휘말릴 수 있어 '알아서 조심하는' 분위기가 지배적이라고 『뉴욕타임스』는 분석했다. 이처럼 노골적인 차별에 대해, 외교 격월간지 『포린폴리시(Foreign Policy)』 인터넷판은 "보수 세력이 언론의 치우친 보도를 조종하는 '어둠의 손'이 있다고 여기는 게 당연하다"고 논평했다. (이용수 2008a)

과연 '어둠의 손'이 있었을까? 만약 있다면, 그건 대선을 '드라마'

나 '스펙터클'로 여기는 관점에서 작용하는 '뉴스 가치'라고 보는 게 옳으리라. 영국인들도 열광하는데 미국인인들 자유로울 수 있었겠는가. 설사 내심 흑인을 차별하는 백인이라도 "우리 미국이 이렇게 대단하단 말인가"라는 생각으로 일단 '오바마 현상'에 큰 관심을 보였을 것이고, 대중의 관심을 먹고사는 미디어는 그런 '시장 논리'에 따라 움직였다고 보는 게 옳지 않겠느냐는 것이다.

매케인 지지자들이 확실하게 믿을 수 있는 매체는 케이블 방송 폭스뉴스(Fox News)였지만, 오바마 지지자들은 이마저 용납하지 않겠다고 나섰다. 2008년 7월 10일 온라인 단체 '무브온 닷오르그(MoveOn.org)'는 회원에게 폭스뉴스에 '오바마 때리기'를 중단할 것을 요구하는 청원에 서명해달라는 전자우편을 보냈다. "폭스가 인종차별주의까지 동원해 오바마를 비난하고 있습니다. 지금까지 42만 8000여 명이 서명을 했는데, 50만 명이 넘으면 이 청원을 폭스 방송사에 전달할 겁니다. 그러면 언론이 이를 기사화할 것이고, 폭스에 광고를 하는 것이 얼마나 어리석은 짓인지 광고주들이 곧 깨닫게 될 겁니다."

한국의 노사모를 방불케 한 무브온의 강점은 뜨거운 열정이었다. 워싱턴 진보운동계의 한 축인 미국미래연구소(IAF)의 로버트 보로사지 소장은 "오바마의 선거운동은 온라인 선거운동의 이정표를 세우고 있다"며 "무브온과 진보운동권이 선거운동의 새로운 에너지와 자금, 자원봉사자들을 몰아주었다"고 말했다. 그러나 무브온의 뜨거운 열정으로 인한 호전성은 곧 미국의 일부 진보적 지식인들 사이에서도 우려의 대상이 되었다.(류재훈 2008, 이춘재 2008)

패리스 힐튼 논쟁

매케인 진영은 나름대로 '오바마 현상'의 본질을 꿰뚫어보고 있다는 듯, 이에 대응하는 텔레비전 광고를 만들어 내보냈다. 7월 말경에 선을 보인 광고는 패리스 힐튼(Paris Hilton), 브리트니 스피어스(Britney Spears), 버락 오바마가 함께 언급된 것으로 광고는 말미에서 "오바마는 이제 세계에서 가장 인기 있는 유명인사(celebrity)가 되었다. 그러나 과연 지도자가 될 준비는 됐을까?"라고 물었다. 기행을 일삼는 두 명의 여자 연예인이나 깜짝 쇼로 등장한 오바마나 알맹이 없기는 마찬가지라는 메시지였다.(우태희 2008)

두 동갑내기 여자 연예인 가운데 명성의 황당함을 더 잘 대변한 이는 단연 힐튼이었다. 사실 힐튼은 미국의 유별난 '유명인사 문화'를 연구할 때에 빠트릴 수 없는 대표적 사례다. 존 터먼(John Tirman 2008)은 "패리스 힐튼은 어떤 점에서는 반면교사가 되는 인물이다. 그녀에게는 이렇다 할 재능이나 업적도 없다. 단지 '힐튼'이라는, 상업계의 유명한 이름을 물려받았을 뿐이다. 언론 보도로 보건대 그녀는 가냘픈 몸매에 금발 머리이고, 머리가 좀 나쁜 것 같다"며 다음과 같이 말한다.

호텔 재벌 힐튼가의 상속녀 패리스 힐튼.

"그녀의 유명세는 유명인사의 자녀가 새로운 스타로 부각되는 할리우드 트렌드의 일종이다.(그녀의 할아버지 니키 힐튼은 엘리자베스 테일러의 수많은 전 남편 중 한 사람이다.) 유명세에 대한 그녀의 집착은 명성이 자자한데, 눈살을 찌푸리게 하는 행동과 언론의 지나친 관심으로 실제로도 사람들의 입에 자주 오르내린다. 그녀에 대한 패러디가 붐을 이루고 심야 토크쇼의 단골 조롱거리로 등장해도 그녀는 전혀 아랑곳하지 않는다. 구글에서 그녀의 이름을 검색하면 3000만 개의 링크가 뜬다. 그게 뭐가 어때서? 재미있을 뿐이지 해가 되는 것은 아니잖아? 글쎄, 그럴 수도 있고 그렇지 않을 수도 있다."

힐튼은 CBS 인터뷰에서 스스로 "난 다른 사람들과 달라요. 미국의 공주라고나 할까요"라고 말한 '공주병 환자'이기도 했지만, 그녀를 탓할 문제는 아니었다. 미카 브레진스키 사건이 이를 잘 말해준다. 2007년 그녀의 음주운전 사건이 터졌을 때, MSNBC의 앵커 브레진스키는 힐튼 기사를 다루지 않겠다며 그것을 찢어버렸다. 미카는 텔레비전에서 "전 패리스 힐튼 얘기가 톱뉴스가 되어야 한다고 생각하지 않아요. 특히 오늘 같은 날에는요"라고 말했는데, 그날은 공화당 원로인 리처드 루가(Richard Rugar) 상원의원이 부시 대통령의 이라크전을 비판한 날이었다. 그런데 이 뉴스가 힐튼의 출옥 기사 뒤로 밀려나 있는 것을 안 브레진스키가 발끈했던 것이다.(Tirman 2008)

그런 힐튼과 오바마가 한 묶음이다? 오바마는 7월 30일 미주리(Missouri) 주 유세에서 매케인 진영이 자신을 패리스 힐튼이나 브리트니 스피어스 같은 '그저 그런 유명인'으로 폄훼한 데 대해 "매케인 진영은 유권자들이 나를 두려워하게 만들려 하고 있다"고 말했다. 이어

"오바마는 애국적이지 않아. 이름도 우스워. 지폐에 등장하는 다른 모든 대통령들과 다르게 생겼어. 그는 위험해"라고 말하려는 게 매케인의 속셈이라고 비판했다.

다음 날 매케인 진영의 핵심 참모인 릭 데이비스(Richard H. Davis, Jr.)는 성명을 통해 "버락 오바마 민주당 대선후보가 인종 문제를 선거운동의 '카드'로 활용하고 있다"면서 "이는 불화를 유발하고, 부정적이며 부끄럽고 잘못된 행동"이라고 맹렬히 비난했다. 매케인 본인도 "데이비스의 견해에 동의한다. 오바마에게 실망했다"고 말했다.(김민아 2008)

오바마 진영은 8월 11일부터 매케인 후보가 오락 프로그램에 출연한 비디오들을 편집해 "매케인이야말로 유명 연예인이며, 워싱턴의 구식정치를 답습하는 인물"이라는 광고로 대응했다. 그렇지만 오바마보다는 힐튼이 더 화가 났던 것 같다.

힐튼은 인터넷을 통해 소프트 뉴스 형식으로 매케인에 대한 역공 광고를 펼쳤다. 그녀는 8월 5일 자신의 웹사이트에 게재한 역공 광고에서 표범무늬의 수영복 차림에 금빛 슬리퍼를 신고 수영장 의자에 기대 앉아 잡지를 읽으면서 대통령선거 출마선언을 했다. 일종의 패러디 대선출마 광고였다. 힐튼은 매케인을 '주름만 가득한 백발노인'이라고 부르면서 "이제 미국은 힐튼이 조국을 이끌 준비가 되어 있다는 걸 알아야 한다"고 주장했다. 그러면서 "당선될 경우 백악관을 핑크색으로 페인트칠 하겠다"고 했다. 주요 미디어들이 이 역공 광고를 뉴스 시간에 다시 방영했고 8월 한 달 내내 힐튼 얘기가 화제가 되었다. 이에 매케인 진영은 기존 선거광고를 고쳐 '패리스 힐튼과 브리트니 스피어스 같은' 이란 말은 빼버렸다. 그렇지만 이 광고 하나로 매케인은 큰 손상을 입었다.(우태희 2008)

힐튼 파동 한가운데에서 매케인이 부인 신디(Cindy H. McCain)의 이름으로 10채의 집을 갖고 있는 게 논란이 되었다. 매케인이 "집이 몇 채 있느냐"는 기자의 질문에 제대로 답변하지 못하자, 오바마는 8월 21일 "매케인은 집이 몇 채 있는지도 답변하지 못한다"며 "그가 평범한 미국인과는 거리가 있는 사람이라는 것을 보여준다"고 공격했다. 이에 더하여 『뉴욕타임스』는 매케인의 재산 문제를 비판하는 기사를 크게 보도했다. 신디는 연 3억 달러(약 3000억 원) 이상의 매출을 올리는 버드와이저(Budweiser) 맥주 유통업체인 헨슬리 앤드 컴퍼니(Hensley & Co.)의 최대 주주였는데, 이 회사가 매케인뿐 아니라 애리조나(Arizona) 주 출신 정치인들에게 정치자금을 주면서 애리조나 주 정치에 막강한 영향력을 행사하고 있다는 내용이었다.

신문들끼리 대선 대리전을 펼치기로 한 걸까? 반면 『월스트리트저널(Wall Street Journal)』은 일부 흑인이 오바마의 성공에 불편해하고 있다고 보도했다. 흑인들이 "오바마의 부상으로 인해 성공하지 못했거나 백인과 적대적인 흑인들에 대해 백인들이 부정적인 선입견을 한층 강화할 수 있다"는 우려를 하고 있다는 것이다. 이 신문은 흑인들 중에서도 이민자가 토박이보다 대졸자 비율이 10퍼센트가량 높다는 수치를 인용한 뒤 오바마와 토박이 흑인 사이의 이질성을 강조하면서 "선조가 노예로 살았거나 인종차별을 경험했던 토박이 흑인들은 인권운동에 적극적이지 않은 오바마에 달갑지 않은 감정을 갖고 있다"고 주장했다.(강주화 2008, 정재홍 2008b)

"8년으로 충분하다!"

2008년 8월 28일 콜로라도 주 덴버(Denver) 인베스코 경기장에서 열린 민주당 전당대회 마지막 날, 영화 〈불편한 진실(An Inconvenient Truth)〉(2006)을 연출한 데이비스 구겐하임(Davis Guggenheim) 감독이 만든 버락 오바마 후보의 삶을 담은 다큐가 방송된 직후 오바마가 후보 수락 연설에 나섰다. "감사합니다, 여러분. 대단히 감사합니다. 감사합니다……, 감사합니다." 연단에 선 지 2분이 다 되도록 그가 한 말이라곤 잦아들지 않는 청중의 환호에 대한 답례뿐이었다.

연설을 시작하면서 오바마 후보가 맨 먼저 감사를 표한 건 자신의 경쟁자였던 힐러리 클린턴 상원의원이었다. 이어 그는 빌 클린턴 전 대통령을 입에 올렸고 와병 중에 지지연설을 해준 에드워드 케네디 상원의원 등을 차례로 거론했다. 그리고 이렇게 말을 이었다.

"2004년 전당대회에서 내 지난 삶에 대해 얘기했다. 최선을 다해 일하고 또 자신을 희생한다면, 우리 다음 세대는 스스로 미래를 열어갈 수 있다고. 그게 바로 '미국의 약속'이다. …… 232년 미국의 역사에서 그 '약속'이 어려움에 처할 때마다, 평범한 시민들은 용기를 내어 일어섰다. 그리고 그 '약속'을 지켜냈다. 우리는 지금 다시 그 같은 순간에 처해 있다. 전쟁과 경제 위기 등으로 '미국의 약속'이 다시 어려움에 처했다. 조지 부시 행정부의 잘못된 정책 대응이 불러온 결과다. …… 8년으로 충분하다. 오늘밤 미국인들은 민주당원이든, 공화당원이든, 지지정당이 없는 무당파든 21세기에 미국의 약속을 되살릴 수 있는 기회를 얻었다. …… 공화당은 세 번째 임기를 차지하려고 한다. 미국을 너무나 사랑하기에, 앞으로의 4년이 지난 8년 세월과 똑같아지게 내버려둘 수 없다. 오는 11월 4일 우리 모두 일어서서 외쳐야 한다. 8년으로 충분하다고."(정인환 2008)

"8년으로 충분하다, 8년으로 충분하다, 8년으로 충분하다"는 환호성이 구호가 돼 메아리쳤다. 오바마의 수락 연설은 한국의 지식인들까지 감동시켰다. 9월 2일 서울대학 교수 송호근(2008)은 "오바마는 열광하는 유권자에게 '미국의 약속'을 환기했고, '보수의 독단'을 '진보의 양심'으로 교체할 것임을 천명했다. 그는 보수의 세계관을 하나씩 뒤집고 그곳에 민주당의 강령을 꽂았다. 가족을 공동체로, 부자를 빈자로, 방치를 보호로, 전쟁과 무력을 평화와 교섭으로 각각 대체했다. 미국의 꿈은 억만장자와 거대기업의 숫자가 아니라 식당 웨이트리스의 은행 잔고, 직장을 잃을 불안에서의 해방, 자동차와 집을 팔아치우지 않아도 될 작은 여유에서 살아난다는 것을 역설했다. 최고의 부와 최강의 군사력으로 못할 짓을 해왔던 미국을 '존경받는 제국'으로 되돌려 놓겠다는 오바마의 외침에 지지자들은 눈물과 깃발로 화답했다"며 다음과 같이 주장했다.

"'제국의 변모'를 강력히 원하는 백인 유권자들은 냉정을 되찾은 뒤 다시 물을 것이다. 흑인 통치를 즐겁게 받을 마음이 있는지, '블랙맨이 접수한 화이트 하우스'를 상상할 수 있는지를. …… 미국의 질서를 구성하는 가장 원초적인 요소, 자본주의의 먹이사슬이 배태한 분업의 위계와 생물학적 편견이 겹쳐 단단하게 굳어진 인종사회의 껍질을 벗고 새로운 미국을 선보일 수 있을 것인가. 흑인 대통령이 탄생한다면 그것은 21세기 정치의 최대 드라마이자 인류 공동체의 진화 방향을 바꾸는 문명사적 대사건이 될 것이다."

아무려면 '문명사적 대사건'까지야 되겠는가. '오바마 열풍'이 한국에서도 매우 강하게 불었다는 것으로 이해하면 족하다. 오히려 그런 의미보다는 부시 행정부가 최악의 수렁으로 빠져들 정도로 대외정책은 물론 국내 경제까지 엉망진창으로 만들었다고 하는 점이 중요했고, 바로 이것이 오바마의 진로에 서광을 비추는 듯했다. 이제 곧 그런 날이 온다.

'새라 페일린 열풍'

젊은 오바마는 러닝메이트로 늙은(경륜이 있는) 이를, 늙은 매케인은 러닝메이트로 젊은(참신한) 이를 택했다. 오바마가 65세의 노련한 6선 거물급 상원의원 조지프 바이든(Joseph R. Biden, Jr.)을 8월 23일에 지명한 데 이어, 매케인은 8월 29일 44세의 젊은 여성 알래스카 주지사 새라 페일린(Sarah Palin)을 지명했다.

2008년 9월 3일 미네소타 주 세인트폴(Saint Paul) 엑셀에너지센터에서 열린 공화당 전당대회에서 미국 역사상 첫 여성 부통령 등극을 노리는 페일린이 소개되자 장내를 가득 매운 2만여 명의 공화당원은 떠나갈 듯한 함성과 기립박수로 그를 맞았다. 17세 고등학생인 큰딸 브리스틀이 임신 5개월째라는 소식이 알려지면서 페일린 부통령후보 검증 과정에 대한 논란이 일었지만 매케인 후보는 페일린 후보를 옹호했으며, 페일린 부통령후보도 40분 동안의 연설에서 부드러운 미소 대신 비장한 얼굴로 자신에 대한 공격을 조목조목 반박했다. 특히 페일린 후보가 신랄한 풍자와 반어법을 사용하면서 버락 오바마 민주당 후보에 대한 공세를 높이자 장내는 어느새 '새라, 새라'를 연호하는

페일린(사진)은 부통령후보 지명 전에는 잘 알려지지 않은 인물이었으나 탁월한 연설 능력과 낙태 반대 등 보수적인 가치관을 내세워, 매케인과 불편한 관계였던 기독교 우파의 지지를 끌어모으는 역할을 하였다.

함성으로 뒤덮였다. CNN, ABC 등은 "페일린 후보가 만루 홈런을 쳤다"며 "공화당에 새 별이 탄생하는 순간"이라고 평가했다.(하태원 2008b)

시청률 조사회사 닐슨미디어 리서치에 따르면 3일 밤 페일린의 부통령후보 수락 연설을 지켜본 미국 시청자는 3724만 명으로 집계됐는데, 이는 1주 전 민주당 전당대회 당시 조지프 바이든 부통령후보의 연설을 본 시청자 수(약 2400만 명)를 가볍게 뛰어넘고, 그 이튿날 버락 오바마 대통령후보의 연설을 시청한 사람들(3834만 명)에 육박하는 수치였다. 페일린에 대한 대중의 관심은 인터넷 공간에서 더 폭발적이었다. 인터넷 시장조사기관 히트와이즈(Hitwise)에 따르면 공화당 전당대회가 열리기도 전인 8월 24~30일에 이미 페일린과 관련한 검색어

조회 수는 오바마의 네 배를 기록했다.

『월스트리트저널』(2008.9.4)은 "레이건 대통령이 퇴임한 뒤로 20년 간 그를 그리워해온 공화당이 미래의 마거릿 대처를 찾아낸 것 같다"며 "존 매케인이 대통령이 될 경우, 그가 남기게 될 최대 업적은 공화당 미래 인재 대기소에 강력한 인재를 채워 넣은 사실일 것"이라고 극찬했다. 그러나 『뉴욕타임스』는 같은 날 "페일린에게 연설은 아마 가장 쉬운 과제였을 것"이라며 "여기서부터 페일린은 전국 무대로 나아가 (전당대회와 달리) 호의적이지만은 않은 청중들로부터 정치적 기량뿐 아니라 외교와 국내 정책에 대한 평가를 받아야 한다"고 논평했다. (이용수 2008b)

9월 4일 매케인은 대통령후보 수락 연설에서 '변화와 개혁'을 강조하고 나섰다. 그동안 민주당 대통령후보인 버락 오바마 상원의원의 전매 특허였던 '변화'에 매케인이 '변화와 개혁'으로 되받아 친 것이다. 매케인이 변화와 개혁을 강조한 것은 자신을 조지 부시 대통령과 차별화하는 동시에, 자신이 내세우는 변화는 경험 없는 오바마가 추진하는 변화와 다름을 각인시키려는 시도로 분석되었다. 그가 "미국을 더욱 위대하게 만들기 위한 나의 싸움에 동참해달라"고 호소한 뒤 두 주먹을 불끈 쥐자 2만 5000여 관중은 "유에스에이(USA)"를 연호했다. (최우석·이하원 2008, 하태원 2008c)

시사주간지 『타임(Time)』은 존 매케인 공화당 후보는 연설에서 'fight'라는 단어를 25번, 버락 오바마 민주당 후보는 'promise'라는 말을 32번이나 언급했다고 지적하면서 두 후보의 수락 연설을 분석했다. 『타임』은 두 사람 모두 '변화(change)'를 역설하지만 양당의 기본적인 전제와 목표가 다른 것은 확연히 다른 두 진영, 즉 보수와 진보의 역사관에서 그 원인을 찾을 수 있다고 했다. 공화당은 보수주의의 출발점으로 미국 독립선언문과 건국의 아버지들(Founding Fathers)에 대한 경외심, 즉 '과거'에 대한 자부심을 내세우는 반면, 민주당으로 대표되는 진보진영에서 '과거'란 노예제도와 인종차별 등으로 얼룩진 완벽하지 않은 역사이므로 미래에 대한 희망을 투영한 아메리칸 드림의 '약속'이 중요하다는 것이다. 이런 차이는 두 후보의 자서전 제목에서도 나타났는데, 매케인 후보의 『내 아버지들의 믿음(Faith of My Fathers)』(1999)이 역사에 대한 자부심을 강조했다면, 오바마 후보의 『내 아버지로부터의 꿈(Dreams from My Father)』(1995)은 가능성의 나라, 미국에 대한 꿈을 담고 있다는 게 『타임』의 분석이었다.(김정안 2008)

미국을 덮친 금융 위기 공포

공화당 전당대회 이후 놀라운 일이 벌어지기 시작했다. '페일린 바람'이 폭풍이라고 해도 좋을 정도로 거세게 분 것이다. 왜 '페일린 바람'이 분 것인가? 다섯 자녀의 어머니이자, 임신한 고교생 딸, 다운증후군을 앓는 막내아들을 둔 페일린의 가족에 대해 유권자들이 공감했기 때문이며, 갈 곳을 못 찾던 힐러리 클린턴 지지 여성들이 공화당 최초의 여성 부통령후보 페일린에게서 대리만족을 하고 있다는 해석이 줄을 이었다.(황유석 2008b)

정확한 이유가 무엇이건, 오바마는 '페일린 바람'에 치어 고전을 면치 못하고 있었다. 페일린이 15만 달러짜리 의류를 장만했다는 말이 흘러나오면서 '페일린 바람'에 타격이 되긴 했지만, 그게 결정적인 건 아니었다. 그 어떤 화려한 수사(修辭)에도 불구하고 미국 대선의 승부처는 늘 '경제'였는데, 2008년 대선은 아무래도 오바마 쪽으로 기우는 것 같았다. 9월 15일 투자은행 리먼브러더스(Lehman Brothers)의 파산보호 신청으로 월스트리트발(發) 금융 위기가 시작되면서 오바마의 지지율이 반등하기 시작했다.(Libert & Faulk 2009, 이하원 2008a)

9월 20일 부시 행정부의 대규모 공적자금 투입 발표가 나오자, 월스트리트를 향한 조사(弔辭)가 줄을 이었다. '미국식 금융자본주의의 실패' '신자유주의의 종언' '미국의 세기는 끝나는가' 등등. 이와 관련해 홍준호(2008)는 "어제까지 지고지선(至高至善)이던 '큰 시장' '작은 정부'는 하루아침에 시장 근본주의자들의 탐욕과 무책임의 상징으로 바뀌었다. 작금의 금융 위기가 정말 탈규제 때문인지 실증적으로 따져보자는 반박들도 없지 않으나 희생양을 찾아 나선 분노의 함성에 묻혀 그냥 떠내려가고 있다"며 다음과 같이 말했다.

"모든 걸 시장에 맡기자는 구호가 시장에서 거부된 게 바로 이번 월스트리트 사태의 핵심이다. 그래서 이번 사태의 불길은 단순히 미국 금융계에만 머물지 않을 것이다. 미국 경제 전반으로, 미국 정치로, 국제 정치로까지 번질 수 있다. 미국 안에서 시장만능주의자들이 한 방 맞은 것처럼, 국제무대에서 미국의 시스템을 글로벌 스탠더드로 요구해온 미국의 말발도 덩달아 떨어지게 됐다."

하원의 월스트리트 구제금융 법안 표결을 앞두고 공화당 의원들의 사무실에는 "왜 내 세금으로 월스트리트의 부자들을 구하느냐"는 지역구민들의 전화가 빗발쳤다. 몇 천만 달러 연봉을 받는 월스트리트

서브프라임 모기지 사태는 리먼브러더스(사진) 파산의 발단이 됐다. 2008년 9월 15일 리먼브러더스는 약 6000억 달러(697조 원)에 이르는 부채를 이기지 못하고 파산 신청을 했다.

의 부자들이 일을 망쳐 놓았는데, 왜 서민들이 돈을 내서 뒤처리를 해야 하느냐는 분노의 표출이었다. CNN엔 주택시장 붕괴 여파로 집을 잃은 백인 중년 여인이 쇼핑센터 주차장의 차 안에서 먹고 자는 장면이 나왔고, 영화감독 마이클 무어(Michael Moore)는 "상위 1퍼센트의 더러운 부자들이 기득권을 지키려 한다"며 미국인들에게 "거리 시위에 나서라"고 촉구하고 나섰다.(양상훈 2008)

그즈음 등장한 세계은행의 발표는 미국인들의 불만을 고조시켰다. 2007년 미국의 GDP(국내총생산·13조 8112억 달러)는 2위 일본(4조 3767억 달러)의 세 배, 급부상하는 중국(3조 2800억 달러)의 네 배 규모였으며, 유로존(Eurozone; 유럽연합 27개국 중 유로화를 사용하는 15개국)과 맞먹었지만, 미국 경제의 비중은 차츰 줄어왔다는 것이다. 2000년 미국의 GDP가 세계 경제에서 차지하는 비중은 30.6퍼센트에 달했지만, 중국·러시아 등 신흥 경제들이 붐을 이루면서 2007년엔 25.4퍼센트로 줄었다. 전 세계 수출액에서 차지하는 비중은 2000년의 12.3퍼센트에서 2007년엔 8.4퍼센트로, 수입액 비중도 19.2퍼센트에서 14.3퍼센트로 줄었다.(강경희 2008)

2008년 9월 29일 하원은 7000억 달러 규모의 구제금융안을 부결시켰다. 표결 전 1주 내내 부시 대통령은 연설이나 회견, 민주, 공화 양당 지도부와의 회동 등을 통해 구제금융안의 의회 통과를 위해 전력투구했으며, 하원 표결 직전에는 "구국의 결단을 내려달라"며 최후의 읍소도 했지만, 반대표를 던진 공화당 의원들은 한결같이 부결 직후 "국민의 뜻을 따랐다"고 말했다. 일부 의원들은 "탐욕스러운 월스트리트 금융귀족들의 실패를 왜 납세자의 돈으로 구제해야 하느냐. 월스트리트 스스로 구제금융 자금을 조성하라"고 했다.(김학순 2008)

이를 두고 일각에서는 9월 초 공화당 전당대회를 계기로 자타가 공인하는 '레임 덕(임기 말 권력누수) 대통령'이 된 부시 대통령이 이번 사태를 계기로 '브로큰 덕(Broken Duck; 권력통제 불능 상태) 대통령'으로 전락했다는 분석을 내놓았다. 국가적 위기 상황이었기에 꾸준한 지지율 상승세를 유지하고 있던 오바마 후보는 표정관리에 들어갔다. 9월 30일 미국의 국가부채 액수가 10조 달러를 돌파했다. 이 날 한 소년이 뉴욕 증권거래소 앞에서 1930년대 대공황 시대에 사과를 팔아 생계를 유지하던 소년을 재연했는데, 소년은 사과 판매 수익을 오바

금융 위기 이후 등장한 부동산 세일 광고판. 2007년 서브프라임 모기지 사태는 미국의 10대 초대형 주택담보대출(모기지론) 업체가 파산하면서 국제 금융시장에까지 연쇄적으로 신용경색을 불러온, 미국발 금융위기의 뇌관이었다. ⓒ The truth about

마 캠프에 기부할 생각이라고 했다.(하태원 2008a, 황유석 2008)

『뉴욕타임스』(2008.10.3)는 미국발(發) 금융 위기는 투자자의 금융기관에 대한 불신과 시장에서 누가 무너질지 모른다는 공포 때문에 악화일로를 걷게 된 것이라고 진단했다. 대선을 앞두고 미국 정치인들이 금융 위기의 원인을 월스트리트의 '탐욕(greed)' 때문이라고 비판하지만, 막판에 금융 위기를 가속화한 것은 시장 참가자들이 서로 믿지 못하는 가운데 최악의 상황이 누구에게 터질지 모른다는 '공포(fear)'였다는 것이다.(박용근 2008a)

2008년 10월 10일 노엄 촘스키(Noam A. Chomsky) 매사추세츠공과대학 교수는 독일 시사주간『슈피겔(Spiegel)』과의 인터뷰에서 "이윤이 지배하는 미국 사회의 소비주의가 월스트리트 금융 위기의 근본원인"이라고 분석했다. 미국을 중심으로 한 자본주의 사회는 "모두가 소비해야 한다"는 정치적 선동에 지배당하고 있기 때문이라는 설명이었다. 그는 "미국 대선에서 양당 후보 모두의 슬로건이 된 '변화'가 실제로 이루어질 것으로 보는가"라는 질문에 대해 "이번 선거 대결은 모두 레토릭(수사)에 불과하다"고 말했다. 그는 "미국은 근본적으로 이윤이 지배하는 일당 체제일 뿐"이라며 "이라크전에 대한 두 후보의 입장차도 결국은 이익에 대한 사소한 관점 차이"라고 말했다.(정환보 2008)

그러나 촘스키의 주장에 귀를 기울일 미국인들이 얼마나 되었겠는가. 『뉴욕타임스』(2008.10.11)는 경제면 헤드라인으로 「나라 전체가 금융과 실업, 은퇴에 대한 공포에 휩싸이다」를 내걸었다. 이 '공포'에 대해 누가 책임을 져야 할 것인가? '공포'는 오바마를 향해 미소 짓고 있었다.

보수주의자들의 '전향'

매케인이 열세를 극복할 수 있는 길은 텔레비전 토론이었지만, 이 또한 젊은 오바마에게 훨씬 유리했다. 『타임』 칼럼니스트 조 클라인(Joe Klein 2008a)은 2008년 10월 13일자 칼럼에서 매케인과 오바마의 텔레비전 토론에 대해 "매케인의 문제는 오바마를 처다보지 않은 것이라기보다는 카메라를 전혀 처다보지 않았다는 것이다. 그는 위축됐고 회피적이고 불편해하는 것처럼 보였다. 반면 오바마는 매케인과 카메라를 응시했다. 공중과 직접 소통했으며 내내 자신감 넘치고 침착해 보였다"고 논평했다.

　게다가 시간이 흐를수록 오바마에게 도움이 될 일만 일어났다. 2008년 10월 20일 공화당 행정부에서 세 명의 대통령을 거치면서 흑인 최초의 합참의장과 국무장관을 지낸 콜린 파월(Collin L. Powell) 전 장관이 한 방송을 통해 오바마 지지를 선언했다. 그는 "버락 오바마 민주당 후보는 깊은 지성과 끈기가 있는 후보다. 그는 인종과 민족, 세대로 갈린 모든 노선을 넘어서고 있다. 하지만 존 매케인 공화당 후보는 우리가 겪고 있는 경제 문제를 어떻게 다뤄야 할지 확신이 없다. 새라 페일린 알래스카 주지사를 러닝메이트로 선택한 것을 보면 매케인의 판단력에 의심이 간다"고 말했다.

　최근까지 매케인의 러닝메이트로도 거명됐던 만큼 오바마에 대한 파월의 지지는 미국인들에겐 충격적으로 받아들여졌으며, 그간 부시 행정부를 지배해온 네오콘을 겨냥한 경멸이자 '사형선고'로 인식됐다. 네오콘의 분열이 시작된 건 꽤 되었지만, 그 분열은 잇따라 불거지는 오바마 지지와 매케인 비난에서 극명하게 드러났다.

　대표적 인물이 레이건 행정부에서 활약한 네오콘의 이론가이자 『워싱턴포스트』의 칼럼니스트인 찰스 크라우트해머(Charles Krauthammer)였다. 그는 10월 초 칼럼을 통해 "대통령이 될 자격이 있는 인물은 오바마"라고 선언했다. 그는 매케인에 대해 "민주당 전당대회 직후 즉흥적으로 페일린을 러닝메이트로 뽑았고, 금융 위기가 터진 후에도 야단법석을 떠는 모습을 보였다"며 "광신적 즉흥주의자"라고 혹평했다. 하지만 "공화당 전당대회 직후 온 민주당이 혼란에 빠져든 와중에도 차분한 모습을 보인 오바마는 일류급 지성과 절제를 지닌 인물"이라고 극찬했다.

여성 칼럼니스트인 캐서린 파커는 페일린을 질타했다. 그는 9월 말 "페일린은 명백히 그녀의 능력이 미치지 못하는 곳에 서 있다"며 "매케인과 공화당, 그녀가 사랑하는 조국을 위해 페일린은 부통령후보에서 물러나야 한다"고 주장했다. 파커는 페일린이 부통령후보로 발탁됐을 당시 "힘과 확신을 주는 선택"이라며 칭찬했었지만, 불과 한 달 만에 기대가 실망으로 바뀌었음을 시인한 것이다.

퓰리처상을 받은 보수 칼럼니스트 조지 윌(George Will)은 "페일린 거품은 정보통신기술(IT)과 주택 가격의 무분별한 거품과 같다"며 "매케인은 분수에 맞지 않는 운동장에서 좌충우돌하는 신참내기"라고 비난했다. 그는 "공화당의 대선 티켓은 지난 10월 15일 열린 마지막 대선 후보 간 텔레비전토론으로 생명이 끊어졌다"고 평가했다.

이외에도 안 칼슨 전 미네소타 주지사, 윌리엄 웰드(William F. Weld) 전 매사추세츠 주지사, 바바라 로먼 상원의원, 켄 애들먼(Kenneth L. Adelman) 전 유엔대사, 척 헤이글(Chuck Hagel) 상원의원의 부인 릴리벳 헤이글(Lilibet Hagel) 등 공화당에 등을 돌린 인사는 손으로 꼽기에도 모자랄 정도였다. 특히 "내가 공화당을 버린 것이 아니라 공화당이 나를 버렸다"라며 오바마 지지를 선언한 크리스토퍼 버클리(Christopher T. Buckley)의 배신은 무게가 달랐다. 그는 '신보수주의의 정신적 지주' 윌리엄 버클리(William F. Buckley, Jr.)의 아들이었기에 그의 선언은 유권자들의 반발은 물론 네오콘들의 정체성 논란까지 불러왔다.(박지희 2008)

최초의 흑인 대통령 탄생

매케인은 선거 막판에 "민주당 독주를 막아달라"고 읍소하고 나섰지만, 대세를 뒤집기엔 역부족이었다. 2008년 11월 4일 오바마는 일반 득표수 6541만 2231표(52.6퍼센트)로 경쟁자인 존 매케인(46.1퍼센트)보다 800만여 표를 더 얻으면서 미국 제44대 대통령에 당선되었다. 오바마는 승리가 확정된 그날 밤 자신의 정치적 고향인 시카고의 그랜트 파크에 운집한 24만여 지지자들 앞에서 "미국에 변화가 도래했다"고 선언했다. "미국은 모든 것이 가능한 나라라는 걸 여전히 의심하는 사람들이 있다면, 우리 건국의 아버지들의 꿈이 우리 시대에도 살아 있다는 걸 여전히 의심하는 사람들이 있다면, 우리 민주주의의 힘을 여전히 의심하는 사람들이 있다면, 오늘 밤이 바로 그런 의심에 대한 답이다."(Gibbs 2008)

오바마는 다시 화합을 역설했다. 그는 "우리 정치를 그토록 오랫동안 망쳐온 당파주의와 협소함으로 다시 빠져들 유혹에 저항해야 한다. 공화당은 자립과 개인의 자유, 국가의 단결을 가치로 세워진 정당이며 그런 가치는 우리 민주당도 공유하고 있다"고 했다. 그는 "지금보다 훨씬 갈라져 있던 시절 링컨이 말했던 것처럼, 우리는 적이 아니라 친구이며 이 나라에서 우리는 한 몸으로 뜨고 진다"고 했다. 오바마는 "우리의 답변(선거 결과)은 청년과 노인들, 부자와 가난한 사람들, 흑인, 백인, 히스패닉, 아시아계와 아메리카 원주민들, 동성애자와 이성애자, 장애인과 비장애인 모두의 것"이라고 강조했다. 그는 "세계를 분열시키는 사람들, 나는 그들을 패배시킬 것이다"라면서 화합의 기운을 미국 밖으로도 전파하겠다고 했다.(김외현 2008, 이기홍 2008)

비슷한 시각 매케인은 지지자 수천 명이 운집한 애리조나 주 피닉스(Phoenix)의 빌트모어호텔에서 아내 신디 여사와 함께 연단에 올라 "오바마 의원이 대단한 일을 해냈다"며 축하인사를 보내고 "그가 대통령 선거에 관심이 없던 수백만 명의 미국인에게 희망의 영감을 불어넣은 것을 높이 평가한다"며 칭찬을 아끼지 않았다. 매케인은 "오바마 의원이 여러 도전을 헤치고 우리를 이끌 수 있게 그를 도울 것을 약속한다"고 말했다. 매케인은 오바마를 언급할 때 지지자들이 야유하자 손사래를 치며 기품 있는 자세를 주문하는가 하면 "오늘 밤에는 실망하는 것이 당연하지만 이 실패는 나의 것"이라며 지지자를 위로하기도 했다.(송용창 2008)

오바마의 당선에 흑인들은 울었다. 오랜 차별과 핍박의 설움을 눈물 속에 녹여냈다. 흑인 영화감독 스파이크 리(Spike Lee)는 "우리의 시대는 BB(Before Obama; 오바마 이전)와 AB(After Obama; 오바마 이후) 시대로 구분될 것"이라고 말했다. 『뉴욕타임스』 칼럼니스트 토머스 프리드먼(Thomas L. Friedman)은 "2008년 11월 4일 밤 11시가 약간 지난 시각, 흑인 후보 버락 후세인 오바마가 차기 대통령이 되기 위해 필요한 선거인단을 확보한 이 순간, 남북전쟁이 137년 만에 막을 내렸다"고 했다.(정영오 2008a) 또 다른 『뉴욕타임스』 칼럼니스트 찰스 블로우(Charles M. Blow)는 이런 웅변을 토했다.

"역사는 그 밤을 이렇게 기록할 것이다. 살아 있건 죽었건, 흑인들의 영혼은 울었다. 그리고 웃고 아우성을 치고 춤을 추었다. 400년 동안 억눌렸던 감정을 발산하면서, 그들은 대서양 바닥에 뿌려진 시체들, 가족들은 흩어지고 이름은 지워진 사람들의 영혼이었다. 그들은 알고 있었다. 몽둥이를 든 사내들의 습격을 받고, 횃불이 던져진 집에 갇히고, 거친 밧줄 끝에 매달릴 적의 공포를. 그들은 알고 있었다. 남이 뱉은 침이 그들의 얼굴에 흘러내리고, 황혼의 나이가 되도록 어린 아이로 다루어지고, 신이 그들에게 준 아름다움 때문에 조롱과 멸시를 받을 때의 굴욕감을."(김종철 2009)

오바마의 꾀

허나 "미국이 대통령 하나로 바뀔 수 있는 나라인가. 그는 곧 보수 기득권 세력의 품 안에서 놀게 될 것이다"라고 냉소의 시각을 보내는 이들이 많았거니와 그런 냉소가 실현될 가능성이 높은 것도 사실이었다. 그러나 중요한 건 그가 대통령에 당선되었으며, 이는 거의 모든 이들이 불가능한 일로 여겨왔다는 사실이다.

슬라보예 지젝(Slavoj Zizek 2010)은 "오바마의 진정한 비극은 그가 자본주의의 궁극적 구세주, 따라서 위대한 보수적 미국 대통령 중 한 사람으로 판명될 가능성이 아주 높다는 것이다"라며 다음과 같이 말한다. "강경우파 애국주의자로 통하는 보수주의자만이 해낼 수 있는 진보적인 일들이 있다. 드골만이 알제리의 독립을 허용할 수 있었고, 닉슨만이 중국과 국교를 수립할 수 있었다. 이 두 가지 경우에 만일 진보적 대통령이 그런 일을 했다면 그는 국가의 이익을 배반한다든지 원칙을 버리고 공산주의자 혹은 테러리스트들과 타협한다는 등의 즉각적 비난에 직면했을 것이다. 오바마의 곤경은 정확히 그 반대인 듯하다. 그가 '진보주의자'로 통한다는 사실이 체제를 안정화하는 데 필요한 '구조 재조정'을 강제할 수 있게 그에게 힘을 싣고 있는 것이다."

지젝은 그렇게 보면서도 오바마의 가치를 인정한다. "노예제와 그 철폐를 위한 투쟁의 긴 '과거'에 대한 기억이 반향하고 있는 징표, 바로 '지금'의 변화를 보여주는 사건, '미래'의 성취에 대한 희망"이라는 역사적 징표로서 의미가 있다는 것이다. "오바마의 승리가 전 세계에 걸쳐 그와 같은 보편적 열광을 불러일으켜서 베를린에서부터 리우데자네이루에 이르는 도시에서 사람들이 거리에 나와 춤을 춘 것도 이상할 것이 없다. 걱정이 앞선 많은 진보주의자들의 경우까지 포함하여 사람들이 문을 닫고 뒤에서 표했던 모든 회의(공공연히 부인되었던 인종차별주의가 투표소의 은밀한 공간에서 다시 출현하면 어떡하느냐 하는 문제)는 잘못된 것으로 드러났다."

미국 『타임』 칼럼니스트 조 클라인(Joe Klein 2008)은 오바마의 대통령 당선과 관련해 "오바마가 금융 위기 때문에 승리했다고 말하는 사람들은 진실의 반만 말한 것이다. 오바마는 신중하고 성숙한 방식으로 위기에 대응했기 때문에 이긴 것이다"라고 했다.

이 또한 진실의 전부는 아니리라. '화합'이라고 하는 오바마의 프레임을 빼놓곤 그의 승리를 이야기할 수 없다. 오바마가 '뛰어난 마키아벨리'라는 말을 들을 정도로 동물적인 정치 감각에 능하다는 걸 잊어선 안 될 것이다. 국민 통합과 화합은 오바마의 경쟁자인 존 메케인이 쓸 수 있는 프레임은 아니었다. 그건 오직 흑인인 오바마만이 쓸 수 있는 카드였다.

민주당 경선에서도 선거의 교과서적 원칙에 따르자면, 오바마보다는 경쟁자인 힐러리 클린턴이 진실의 편에 더 가까이 있었다. 무엇이 옳건 그르건 힐러리는 명백한 이슈와 정책을 말한 반면, 오바마는 '레토릭'의 대성찬만 벌였을 뿐이다. 오바마는 '담대한 희망(The Audacity of Hope)'을 말하곤 했지만 도대체 무엇을 희망한다는 것인지 특정한 내용을 전혀 말하지 않았다. 오바마는 뉴햄프셔 연설에선 마지막 3분 동안 "우리는 할 수 있습니다(Yes, we can~)"를 12회나 반복하는 등 시종일관 레토릭의 마술로 유권자들을 사로잡았다.(Zizek 2010, 최을영 2008)

오바마는 재시 잭슨이 지적한 '구조적인 문제를 도외시한 채 도덕적 문제만 언급하는 오류'를 오히려 정치적 자산으로 삼은 셈이다. 이게 바로 오바마의 꾀다. 진실은 잭슨의 편이지만, 정치는 진실 게임은 아니다. 백인들이 불편해하는 지점을 포착하고 그것을 포용하지 않는 한 흑인 대통령의 탄생은 불가능하다는 걸 오바마는 꿰뚫어 본 것이다.

아니, 어쩌면 그건 진짜 흑인들은 알 수 없는, 오바마와 같은 혼혈인만이 누릴 수 있는 각성이자 지혜였는지도 모른다. 그는 자서전에서 "흑과 백의 두 세상에서 줄을 타는 법을 익혔다"고 하지 않았던가. 재시 잭슨은 원초적으로 결코 넘볼 수 없는 경지였으리라. 그렇다고 오바마가 빈껍데기라는 뜻은 결코 아니다. 오늘날의 미국에 필요한 건 '이성'보다는 '감성'이며, 화합은 감성의 축제임을 이해할 필요가 있다.

노벨경제학상 수상자인 폴 크루그먼(Paul Krugman)은 『뉴욕타임스』에 기고한 칼럼에서 "첫 흑인 대통령에 감동하지 않거나 눈물이 나오지 않는다면 뭔가 문제가 있는 것"이라고 말했다. 옳은 말이다. 그렇다. 정치의 최고 경지는 '감동과 눈물'이다. 오바마가 한국에 주는 교훈도 바로 여기에 있다 하겠다. 세상을 살다 보면 "감동과 눈물 후엔?"이라는 냉정한 의문은 잠시 접어두는 게 좋을 때도 있는 법이다.

참고문헌 Gibbs 2008, Klein 2008·2008a, Libert & Faulk 2009, Obama 2007·2008, Tirman 2008, Zizek 2010, 강경희 2008, 강주화 2008, 김민아 2008, 김성수 2009, 김순배 2008, 김외현 2008, 김정안 2008, 김종철 2009, 김택환 2009, 김학순 2008, 류재훈 2008·2008a, 문성호 2008, 박용근 2008a, 박지희 2008, 서수민 2008, 송용창 2008, 송호근 2008, 양상훈 2008, 여현호 2009, 우태희 2008, 이국배 2008, 이기홍 2008, 이승철 2008, 이용수 2008a·2008b, 이춘재 2008, 이하원 2008a, 정영오 2008a, 정인환 2008, 정재홍 2008b, 정환보 2008, 최우석·이하원 2008, 최을영 2008, 하태원 2008a·2008b·2008c, 홍준호 2008, 황유석 2008·2008b

오바마의 대통령 취임
공화당의 지리멸렬

'오바마 드라마'

버락 오바마가 미국 역사 232년 만에 흑인으로는 처음으로 대통령에 당선된 다음 날인 2008년 11월 5일, 미국 각지에서는 신문 품귀현상이 빚어졌다. '흑인 대통령 당선'이라는 역사적인 사건은 신문이 배달되기 몇 시간 전에 이미 인터넷과 방송을 통해 알려졌다. 하지만 신문을 통해 다시 확인하고, 또 그 신문을 역사의 기록으로 보관하고 싶어 하는 사람들이 몰리면서 미국의 신문 판매대에는 신문이 없어 못 파는 일이 속출했다.

『워싱턴포스트』는 11월 5일자 신문을 평소보다 30퍼센트나 더 많이 찍었지만 가판에 배달된 지 한 시간 만에 동났다. 이날 오후 35만 부의 『워싱턴포스트』 '특별판'이 나온다는 소식이 전해지자 신문을 판매하는 워싱턴 시내 약국과 가판대에는 신문을 사려는 인파들로 장사진을 이루는 기현상이 벌어졌다. 『워싱턴포스트』는 인터넷판에서

"이날 워싱턴 시내버스 안에서는 '당신이 보고 있는 5일자 WP를 20달러에 살 수 없겠느냐'는 이야기가 오고 갔다"고 전했다.

『뉴욕타임스』도 평소보다 5만 부를 더 발행했으며 『USA 투데이(USA Today)』는 50만 부, 『시카고트리뷴(Chicago Tribune)』은 20만 부를 추가 발행했다. 온라인 경매 사이트인 이베이(eBay)에서는 '오바마 당선 특집판 『뉴욕타임스』'의 경매가격이 100달러까지 올라갔다. 『워싱턴포스트』를 구하기 위해 『워싱턴포스트』 본사 앞에서 줄을 서 있던 한 흑인은 "갓난아기인 내 아들은 오늘 미국 흑인들에게 얼마나 중요한 역사적인 일이 벌어졌는지 기억하지 못할 것"이라며 "나는 언젠가 (오바마 당선을 전하는) 『워싱턴포스트』 5일자 신문을 아이에게 쥐어주고 읽어주겠다"고 말했다. (염강수 2008)

오바마가 불가능해 보이는 것도 가능하다는 걸 입증해보임으로써 많은 사람들에게 희망을 주면서 덩달아 '아메리칸 드림'마저 되살아나는 듯 했다. 캘리포니아 대학생 조시 윌리엄스는 "흑인 초선 상원의원인 오바마를 대통령으로 뽑은 미국은 인종 문제를 극복할 수 있다는 걸 보여 줬다. 오바마는 아메리칸 드림이 살아 있다는 걸 증명했다"고 말했다. (이상일 2008)

축제엔 관성의 법칙이 있는 법. '오바마 드라마'를 더욱 흥미롭고 감동적으로 만들 수 있는 이야기들도 무성하게 쏟아져 나오기 시작했다. 『뉴스위크(News Week)』가 밝힌 대선 비화에 따르면, 미셸 오바마(Michelle L. Obama) 여사는 남편의 대선 도전을 허락한 직후에도 불안한 심경을 털어놓곤 했다. 가까운 지인들에게 "혹시 내 남편을 함정에 빠뜨리려는 음모 같은 것은 아니냐?"는 질문을 던지곤 했다는 것이

앨 고어(사진)는 백인에, 중후한 남성 후보를 갈망하는 미국 유권자들의 심리를 파고든 인물이었다. 오바마의 경우, 혼혈 흑인이라는 점과 하버드대 로스쿨 이력이 흑인 정치가에 대한 백인 유권자의 편견을 희석하는 작용을 했다. ⓒ Qqqqqq (talk)

다.(김정안 2008a)

그러나 오바마는 백인 유권자의 44퍼센트로부터 지지를 얻었다. 존 케리(John F. Kerry), 앨 고어(Al Gore), 빌 클린턴보다도 높은 수치였다. 남아프리카공화국의 데스몬드 투투(Desmond Tutu) 주교는 『워싱턴포스트』(2008.11.9) 기고에서 "아프리카인들 뿐 아니라, 서구의 백인들에게 차별 받았던 세상 모든 사람이 자신이 누구인지에 대해 새로운 긍지를 갖는다"며 "검은 피부색의 사람이 세계 최강대국의 지도자가 될 수 있는데, 그 무엇이 어린이들이 스타가 되려는 꿈을 막을 수 있겠는가?"라고 물었다.(조일준 2008a)

그럼에도 한 가지 흥미로운 점은 있었다. 흑인과 백인 거주지가 분리되어 있을 정도로 인종차별이 심한 사우스캐롤라이나 주에서는 오바마가 승리를 거두었지만, 흑인과 백인이 관공서와 대중교통 등을 함께 뒤섞여 이용하고 있는 뉴욕이나 캘리포니아(California) 주 같은

제1장 오바마 시대의 개막 65

곳에서는 오바마가 패배했다. 흑인과 백인이 바로 이웃에서 섞여 살면 백인이 오바마를 지지하긴 힘들다는 분석이 나왔다.(문성호 2008)

오바마가 진짜 흑인가 하는 의문도 새삼 제기되었다. 나중에 밝혀졌지만, 대선 당시 민주당 상원 대표인 해리 리드(Harry M. Reid) 상원의원은 어느 기자에게 "오바마 후보는 피부색이 옅고, 니그로 방언을 쓰지 않기 때문에 미국인들이 받아들일 수 있다"는 취지의 말을 했다. 이 말은 오바마의 출마를 옹호하는 맥락에서 나온 말이었지만, 의미심장한 건 분명하다.

조지 부시의 퇴임

2008년 11월 11일 부시 대통령은 대선(11월 4일) 이후 처음으로 CNN과 가진 인터뷰에서 "나는 '죽여서든 살려서든(dead or alive)' 이나 '한판 붙자(bring' em on)' 등 대통령으로서 하지 말았어야 할 말을 한 데 대해 후회하고 있다"고 말했다. 그는 2001년 9·11테러 직후 알카에다 지도자 오사마 빈 라덴을 "죽여서든 살려서든 잡아 오라"고 말했으며, 또 2003년 이라크에서 미군의 희생이 늘어나자 이라크 반군을 향해 "한판 붙자"고 말해 물의를 빚은 바 있다.(Time 2008)

뒤늦게나마 반성을 한 건 평가할 일이었지만, 어디 반성할 게 그것 하나뿐이었겠는가. 2008년 12월 2일 시사주간지 『뉴스위크』는 인터넷판에서 "부시와 같이 충성을 위주로 고위직을 선발한 대통령은 실패했다"고 보도했다. 충성스러운 측근은 복잡한 정부 부처를 운영할 전문성이 없는 경우가 많기 때문이다. 또 측근들에 둘러싸여 있으면 대통령이 고언을 들을 수 없어 국정을 잘못 운영할 수 있고, 내부 비리

퇴임식 후 백악관을 나서는 부시. 퇴임 후 부시는 자서전 집필, 지진구호금 모금, 댈러스 소재 대통령도서관 및 싱크탱크인 '조지 부시 학회' 설립에 관여해왔다.

도 쉽사리 드러나지 않는다는 것이다.(정재홍 2008)

부시 자신의 이분법도 변함없었다. 부시는 2009년 1월 15일 백악관을 떠나면서 한 고별 연설에서 "제가 선과 악에 대해 자주 언급하는 것이 불편한 사람들도 있겠지만, 선과 악은 이 세계에 분명히 존재하고 있으며 양자 간의 타협은 있을 수 없습니다"라고 말했다.(권용립 2010)

부시의 그런 이분법은 정신 질환인가? 설사 그렇다 하더라도 부시가 속상해 할 일은 아니었다. 2006년 2월 미국 듀크대학 메디컬센터 정신병 의사들이 내놓은 연구 결과는 의미심장하다. 이 연구 결과에 따르면, 미국의 역대 대통령 가운데 거의 절반에 가까운 수가 정신질환을 앓고 있었으며, 정신질환 종류로는 우울증이 가장 많았다고 한

취임 행사 저녁, 부인 미셸과 춤을 추는 오바마. 미국에서는 대통령 취임식에 대통령 부부 및 참가자들이 무도회(inagural ball)를 연다.

다. 듀크대학의 조너선 데이비드슨 박사는 이 같은 연구 결과에 대해 "우울증이나 다른 정신적 문제로 고통을 받고 있는 사람들도 대통령직을 수행할 수 있다는 점이 증명된 것은 희망적"이라는 해석을 내놓기도 했다.(고태성 2006b)

대통령들만 그렇겠는가? 미국의 '대통령 신화'는 미국 국민과의 합작으로 보아야 하지 않을까? 2009년 1월 18일 AP통신은 "오바마 대통령 당선자의 취임식과 사전 행사에 들어가는 비용이 1억 5000만 달러(약 2046억 원)로 예상돼 역대 최고를 기록할 전망"이라며 "그럼에도 4년 전 조지 부시 대통령 취임식 때 간소한 취임식을 주문했던 민주당 의원들은 이번에는 입을 다물고 있다"고 지적했다. 경제를 살리기 위해 구제금융이 집행 중인 상태에서 오바마가 그토록 엄청난 국민 혈세를 취임식 행사에 낭비하는 것은 적절치 않다는 비판이 제기되었다. 그렇지만, 그건 하나는 알고 둘은 모르는 말이다. 대통령이라는 인간이자 제도 자체가 '드라마'요 '스펙터클'이기 때문이다.

그런 드라마의 작가 역할은 싱크탱크(think tank)가 맡았다. 오바마의 인재 및 정책 창고로 브루킹스 연구소(Brookings Institution), 미국진보센터(CAP; Center for American Progress), 신미국안보센터(CNAS) 등 세 개의 싱크탱크가 부각되었다. 이 중에서도 브루킹스가 가장 큰 주목을 받았다. 1927년 기업가인 로버트 브루킹스(Robert S. Brookings, 1850~1932)의 이름을 따 창설된 브루킹스의 연구 결과는 대선기간 중 곧 오바마 캠프의 공약으로 이어졌다. 대선을 한 달 앞둔 2008년 10월, 「차기 미국 대통령이 당면할 10대 국제 문제」라는 보고서를 발표한 곳도 브루킹스였다. 제이슨 퍼먼(Jason Furman) 전 브루킹스 수석연구원을 비롯하여 여러 브루킹스 출신들이 오바마 캠프에서 핵심 참모 역할을 했다.(이하원 2008b, 하윤해 2008)

반면 보수 성향의 싱크탱크들은 와신상담(臥薪嘗膽)에 들어갔다. 보수주의 싱크탱크의 장자(長子) 격인 헤리티지 재단(Heritage Foundation)의 에드윈 풀너(Edwin J. Feulner) 이사장은 "미국 공화당의 실패를 보수주의의 실패와 동일시하면 안 된다"며 헤리티지 재단이 보수주의 확산을 위해 더욱 매진하겠다는 입장을 밝혔다. 그는 보수주의 전파를 위해 헤리티지 재단의 운영 예산을 60퍼센트 이상 늘렸다며 앞으로 이 예산을 미국의 국민들에게 보수주의 이념을 전파하는 데 쓸 것이라고 말했다. 부시 행정부에서 네오콘의 산실이었던 미기업연구소

(AEI)는 조직 개편을 했고, 네오콘의 또 다른 축을 이뤘던 허드슨 연구소는 취임하기 전부터 오바마의 정책을 비판하고 나섰다.(이하원 2008)

싱크탱크의 정권교체와 더불어 애국심의 정권교체도 일어났다. 『인터내셔널헤럴드트리뷴(International Herald Tribune)』(2009.1.6)은 오바마가 대통령에 당선된 뒤 미국 좌파들 사이에 신(新)애국주의 성향이 나타나고 있다고 보도했다. 대학 운동권 출신으로 『1960년대 버클리』라는 책을 쓴 조 프리먼은 "미 정부에 대해 의식적으로 반대하는 게 좌파의 전통이었지만 오바마가 당선되면서 미국이 하는 모든 것을 의심만 하던 사람들은 이제 그렇게 하는 게 힘들어졌다"고 말했다. 제러미 배론 드류대학 교수는 "좌파의 신애국주의는 한때 무시되던 헌법, 정당한 법 절차 등이 얼마나 중요한지 대중이 인식하는 과정에서 나타난 것"이라고 말했다.(방현철 2009)

오바마의 대통령 취임

2009년 1월 20일 오바마가 제44대 대통령에 취임했다. 취임 직전 『워싱턴포스트』(WP)와 ABC의 여론조사에서 국민 지지율은 80퍼센트였다. 1930년대 이후 역대 대통령 중 가장 높은 수치다. 대선에서 승리한 직후인 2008년 11월의 67퍼센트, 12월의 76퍼센트에서 갈수록 높아지고 있었다. 이런 높은 인기는 나중에(2009년 8월) UCLA가 펴낸 속어사전에 반영된다. 이 속어사전에 실린 'obama'라는 단어는 미국 젊은 층이 가장 즐겨 쓰는 단어의 하나인 'cool'을 대신하는 유행어로 "You are so obama"라고 하면 '성격이 깔끔하다, 언행이 멋지다'라는 칭찬을 뜻한다나.(이유식 2009a)

미국 사상 첫 흑인 대통령이 된 오바마.

취임식 관람객이 300만 명에 육박할 정도로 몰린 가운데 오바마는 17분간의 취임사를 통해 미국이 당면한 국내외 도전을 열거하며 "정부의 책임성과 미국인의 봉사 정신에서 새 시대를 열자"고 호소했다. 오바마는 "미국은 평화와 존엄을 추구하는 모든 사람과 어린이, 나라의 친구"이며 "우리는 다시 한번 선도(先導)할 준비가 됐다"고 말했다. 이를 위해 "파시즘과 공산주의를 극복했던 앞선 세대처럼 힘을 신중하게 사용해야 한다"고 강조했다. 그는 또 미국은 "젊지만 유치한 행동(childish things)은 그만둘 때가 됐다"는 말도 했다. 자신의 연단에서

제1장 오바마 시대의 개막

불과 몇 미터 떨어져 앉아 있는 조지 부시 전 대통령의 '일방주의'와 분명한 단절을 선언한 것이다. 오바마가 취임사에서 가장 많이 사용한 단어는 15번 등장한 '국가(nation)'였으며, 미국(America)'은 아홉 번, '국민(people)'은 여덟 번 등장했다.(김민아 2009b, 이하원 2009b)

"우리는 '전례 없는' 조치가 요구되는 '전례 없는' 위기 속에서 올해와 이 정부를 시작한다." 오바마가 취임 후 한 첫 주례연설에서 한 말이다. 오바마는 이후에도 계속 '전례 없는(unprecedented)'이라는 말에 집착했고, 급기야 미 정치전문지 『폴리티코』는 2009년 11월 "오바마 대통령은 '전례 없는'이라는 단어에 중독됐다"는 진단을 내놓는다. 오바마는 취임 후 10개월간 연설이나 선언, 성명서 등에서 이 단어를 126번이나 사용했다는 것이다. 전임 조지 부시 대통령이 8년 임기 동안 262번을 사용한 것과 비교하면 대단히 자주 사용하는 셈이라는 주장이다. 『폴리티코』는 오바마가 전례 없다고 표현한 것 중에는 '전례 있는' 일들도 있었다고 지적하면서 "오바마의 빈번한 '전례 없는' 단어 사용은 과도한 기대감을 불러일으킬 위험이 있다"고 분석했다.(이혜운 2009c)

오바마가 취임 후 처음으로 서명한 중요한 정책 집행은 총 7870억 달러에 이르는 경기부양 법안을 통과시킨 일이었는데, 이는 기업 로비스트는 물론이고 모든 대기업들이 적극적으로 지지한 법안이어서 선거 시의 오바마 지지자들 중 상당수를 분노하게 만들었다. 중립적인 시민감시단체인 책임정치센터(Center for Responsive Politics)는 오바마는 정치활동이 가장 왕성한 10개 기업 가운데 아홉 개 기업에서 공화당 후보보다 더 많은 정치자금을 받았다는 걸 지적하면서, 오바마

가 거대기업의 도움으로 백악관에 입성했다고 밝혔다.(Carney 2010)

무엇보다도 선거가 끝난 지 사흘 만에 오바마가 자신의 비서실장에 람 이매뉴얼(Rahm I. Emanuel)을 앉혔을 때 일부 진보파는 '속았다'를 외쳤다. 오바마가 자신의 정적(政敵)이었던 힐러리를 국무장관에 발탁한 것은 '통 큰' 결단으로 긍정적인 평가를 받았지만, 이매뉴얼 발탁은 정반대의 평가를 받은 것이다. 『시카고트리뷴』은 이매뉴얼을 "돈과 권력 그리고 정치의 수상쩍고 비밀스러운 교차로"라고 묘사했는데, 티모시 카니(Timothy P. Carney 2010)는 "이는 오바마노믹스를 적절히 표현한 문구"라고 주장했다. 카니가 정의하는 '오바마노믹스'는 "새로운 규제, 세금, 보조금을 만들기 위해 거대기업과 정부가 제휴하는 정치전략"을 말한다.

그러나 2월 26일 오바마가 2010 회계년도 연방정부 예산안을 발표하자 『뉴욕타임스』 등 미국 언론은 '계급전쟁'이 시작됐다고 분석했다. 예산안은 부유층의 세금을 더 걷어, 중산층 이하를 돕는 '부의 재분배'에 핵심이 맞춰졌기 때문이다. 향후 10년간 부유층에는 6560억 달러의 세금을 더 걷지만, 중산층 이하에는 1490억 달러를 깎아준다는 내용이었다. 보수진영은 격렬히 반발했다. 존 보너(John A. Boehner) 하원 공화당 원내대표는 "큰 정부 시대가 돌아왔다"며 "민주당은 당신에게 그 비용을 지급하라고 요구하고 있다"고 비판했다.(김순배 2009c)

오바마는 이른바 '좌우(左右) 협공'에 처한 셈이다. 보수파는 오바마를 사회주의자로 비난한 반면, 진보파는 정반대의 비난을 했다. 민주사회주의를 표방하는 미국 사회당 기관지 『더 소셜리스트(The

Socialist)』의 편집장 빌리 워튼은 오바마는 국민 5퍼센트가 국부의 85퍼센트를 농단하는 자유시장에 충성을 다하고 있는 신자유주의 세대의 '헤지펀드 민주당원'일 뿐이라고 평가했다. 그는 오바마가 2010년 8월까지 이라크 철군을 약속하면서도 병력 5만 명을 남기는 것은 물론 아프간과 파키스탄으로 확전을 기도하고 있다면서 "사회주의자라면 이라크 완전철군은 물론 아프간에 3만 명의 추가병력 대신 3만 명의 학자나 엔지니어를 보낼 것"이라고 꼬집었다.

『뉴욕타임스』는 오바마가 사회주의자(보수파의 평가), 타협주의자(좌파의 평가), 실용주의자(오바마 측근들의 평가) 등 3색 평가를 받고 있다면서 어떠한 기존 이념의 상표도 거부한 채 사안에 따라 우군을 선택하는 '오바마주의'가 윤곽을 드러내고 있다고 분석했다. 정부의 경제개입 및 부의 재분배 소신에서는 진보층에서, 조지 부시 대통령의 테러와의 전쟁 및 안보의 가치를 상당부분 물려받은 점에서는 보수층에게서 지지를 받는 등 다양한 철학의 혼합체라는 것이다.(김진호 2009)

러시 림보가 '공화당의 지도자'

2009년 4월 28일 공화당의 5선 중진인 앨런 스펙터(Arlen Specter) 상원의원이 민주당으로 당적을 옮기며, 미국 정계를 뒤흔들었다. 스펙터 의원의 합류로 상원에서 민주당 의석수는 59석으로 늘어났다. 미 언론들은 29일로 취임 100일을 맞은 오바마 대통령이 '특별 선물'을 받았다고 평했다. 오바마 대통령은 스펙터에게 곧장 전화를 걸어 "전폭적으로 지지할 것"이라고 약속하며 "전율을 느낀다"고 말하는 등 기쁨을 감추지 못했다.

반면 위기의 공화당은 '결정타'를 맞은 셈이 됐다. 정치전문지 『폴리티코』는 최근 갤럽의 여론조사에서 공화당 지지율이 역대 최저인 28퍼센트로 떨어졌고, 스펙터의 탈당으로 오바마의 정책 추진을 막을 수단도 사라진 것은 "공화당 몰락의 징후"라고 해석했다. 이에 분노한 공화당 전국위원회 의장 마이클 스틸(Michael Steele)은 자신보다 28년 연상인 스펙터를 겨냥해 "나는 그의 어머니가 그를 그런 식으로 키우진 않았을 것이라고 믿는다"고 독설을 퍼부었다. 스틸은 5월 공화당 지도부 모임에서 행한 연설에선 공화당의 미래와 관련해 "과거 공화당이 저지른 실수를 사과하는 시대는 이제 공식적으로 끝났다. 그간 충분했다"고 주장했다.

2009년 6월 30일 미네소타 주 대법원이 2008년 11월 대선과 함께 치러진 총선에서 미네소타 주 연방 상원의원으로 알 프랑켄 민주당 후보가 승리한 것으로 판결함으로써 민주당은 상원에서 60석을 확보하게 됐다. 290만 명이 투표한 총선에서 코미디언 출신의 프랑켄 후보가 공화당의 현역 의원 노먼 콜맨을 225표 앞선 것으로 나오자 콜맨 후보 측이 부재자 투표 재검표를 요구하며 소송을 제기, 선거 결과 판정은 법원 몫으로 넘어갔는데, 7개월이 넘는 법정공방 끝에 프랑켄의 당선이 확정된 것이었다. 의원 정수가 100명인 연방 상원에서 한 정당이 60석을 확보하면 소수당의 필리버스터(Filibuster; 의사진행방해)에 구애받지 않고 법안을 단독 처리할 수 있다. 공화당은 2008년엔 무려 97회, 2009년 들어서도 이미 18번의 의사진행방해 작전을 폈었다. 존 코닌 공화당 상원의원은 "민주당은 책임을 상대에게 떠미는 핑계정치를 더 이상 할 수 없게 됐다"면서도 "민주당이 60석으로 어떤 일을 추진할지 생각하면 골치 아프다"고 말했다.(정영오 2009b)

공화당이 지리멸렬(支離滅裂)하는 가운데 극우 성향의 '스타 라디오 진행자' 러시 림보(Rush H. Limbaugh III)가 공화당의 몫까지 떠맡겠다고 나섰다. 미국 언론들은 '원조 보수'를 자청하는 그를 '사실상(de-facto) 공화당의 지도자'라고 부를 정도였다. 명실상부한 구심점을 찾지 못해 헤매고 있는 공화당의 정신적 지주역할을 한다는 것이다.

지지자들 사이에서 '라디오 토크의 엘비스 프레슬리'로 불린 림보는 독일계 아버지와 스코틀랜드계 어머니 사이에서 태어났고 사우스이스트 미주리주립대학이라는 무명학교를 그나마 1년 다니다 그만둔 후 1970년대 초부터 라디오 방송 진행자로 일해왔다. 1988년에 시작한 토크쇼인 〈러시 림보 쇼(Rush Limbaugh Show)〉는 600개 라디오 채널을 통해 정오부터 3시간 동안 전국에 생방송되며 주당 청취자 수가 평균 2000만 명에 이를 정도로 막강한 영향력을 행사하고 있었다. 그의 인기는 장거리 운전이 많아 라디오 토크쇼가 크게 사랑받는 미국의 미디어 문화에서도 기인했다.

로널드 레이건 대통령을 가장 존경한다는 그는 1994년 빌 클린턴 행정부 시절 공화당이 의회를 장악하는 데 큰 기여를 했으며, 1995년에는 『타임』 커버스토리를 장식하기도 했다. 그는 미디어그룹인 클리어 채널 커뮤니케이션스와 2016년까지 8년간 4억 달러에 계약을 했는데, 연봉으로 치면 5000만 달러(약 770억 원) 수준이었다. ABC, NBC 등 4대 지상파 방송 앵커의 연봉을 합친 것보다 많고 메이저리그 연봉왕 뉴욕 양키스의 알렉스 로드리게스(2750만 달러)의 두 배 가까이나 됐다.

림보는 2009년 1월부터 "오바마 대통령이 실패하기를 바란다"고 주장해 논란을 일으켰다. 이에 흑인 첫 공화당 전국위원장인 마이클 스틸 위원장은 "선동적(incendiary)이고 분열적이고 추악한 엔터테이너일 뿐"이라고 했다가 비난여론이 일자 "그의 주장이나 리더십을 깎아내리려는 의도는 없었다. 공화당의 매우 귀중한 보수적 시각을 대변하는 그를 존경한다"고 꼬리를 내렸다.(하태원 2009)

림보는 2월 28일 CNN 등이 생중계한 보수정치행동회의(CPAC) 회의의 초청 연사로 나와 오바마 행정부가 자본주의와 시민의 자유를 부정하고 있다고 비판했으며, 3월 4일엔 오바마 대통령과 1대 1 토론을 제안하면서 "참모도, 프롬프터(prompter)도, 토론 자료도 없이 나와 토론해서 이겨보라"고 사실상 오바마를 조롱했다. 3월 1일 람 이매뉴얼 백악관 비서실장은 림보가 바로 '공화당의 지도자'라고 비꼬았다. (이하원 2009a)

림보는 회생을 노리는 공화당엔 '계륵'과 같은 존재였다. 림보는 백인·남부·고령층으로 대표되는 공화당 골수유권자를 열광시킬 뿐, 훨씬 많은 유권자의 반감을 낳았기 때문이다. 조지 부시 전 대통령의 연설문 작성을 담당했던 데이비드 프럼은 "림보 청취자들은 공화당이 선거에서 다시 승리하기 위해 끌어와야 할 중도 성향의 유권자가 아니다"라며 "우리의 핵심 유권자를 흥분시키는 전략으로는 결코 선거에서 이길 수 없다"고 지적했다.(김순배 2009b)

그러나 2012년 대통령 선거까진 아직 많은 시간이 남았으니 좀 더 두고 볼 일이었다. 게다가 미국도 한국처럼 '응징 투표'의 성격이 강한 만큼 공화당이 아무리 지리멸렬한다 해도 오바마와 민주당이 망하길 기다려보거나 아니면 림보처럼 노골적으로 "오바마 대통령이 실패하기를 바란다"고 기도하는 것도 하나의 전략이라면 전략인 셈이었다.

참고문헌 Carney 2010, Obama 2007·2008, Time 2008, 고태성 2006b, 권용립 2010, 김민구 2008b, 김민아 2009b, 김성수 2009, 김순배 2009b·2009c, 김정안 2008a, 김진호 2009, 류재훈 2009, 맹경환 2009, 문성호 2008, 방현철 2009, 염강수 2008, 이상일 2008, 이유식 2009a, 이준구 2010, 이하원 2008·2008b·2009a·2009b, 이혜운 2009c, 정상환 2010, 정영오 2009b, 정재홍 2008, 조일준 2008a, 최상연 2009a, 최우석 2009a, 하윤해 2008, 하태원 2009

제2장
미국 자존심의 시련

'자유의 여신상'에서 '관타나모 수용소'로
이라크전쟁이 삼킨 미국

'공포와 분노의 수출'

2008년 2월 12일 한국국제교류재단과 동아시아연구원(EAI) 초청으로 방한한 조지프 나이 하버드대학 교수는 서울 대한상공회의소에서 열린 강연에서 "9·11의 충격 탓에 미국은 공포와 분노를 세계에 수출해왔고, (조지 부시 행정부 시기) 미국의 외교정책은 과잉 군사화했다"고 비판하며, "이제 미국은 공포심보다는 희망을 수출해야 할 때가 왔다. (미국의) 다음 대통령은 이런 대외정책을 최우선 의제로 삼아야 한다"고 말했다. 그는 '관타나모 수용소'보다는 '자유의 여신상'이 미국의 아이콘이 돼야 한다고 역설했다.(이제훈 2008)

그랬다. 부시 행정부 기간 동안 미국의 아이콘은 분명이 '자유의 여신상'보다는 '관타나모 수용소'였다. 관타나모(Guantánamo)는 쿠바의 수도 아바나(Havana)에서 1000킬로미터 떨어진 남동쪽 끝부분에 위치해 있는 미군 기지로 121제곱킬로미터 넓이에 9000여 명의 미 해

몸이 속박된 채 노동하고 있는 관타나모 수감자들. 슬라보예 지젝은 "다른 나라들에 자신의 더러운 이면을 '아웃소싱'하는 것, 이것이 오늘날 점점 더 제1세계 민주주의가 기능하는 방식이 돼 가고 있다"고 주장했다.

군과 해병대가 주둔하고 있었다. 이곳을 미국이 사실상 소유하게 된 계기는 1898년으로 거슬러 올라간다. 아바나항에서의 미 군함 격침사건을 빌미로 미국은 당시 쿠바를 점령 중이던 스페인과의 전쟁을 선포하고 관타나모에 기지를 건설했고, 결국 수개월 만에 승리했다. 이를 통해 독립을 달성한 쿠바는 1903년 관타나모를 미국에 영구 임대한다는 조약을 미국과 체결했다. 임대료는 연간 2000달러였으며, 1934년에 4085달러로 올랐다.

미국은 기지 일부를 쿠바와 아이티 난민을 수용하는 데 써오다가 9·11테러 사건이 터진 이후에는 테러 용의자들을 수용 및 심문하는 시설로 활용했다. 관타나모 수용소가 세인의 관심을 끌기 시작한 것은 2002년 11월 수용소 사진이 공개됐을 때였다. 손과 발이 묶이고, 눈과 귀는 가려진 채 주홍색 수의를 입고 무릎 꿇려진 수감자들 모습은 충격이었다. 이들에게는 변호사 접견권도 허용되지 않아 인권을 주창하는 미국의 이율배반적인 행태에 비난이 쏟아졌다. 2006년에는 테러 용의자로 오인 받아 관타나모 수용소까지 끌려가 2년간 억류됐던 파키스탄계 영국인 세 명의 실화를 다룬 〈관타나모로 가는 길(The Road To Guantanamo)〉이라는 영화가 만들어져 구타와 고문 등 인권 유린문제가 다시 한번 국제사회 현안으로 떠올랐다.(김진홍 2009)

2007년 8월 피델 카스트로(Fidel Castro) 쿠바 국가평의회 의장은 쿠바 공산당 기관지 『그란마(Granma)』에 「제국과 독립된 섬」이라는 제목으로 실은 글에서, 쿠바가 관타나모 해군기지 터를 미국에 임대해주고 받은 대가는 50여 년간 단돈 4085달러(약 388만 원)라고 밝혔다. 그는 관타나모 기지터는 "불법적으로 강탈당했기 때문에" 임대료 수령을 거부하고 있지만 한 차례 예외가 있었는데, 1959년 풀겐시오 바티스타(Fulgencio Batista) 정권을 무너뜨린 혁명 직후의 혼란기에 실수로 4085달러를 받았다는 것이다. 그는 수표로 된 이 임대료를 자신의 책상서랍에 보관 중인 것으로 알려졌다.

카스트로 의장은 특히 관타나모 기지가 '테러와의 전쟁' 포로들을 불법 구금하는 수용소로도 쓰이는 것에 대해 "인간성을 모욕하고 더러운 일을 하는 데 이용되고 있다"며 항의했다. 당시 관타나모 기지에는 아프가니스탄과 파키스탄 등 이슬람권에서 붙잡혀온 테러 용의자 3555명이 길게는 7년째 아무런 사법 절차 없이 수감돼 있었다. 카스트로는 또 자신의 사후를 대비해 관타나모 기지에 쿠바 난민 수용시설을 만들려는 미국의 계획도 비난했다.(이본영 2007)

'군·산·언(軍産言)복합체'의 승리

2008년 초 『뉴욕타임스』는 미 국방부가 이라크전쟁의 정당성을 알리기 위해, 군 출신 인사 75명을 언론에 군사전문가로 대거 등장시켜 전쟁에 우호적 발언을 하게 유도하는 홍보 전략을 추진 중이라고 보도했다. 그 실체는 11월에 가서야 드러났다. 『뉴욕타임스』(2008.11.30)는 "미 육군 4성(星) 장군 출신인 배리 매카프리(Barry R. McCaffrey)가 미국 CNBC에서 군사평론가로 활동하면서, 지난 수년간 '군·산·언(軍産言)복합체'의 실체를 보여줬다"고 보도했다. '군·산·언복합체'란 퇴역 장군 출신 등이 군수업체를 위해 국방부를 상대로 로비하고, 언론에는 국방부의 정책을 홍보하는 군사 전문가로 등장하는 식으로, 국방부와 군수업체, 언론 모두의 이해가 맞물리는 관계를 뜻한다.

『뉴욕타임스』는 "매카프리가 작년 6월 장갑차를 생산하는 한 군수업체와 컨설팅 계약을 맺은 뒤, 이라크 주둔 미군 사령관에게 이 회사 장갑차를 구매해 달라는 내용의 서한을 보냈다"고 보도했다. 이어서 매카프리는 CNBC에 출연해 자신이 로비하는 미군 사령관을 극찬하는 내용의 논평을 했고, 미 의회에도 이라크 주둔 미군이 훨씬 많은 장갑차가 필요하다는 내용의 증언을 했다. 매카프리는 자신이 군수업체의 로비스트로 일한다는 사실을 방송사나 의회에도 숨겼다. 또한 그는 군수업체에 투자하는 한 사모(私募)펀드를 위해 일하면서 고액 연봉을 챙겼고, 방송에 나와서는 그 펀드가 투자하는 군수업체에 유리한 평론을 했다.(박용근 2008)

2008년 3월 이라크전쟁 5주년(3월 20일)을 맞아 영국 『인디펜던트(Independent)』(2008.3.16)는 이라크전의 대표적인 패배자로 미국 부시 대통령과 네오콘, 토니 블레어 전 영국 총리를 꼽았다. 부시 대통령은 퇴임을 앞두고 역대 대통령 중 가장 낮은 지지율(19퍼센트)을 기록한 대통령이라는 불명예를 안게 됐다. 이라크전쟁의 명분이었던 대량살상무기(WMD)는 흔적도 찾지 못했고, 처형된 사담 후세인 전 이라크 대통령과 국제 테러조직 알카에다의 연계설도 근거 없는 것으로 밝혀졌다. 블레어 전 영국 총리는 '부시의 애완견'이라는 모욕과 명분 없는 전쟁에 앞장섰다는 비판을 받으며 지난해 총리직에서 물러났다. 전쟁을 주도했던 미국 네오콘은 대부분 권좌에서 밀려났다.

반면 이란과 알카에다, 미국의 민간 군수업체는 승리자로 지목됐다. 당시 이라크에서는 300개 군수업체의 직원 16만 명이 일하고 있었는데, 이 중 5만 명은 민간 경호업체 직원이었다. 미국 정부가 민간 경호요원 한 명에게 지출하는 연간 비용은 44만 5000달러(약 4억 4000만 원)에 달했다. 이란은 이라크전쟁의 최대 수혜자가 됐다. 이란을 적대시했던 사담 후세인 정권은 무너졌고, 이란을 추종하는 이라크 내 시아파 이슬람 세력이 권력을 장악했기 때문이다. 알카에다도 미국이 이라크에 몰두하는 동안 아프가니스탄에서 조직을 재건하고 세력을 확대하는 성과를 거뒀다. 또 고조된 반미 감정 덕분에 이라크 등 세계 각지로 세력을 넓힐 수 있었다.(김민구 2008)

이라크전쟁의 비용

미국이 이라크전을 개시하기 6개월 전인 2002년 9월, 백악관 경제담당 보좌관 래리 린지(Lawrence B. Lindsey)는 전쟁 비용이 2000억 달러(약 203조 원)에 이를 것이라고 추정하자, 당시 국방장관 도널드 럼스펠드는 '헛소리'라며 린지를 백악관에서 내몰았다. 럼스펠드가 스스로 추산한 전쟁 비용은 500억~600억 달러에 불과했기 때문이다. 그런데 실제로 얼마가 들어갔던가?

영국 『파이낸셜타임스』(2008.3.18)는 지금까지 나온 전쟁 비용 추정치 중 가장 적게 잡은 금액만 해도 4130억 달러(2007년 9월 기준)나 된다고 보도했다. 미 의회 예산사무국(CBO)이 추산한 이 수치는 철저하게 미 정부의 재정지출 규모만 따진 것이다. 반면 노벨경제학상 수상자인 조지프 스티글리츠(Joseph E. Stiglitz) 컬럼비아대학 교수가 『3조 달러의 전쟁(The Three Trillion Dollar War)』(2008)에서 밝힌 전쟁 비용은 월 120억 달러, 총 비용은 최소 3조 달러(약 3030조 원)에 달했다. 이라크전 상이군인 6만 명에 대한 치료 및 보상금액(3710억~6300억 달러), 생산성 감소 등 간접적인 사회비용(2950억~4150억 달러), 유가 상승분 등 거시경제에 미친 비용(1870억~1조 9000억 달러)까지 계산한 결과였다.

이라크에서 조기 철군이 이뤄지지 않을 경우 이자 비용만 2017년까지 2900억 달러가 들어가며, 이라크전으로 인한 한 가정(4인 가족 기준)당 경제적 부담은 2008년 1만 6900달러에서 2017년엔 3만 7000달러로 증가할 것으로 추산되었다. 『파이낸셜타임스』는 "이라크전은 2차 세계대전을 빼고는 미 역사상 가장 많은 돈을 쏟아 부은 전쟁으로 기록될 것"이라고 밝혔다.(신예리 2008)

미국의 평범한 광고회사 직원인 로브 심슨은 텔레비전에서 이라크 전쟁 비용이 1조 달러를 넘어섰다는 소식을 듣고는 깜짝 놀랐고, 사람들이 이 소식을 듣고도 크게 분노하지 않았다는 점에 더 놀라 『우리는 그 돈으로 무엇을 할 수 있었을까: 이라크전쟁에 쏟아 부은 1조 달러를 사용할 50가지 방법』(2008)이라는 책을 발간했다. 사람들이 1조 달러가 얼마나 큰돈인지 실감하게 만들겠다는 취지였다. 그가 밝힌 1조 달러의 가치는 이렇다.

1조 달러면 모든 미국 학생에게 무상으로 대학교육을 제공할 수도, 190만 명의 교사를 추가로 고용할 수도 있다. 향후 65년간 태어나는 모든 미국인에게 무료로 사회보장 혜택을 제공할 수도, 미국 내 모든 노인들에게 뷰익 자동차를 제공할 수도 있다. 경찰의 수를 두 배로 늘려 치안을 강화할 수도, 1660만 채의 집을 지어 4300만 명의 집 없는 미국인에게 제공할 수도 있다. 금융 위기 해결에도 큰 도움이 될 수 있는 금액이다. 부시 행정부가 지원키로 한 7000억 달러의 구제금융 기금을 조달하고도 3000억 달러나 남을 정도다. 심슨은 AP통신에 "1조 달러로 할 수 있는 허황된 그리고 실용적인 일이 그렇게 많다는 사실에 깜짝 놀랐다"고 말했다.(최지향 2008)

이라크전은 금전적 비용뿐 아니라 막대한 인명을 대가로 치른 전쟁이기도 했다. 지난 5년간 사망한 이라크 민간인은 수십만에서 최대 100만 명까지 이르는 것으로 추정되었다. 이라크 측이 병원·시체공시소 기록만 집계한 수치가 9만 명을 웃돌았다. 미군 주도 연합군의 공습, 이라크 내 반란 세력의 공격으로 목숨을 잃은 이들 외에 질병·범죄로 인한 사망자까지 따진다면 이 숫자는 크게 늘어나며, 미국·

유엔 산하 세계보건기구(WHO)는 미국이 이라크를 침공했던 2003년 3월부터 2006년 6월 사이에 15만 1000여 명의 이라크 주민이 폭력으로 사망한 것으로 추산된다고 밝혔다.

영국 등 연합군 전사자도 4291명(2010년 3월 10일 기준)에 달했다.

그럼에도 부시 대통령은 "사담 후세인을 제거하겠다는 결정은 내 임기 초반 올바른 결정이었다. 내가 대통령직을 수행하는 이 순간에도 올바른 결정이고, 영원히 올바른 결정일 것이다. …… 자유는 신이 모든 인류에게 주는 선물이다"라고 강변했다. 이게 부시의 진심이라면, 그 역시 허위 정보에 속아 넘어갔던 걸까?

'부시 백악관의 내막과 워싱턴의 기만 문화'

2008년 4월 20일 『뉴욕타임스』는 국방부를 상대로 한 정보공개 소송에서 승소해 얻은 8000여 페이지 분량의 전자우편과 회의 녹취록 등을 공개하며, "정부와 언론이 통상적인 경계를 넘어 공생관계를 맺었다는 것이 드러났다"고 이례적인 장문의 기사를 통해 보도했다. 이런 내용이다.

부시 행정부는 이라크 공격이 임박한 2002년 초 전쟁에 비판적인 여론을 돌리기 위해 군사평론가들을 섭외하기 시작했다. 모임에는 폭스뉴스, NBC, CBS 등 주요 방송사의 군사 문제 분석가 75명 남짓이 포함됐다. 이들은 딕 체니 부통령과 알베르토 곤잘레스(Alberto R. Gonzales) 당시 법무장관 등 정부 최고위층 인사들과 직통 라인을 구축했다. 체니 부통령의 전용기를 타고 관타나모 수용소를 방문했고, 기밀 서류도 열람했다. 도널드 럼스펠드 당시 국방장관과 최소 18번, 무기 구매와 예산에서 실권을 쥐고 있는 국방부 고위 인사들과는 수백여 차례 면담할 수 있었다.

2003년 9월 부시 대통령의 이라크전 예산 추가편성 요청 직후 이라크를 방문한 이들은 방송에서 "(이라크에서) 믿을 수 없는 발전이 목도된다" "병력 추가 파병은 전혀 불필요할 것으로 보인다"는 장밋빛 일색으로 전망했다. 2005년 인권 유린 비판이 집중되던 관타나모 수용소를 방문한 한 CNN 평론가는 '이곳을 비판하는 이들은 와보지 않은 이들'이라는 요지로 방송을 했다.

국방부 내부 문서는 이들을 "설득력 배가 세력" 내지 "대리인"으로 지칭하며 만족감을 표시했다. 폭스뉴스 군사평론가이자 군수 로비업체인 '패튼 보그스(Patton Boggs)'의 로비스트인 존 개릿 퇴역 육군 대령은 2007년 1월 국방부에 보낸 전자우편에서 "당신들이 (방송에서) 다루거나 축소하기를 바라는 특정한 지점이 있으면 알려달라"고도 말했다.

반면 다른 폭스뉴스 애널리스트인 윌리엄 코완은 2005년 8월 "이라크 상황이 안 좋은 방향으로 가고 있다"고 방송한 뒤, 더 이상 모임에 초대받지 못했다. 미 국방대학 교수 출신으로 NBC에서 분석가로 일했던 케네스 앨러드는 시간이 지날수록 브리핑과 현실과의 괴리가 커졌다며 "밤낮으로 속는 느낌이었다"고 말했다.(서수민 2008b)

2008년 5월 하순에는 조지 부시 대통령의 '입'으로 3년 가까이 일했던 스콧 매클렐런(Scott McClellan) 전 백악관 대변인이 회고록에서 정권을 매섭게 비판해 워싱턴 정가가 술렁였다. 『워싱턴포스트』는 매클렐런이 6월 2일 정식 발간 예정인 회고록 『무슨 일이 일어났나: 부시 백악관의 내막과 워싱턴의 기만 문화(What Happened: Inside the Bush White House and Washington's Culture of Deception)』에서 이라크전쟁을 둘러싼 비화를 대거 공개했다.

총 341쪽 분량의 회고록 중 '전쟁을 팔다'라는 제목의 장에서 그는 이라크전 발발 전인 2002년 여름 "부시 대통령의 고위 참모들이 이라크전을 '팔기 위해' 선전 전략을 마련했으며 선전 전략은 모두 부시 대통령에게 유리하게 여론을 조작하는 것에 관한 내용들이었다"고 폭로했다. 한때 이라크전을 열렬히 지지했던 그는 "내가 아는 것은 필요할 때에만 전쟁을 해야 한다는 것"이라며 "이라크전은 불필요한 전쟁이었다"고 고백했다. 그는 "워싱턴의 적대적인 분위기를 우려하고 있다"며 이 책의 발간으로 지난 15년간 워싱턴에서 극심했던 정치적 갈등이 완화되기 바란다고 말했다.(서수민 2008c)

이 책의 주요 내용이 알려지자, 매클렐런의 주장에 동조하는 언론인들의 양심선언이 잇따랐다. 5월 28일 CBS 저녁뉴스 진행자인 케이티 쿠릭은 이 방송 아침뉴스 쇼에서 "언론에 압력이 있었다는 것은 매우 적합한 주장"이라며 "당시는 미국 언론사에서 가장 부끄러운 시기 가운데 하나"라고 털어놓았다. 5월 29일 CNN 방송 제시카 옐린 기자는 경쟁사 MSNBC에 근무할 때 회사 경영진으로부터 이라크전에 대해 부정적인 보도를 하지 말라는 압력을 받았다고 주장했다. 옐린 기자는 인기 앵커 앤더슨 쿠퍼가 진행하는 대담 프로그램에 출연해, 이라크전 보도가 "(당시) 미국의 애국적인 열망, 대통령의 높은 기대와 배치되지 않게 하라"는 경영진의 심한 압박에 시달렸다고 말했다.(권오성 2008)

부시의 '기만' 또는 '무지'에 대한 응징은 엉뚱하게도 이라크의 바그다드에서 일어났다. 2008년 12월 14일 부시 대통령이 그곳에서 기자회견을 하고 있을 때, 이집트 민영방송 알바그다디야(Al-Baghdadia) 텔레비전의 기자 문탄다르 알자이디(Muntadhar al-Zaidi)는 부시 대통령에게 "이라크인의 선물이자 작별 키스다, 개놈아"라며 신발 한 짝을 던졌고, "이건 과부들과 고아 그리고 이라크에서 죽은 사람들이 주는 것이다"라며 나머지 한 짝도 집어던졌다. 그는 징역 3년형을 선고받았으나, 전과가 없는데다 수감생활도 모범적이어서 9개월로 형이 줄었다.

알자이디는 아랍 세계의 영웅으로 떠올라 알바그다디야 텔레비전은 감옥에 갇혀 있는 동안에도 그에게 월급을 지급했으며, 고급 아파트도 한 채 선물하겠다고 밝혔다. 무아마르 카다피(Muammar al-Gaddafi) 리비아 국가원수는 알자이디에게 최고명예상을 주기로 약속

날아오는 신발을 피하는 부시. 오른쪽은 이라크 대통령 누리 알 말리키.

했으며, 카타르(Qatar) 왕족은 황금 말을, 어떤 사업가는 스포츠카를 선물하겠다고 했다. 사우디아라비아 갑부는 알자이디의 신발을 1000만 달러에 사겠다고 나섰으나, 이라크 당국이 혹시 폭발물이 있나 검사하다가 없애버린 것으로 밝혀졌다. 부시와 미국에 대한 아랍 세계의 반감이 하늘을 찌른다는 점을 입증하는 일화들이다.(조기원 2009, 최지향 2009).

그럼에도 아랍 국가들은 미국 무기를 가장 많이 구입하는 단골 고객이었다. 2008년 미국산 무기 수입 1위는 아랍에미리트로 97억 달러, 2위 사우디아라비아 87억 달러, 3위 모로코 54억 달러, 4위 이라크 20억 달러, 5위 이집트 13억 달러, 6위 대만 13억 달러, 7위 한국 12억 달러 순이었다. 미 의회조사국의 보고서에 따르면, 2008년 전 세계 무기 거래액 552억 달러 가운데 미국은 378억 달러어치(전체 68.4퍼센트)를 판매해 전년도 254억 달러에 비해 오히려 50퍼센트 이상 늘었다. 나아가 2위 이탈리아(37억 달러) 및 3위 러시아(35억 달러)와의 격차도 더욱 벌려 놓았다. 그 어떤 비극에도 불구하고 군수산업 아니, '공포 산업'은 계속 번영을 누리고 있었던 것이다. 하기야 '공포 산업'은 비극을 먹고사는 산업이 아니던가.

오바마의 관타나모 정책

이제 오바마의 시대에 이라크전쟁의 상징이었던 관타나모는 어떻게 달라질 것인가? 2008년 12월 오바마 당선자는 시사주간 『타임』 인터뷰에서 "임기 첫 2년 안에 관타나모 감옥을 폐쇄하기를 희망한다"고 밝혔다. 12월 18일 로버트 게이츠(Robert M. Gates) 국방장관은 참모들에게 버락 오바마 대통령 당선자의 첫 행정명령에 대비해 취임식 이전까지 폐쇄 방안을 검토하라고 지시했다. 제프 모렐(Geoff S. Morrell) 국방부 대변인은 "게이츠 장관이 관타나모 수용시설을 폐쇄하고 수감자들을 옮기기 위해, 또 위험한 인물들로부터 미 국민들을 보호하기 위해 무엇이 필요한지에 대한 계획 마련을 지시했다"고 설명했다. 로이터통신은 관타나모 감옥을 폐쇄하는 것은 정부 내 세 개 관련부처가 연관된 "길고 복잡한 과정"이 될 것이라고 말했다.(조일준 2008)

오바마는 대통령이 취임 첫날인 2009년 1월 20일 관타나모 기지의 군사재판을 120일간 전면 중단할 것을 군 검찰에 지시하는 동시에 관타나모를 1년 이내에 폐쇄토록 하는 행정명령을 발표했다. 이에 따라 관타나모 수용소에서의 군사재판이 중지됐고, 수감자들은 석방되거나 출신국 또는 미국 내 다른 수감시설로 이송되기로 했지만, 반대가 만만치 않아 이 모든 과정이 그리 간단치는 않았다.

2009년 4월 22일 『뉴욕타임스』는 21일 비밀 해제된 상원 군사위원회 보고서에 근거해 지난 2002년 10월께 도널드 럼스펠드 당시 국방장관이 고문을 포함하여 15가지의 심문기법을 승인했다고 보도했다. 이 심문기법은 미군이 포로로 잡혔을 때 적의 가혹한 심문에 저항하는 훈련 프로그램인 '생존, 회피, 저항, 탈출(SERE)'에 근거한 것으로, 발가벗기기, 스트레스 주기, 잠 안 재우기 등이다. 당시 미군의 한 행동과학자가 이 프로그램을 관타나모 수용소에서 사용하자고 제안했고, 이를 럼스펠드가 허가했다는 것이다. 이라크 아부 그라이브 수용소의 심문 장교들도 이에 근거해 "수면 관리와 군견으로 수감자 위협하기" 등의 허가를 받았다고 보고서는 밝혔다. 이 고문 제안은 2002년 일련의 최고위급 회의에서 장관급 각료와 법률가들로부터 단 한차례의 반대 의견도 없이 승인됐다.(정의길 2009a)

2009년 5월 18일 『뉴욕타임스』는 2003년 이라크전쟁 발발 직후 미국 국방부가 작성한 정보보고서 표지에 성경구절이 자주 인용됐다고 보도했다. 한 보고서는 표지에 사막에서 기도하는 병사 사진과 함께 '적의 화살이 날카롭고 수레바퀴는 회오리바람 같다'는 성경구절을 인용했다. 석양을 배경으로 한 탱크 사진과 함께 '하나님께서 주시는 장비로 완전무장 하라. 악의 세력이 와도 버틸 수 있다'라는 신약 구절도 인용했다. 또 다른 보고서의 표지에는 사담 후세인 동상 철거 장면과 함께 '주의 눈은 주님을 경외하는 사람을 살펴보고 그들의 목숨을 죽을 자리에서 건져내고 굶주릴 때에 살려주신다'는 성경문구가 적혀 있다. 이와 관련해 럼스펠드 장관이 조지 부시 대통령의 환심을 사기 위해 그런 보고서를 만들었다는 의혹이 제기됐다.(강철원 2009)

2009년 5월 21일 오바마 대통령은 국가안보를 주제로 한 특별연설에서 "부시 시대 테러 용의자 처리 방식은 더는 지속가능하지 않다"며 관타나모 수용소 폐쇄, 중앙정보국(CIA) 가혹신문 메모 공개, 이라크 교도소 내 가혹신문 사진 공개 거부 등 자신이 내린 결정들의 정당성을 역설했다. 그러나 AP통신은 최근 공화당 내 유행어가 "우리에겐 네 번째 G가 있다"라고 보도했다. 공화당은 그동안 전통적인 정치 이슈로 삼았던 동성애(Gay), 총기규제(Guns), 종교(God)에 대한 관심이 시들해진 상태에서 '관타나모(Guantanamo)'라는 새로운 호재를 찾아내 보수 세력을 결집하고 있다는 것이다.(이기홍 2009b, 조찬제 2009b)

여론도 관타나모 폐쇄에 부정적이었다. 2009년 6월 17일 『월스트리트저널』과 NBC가 발표한 여론조사에서 응답자의 52퍼센트가 관타나모 수용소 폐쇄에 반대한다고 밝혔으며, 이런 여론을 등에 업고 의회는 관타나모 수감자의 본토 이송과 정착에 필요한 비용을 삭감했다.

공화당 등 미 의회 상당수는 테러 용의자들을 본토로 이송하려는 오바마 행정부의 계획에 대해 추가테러 등 안보위협을 초래할 수 있고, 미국의 법적 보호를 받을 수 없는 사람에게까지 혜택을 주는 것이라며 반발했다. 오바마 행정부는 이 같은 우려를 감안하여 까다로운 전제조건을 달았다. 우선 수감자들의 본토 이송을 오직 미 법정에서 재판 받기 위한 목적으로 한정했다. 그것도 이들에 대한 안보상의 철저한 조사를 거친 뒤 가능토록 했다. 이런 타협의 결과 2009년 10월 상·하원은 관타나모 수용소에 수감된 테러 용의자들을 미 본토로 송환해 사법 처리할 수 있게 하는 내용의 법안을 통과시켰다.(전지성 2009, 황유석 2009b)

이에 일부 보수파가 반발하고 나섰다. 딕 체니(Dick Cheney) 전 부통령의 딸로 아버지의 재임 시절 국무부 근동담당 부차관보를 지낸 리즈 체니(Leese Cheney)는 '미국 안전하게 지키기(Keep America Safe)'라는 보수 단체를 결성해, 부시·체니 정책 방어에 본격적으로 뛰어들었다. 그녀는 9·11테러 재판을 뉴욕에서 열게 한 오바마 행정부의 결정은 테러리스트에게 선동무대를 제공하는 꼴이고, 테러분자를 미국 시민처럼 대우하는 것이라고 비난했다. 그녀는 심지어 "관타나모 시설은 테러리스트가 받아야 할 것보다 더 나은 대접을 해주고 있다"며 "물고문은 효과적이고, 필요하다"라고 주장했다.(정진황 2009)(조지 부시도 2010년 11월에 출간한 자서전에서 물고문에 대해 "국민의 안전을 위해서 불가피한 것으로 다시 결정을 내리더라도 똑같이 할 것"이라고 자신의 결정을 옹호했다.)

2010년 1월 6일 관타나모 수용소에서 풀려난 수용자 다섯 명 중 한 명이 테러전에 복귀했다는 미 국방부의 비밀정보가 AP통신 등 미국 주요 언론들을 통해 보도되면서 관타나모 수용소 폐쇄에 대한 역풍이 거세졌다. 공화당 쪽은 이런 수치를 들어 수용소 폐쇄는 불가하다는 입장을 강화한 반면, 인권단체 관계자 등 수용소 폐쇄를 지지하는 쪽은 평가기준도 공개되지 않은, 거의 확인이 불가능한 정보라며 '수용소 폐쇄를 저지하려는 정보 흘리기'에 불과하다고 반박했다.(정의길 2010a)

미군의 PTSD · 자살 신드롬

2009년 12월 19일, 관타나모 수용소에서 8년 2개월 만에 풀려난 소말리아인 모하메드 살레반 바레는 고향인 소말리아 하르게이사에 도착한 뒤 AFP통신과의 인터뷰에서 "관타나모는 '지구상의 지옥(hell on Earth)'"이라고 끔찍했던 수용생활에 대해 증언했다. 그는 "사람을 완전히 정신적으로 죽이는 고문 방법을 사용하곤 했다"며 "예를 들어 나흘 밤낮을 잠을 재우지 않거나, 하루에 비스킷 하나만 주는 식이었다"고 말했다. 또 겨울에는 담요 한 장 주지 않았으며, 일부 수용자는 폭행은 물론, 전기고문까지 당했다고 말했다. 자신의 무죄를 주장한 그는 "수용소 동료들 중에는 실명, 또는 사지가 절단되거나 정신착란을 일으키는 사람도 있었다"며 "이렇게 살아 돌아올 수 있어서 신에게 감사하다"라고 말했다.(이진희 2009b)

이라크전쟁과 테러전의 후유증은 관타나모 수용자들에게만 국한되지 않았다. 2009년 7월 26일 AP통신은 이라크 참전용사들이 '살인의 추억'을 잊지 못하고 정서 불안상태에서 각종 범죄를 저질러 사회 문제가 되고 있다고 보도했다. 특히 미군의 자살률은 해마다 급증해, 2008년부터 미국 일반인의 자살률을 넘어섰다. 10만 명당 미군 자살률은 2005년의 12.7명에서 2008년에는 20.2명으로 두 배 가까이 증가했다. 미국에서 군인의 자살률이 일반인의 자살률을 웃돈 것은 베트남전쟁 이후 처음이었다. '외상후 스트레스 증후군(PTSD)'이 자살의 주요 이유로 지목되었는데, 피터 치아렐리(Peter Chiarelli) 미 육군 참모차장은 "이라크와 아프가니스탄에 배속된 미군 병사의 약 30퍼센트가 PTSD 증상을 보일 가능성이 있다"고 말했다.(김민구 2009b)

2009년 11월 5일 텍사스(Texas) 주 포트 후드(Fort Hood) 미군 기지에서 총기 난사 사건이 발생했다. 13명이 사망하고 30여 명이 부상을 입은 것도 놀라웠지만, 더욱 놀라운 건 범인이 미 육군 소령 니달 말리크

하산이었다는 사실이다. 그는 정신과 군의관으로서 아프가니스탄과 이라크에서 복무한 후 '외상후 스트레스 증후군(PTSD)'에 시달리는 군인들의 상담 치료를 주로 담당했었다. 그가 PTSD 환자를 자주 접하는 과정에서 마음속에 전쟁에 대한 공포가 싹트고, PTSD 환자와 같은 정신적 문제가 생겨났을 수 있다는 분석이 나왔다. 하산은 이라크나 아프가니스탄으로 전속 명령을 받자 큰 충격을 받았고, 이 때문에 범행을 저지른 것으로 밝혀졌다. 특히 하산이 근무했던 포트 후드 미군기지는 다른 부대에 비해 자살 건수가 많았다. 2003년 이후 이 부대에서 75명 이상의 군인이 자살했다고 『워싱턴포스트』가 보도했다. 2009년 들어서도 10명이 자살했다.(김민구 2009b)

2009년 11월 17일 피터 치아렐리 미 육군 참모차장이 국방부에 보고한 내용에 따르면, 2009년 들어 자살한 현역군인은 지난해의 연간 기록인 140명에 이르렀으며, 제대군인 자살자도 71명에 달해 지난해 연간 수치보다 25퍼센트 많았다. 제대군인 중에는 집으로 돌아온 지 불과 수주 일 만에 스스로 생을 끝낸 사람도 적지 않았다. 이 수치는 육군만을 대상으로 한 것이며, 해군 등 다른 군대 기록은 제외된 것이다. 미군 부대 중에선 켄터키(Kentucky) 주에 있는 포트 캠벨(Fort Cambell)에서 한 해 동안 18명이 자살해 그 수가 가장 많았다.(권태호 2009c)

자살의 유혹이나 고통에 빠지지 않고 잘 견뎌낼 뿐 아니라 고문까지도 긍정적으로 보는 건 부시 대통령과 그의 측근 고위 인사들이었다. 2010년 3월 영국 정보국(MI5) 전 수장인 엘리자 매닝햄 불러는 "조지 부시 전 미 대통령은 미국 인기 스파이 드라마 〈24〉를 보면서 고문 기술을 배웠고, 고문을 은폐했다"고 폭로했다. 그는 영국 상원주최 강연에서 부시 전 대통령을 비롯해 딕 체니 전 부통령, 도널드 럼스펠드 전 국방장관 등 세 명들이 〈24〉를 즐겨보면서 고문기술에 대한 영감을 얻었다고 주장했다. 또 "이들은 테러 용의자 학대 사실을 MI5에 철저히 은폐했다"고 덧붙였다. 미국의 수감자 학대사례로는 9·11테러 총책으로 알려진 칼리드 사이크 모하메드를 들었다. 그는 "미국 측은 당초 '모하메드가 자신이 한 일들을 자랑스럽게 여겨 스스로 적극적으로 모두 진술한 것'이라고 알려왔다"며 "2007년 내가 퇴직한 뒤에야 모하메드가 물고문을 160번이나 당했다는 사실을 알게 됐다"고 밝혔다.(이대혁 2010)

미국의 상징이 '자유의 여신상'에서 '관타나모 수용소'로 바뀐 현실을 잘 보여준 사건들이었다. 9·11테러와 이라크전쟁이 미국을 삼켜버렸다고나 할까. 조지프 나이는 "이제 미국은 공포심보다는 희망을 수출해야 할 때가 왔다"고 했지만, 과연 가능한 일일까? 오바마에게 너무 많은 기대를 거는 건 아니었을까? 게다가 '희망'을 수출하기엔 미국 경제가 너무 엉망이었고, 이는 미국인의 자존심 문제로까지 비화되었다.

참고문헌 강철원 2009, 권오성 2008, 권태호 2009c, 김민구 2008·2009b, 김진홍 2009, 박용근 2008, 서수민 2008b·2008c, 신예리 2008, 이기홍 2009b, 이대혁 2010, 이본영 2007, 이제훈 2008, 이진희 2009b, 이청솔 2009b, 전병근 2009, 전승훈 2009, 전지성 2009, 정의길 2009a·2010a, 정진황 2009, 조기원 2009·2009a, 조일준 2008, 조찬제 2009b, 최지향 2008·2009, 하현옥 2009, 한겨레 2008, 황유석 2009b

미국 '자존심의 상징'이 무너지는가?
GM의 파산보호 신청

AIG의 '보너스 잔치'

세계적 금융 위기를 초래한 '장본인'인 월가 금융인들이 2008년 연말 184억 달러(약 25조 3600억 원)에 이르는 상여금을 받은 것으로 드러나 미국은 물론 전 세계를 놀라게 했다. 이에 대해 버락 오바마 대통령은 2009년 1월 29일 "부끄러운 일이자 무책임의 극치"라고 일갈했으며, 조지프 바이든 부통령은 CNBC와의 인터뷰에서 "(보너스 지급은) 괘씸하고 모욕적인 행위"라며 "그 사람들을 교도소에 보내고 싶은 심정"이라고 맹비난했다.(김민아 2009c)

특히 1800억 달러(256조 원)의 구제금융을 받은 보험사 AIG (American International Group)의 '보너스 잔치'는 미국의 분노를 폭발시켰다. 앤드루 쿠오모 뉴욕 검찰총장의 조사에 따르면 640만 달러의 보너스를 받은 직원이 있고 100만 달러 이상을 받은 직원도 73명이나 됐다. 오바마 대통령은 "화가 나서 말도 나오지 않는다"고 했고, 한 상

어안렌즈로 본 월스트리트 파노라마 사진. ⓒ Martin St-Amant (S23678)

원의원은 "경영진은 사과한 뒤 물러나거나 자살하거나 둘 중 하나를 택해야 한다"고 했다.(박광희 2009a)

진짜 문제는 AIG가 금융 위기 전까지는 미국 국민의 사랑과 신뢰를 받는 '좋은 기업'이었다는 사실이다. 네덜란드의 한 해 GDP와 맞먹는 자산규모, 11만 6000명의 종업원, 세계 130개국에 진출한 미국의 간판 금융기업이란 점도 있었지만, AIG는 2001년 9·11테러 때 무너진 월가 빌딩의 피해 보상금으로 8억 달러를 선뜻 내놨고, 모두 기피하는 미국 항로를 유지하겠다는 외국 항공사를 위해 5억 달러의 보험을 들어줘 '국민 기업'이란 칭찬을 듣기도 했다.(이준 2009) 그렇다 보니 "세상에 믿을 곳 없다"는 말이 나오게 된 것이다.

월스트리트에서 일하는 수천 명의 물리학자들도 비판의 도마 위에 올랐다. 아니, 왜 물리학자가 금융계에서 일하는가? 물리학 지식을 십분 활용하면 이윤이 나는 복잡한 금융상품을 개발하는 데에 유리하다는 이유 때문이었다. 이들은 '양으로 계산하는(quantitative)' 금융을 다룬다고 해서 '퀀트(quant; 금융시장분석가)'로 불리기도 한다. 이런 퀀트 인재들이 월가에 유입되면서 복잡하고 위험도가 높은 금융상품이 개발됐고, 주가가 하락해도 돈을 버는 새로운 시대가 열리게 됐다. 이들은 모호한 파생상품을 개발해 엄청난 거품을 만들어냈다는 비판을 받았다.(성동기 2009a)

2009년 4월 14일 버락 오바마 대통령은 워싱턴 조지타운대학 연설에서 "매우 오랫동안 최고의 인재들이 숫자를 만지고 복잡한 금융계산을 하는 일에 종사했다"며 "복잡한 재무계산을 하는 일도 좋지만 우리가 진정으로 원하는 것은 수출상품을 만들어내는 과학자와 엔지니어"라고 말했다. 같은 날 벤 버냉키(Ben S. Bernanke) 미 연방준비제도이사회(FRB) 의장도 애틀랜타 모어하우스칼리지 연설에서 "자신과 사회에 가치 있는 일을 택하라. 높은 소득만을 추구하지 말라"고 강조했다.(박종세 2009)

'디트로이트의 마지막 겨울인가'

금융 위기로 경기침체가 깊어지면서 뜻밖의 뉴스가 터져나왔다. 2008년 미국의 교통사고 사망자 수가 47년 만에 최저치를 기록한 것이다.

슈퍼볼 경기는 미국에서만 전체 인구의 반인 1억, 전 세계 10억 이상이 시청하는 스포츠다. 광고는 경기의 하이라이트인 3쿼터 중반에 주로 등장한다. ⓒ ncbronte

2008년 교통사고로 숨진 사람은 3만 7313명으로 1961년 3만 6285명 이후 가장 적었다. 이는 2007년 4만 1059명에 비해 9.1퍼센트 준 것이다. 고유가와 경기침체로 미국인들의 운전 습관이 변했기 때문이라는 분석이 나왔다. 고속도로안전보험협회(IHS)의 에이드리언 런드는 "불황에 밝은 면이 있다면 사람들이 운전을 덜할 뿐 아니라 안전하게 운전한다는 것"이라고 말했다.(이청솔 2009c)

미국인들이 운전을 덜 하게 된 걸 반기기 어려운 산업들이 있었으니, 그중 하나는 바로 자동차산업이었다. 금융만 위기가 아니었다. 자동차산업도 위기 상황으로 내몰렸다. 그 징후는 2008년 9월에 나타났다. 한국의 현대자동차는 2009년 2월에 열리는 슈퍼볼(Super bowl) 텔레비전 광고에 600만 달러 이상을 투입하기로 한 데 비해, GM(General

Motors Company)은 슈퍼볼 경기 광고를 포기한 것이다. 프로 미식축구 결승전인 슈퍼볼은 미국 최대 스포츠 행사로, 슈퍼볼 중계 때는 30초짜리 텔레비전 광고 한 편에 30억 원 이상이 필요했다. 따라서 매년 경기 내용뿐 아니라 어떤 회사가 어떤 광고를 내보내느냐는 초미의 관심사였다. 이는 당시 GM이 얼마나 어려운 처지인지를 보여주는 생생한 사례였다.(김현진 2008)

2008년 12월 4일 릭 왜고너(G. Richard Wagoner, Jr.) GM 최고경영자, 론 게텔핑거(Ronald A. Gettelfinger) 미국 자동차노조 위원장, 앨런 멀랠리(Alan R. Mulally) 포드(Ford Motor Company) 최고경영자, 로버트 내덜리(Robert L. Nardelli) 크라이슬러(Chrysler) 최고경영자가 워싱턴의 상원 금융위원회 청문회에 출석해 340억 달러의 긴급 구제금융안을 통과시킬 것을 요청했다. 하지만 이들은 청문회가 진행된 6시간 내내 의원들로부터 온갖 질책과 비아냥거림을 들어야 했다.

2주 전 청문회에 전세기를 타고 왔다가 "돈을 구걸하는 사람이 호화 전세기를 띄웠다"는 호된 비판을 받았던 최고경영자들은 이날은 자동차편으로 디트로이트에서 수백 킬로미터를 달려왔다. 하루 전에는 고용을 축소하고 공장을 폐쇄하는 등의 강도 높은 자구책을 내놓았다. 그러나 공화당 리처드 셸비(Richard C. Shelby) 의원은 최고경영자들이 자동차를 타고 온 것은 "쇼"라며 "당신들이 직접 운전을 했느냐, 아니면 운전사를 데리고 왔느냐"고 조롱에 가까운 비난을 퍼부었다. 그는 그러면서 "돌아갈 때도 차로 갈 것이냐"고 물었다. 민주당 크리스토퍼 도드(Christopher J. Dodd) 위원장은 이 말을 받아 "어디에서 묵고 있나, 무엇을 먹고 있는가"라고 거들었다.(황유석 2008a)

시사주간지 『타임』(2008.12.4)은 「올해가 디트로이트의 마지막 겨울일까」라는 제목의 기사에서 GM·포드·크라이슬러로 대표되는 미국 자동차산업의 몰락 원인을 집중 분석하면서, "미국 소비자들은 너무 오랫동안 엉터리 차를 팔아온 미국 자동차 3사에 분노하고 있다. 많은 국민과 정치인이 '빅 3의 몰락'이 몰고 올 엄청난 파장에도 불구하고 이들에게 혈세가 지원되는 것을 못마땅하게 여기는 이유는 분명하다"고 말했다.

『타임』은 흔히 미국 자동차산업의 실패 원인으로 ●소형차 개발 외면 ●고임금·고액 퇴직금 등 인건비 부담 가중 ●강성노조 ●연비개선 실패 등이 지적되고 있지만 이런 전술적 실패를 개선하는 것으로는 미 자동차산업을 회생할 수 없다는 진단을 내렸다. 『타임』은 미국 자동차산업 몰락의 근본 원인으로 단시간에 개선할 수 없는 시대착오적 경영 패러다임을 꼽았다. 1920~1930년대 포드의 창설자 헨리 포드(Henry Ford, 1863~1947)와 GM의 기틀을 마련한 앨프리드 슬로언(Alfred P. Sloan, Jr., 1875~1966)의 상명하복식 경영 패러다임에 머물러 있었던 나머지, 현장과 유리된 최고경영자는 다른 기업을 사고팔거나 직원 확충과 감원 등 숫자놀음에만 매달렸고, 중간 간부는 상부의 지시대로만 움직이기 때문에 시대의 변화에 둔감할 수밖에 없었다는 것이다.(정영오 2008)

법정 관리에 들어간 GM

2009년 들어 GM을 포함한 미국 자동차산업의 위기는 더욱 심각해졌다. 자동차산업의 위기는 단순히 한 산업의 위기만은 아니었다. 미국인들에게 자동차는 신앙과도 같기 때문이다. 제러미 리프킨(Jeremy Rifkin 1996a)은 "근대의 자연과의 전쟁에서, 자동차는 비군사적인 병기 가운데 가장 파괴적인 도구로 꼽힌다. 하지만 지구 온난화, 천연 자원 관리, 환경 문제에 관한 모든 논쟁에서 자동차는 파괴적인 힘을 지녔다기보다 신성한 황소로 취급되어왔다"며 "정치인들은 모든 미국인의 삶 가운데 자동차가 차지하는 심리적 중요성을 생각해서인지 자동차나 자동차 문화에 정면으로 부딪치고자 하는 노력을 거의 보이지 않았다"고 했다.

석유문제 전문가인 필립 베를레거는 "현재 생산되는 전 세계 석유의 7분의 1은 미국의 고속도로에서 소비되고 있다"고 추정했다. 오늘날에도 자동차와 자동차용품 광고는 텔레비전과 잡지에서는 최대, 신문에서는 두 번째 광고주다. 신문광고의 4분의 1, 텔레비전 광고의 20퍼센트, 잡지광고의 15퍼센트, 라디오광고의 10퍼센트를 차지하고 있다. 1998년 GM이 광고비를 줄이자 잡지계 전체가 '충격파'에 휩싸이기도 했다.(Alvord 2004)

존 오르(John Orr 1999)는 "미국의 경제 상태가 위기에 처할수록, 영화는 미국 자동차의 신화를 찬양한다"고 말한다. "영화에서 차에 대한 미국적인 재현은 유럽적인 재현과 무엇이 다른가? 핵심적인 판단 기준은 소유욕이 강한 개인주의, 광활한 도로, 영웅적인 기계의 승리에 있는 것 같다. 자동차는 현대의 페르소나, 권력에의 의지의 기술적 형식을 규정하는 소유물이다."

2009년 2월 25일 오바마 대통령이 첫 의회 연설에서 "자동차를 발명한 나라인 미국이 자동차산업을 포기할 수 없다"고 말하는 실수를 저지른 것이나, 독일의 다임러벤츠(Daimler-Benz AG)사가 이 실언을 강력 반박하고 나선 것은 자동차가 오늘날까지도 국가적 자존심의 상징임을 말해준다. 특히 미국에선 더 말할 것도 없었다.

그러나 그 어떤 자존심도 냉엄한 현실 앞에선 무릎을 꿇을 수밖에 없었다. 2009년 6월 1일 GM은 뉴욕 파산법원에 파산보호를 신청하고, 101년 역사를 뒤로 한 채 법정관리에 들어갔다. 1980년대 이후 GM의 역사는 '미국 기업 몰락사'나 다름없었다. 일본차들이 미국 시장에 대거 진출하면서 늘 50퍼센트가 넘던 GM의 내수시장 점유율은 급전직하했다. 1990년대 이후 세간의 관심은 'GM이 언제 무너질까' 하는 것이었다고 해도 과언이 아니다. 구조조정을 거듭하고 노조를 설득해 직원 의료혜택을 줄이고 브랜드를 팔아도 죽어 가는 공룡을 살릴 수는 없었다. 최전성기 때에 60만 명이 넘었던 미국 내 고용인원은 1981년 44만 명, 2000년 13만 명, 2008년 6만 명으로 줄었다.(구정은 2009)

디트로이트(Detroit)라는 도시가 이 모든 쇠락을 웅변했다. 헨리 포드가 1903년 디트로이트 근교에 포드자동차를 설립한 것을 시작으로, 1908년 GM, 1925년 크라이슬러가 디트로이트에 자리를 잡으면서 '빅 3'가 완성됐다. 그리고 지난 80여 년간 '빅 3'가 세계자동차 시장을 이끌었고, 그 중심에 디트로이트가 있었다. '모터시티'라는 명성을 누린 디트로이트는 한때 돈과 꿈이 넘쳐나는 도시였다. 디트로이트의 쇠락은 몇 차례에 걸쳐 진행됐다. 1967년 흑인폭동으로 백인들이 도심을 떠나면서 공동화가 시작됐고, 1980년대 미국 자동차산업이 휘청거리면서 공장이 문을 닫아 공동화가 더욱 가속화됐다. 한때 뉴욕, 시카고, 필라델피아에 이어 미국 4위의 도시였던 디트로이트는 이젠 10위권 밖 도시로 추락했다. 미국의 평균 실업률이 10퍼센트를 넘는다지만, 디트로이트의 실업률은 30퍼센트에 육박했고, 범죄율은 미국 1위를 달렸다. 2009년 세계 최대의 여행가이드 책 회사인 론리 프래닛(Lonely Planet)이 세계에서 가장 혐오스러운 도시 순위를 발표했는데 1위가 디트로이트였다.(권태호 2010d)

'토요타 리콜 사태'의 행운

그래도 완전히 죽으란 법은 없는 모양이다. GM은 법정관리 40일 만에 파산보호 상태에서 벗어나 이른바 '뉴GM'으로 변신했다. 프리츠 헨더슨 최고경영자는 자산 매각을 마무리했다며 2009년 7월 10일 새로운 GM의 탄생을 선언했다. 새로 출범한 뉴GM은 시보레, 캐딜락 등 네 개 브랜드만 소유한 작은 회사로 축소됐고, 지분도 미국 정부, 캐나다 정부, 전미자동차노조, 채권단이 나눠 갖고 있었다. GM은 버락 오바마 정부의 요구와 시장의 흐름에 발맞춰 친환경차 개발에 나서기 시작했다.

2010년 1월 메리어트 호텔 매니저인 마리아 위트는 "요즘 디트로이트는 오히려 활기를 띄고 있다고 봐야 한다"며 "디트로이트를 찾는 사람들이 늘어나 호텔 손님이 늘어나고 있다"고 말했다. 한인 주간신문인 『주간미시간(The Michigan Korean Weekly)』 발행인인 김택용 미시간(Michigan) 주지사 자문위원도 "지난해 말 '바닥을 쳤다'고 분석했다. 이후 조금씩 경기가 살아나고 있다"며 "디트로이트는 그 상징성 때문에라도 버락 오바마 행정부가 '디트로이트 살리기'에 힘을 쏟는 것처럼 보인다"고 말했다.(권태호 2010d)

리콜 대상 중 하나였던 토요타의 코롤라. 1980년 일본은 미국을 추월하고 세계 최대의 자동차 생산국으로 발돋움해 미국에 충격을 주었다. 일본 자동차업계는 1994년까지 그 지위를 유지했다.

미국의 행운일까? 때마침 토요타(Toyota) 리콜 사태가 터지면서 미국 자동차산업이 호기를 잡았다. 2010년 2월 권태호(2010e)에 따르면 "최근 토요타 사태를 지켜보노라면 국수주의를 연상하는 미국 언론의 집중포화가 인상적이다. 늘 한국에는 '외국 기업에 적대적'이라고 목소리를 높이던 미국이. 『워싱턴포스트』는 결함 부위 설명에만 한 면을 할애했고, CNN은 가속페달 결함으로 숨진 일가족의 마지막 911 전화통화 장면을 수도 없이 내보낸다. 역시 사망사고로 불거졌던 2000년 포드 익스플로러의 타이어 리콜 때도 이렇진 않았다. 이는 GM의 몰락으로 판매 1위로 등극한 토요타가 치러야 하는 '챔피언의 독배'일 수도 있다."

일본 언론은 음모론을 제기했다. 『산케이신문』(2010.2.2)은 「토요타 때리기가 겨눈 창끝은 일본? 자동차산업 부활 노리는 미국」이라는 제목의 기사에서 "토요타 청문회를 위해 '빅 3'의 거점인 미시간 주 의원이 정력적으로 움직이고 있다"며 "오바마 정권은 '미국 자동차산업의 부활'을 외치며 감독 책임을 다하려고 기를 쓰고 있다"고 주장했다. 경제주간지 『도요게이자이』는 미 자동차업계 관계자를 인용해 "리더십이 있던 GM이 파탄해 이제 미국 자동차산업은 질서가 없어졌다"며 "오바마 대통령도 가을 중간선거에 이겨야만 하기 때문에 자국 메이커 보호에 나설 수밖에 없다"고 강변했다.(김범수 2010)

토요타 리콜 사태에 힘입어 GM은 2010년 1분기에 8억 6500만 달러의 순이익을 냄으로써 3년 만에 흑자로 돌아섰다. 2009년 초만 해도 60억 달러의 손실을 기록하며 파산 위기에 몰렸던 GM이 미국 정부로부터 무려 500억 달러의 구제금융을 받은 지 1년도 채 안돼 실적 호조로 돌아선 것이다. 그러나 시카고 경영대학원의 제임스 슈레이저 교수는 "GM이 과거에도 실적을 부풀려 왔다"며 유보적인 태도를 보였다.(조일준 2010)

GM을 비롯한 빅 3는 토요타 리콜 사태 덕분에 잡은 호기를 살리기 위해 공격적인 할인 행사를 펼쳤다. 토요타 사태 이후 시장점유율 1위에 오른 GM은 최대 '5000달러+무이자 할부'라는 파격적 판촉을 시작했다. 포드와 크라이슬러도 GM의 뒤를 따랐다. 이런 할인 공세 덕분에 GM은 상반기에 전년 같은 기간보다 판매가 19.2퍼센트 늘었고, 포드는 17.5퍼센트 늘었다. 크라이슬러도 9.4퍼센트 늘었다.

2010년 7월 15일 미시간 주 홀랜드(Holland) 시에서 열린 LG화학의 전기차 배터리 공장 기공식에 오바마가 참석해 눈길을 끌었다. 미국 현직 대통령이 외국 기업 행사에 참석해 연설하는 건 드문 일이었기 때문이다.

정경민(2010a)에 따르면 "오바마가 한국 기업 행사에 굳이 참석한 건 전기차 개발에 대한 그의 집념을 보여준다. 그는 집권 초부터 전기차 개발을 역설해왔다. 이는 시대 변화를 따라가지 못해 파산위기에 몰렸던 미국 '빅 3' 자동차회사의 부활을 위한 돌파구이기도 하다. 미국 정부가 대주주인 GM은 2010년 연말부터 전기차 '볼트'를 시판한다. 포드도 전기차 '포커스'로 일본 토요타의 하이브리드카 '프리우스'와 정면 대결에 나선다. 그런데 볼트와 포커스의 심장인 배터리를 독점공급할 곳이 바로 LG화학의 홀랜드 공장이다."

2010년 7월 30일 오바마는 미시간 주 디트로이트를 방문해 미 자동차 빅 3 중 하나인 크라이슬러의 한 조립공장에서 직원들 앞에서 연설하면서 "이 공장에서 바로 지난주 신규 작업반 1100명을 채용했습니다. 여러분은 반대만 일삼는 이들이 틀렸음을 입증했습니다"라고 말했다. 이렇듯 자동차 세일즈맨으로 나선 오바마를 두고 외국에서는 시장경제와 공정경쟁 원칙을 훼손한다고 비판했지만, 오바마와 미국 정부는 아랑곳하지 않고 '자동차산업 살리기'에 '올인' 했고, 디트로이트가 이제 어두운 터널을 지나 빛을 보기 시작했다는 진단이 잇따르기 시작했다.(전병근 2010f) 미국이 자동차 발명국이라고 착각할 정도로 자동차 신앙이 강한 미국인들이 미국 '자존심의 상징'인 자동차산업이 무너지는 걸 방치하진 않겠지만, GM을 비롯한 '빅 3'가 앞으로 어떤 성과를 보여줄지는 두고 볼 일이다.

참고문헌 Alvord 2004, Orr 1999, Rifkin 1996a, 공병호 2005, 구정은 2009, 권태호 2010d · 2010e, 김민아 2009c, 김범수 2010, 김시현 2009, 김외현 2009, 김현진 2008, 박광희 2009a, 박종세 2009, 성동기 2009a, 송태희 2010, 원정환 2008, 이준 2009, 이청솔 2009c, 전병근 2010f, 정경민 2010a, 정영오 2008, 조일준 2010, 황유석 2008a

"영어가 미국의 몰락을 막는다"
미국의 '소프트 파워' 헤게모니

'친디아 공포'

미국에 대해 비판적인 진보적 지식인들은 자신들의 '희망 사항'을 피력하고 싶은 열망에 사로 잡혀 오래전부터 미국 패권의 몰락을 예언해왔다. 이라크전쟁은 그런 열망을 더욱 강하게 만들었지만, 2000년대 중반 다시 어김없이 '미국 쇠락론'이 찾아든 주요 이유는 이른바 '친디아 공포' 때문이었다. 친디아(Chindia)는 중국(China)과 인도(India)를 합쳐 부르는 신조어다. 중국은 제조업이 강하고, 인도는 서비스업이 강해 상호보완적이기 때문에 둘을 합한 친디아가 전 세계 인구의 39퍼센트를 차지하는 인구 강대국으로서 곧 세계 경제성장을 이끌 거대 경제권역이 된다는 의미에서 사용되었다.

2005년 4월 11일 중국 총리 원자바오는 인도를 방문해 총리 만모한 싱(Manmohan Singh)과 만나 '전략적 동반자관계'의 구축을 선언했다. 1962년 국경전쟁 이래 43년의 반목을 청산키로 한 것이다. 양국은 거의 30개에 이르는 정치·경제·문화 협력 협정을 체결하기로 함으로써 친디아가 실체화되었다. 한국에서까지 중국과 인도의 상장기업에 투자하는 이른바 '친디아 펀드'가 뜰 정도였다. 판매를 시작한지 6개월 정도밖에 지나지 않은 '피델리티인도포커스 펀드(Fidelity Funds-India Focus A)'는 수탁고가 1800억 원을 넘어섰다.

미국 내에서도 미국의 앞날을 비관하는 목소리가 쏟아졌다. 워싱턴 소재 경제전략연구소(ESI)의 설립자이자 소장인 클라이드 프레스토위츠(Clyde Prestowitz 2006)는 『부와 권력의 대이동(Three Billion New Capitalists: The Great Shift of Wealth and Power to the East)』에서 "지금처럼 간다면 미국의 미래는 부정적"이라고 단언하면서, 특히 친디아의 부상에 주목했다. 그는 기축 통화인 달러의 붕괴를 우려하면서 새로운 국제 통화를 만들고 연방재정적자를 통제하며 저축률을 높이고 에너지 소비와 수입을 줄여야 한다고 주장했다.

미국 경제학자 라비 바트라(Ravi Batra 2009)는 2007년에 출간한 『뉴 골든에이지(The New Golden Age)』에서 주택시장과 원유시장에 극심한 거품이 일고 있다며, 두 시장은 곧 붕괴할 것이고 세계경제가 동반 추락할 것이라 단언하면서도, 오히려 낙관적 전망을 제시했다. "세계적인 불황이 지나면 미국 독점 자본주의 질서는 해체될 것이다. 그리고 새로운 사회 세력이 등장하면서 전례 없는 번영의 시대가 올 것이다." 그는 '세상을 바꾸는 법'을 이렇게 제시했다.

"소수의 기업 사기꾼들이 인구 3억 명에 달하는 공화국인 미국 정체를 농락하고 착취할 수 있는 건 어떤 연유에서일까? 그들의 수법은 간단하다. 나눠서 다스리는 것이다. 그들이 고용한 조수들이, 두 집단의 이해관계가 반대 입장이라고 주장하면서 전국을 자유주의자와 보수주의자로 갈라놓았다. 그들의 이기적인 말에 넘어간 유권자들은 부패, 타락, 착취에 대항해 단합하는 국민으로서가 아닌, 민주당원과 공화당원으로서 투표를 한다. 바야흐로 우리가 깨어나서 당파적인 구호가 아닌 윤리적인 원칙들에 집중해야 할 때다."

'미국 쇠락론'은 '대선 신드롬'인가?

'미국 쇠락론' 또는 '팍스 아메리카나'의 지속 여부 검증은 대선 신드롬이기도 했다. 2008년 5월호에 「미국은 쇠락하고 있나」라는 특집기사를 게재한 외교 전문지 『포린어페어스(Foreign Affairs)』를 비롯하여 여러 정기간행물들이 이 문제를 다뤘고, 서점에서는 미국의 위상을 다룬 책들이 봇물처럼 쏟아져 나왔다. 예컨대, 『뉴스위크』(2008.5.12)는 냉전이 끝난 후 국제사회에서 세계 유일 초강대국이었던 미국의 입지가 좁아들면서 '포스트 아메리카 시대'가 열리고 있다고 했다. 미국이 쇠퇴했기 때문이 아니라 중국과 인도 등 다른 나라들이 미국보다 빠른 속도로 부상하고 있기 때문이라는 것이다.

『뉴스위크』는 '포스트 아메리카니즘'의 부상을 나타내는 단편적인 사례들을 제시했다. "세계에서 가장 높은 빌딩은 대만 타이베이에 있고, 가장 큰 영화 공급처는 할리우드가 아니라 인도 발리우드다. 세계 10대 부자 중 미국인은 두 명밖에 없다. 10년 전만 해도 미국은 거의 모든 분야에서 최고의 자리에 있었다." 아니, 그런 게 그렇게 중요한가? 피식 웃음이 터져나오지만 계속 들어보자. "국제적으로 미터법을 지키지 않는 세 나라가 있는데 라이베리아, 미얀마 그리고 미국이다."

미국 패권주의를 풍자한 1899년 루이스 달림플의 캐리커처. 엉클 샘이 네 어린이—필리핀, 하와이, 푸에르토리코, 쿠바—를 가르치고 있으며, 미국의 각 주를 상징하는 학생들이 뒷자리에 앉아 있다. 그 주위로 책을 거꾸로 든 아메리카 인디언과 교실 밖에 서 있는 중국인, 창문을 닦는 흑인 소년이 보인다.

『뉴스위크』는 "미국은 그동안 국제사회의 규칙을 지정하는 국가였으나 스스로는 이를 제대로 지키지 않았다"며 "'포스트 아메리카 시대'에는 미국도 국제사회의 규칙을 지킬 필요가 있다"고 지적했다. 미터법 같은 것은 지키되 '팍스 아메리카나'는 유지해야 한다는 말로 들린다.

구소련에서 태어나 소련의 붕괴를 직접 목격한 드미트리 오를로프(Dmitry Orlov 2010)는 2008년에 출간한 『예고된 붕괴(Reinventing Collapse)』를 통해 미국의 붕괴를 예고했다. 소련 붕괴 후 1970년대부터 미국에서 살다가 1980~1990년대에 여러 번 러시아에 체류한 그가 제시한 미국 붕괴 시나리오의 핵심은 석유다. 미국은 세계 1위 원유

제2장 미국 자존심의 시련 115

수입국이다. 식량조차 기업농에 의존하는 미국이 원유 부족으로 내몰릴 경우 미국 경제는 일시에 무너진다는 얘기다. 여기에다 임금을 쥐어짜는 미국식 자본주의는 대량 실업사태를 불러와 미국 가정을 단번에 주저앉힐 거라는 주장이었다.

싱크탱크인 브루킹스 연구소 출신으로, 오바마 선거 캠프의 대외정책 팀을 이끈 인도 출신 국제관계 전문가 파라그 카나(Parag Khanna 2009)는 『제2세계(The Second World)』(2008)에서 미국이 유일한 패권국으로 군림하던 시대는 끝났다고 주장했다. 이제 세계무대는 미국-EU-중국이라는 '빅 3'가 21세기 리더 자리를 두고 치열한 경합을 벌이고 있으며, 어느 한 세력이 패권국의 지위를 차지하지 못하는 상황에서 세력 판도의 키를 쥔 것은 제2세계 국가들이라는 것이다. '제2세계(second world)'는 원래 사회주의권을 지칭하는 용어였지만 이 책에서는 저개발 상태의 제3세계에서 선진국 제1세계로 발돋움하려는 이행기의 국가들을 일컫는다. 저자는 제2세계란 저마다 '세계화'라는 지렛대를 이용해 나름의 힘을 행사하면서 미국-EU-중국 사이에서 향후 세력 균형을 결정할 '티핑 포인트(tipping point)' 국가들이라고 설명했다.

사회학자 모리스 버먼(Morris Berman)은 『중세기 미국(Dark Ages America: The Final Phase of Empire)』(2007)에서 "지금의 상황이 마치 로마제국 멸망 때와 비슷하다"며 "미국의 시대는 끝났다"고 주장했다. 교육 시스템의 붕괴와 엄청난 대외채무, 제3세계 수준의 영아 사망률, 의료보험 체계의 파산, 정신적 피폐 등이 똑같다는 것이다. 그는 특히 9 · 11테러가 미국을 망치고 있다고 진단했다. 미국이 오류를 스스로 고쳐나가는 시스템을 망가뜨렸다는 것이다. 또 고문을 합법화하고 국민을 감시하고 전화를 도청하는 등 미국의 국가설립 이념인 '법과 자유'를 훼손하고 있다는 것이다. 그는 2040년쯤 미국은 삼류 국가 수준으로 전락할 것이라고 경고했다.

『뉴욕옵서버(New York Observer)』부편집인을 지낸 크레그 웅거는 『미국 묵시록(American Armageddon)』(2008)에서 "네오콘이 미국의 몰락을 초래했다"고 주장했다. 그는 "미국이 이슬람과 서방문명의 충돌로 쇠락하는 게 아니라 기독교, 유대교, 이슬람교 등 각 종교 원리주의자들 간의 충돌 때문에 망하고 있다"고 진단했다. 즉 기독교 원리주의자들과 네오콘이 합작해 조지 부시를 대통령에 앉혀놓은 뒤 이라크전쟁을 일으켜 미국의 몰락을 초래하고 있다는 것이다. (최우석 2008)

소프트 파워와 스마트 파워

그러나 반대의 목소리도 있었다. 『뉴스위크』 파리드 자카리아(Fareed Zakaria) 국제담당 편집인은 『포린어페어스』에 기고한 글에서 "미국이 통계 수치상으로는 하락하고 있는 것처럼 보이지만 교육과 창의적 정신, 경제, 젊은 인구 분포도 등 때문에 당분간 슈퍼 파워의 지위를 계속 누릴 것"이라고 전망했다. 자카리아는 오바마가 들고 다닌다고 해서 유명세를 탄 자신의 저서 『포스트 아메리칸 월드(The Post-American World)』(2009)에서 아직도 미국의 군사력과 연구개발 투자, 전문 인력, 기업 활력 등은 27개 나라가 합쳐진 EU도 족탈불급(足脫不及)이라고 장담하면서, 이민자 유입에 따른 미국의 넘쳐나는 젊은 인구는 강력한 무기라고 주장했다. (여시동 2009, 최우석 2008)

미국 쇠락론보다는 자카리아의 주장이 더 설득력이 있는 듯하다. 사실 미국 쇠락론에 대한 가장 강력한 반론은 앨빈 토플러(Alvin Toffler)가 지적했던 '사회·정치적, 과학·정보적 요소'다. 이와 관련해 즈비그뉴 브레진스키(Zbigniew Brzezinski 2000)도 "미국 중심적 세계 체제는 미국에 패배한 경쟁 국가, 예컨대 독일, 일본 그리고 최근에는 러시아의 경우에서 보이듯이 그 어떤 과거 제국들보다 포섭 전략을 강조하고 있다. 미국은 민주적인 원리와 제도가 지닌 호소력을 십분 활용하여 미국에 의존적인 외국 엘리트에게 간접적인 영향력을 행사하는 방식에 크게 기대고 있다"며 다음과 같이 주장했었다.

"이 모든 것은 세계적 통신망과 대중적 오락 그리고 대중문화 등에서 미국이 지니는 거대하지만 형체 없는 지배력 그리고 기술적·군사적 수준에서 미국이 거둔 유형의 성과 등에 따라 뒷받침된다. 문화적 지배는 미국의 세계 권력에서 과소평가되고 있는 측면이다. 미국의 미적 가치를 어떻게 평가하든 간에 미국의 대중문화는 특히 세계의 젊은이에게 거대한 자석과 같은 힘을 행사하고 있다. …… 미국의 텔레비전 프로그램과 영화는 세계 시장의 4분의 3을 차지한다. 미국의 대중음악 역시 비슷한 지배력을 지니고 있고, 미국의 유행, 식사습관, 의상까지도 점차 전 세계적인 모방의 대상이 되고 있다. 인터넷에서 쓰는 언어는 영어며, 컴퓨터를 통해 대화를 나누는 사람의 압도적 다수가 미국인으로서 전 지구적인 담론의 내용에 영향을 미치고 있다. 끝으로 미국은 더욱 선진적인 교육을 받고자 하는 사람들의 메카가 되고 있다. …… 미국 대학을 졸업한 장관들은 모든 대륙의 거의 모든 내각에서 발견된다."

이는 조지프 나이가 말한 '소프트 파워' 또는 '문화적 헤게모니' 이기도 하다. 조지프 나이 등은 한 걸음 더 나아가 2007년 하드 파워(Hard Power)와 소프트 파워(Soft Power)를 결합한 총체적 권력인 스마트 파워(Smart Power) 개념을 제시했다. 미국 대통령 선거를 꼭 1년 앞두고 나온 전략국제연구센터(CSIS 2009)의 '스마트 파워 보고서'는 미국이 21세기 세계 질서를 주도하기 위해서는 전통적인 군사력과 경제력의 하드 파워와 더불어 소프트 파워에 대한 투자를 대폭 늘려 스마트 파워로 새로 태어나야 한다고 주장했다. 보다 구체적으로는 지구적 도전을 함께 극복하기 위한 동맹, 세계 질병퇴치를 비롯한 지구 발전, 국제지식 중시의 공공외교, 세계 경제에 기여하는 경제통합 그리고 기후변화와 에너지 안보문제를 풀 수 있는 기술혁신을 소프트 파워의 핵심으로 꼽았다.

"영어가 미국의 몰락을 막는다"

특히 영어가 '팍스 아메리카나(Pax Americana)'를 지속하는 강력한 힘으로 주목받기 시작했다. '영어 제국주의'라는 말까지 나왔다. 로버트 필립슨(Robert Phillipson)은 이미 1992년에 출간한 『언어 제국주의(Linguistic Imperialism)』라는 책에서 '영어 제국주의(English Linguistic Imperialism)'를 "영어와 다른 언어들 사이의 구조적, 문화적 불평등을 확립하고 계속 재형성함으로써 영어 지배가 주장되고 유지되는 것"이라고 정의했다. 필립슨은 영어 지배는 정치·경제 영역에서의 불평등과 연계돼 있을 뿐 아니라 세계의 다양한 언어들 중에서 영어를 규범으로 삼게 조장함으로써 일종의 인종주의인 앵글로 중심주의

(anglocentrism)를 확산시킨다고 주장했다.(태혜숙 2004)

김영명(2000)은 영어 제국주의는 역사적으로 ①직접적인 식민통치 ②개발 원조 ③영어의 상품화 등의 방식으로 전개되었다고 지적하면서 "영어 제국주의는 정치적, 문화적, 경제적 제국주의 모두와 밀접히 연결되고, 어떻게 보면 제국 지배의 구체적인 방식에 관계없이 가장 보편적이며 항구적이고 뿌리 깊게 스며드는 패권 유지의 방편이라고 할 수 있다"고 주장했다.

영국문화원은 2004년 12월 9일에 발표한 '영어의 미래' 보고서에서 2015년까지 세계 인구의 거의 절반에 가까운 30억 명이 영어를 말하게 될 것이며 "영어가 교과과정에 빠르게 너무 깊이 통합되고 있어 세계 시민 다수에게, 어쩌면 대부분에게 더 이상 외국어가 아닐 것"이라고 전망했다.(박민희 2004)

2008년 1월 스위스 제네바대학 언어경제학자 프랑수아 그랭은 "영어 때문에 EU 회원국들에서 영국으로 빠져나가는 돈이 연간 10억 유로에 이르고, 영어 사용국과 비사용국의 경제 격차는 점점 더 벌어질 것"이라고 했다. 영어 실력 차이로 인해 사회·경제적 격차가 커지는 현상을 '잉글리시 디바이드(English Divide)'라고 한다. 세계 100대 대학 중 영어권 대학이 75개이고 인터넷 정보의 70퍼센트가 영어로 전달되는 현실에서 영어는 지식과 경제력의 원천이 되었다.(이선민 2008)

2009년 전 세계에서 4억 명이 영어를 모국어로 사용하며, 3억~5억 명은 제2외국어로 유창하게 구사하고, 7억 5000만 명이 영어를 배우는 중이었다. 또한 전 세계의 영향력 있는 신문들은 대부분 '영어판'

을 만들며, 세계 주요 과학잡지의 90퍼센트 이상이 영어로 발간되었다. 이와 관련해 미 카네기평화연구소의 알리 웨인 연구원은 "2015년에는 전 세계 인구의 절반 이상이 영어를 사용할 것"이라면서, "영어가 지구촌 비공식 공용어로 사용되는 한, 미국의 파워는 유지될 것"이라고 미 외교전문지 『포린폴리시』에 기고했다.

웨인은 영어의 영향력이 커지는 원인으로 '신분 상승(upward mobility)' 욕구를 들었다. '슈퍼 파워' 미국을 대체할 국가로 꼽히는 중국에서조차 영어는 사람들이 중산층으로 진입하기 위한 수단이라는 것이다. 그는 중국에 3억 명, 인도에서 3억 5000만 명 정도가 영어로 의사소통을 할 수 있으며, "앞으로 중국·일본·한국·아프리카·라틴아메리카에서 영어는 제2외국어가 될 것"이라고 전망했다. 웨인은 "라틴어·프랑스어 시대에 이어 지금은 영어의 시대다. 영어의 영향력이 증가하는 한, 미국도 석양 속으로 사라지는 일은 없을 것"이라고 주장했다.(이혜운 2009a)

그간 유럽은 '영어를 쓰기에 불편한' 나라들이었지만, 이젠 그것도 옛날이야기가 되고 말았다. 2009년 여름 유럽을 방문한 이택광(2009)은 "학회 참석차 들렀던 독일 쾰른의 풍경은 나를 다소 놀라게 만들었다. 미국식 카페로 단장해 있는 하이스트리트에서 뉴욕이나 서울과 유사한 분위기를 느낄 수 있었고, 무엇보다도 독일어를 사용하지 않아도 전혀 불편하지 않았다"며 다음과 같이 말했다.

"유럽 통합을 기념하기 위해 매년 개최하는 유럽 가요제에서 노랫말이나 사회자의 공식어는 바로 영어다. 동유럽의 가수들이 서툰 영어로 노래를 부르고 어색한 악센트로 인터뷰를 하는 광경은 흔한 일이다. 영어라는 공통 언어와 미국 문화라는 공통 감각을 매개로 유럽은 '통합' 중인 셈이다. …… 지난 10여 년간 유럽 젊은이들의 꿈은 미국 월가로 진출하는 것이었고, 이를 위한 필수 항목이 바로 영어였다. 유럽 통합의 조건은 공식언어를 영어로 채택하는 순간 이정표를 확실히 한 것이라고 볼 수 있다. …… 이제 유럽을 지배하는 것은 거대한 미국식 쇼핑몰과 카페들 그리고 멀티플렉스 영화관과 미국 드라마들이다. 아메리칸 드림은 이렇게 유럽에서 거부할 수 없는 현실로 다시 태어나고 있다."

'영어 제국주의'는 미국의 교육·대중문화 수출과 상호 상승 작용 관계를 유지했으며, 따라서 영국식 영어가 아니라 미국식 영어의 패권을 전제로 한 개념이다. 맥도널드를 상징으로 하여 초국적 기업들이 지배하는 세상을 가리켜 '맥월드(McWorld)'라는 표현을 쓴 미국의 정치학자 벤저민 바버(Benjamin R. Barber 2003)는 "맥월드의 기준에서 볼 때 영국식 영어는 미국의 상류층 소비자들을 겨냥하여 광고회사에서 사용하는 거만한 사투리에 불과하다. 미국식 영어는 과학, 기술, 상업, 수송, 금융에서뿐만 아니라 문화, 예술에서도 세계의 주요 언어로 자리 잡고 있다"며 다음과 같이 주장했다.

"프랑스의 영화 광고는 영어로 제작되는 경우가 비일비재하다. 프랑스인들에게 미국식 영어는 전혀 낯설지 않고 단지 하나의 사투리에 지나지 않는다는 인상을 줄 정도다. …… 소말리아 부족 지도자나 아이티 대사관 직원들이 미국을 비방할 때도 영어를 쓴다. 그 이유는 영어로 이야기해야 언론에 보도되어 홍보효과를 볼 수 있기 때문이다. 미국식 식민주의와 정치권력 그리고 경제력으로 이루어진 미국의 패권에 반발하여 벌이는 투쟁도 그 방법상 미국 대중문화와 영어라는 문화적 패권을 강화해주는 방향으로 전개되고 있는 실정이다."

세계를 강타한 '아바타 신드롬'

미국 대중문화 수출은 어떤가? 2007년 할리우드가 전 세계 극장에서 거둔 수입은 267억 달러(약 25조 3000만 원)로 사상 최고치를 기록했다. 이는 2006년의 255억 달러보다 4.7퍼센트 많은 것으로, 지역별로는 북미에서 2006년(91억 달러)보다 5.4퍼센트 늘어난 96억 달러의 수입을 거뒀다. 미국과 캐나다를 제외한 지역에서의 수입은 2006년(163억 달러)보다 4.9퍼센트 늘어난 171억 달러로, 전 세계 수입의 64퍼센트를 차지했다.

2007년 북미 최고의 흥행작은 3억 3650만 달러를 벌어들인 〈스파이더맨 3(Spiderman 3)〉였으며 〈슈렉 3(Shrek 3)〉(3억 2270만 달러), 〈트랜스포머(Transformer)〉(3억 1920만 달러), 〈캐리비안의 해적―세상의 끝에서(Pirates of the Caribbean―At World's End)〉(3억 940만 달러)까지 모두 4편이 3억 달러 이상을 벌어들였다. 또 1억 달러 이상을 벌어들인 영화가 28편으로, 2006년의 19편보다 50퍼센트 가까이 늘어났다. 그러나 극장 수입이 올라간 만큼 영화 제작비도 함께 늘었다.

메이저 영화사의 평균 제작비는 1억 660만 달러로 2006년(1억 30만 달러)보다 6.1퍼센트 늘었으며 2003년의 최고기록 1억 58만 달러도 넘어섰다. 이 가운데 순제작비가 7080만 달러이며 마케팅비는 3590만 달러였다. 2006년보다 신문 광고비는 줄고 텔레비전 광고비는 비슷한 수준을 유지한 반면 인터넷 광고비가 전체의 4.4퍼센트로 3.7퍼센트보다 늘어났다. 지난해 미국에서 개봉한 영화(재개봉 제외)는 모두 590편으로, 2006년의 599편보다 약간 줄었다. 이 가운데 메이저 영화 외의 독립영화 비율은 66퍼센트에서 70퍼센트로 늘어났다.(김지연 2008)

2009년 말 개봉해 최단기간인 20일 만에 역대 흥행수익 4위인 10억 2000만 달러(약 1조 1000억 원)를 가뿐히 넘어선 제임스 카메론(James F. Cameron) 감독의 3D 영화 〈아바타(Avatar)〉가 전 세계적인 '아바타 신드롬'을 불러일으킨 것은 대중문화를 넘어서 '팍스 아메리카나'가 쉽게 끝날 수 없으리라는 예감을 불러일으켰다. 〈아바타〉는 전 세계 1만 4500여 개의 스크린에서 개봉했는데, 이 중 25퍼센트 정도인 3600여 개 관이 3D 스크린이었다. 이 3D 수익이 전체 수익의 56퍼센트를 차지했다. 관객들이 일반 상영관의 두 배에 이르는 3D 티켓 값을 기꺼이 냈다는 뜻이다. 이와 관련해 양성희(2010)는 "2010년 '아바타'의 충격은 할리우드의 활로 모색 정도가 아니다. 진정한 영상문화 혁명이 진행 중이다"라고 했다.

한국에서의 '충격'은 어떠했던가? 『조선일보』(2010.2.25)는 "1000만 관객을 넘어 '괴물'의 최고 관객동원 기록(1301만 명)을 깨기 직전인 영화 '아바타'가 의외로 조용하다. 한국 영화들이 1000만을 넘으면 관객 사은행사를 비롯해 떠들썩한 잔치를 벌이는 것과는 크게 대조적이다. 한국 영화사상 최고 흥행매출 기록을 이미 세웠고 최다 관객동원 기록의 경신을 앞두고 영화사가 애써 웃음을 감추는 데는 속사정이 숨어 있다"며 다음과 같이 말했다.

"23일 현재 〈아바타〉의 관객 합계는 1291만 283명. 영화배급사 측

〈아바타〉는 모션 캡처 방식을 활용해 100퍼센트 3D로 실사영상을 구현한 작품이다. 배우들은 그린 스크린을 배경으로 9피트에 이르는 '아바타'의 몸동작부터 표정 등을 가상의 연기로 표현했다. ⓒ 연합뉴스

은 이 숫자가 늦어도 27일엔 1300만을 넘어설 것으로 보고 있다. 괴물의 1300만은 '절대 깰 수 없는 숫자'라는 세평을 낳고, 실제 〈아바타〉가 처음 개봉했을 때 이 숫자를 넘어서리라고 예상한 사람은 찾을 수 없었다. 그러나 〈아바타〉는 개봉 11주 만에 한국 영화사에 그 이름 세 글자를 굵은 활자로 올릴 수 있게 됐다. 그러나 영화배급사인 이십세기폭스코리아는 1000만 관객 돌파 때와 마찬가지로 이번에도 아무런 사은 이벤트나 마케팅을 하지 않고 있다. 이번 주말 1300만을 넘을 것으로 예상한다는 보도자료도 내지 않았다. 이는 한국 영화를 제치고 역대 1위에 오르는 부담감 때문이다. …… '국민영화'로 불리는 〈괴물〉을 누르고 1위에 오르는 것이 국내 정서상 떠들썩하게 자축할 일이 아니라는 설명이다."(한현우 2010)

오바마는 '제2의 마이클 잭슨'인가?

'아바타 신드롬'이 일어나기 수개월 전인 2009년 6월 25일 마이클 잭슨(Michael Jackson, 1958~2009)의 사망은 미국 대중문화의 힘을 유감없이 입증해주었다. 전 세계인이 그의 죽음을 애도했기 때문이다. 그는 전 세계에서 음반이 팔리고 공연이 매진되는 등 진정한 의미에서 최초의 '글로벌 스타'였다. "어젯밤 멕시코시티에 마이클 잭슨으로 분장한 사람들이 모였다. 오늘 밤 런던에선 군중이 모여 '문 워크'를 춘다"고 전한『포린폴리시』는 잭슨을 일컬어 "상냥한 손님이자 친절한 대사(ambassador)였다"고 했다. 한 중국인 사업가는 이렇게 말했다. "1980년대 그의 음악은 개방 시대를 처음 맞은 중국인들에게 서양 문화를 상징하는 주제곡이었다."(김민아 2009d, 임진모 2009, 최승현 2009)

오바마 시대에 이르러 이젠 오바마가 제2의 마이클 잭슨이 되었다. 오바마는 2009년 4월 프랑스에서 열린 나토(NATO: 북대서양조약기구) 기자회견에서 "특별한 자격을 갖춘 미국이 세계를 이끈다는 '미국 예외주의(American Exceptionalism)'에 동의하시나요?"라는 질문을 받고, 이렇게 답했다. "영국인이 영국의 예외주의를 믿고 그리스인이 그리스의 예외주의를 믿는 것처럼, 나도 미국의 예외주의를 믿습니다." 이 발언은 공화당 보수주의자들의 거센 반발을 샀지만, 미국 밖에서 미국 이미지를 좋게 만드는 데엔 크게 기여했다.(김연주 2009)

오바마는 2009년 6월 4일 이집트 카이로대학 연설에서 "성스러운 코란은 '신을 섬기며 진실만을 말하라'고 가르칩니다. 나는 오늘 최선을 다해 진실을 말함으로써 그 가르침을 실천하려 합니다"라고 말했다. 역대 미국 대통령들과 비교해 파격적인 화법이었다. 오바마는 닷새간의 유럽, 중동 순방에서 이처럼 현지 국민의 마음을 파고드는 연설을 함으로써 뜨거운 인기를 누렸다. 그러나 오바마의 연설은 조지 부시의 기존 연설과 알맹이는 크게 다르지 않았다. 『월스트리트저널』은 "부시의 주장을 예술적으로 재포장했다"고 평가했다. 『크리스천사이언스모니터』는 이 같은 오바마 대통령의 행보를 '글로벌 포퓰리즘(global populism)'이라 명명했다.(남원상 2009, 신정선 2009b)

2009년 11월 14일 오바마는 일본 도쿄 아카사카(赤坂) 산토리홀 연설에서 "미국은 수세대에 걸쳐 태평양 국가였으며, 미국과 아시아는 태평양으로 인해 떨어져 있는 것이 아니라 태평양으로 인해 연결돼 있다"고 말했다. 그는 이어 "내 인생도 그 이야기(태평양을 공유한 미국과 아시아의 이야기)의 일부"라며, 자신을 "미국의 첫 번째 태평양 대통령(America's first Pacific president)"으로 소개했고, 아시아와 연관된 자신의 가족사를 밝혔다. "나는 소년 시절을 인도네시아에서 보냈다. 여동생 마야는 자카르타에서 태어났고 중국계 캐나다인과 결혼했다. 어머니는 10년 가까이 동남아시아의 시골마을에서 일했다. 여성들이 재봉틀을 갖고 교육을 받을 수 있게 도왔다. 그들이 세계 경제 속에서 생활 기반을 구축하는 발판이 됐을 것이다. 태평양은 내 세계관 형성에 영향을 미쳤다."(선우정 2009)

오바마는 이날 아키히토(明仁) 일본 국왕 부부를 예방해, 허리를 90도 가까이 숙여 인사하는 모습을 보여주었다. 다음 날 미국 언론들은 이 사진을 게재한 뒤 비난을 퍼부었다. '비굴'이라는 표현까지 나왔지만, 일본인들은 그런 오바마에 열광했다. 오바마는 이어 중국을 방문해 원자바오(溫家寶) 총리와 악수할 때에도 45도가량 고개를 숙였다. 반면 원 총리는 꼿꼿이 서서 그를 맞았다. 중국인들 또한 오바마의 겸손에 열광했다. 이와 관련해 최형규(2009)는 "그는 무섭다. 좀 심하게 말하면 노회하기까지 하다"라며 다음과 같이 말했다.

"그는 미국 언론의 비난이 거셀수록 향후 대일 외교에 더 득이 많을 거라 확신했던 것 같다. 그 후 며칠 되지 않아 일본의 『산케이신문』은 미국과 대립각을 세우는 하토야마 정권을 한국의 노무현 정권에 비교하며 비판했다. 오바마는 미국을 낮춰 자신이 하고 싶은 말을 일본 스스로 하게 했다. …… 그는 중국에서도 자신을 낮췄다. 미국 경제가 중국 덕에 살았다는 말도 스스럼없이 했다. 그러면서 미국과 중국, 즉 G2의 리더십을 강조했다. 오바마의 의중을 읽은 원 총리가 손사래를 쳤지만 때는 이미 늦었다. 이틀 전 상하이에서 대학생들을 만나 중국과 미국이 협력해 국제문제를 해결하는 리더십을 보여야 한다고 강조했고 이 말은 전 세계 언론을 탔다. 오바마가 중국을 이미 미국과 대등한 반열에 올려버린 뒤였다. 이젠 후진타오 주석이 손사래를 쳐도 국제사회에서 중국의 책임은 갈수록 커질 수밖에 없게 됐다. …… 베이징 런민대학 국제관계학원 진찬룽 부원장은 오바마 외교를 '책임 아웃소싱(責任外包)'이라며 혀를 내둘렀다."

오바마가 과연 어떤 실리를 얻었는지는 알 수 없지만, 그런 새로운 이미지로 미국의 대외 이미지 개선에 기여한 건 분명했다. 2010년 4월 19일 일본 『요미우리신문』과 영국 BBC가 발표한 국제 여론조사 결과, "미국이 좋은 영향을 주는 국가"라고 밝힌 응답은 46퍼센트로 "나쁜 영향을 준다"는 답변 38퍼센트를 앞섰다. 이 조사는 2009년 11월부터 2010년 2월에 걸쳐 전화와 면접을 통해 전 세계 28개국 2만 9977명을 대상으로 실시됐는데, 미국에 대한 긍정적 답변이 부정적 응답보다 많은 것은 이 조사가 시작된 2005년 이후 처음이었다. BBC는 "미국에 대한 평가가 급격히 좋아지고 있는 것은 오바마 대통령 취임 시기와 일치한다"며 "'오바마 효과'가 현실로 나타난 결과"라고 지적했다.(조홍민 2010)

'오바마 효과'가 국제관계에서의 실질적인 변화로까지 이어진다면 더할 나위 없이 좋겠지만, 여러 이유로 그게 어렵다면 오바마를 '제2의 마이클 잭슨'으로 부른다 해도 무리는 없을 것이다. 사실 부시와 오바마의 차이는 그리 크지 않다. 부시가 '하드 파워' 일변도였다면, 오바마는 '하드 파워'에 '소프트 파워'를 더한 '스마트 파워' 개념을 실천하는 것으로 볼 수 있다. 게다가 미국의 '스마트 파워'를 강화하는 '사이버 제국' 건설이 2000년대 후반 들어 더욱 공고해졌다는 점에 주목하지 않을 수 없다.

참고문헌 Barber 2003, Batra 2009, Brzezinski 2000, CSIS 2009, Khanna 2009, Lefèvre-Balleydier 2009, Orlov 2010, Prestowitz 2006, 김민아 2009d, 김성호 2005, 김연주 2009, 김영명 2000, 김지연 2008, 남원상 2009, 박광희 2006, 박민희 2004, 선우정 2009, 신정선 2009b, 양성희 2010, 여시동 2009, 이고은 2010, 이광형 2009, 이선민 2008, 이수진 2005, 이택광 2009, 이혜운 2009a, 임진모 2009, 장택동 2008, 정강현 2010, 정의길 2009, 정재홍 2008a, 정철진 2005, 조선일보 2009, 조홍민 2010, 최승현 2009, 최우석 2008, 최유식 2009, 최형규 2009, 태혜숙 2004, 하영선 2007, 한현우 2010

제3장
의료보험 논란

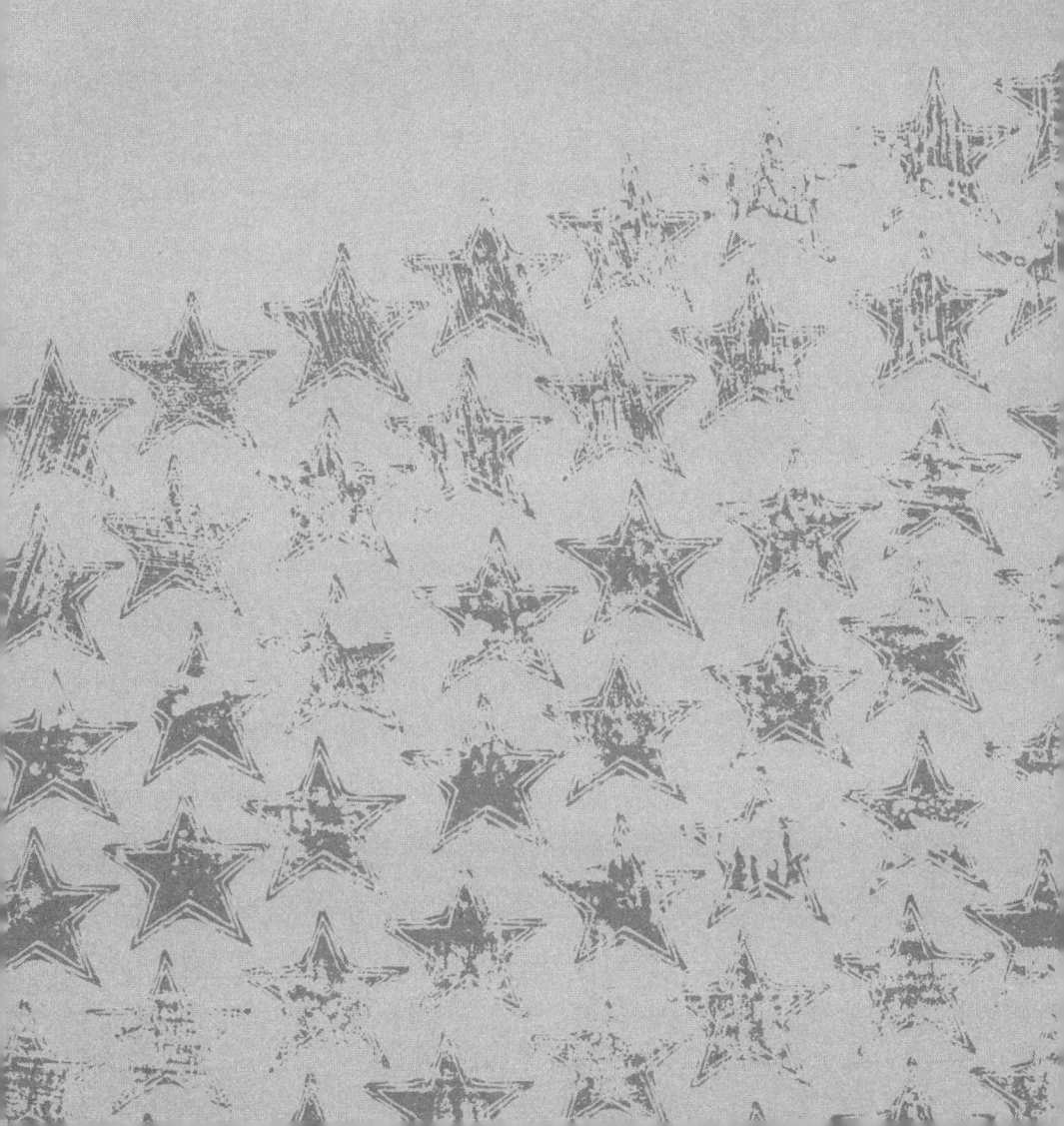

의료보험 망국론
오바마의 도전

미국은 '건강 후진국'·'세습사회'

2007년 8월 미국 인구조사국과 연방 건강통계센터가 발표한 자료에 따르면, 세계 최대 경제대국인 미국의 국민 평균수명이 전 세계 222개 나라 가운데 42위로 나타나는 등 미국은 '건강 후진국'으로 나타났다. 프린스턴대학과 독일 뮌헨대학이 공동으로 조사한 전 세계 신장 측정 결과에서는, 과거 가장 큰 것으로 알려졌던 미국인들의 평균 신장이 유럽 국가들에 추월당한 것으로 나타났다. 미국인들은 평균 신장에서 남성 11위, 여성 15위로 조사됐다. 미국의 2004년 유아사망률은 쿠바보다도 높은 1000명당 6.8명으로 나타났다. 이런 조사 결과들에 대해 많은 연구자들은 사회보장 체계 미비를 첫 번째 이유로 꼽았다. 다른 선진국들에선 전 국민 의료보험을 실시하는 반면, 미국에는 무보험자가 5000만 명에 이르렀다. 20세 이상 성인 미국인의 3분의 1이 비만이고, 전체 인구의 3분의 2가 과체중인 것도 평균수명을 낮추는

요인이었다.(류재훈 2007b)

　무보험 인구가 5000만 명에 이른다는 건 그만큼 미국의 빈부격차가 심각하다는 점을 경고하고 있었다. 미국 퓨(Pew) 공익재단의 2008년 연구에 따르면 최하위 계층(하위 20퍼센트) 가정에서 태어난 미국인의 42퍼센트가 부모에 이어 다시 최하위 계층으로 살아가고 있었다. 반면 최상위 계층(상위 20퍼센트)에서 태어난 미국인은 39퍼센트가 부모에 이어 최상위 계층을 유지하고 있었다. 빈부의 대물림 현상이었다. 연구팀이 1984~2004년 미국 사회 최하위층 계층 이동을 추적한 결과 절반 이상(53.5~54.6퍼센트)이 10년이 지나도 여전히 최하위 계층에 머물렀다. 일종의 계층 고착 현상이 일어난 것이다. 연구 결과 흑인과 여성이 사다리를 올라가기 어려운 취약 집단이었다.(이인열 외 2010)

　또 2008년 브루킹스 연구소의 연구 결과에 따르면, 최하위 20퍼센트 소득계층(1분위)에서 태어난 사람들 가운데 6퍼센트만이 최상위 20퍼센트 계층(5분위)으로 상승하고, 42퍼센트는 최하위 계층을 벗어나지 못하는 것으로 나타났다. 반면, 최상위 20퍼센트 계층 출신들의 경우 39퍼센트가 계속 이 계층에 남고, 62퍼센트는 상위 40퍼센트 계층에 속하는 것으로 조사됐다.

　'아메리칸 드림'이 허구라는 건 충분히 입증된 것이지만, 그래도 다른 나라들보다는 미국의 형편이 나은 게 아닌가? 그것도 아니었다. 미국의 빈곤층 출신 남성들이 유럽에 비해 계층 이동의 기회가 적은 것으로 나타났다. 1950년대에 미국 최하위 계층에서 태어난 남성들이 이 계층을 벗어나지 못할 가능성은 42퍼센트로 덴마크, 핀란드, 노르웨이, 스웨덴, 영국의 25~30퍼센트보다 훨씬 높았다.(이경 2008)

그러나 그 어떤 통계수치도 미국인들의 '아메리칸 드림 집념'을 약화시킬 수는 없었다. 2008년 8월 『워싱턴포스트』와 하버드대학이 공동으로 미 전역의 연 소득 2만 7000달러 이하 저소득층 1350명을 대상으로 실시한 조사 결과, 이들이 속한 가구의 연소득은 4만 2000달러 미만이었으며 주간 평균 노동시간은 최소 30시간이었다. 현재의 경제 상태를 '가난하다'고 말한 응답자가 153명이었고 '나쁘다'는 55명, '힘겹게 살고 있다'는 51명, '파산했다'는 30명이었다. 응답자의 75퍼센트는 '좋은 직장 잡기가 더 힘들어지고 있다'고 했고 '자녀 대학 교육시키기가 어렵다'는 응답도 74퍼센트에 달했다. 은퇴 이후의 생활에 대한 두려움도 커서 81퍼센트가 퇴직 후 노후생활 자금 마련이 버겁다고 응답했다.

하지만 응답자의 69퍼센트는 개인적 경제 상태에 대해 '희망이 있다'고 응답해 '아메리칸 드림'을 간직하고 있는 것으로 나타났다. 개인의 경제 사정이 나빠질 것이라는 응답은 14퍼센트에 불과했고 '상승할 것'이라는 응답은 58퍼센트였다. 자신의 세대에서 '아메리칸 드림'을 이룰 수 있을 것이라는 응답도 56퍼센트에 달했다.(고태성 2008) 하기야 인간이 꿈 없이 어떻게 살 수 있겠는가?

그러나 2008년 선거는 다시 '세습사회' 논란을 불러일으켰다. 2008년 12월 17일 『워싱턴포스트』는 내년 미 연방 상원에는 유명 정치인의 아들·딸이 10여 명 있고, 2010년 선거 이후에는 그 숫자가 더 늘어날 예정이라고 보도했다. 연방 하원에도 하원의원이었던 부모의 지역구에서 당선된 의원이 21명, 숨진 남편의 지역구에서 당선된 의원이 다섯 명 있었다. 헌법에서부터 "어떤 작위(爵位)도 인정되지 않는다"고 천명한 미국에서 어떻게 이렇게 '세습정치'가 이뤄질 수 있을까? 『워싱턴포스트』는 "미국인들은 '왕조(dynasty)'나 '족벌주의(nepotism)'와 같은 말에 겉으로는 인상을 쓰지만, 속으로는 이에 대한 동경과 환상을 갖고 있다"고 분석했다. '돈' 문제도 무시할 수 없다. 밥 에드거 전 펜실베이니아(Pennsylvania) 주 연방 하원의원은 "이런 현상이 생기는 이유는 단 세 가지다. 첫째도, 둘째도, 셋째도 '돈'이다"라고 말했다. 돈이 없으면 우선 선거판에 끼어들 수가 없고, 선거에 이긴 집안은 엄청난 특권을 이용해 의원직을 '소유' 하게 된다는 것이다.(변희원 2008)

'비뚤어진 아메리칸 드림 탓' 인가?

미국인들의 '아메리칸 드림 집념'이 아무리 강하다 해도 빈부격차의 고착화와 그에 따른 '세습사회'의 풍경이 갈수록 음울해지는 것까지 막을 수는 없었다. 미 농무부의 연례 식량안전보고서에 따르면, 2008년 미국에서 생활고 때문에 일정 기간 배고픔으로 고통받은 사람이 전체 인구의 14.5퍼센트에 해당하는 4910만 명에 이르렀다. 특히 어린이의 경우 네 명 중 한 명에 해당하는 1700만 명이 먹을 음식을 제대로 확보하지 못했던 것으로 조사됐다. 이는 전해에 비해 400만 명이 증가한 수치였다. 또 보고서는 전체 인구의 5.7퍼센트, 1730만 명은 2008년 7~8개월 동안 음식이 부족해 수일 동안 굶었다고 전했다.(나길회 2009)

    자살률도 늘었다. 2008년 자살관련 통계 중 19개 주의 기록을 분석한 결과, 미국 인구의 총 40퍼센트를 차지하고 있는 이들 주에서 2008년 총 1만 5335명이 스스로 목숨을 끊어 전년 대비 2.3퍼센트 늘어났

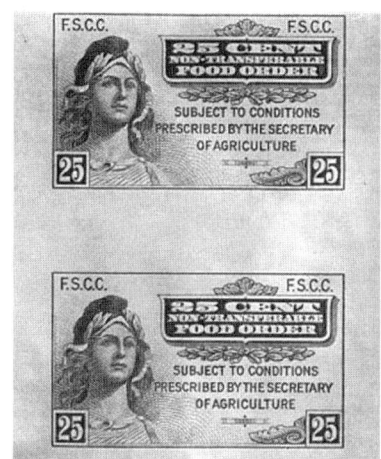

(왼쪽)1939년 최초의 무료급식 교환권. (오른쪽)무료급식 교환권 전자카드를 취급하는 슈퍼마켓. 2010년 기준으로 4인 가족 월수입이 2297달러 이하면 매월 668달러까지 적용된다. ⓒ clementine gallot

다. 또 미 연방 정신건강서비스국(SHMHSA) 조사를 보면, 미국 성인 가운데 830만 명이 심각하게 자살을 생각해봤고, 미국 성인 인구의 0.5퍼센트인 110만 명이 실제로 자살을 시도했던 것으로 나타났다.(권태호 2009d)

2008년 12월 양상훈(2008a)은 "지금 미국은 우리가 알던 그 미국이 아니다. 미국 전체 인구 10명 중 한 명이 무료급식 교환권(Food Stamp)을 받아 살아가고 있다. 필요한 양의 음식을 확보하지 못하는 인구가 3600만 명에 달하고 그중 1500만 명 정도는 끼니를 거른다. 미국 전국에서 벌어지는 음식 무료배급 행사는 늘 장사진(長蛇陣)이다. 멀쩡한 백인들도 줄을 서 있다. 과거 주로 흑인과 히스패닉의 문제였던 빈곤, 기아가 미국 사회 전반으로 퍼져나가고 있다는 얘기다"라며 다음과 같이 말했다.

"미국에서 나온 것이라고 도저히 믿기 어려운 통계 숫자들 중에서도 놀라운 것은 집과 관련한 것들이다. 현재 미국 전국의 주택 10채 중 한 채는 집 주인이 주택 대출 원리금을 못 갚고 있는 집이거나 그 때문에 압류된 집이다. 7, 8, 9월 석 달에만 미국에서 130만 채의 주택이 압류 당했다. 가차 없이 날아오는 주택 압류 통지서를 받은 미국인들은 많은 경우 기적만 바라고 앉아 있다가 운명의 그날이 닥치면 모든 가재도구를 그대로 둔 채 몸만 밖으로 빠져나간다고 한다. 이런 일을 당해본 적이 없던 사람들이라선지 속수무책이다."

정부가 보조하는 무료급식 교환권 수령자도 급격히 늘었다. 2007년 12월 경제상황이 악화되기 시작하면서 2009년 8월까지 무료급식 교환권을 보조받은 이들은 약 900만 명이 증가해, 총 3650만 명이 대상자가 됐다. 이는 미국인 여덟 명 중 한 명 꼴로 무료급식 교환권을 보조받고 있음을 의미하며, 어린이 네 명 중 한 명이 무료급식 교환권의 도움으로 생활한다는 걸 의미했다. 『뉴욕타임스』는 "한때는 무료급식 교환권이 조롱의 대상이었지만 이제는 생활고에 시달리는 이들을 먹여 살리고 있다"고 평가했다.(이하원 2009c)

도대체 미국이 어쩌다가 이렇게까지 된 걸까? 2009년 4월 "비뚤어진 아메리칸 드림 탓"이라는 분석이 큰 반향을 일으켰다. 저널리스트 브루스 핸더슨은 "더 넓은 집, 더 좋은 차 같은 물질적 풍요가 아메리칸 드림의 완성이라는 믿음이 미국인들을 나락으로 떨어뜨렸다"고 주장했다. 실제로 주택 평균 크기는 1950년 91제곱미터에서 1970년 139제곱미터로, 2006년엔 229제곱미터로 늘었다. 2.5배나 커진 셈이다. 평균 체중은 1980년대 말 이후 한 해 0.45킬로그램씩 증가, 연령별로 9킬로그램이나 무거워졌다. 1970년대 전체의 15퍼센트였던 비만인구는 이제 3분의 1을 넘었다. 저축도 안 하는 바람에 1982년 가처분 소득의 11퍼센트에 달했던 저축률은 이제 1퍼센트를 밑돌았다. 저축할 줄 모르는 뚱뚱한 미국인들이 집 늘리기에 골몰한 탓에 경제 위기를 자초했다는 게 핸더슨의 주장이다.(남정호 2009)

오바마의 '뉴 파운데이션'

그러나 삐뚤어진 아메리칸 드림만이 이유는 아닐 것이다. 무보험 인구가 5000만 명에 이르도록 방치해온 미국의 시스템에 근본 결함이 있었던 건 아닐까? 더욱이 이를 바로 잡으려는 오바마의 시도가 엄청난 반발에 직면한 현실이 그 결함을 말해준 건 아니었을까?

미국 3억 인구 가운데 6분의 1인 5000만 명은 의료보장비를 낼 돈이 없어 의료 서비스를 전혀 받지 못했고, 2500만 명은 소득의 10퍼센트 이상을 의료비로 쓰고 있었다. 의료보험에 들긴 했어도 커버가 충분치 않아 큰 병에 걸리면 파산하는 사람들이 속출하고 있었다. 하버드 연구팀이 2005년 1700여 파산 사례를 분석한 것에 따르면, 4분의 3이 의료보험에 가입했음에도 반 이상이 의료비 때문에 파산한 것으로 나타났다. 2009년 3월 미국의 한심한 의료실태를 연구한 하버드 법대 교수 엘리자베스 워렌(Elizabeth Warren)은 다음과 같이 말했다.

"누구도 안전하지 않습니다. 안락한 중산층의 라이프스타일? 좋은 교육? 괜찮은 직업? 그래도 안전장치가 없습니다. 의료 파산을 당한 대부분이 대학도 나오고 좋은 직업을 가졌던 중산층 주택 소유자였습니다. 병마가 닥칠 때까지는 말입니다."

이른바 '의료보험 망국론'이 나오는 상황이었다. 오바마 대통령은 이에 대응해 '뉴 파운데이션(New Foundation; 새로운 토대)'이란 용어를 들고 나왔다. '새로운 토대'라는 말은 그가 취임식 때 "우리는 새로운 일자리를 만들 뿐만 아니라 성장을 위한 새로운 토대를 구축하기 위해 행동할 것이다"라고 말하며 처음 언급됐지만, 이 말이 다시 등장한 것은 2009년 4월 14일 조지타운대학 졸업식 연설에서였다. 그는 당시 모래 위의 집과 바위 위의 집에 관한 우화를 인용해 토대의 중요성을 강조하며, 이 말을 다시 썼다. 이어 그는 2009년 5월 11일 의료계 인사들과 만나 "의료보험 개혁은 우리 경제를 위한 '새로운 토대'를 구축할 것이다"라고 말했다. 그는 다음 날 한 대학의 졸업식에서 "우리는 새로운 토대 구축이 필요하다"고 강조했다. 5월 14일에는 소비자들에게 소비자 보호는 우리가 구축하려는 '새로운 토대'에 필수적이라고 말했으며, 5월 16일 주례 라디오 연설에서는 '새로운 토대'의 개념에 연설의 대부분을 할애했다. 『뉴욕타임스』는 오바마가 '새로운 토대'라는 말을 프랭클린 루스벨트의 '뉴딜', 존 F. 케네디의 '뉴 프런티어', 린든 존슨의 '위대한 사회'처럼 자신의 업적을 압축해 표현하는 슬로건으로 주조하고 있다고 분석했다.(박관규 2009, 정의길 2009b)

오바마의 '뉴 파운데이션'은 그의 3대 과제인 의료보험, 에너지, 교육 분야의 개혁을 겨냥하고 있었다. 특히 그의 교육관련 담화는 한국을 성공 사례로 자주 거론해 한국에서 큰 화제가 되었다. 오바마는 2009년 3월 "미국의 어린이들은 매년 한국의 어린이들보다 학교에서 보내는 시간이 1개월이나 적다"며 "새로운 세기의 도전은 학교 교실에서 학생들이 더 많은 시간 공부할 것을 요구하며, 한국에서 그렇게 할 수 있다면 우리도 여기 미국에서 할 수 있다"고 말했다. 이에 따라 앤 던컨(Ann Duncan) 교육장관은 5월 학업성취도가 좋지 않은 학교 5000개를 5년 안에 폐교하고 학교 이름과 교장·교사진 등을 모두 바꿔 재개교하겠다고 발표했다.(이범 2009, 황유석 2009)

그렇지만 오바마가 자신의 정치생명을 걸 정도로 전력투구한 주제는 단연 의료보험 개혁안이었다. 오바마는 7월 13일 공중위생국장 지명 발표 연설, 7월 15일 간호사협회 토론, 7월 16일 공화당 상원의원 초청 백악관 간담회, 7월 17일 직접 성명 발표, 주례 라디오 연설, 7월 20일 어린이의료센터 간담회 등을 통해 건강보험 개혁의 당위성을 역설하고 나섰다. 이 문제 역시 한국이 모범국가여서 미국이 벤치마킹을 할 만했다. 7월 14일 캐슬린 시벨리어스 미국 보건부 장관은 워싱턴을 방문 중인 한국의 전재희 보건복지가족부 장관과 만나 "한국이 전 국민 보험을 제공한다는데, 미국이 배울 게 많다. 한국의 경험을 듣고 싶다"며 "앞으로 오바마 정부의 보건의료 개혁안이 의회를 통과하면 계속적으로 정보와 경험 교환을 기대한다"고 말했다.(김상훈 2009, 이기홍 2009d)

2009년 7월 22일 저녁 텔레비전으로 생중계된 기자회견에서 오바마는 의보개혁은 경제 위기 타개의 핵심이라며 연내 타결 의지를 거듭 천명했다. 문제는 돈이었다. 사상 최악의 경제 위기를 극복하는 데 이미 천문학적인 돈이 들어갔기에 오바마가 생각해낸 것이 연소득 100만 달러 이상의 고소득 가구, 즉 부자들을 대상으로 한 증세(增稅)였다. 공화당은 "사회주의적 발상"이라며 강력히 반발하고 민주당 내에서조차 반대 목소리가 커지고 있었다. 이제 바야흐로 의보개혁을 둘러싼 한판 승부가 벌어지는데, 그 한가운데 '게이츠 사건'이라는 인종차별 논란이 벌어져 미국 사회는 뜨겁게 달아오른다.

참고문헌 고태성 2008, 권태호 2009d, 김상훈 2009, 나길회 2009, 남정호 2009, 류재훈 2007b, 박관규 2009, 변희원 2008, 신정선 2009c, 양상훈 2008a, 이경 2008, 이계성 2009, 이기홍 2009d, 이범 2009, 이인열 외 2010, 이하원 2009c, 정의길 2009b, 황유석 2009

'오바마 효과' 와 '게이츠 사건'
인종차별 논란

'오바마 효과'

2009년 4월 9일 미국 밴더빌트대학 심리학자 레이 프리드먼은 『실험사회심리학저널(Journal of Experimental Social Psychology)』 온라인판에 버락 오바마의 성공이 흑인에게 자신감을 심어준 것으로 나타났다는 실험 결과를 발표했다. 오바마를 통해 흑인들이 '고정관념 위협(stereotype threat)'을 극복할 수 있었기 때문이라는 것이다. 고정관념 위협이란 흑인이 백인보다 지적으로 열등하다는 고정관념 때문에 부당한 판정을 받게 될 것이라고 지레 겁을 먹은 탓에 좋은 결과를 내지 못하는 상황을 의미한다.

2009년 5월 4일 플로리다주립대학 심리학자 애시비 플랜트는 『실험사회심리학저널』 온라인판에 흑인 대통령이 백인의 인종적 편견에 미친 영향을 측정한 실험 결과를 발표했다. 오바마의 인기가 절정일 때 백인 대학생 229명의 '암묵적 편견(implicit bias)'을 측정했다. 흑인을 무능력하고 위험한 존재로 여기는 편견이 잠재의식 속에 깊숙이 뿌리 박혀 있는 것을 암묵적 편견이라 한다. 편견의 수준이 2006년 실시한 연구 결과보다 90퍼센트나 떨어진 것으로 나타났다. 오바마 대통령의 존재가 백인의 인종적 편견을 누그러뜨린 셈이다.

반면 워싱턴대학 심리학자 채릴 카이서는 『실험사회심리학저널』 5월호에 실린 연구 결과에서 오바마 효과의 부정적인 측면이 만만치 않음을 보여줬다. 오바마 대통령 당선 후 꼭 일주일 만에 실시한 조사에서 인종적 불평등을 해결하는 정책에 대한 지지도가 대통령 선거 2주 전 조사 때보다 낮은 것으로 드러났다. 이런 결과는 흑인을 대통령으로 뽑았으므로 인종차별은 더 이상 사회문제가 될 수 없다고 여기는 분위기가 조성됐기 때문인 것으로 분석되었다. 카이서는 오바마의 개인적 성공을 흑인 사회 전체와 결부해 인종차별 문제가 해결된 듯이 생각하는 것은 결코 바람직한 현상이 아니라고 경고했다.(이인식 2009)

사회심리학적인 '오바마 효과'와는 달리 정치학적 '오바마 효과'는 2009년 6월 18일 미국 상원이 전체회의를 열어 노예제와 인종차별법에 대해 사과하는 결의안을 만장일치로 통과시킴으로써 구현된 것처럼 보였다. 상원 결의안은 "미 의회는 노예제와 인종차별법의 부당성과 야만성을 인정한다"면서 "고통받은 흑인과 그들의 자손에게 미국민을 대신해 사과한다"고 밝혔다. 또 "모든 인간은 생명·자유·행복 추구라는 양도할 수 없는 권리를 부여받았다는 원칙을 다시 한번 확인하며, 모든 미국인이 인종적 편견과 부당함, 사회적 차별을 없애는 데 노력해나갈 것을 촉구한다"고 밝혔다. 결의안 채택을 주도한 톰

하킨 민주당 의원은 "왜 100년 전에 이번 같은 결의를 하지 않았느냐고 물을 수 있겠지만, 공동으로 저지른 부당행위에는 공동으로 답하는 게 중요하다"고 말했다. 샘 브라운백 공화당 의원은 "결의안이 모든 것을 해결할 수는 없지만 인종차별 없는 사회로 가기 위한 한 걸음을 내디딘 것"이라고 밝혔다.

찰스 오글레트리 하버드대학 로스쿨 교수는 "사과 결의안이 나왔다고 보상을 안 해도 되는 것은 아니며, 보상 문제에 대한 논쟁은 계속돼야 한다"고 말했다. 『미국이 흑인에게 빚진 것』이란 책을 쓴 랜덜 로빈슨은 "노예 노동에 대해 대가를 지불하지 않아 생긴 빚은 여전히 남아 있으며, 배상이 없는 한 노예제와 관련된 어떤 문제도 해결됐다고 말할 수 없다"고 주장했다.(임영주 2009)

"고맙다. 하지만 책임감을 가져라"

그러나 당장 부각된 문제는 보상이나 배상이 아니라 여전히 활동하고 있던 인종차별주의 단체들이었다. 남부빈곤법률센터(SPLC)가 2009년 2월 발표한 통계에 따르면, 미국에서는 하와이와 알래스카 두 개 주를 제외한 48개 주에 걸쳐 926개의 증오범죄 단체가 활동하고 있었다. 이는 전년도에 비해 4퍼센트, 2000년과 비교할 때 50퍼센트 늘어난 수치였다. 당연히 오바마에 대한 인종차별주의적인 공격도 심상치 않았다. 2009년 5월 26일 오바마가 미국 새 연방대법관 후보에 사상 처음으로 히스패닉계 여성인 소냐 소토마요르(Sonia Sotomayor) 제2연방항소법원 판사를 지명한 것마저 그런 공격을 피해 가지 못했다. 이에 대해 러시 림보는 오바마를 '역 인종차별주의자'라고 비난하고 나섰다.

림보가 신호탄을 쏜 걸까? 2009년 미국의 여름은 의보 개혁 투쟁과 더불어 인종차별주의 논란으로 더욱 뜨거워졌다.

2009년 7월 16일 오바마는 뉴욕에서 열린 전미유색인종지위향상협회(NAACP; National Association for the Advancement of Colored People) 창립 100주년 기념식에서 특별 연설을 하면서 "고맙다. 하지만 책임감을 가져라"는 메시지를 던졌다. 그는 "민권 지도자들의 용기와 활력, 희생이 오늘 이 자리의 나를 만들었다"고 감사를 표하면서 소수인종이 처한 현실을 지적했다.

"이제 미국에 더는 차별이 없다고 말하고 싶은 유혹을 느낄 수 있다. 실제로 오늘날보다 더 차별이 적었던 시대는 없었다. 그러나 실수하지 말라. 차별의 고통은 여전히 느껴진다. 같은 일을 하고도 다른 인종과 남성에 비해 여전히 임금이 적은 흑인 여성에게서, 환영받지 못한다고 느끼는 라티노들에게서, 무릎 꿇고 기도했다는 이유만으로 의심받는 모슬렘에게서, 동성애자들에게서……."

이어 그는 "경제난이 모든 인종을 강타했지만 가장 실업률이 높은 쪽은 흑인이다. 의료보험 없이 질병에 가장 많이 시달리는 이도 흑인"이라고 지적했다. 지난 2년간 인종문제에 대해 매우 조심스럽고 우회적인 표현만 사용해온 그로선 이례적으로 강한 표현이었다. 그러면서도 그는 "교육은 불평등에 맞서는 데 가장 강력한 무기이며, 기회를 찾는 데 가장 좋은 길"이라고 강조했다. 그는 흑인 부모들에게 "책임감을 가져라"며 "집에서 X박스(게임기)를 치우고, 아이들의 취침 시간을 관리하라. 학부모 모임에 참가하고 아이에게 책을 읽어주고 숙제를 도와주라"고 촉구했다. 그리고 "아이들이 큰 뜻을 품게 하라. 아이들이 래퍼(rapper)만이 아니라, 과학자, 기술자, 의사, 교사, 대법관, 대통령이 되겠다는 열망을 갖게 하자"고 말했다.

그는 청소년들을 향해 "여러분이 흑인이라면 범죄와 갱 소굴에서 자라날 가능성이 더 높고, 빈민가에 산다면 부유층 동네 아이들은 겪지 않을 도전에 부딪히게 될 것이다. 하지만 그게 나쁜 성적과 수업을 빼먹는 이유가 될 수는 없다. 교육을 포기할 이유가 될 수 없다"며 "아무도 너의 운명을 써놓지 않았다. 너의 운명은 너의 손에 있다. 잊지 말라"고 당부했다.(이기홍 2009c)

게이츠 사건

오바마가 이런 연설을 한 바로 그날 하버드대학의 저명한 흑인 학자인 헨리 루이스 게이츠(Henry Louis Gates, Jr.) 교수가 자택 현관을 강제로 열려다 경찰에 체포된 사건이 일어났다. 사건의 전말은 이렇다. 사건은 게이츠가 중국 출장을 마치고 돌아온 뒤 자신의 집 문을 여는 과정에서 시작됐다. 현관문이 잘 열리지 않자 그는 자신을 태워다준 흑인 기사를 불러 도움을 요청했다. 그런데 두 흑인 남성이 문을 열려고 낑낑대는 모습을 목격한 어떤 여인이 경찰에 가택침입 신고를 했다. 현장에 맨 처음 달려온 사람은 하버드대학 일대를 관할하는 케임브리지 경찰서의 제임스 크롤리(James Crowley) 경사였다. 현장에 도착한 크롤리 경사는 이 집 주인이 미국 최고의 흑인 학자라는 사실을 모른 채 게이츠 교수한테 비켜달라고 요구했다. 그러자 게이츠 교수는 자기가 집 주인임을 증명하는 운전면허증과 하버드대학 교수 신분증을 보여주며 그럴 수 없다고 받아쳤다.

크롤리 경사가 직접 작성한 보고서에 따르면, 그가 현장에 도착해 게이츠 교수에게 가택 침입 가능성에 관해 조사를 벌이고 있다고 하자 게이츠 교수가 "내가 흑인이라 그런 거냐?"라면서 소리를 질렀다는 것이다. 크롤리 경사는 게이츠 교수가 현관 밖까지 따라 나오면서 자신에게 소리를 질렀고 '자꾸 그러면 공무집행 방해다'라는 경고도 무시했다고 밝혔다. 그래도 멈추지 않자 크롤리 경사는 현장범으로 그를 체포해 수갑을 채웠다. 경찰의 근무 수칙에 따라 이런 경우 경찰은 난동이나 소란을 피우는 등 공공질서를 문란하게 하는 사람을 현장범으로 체포해왔다. 게이츠는 몇 시간 동안 경찰서에 구금된 뒤 서약서를 쓰고 8월 26일로 법원 심리 날짜를 잡은 뒤 풀려났다.

게이츠 교수는 약 20년 전 하버드대학으로 적을 옮기기 전 듀크대학 교수 시절에도 비슷한 일을 겪은 적이 있었다. 듀크대학에 온 그가 당시로서는 최고급 저택을 마련해 새로 수리를 하는데 일꾼들이 집 소유주가 게이츠 교수임을 알아보지 못하고 흑인인 그를 하인으로 오인했고, 이삿짐을 배달한 운전사도 처음에는 그를 집안 하인 정도로 취급했다는 것이다. 이와 관련해 권웅(2009)의 해석에 따르면 "그런 맥락에서 이번 사건을 자세히 들여다보면 평생을 흑백 차별 문제로 씨름해온 게이츠 교수가 다소 피해의식에 사로잡혀 과잉행동을 보인 경향도 없지 않다. 쉽게 말해 미국 최고의 흑인 학자인 자신을 몰라본 백인 경찰에게 게이츠 교수가 한편 당혹하고 한편 자존심이 상했을 수도 있고, 옥신각신하는 과정에서 격분했다는 것이다."

미국 흑인학의 선구자인 게이츠는 1997년 『타임』이 선정한 '가장 영향력 있는 미국인 25인'에 선정된 학자로 진보적 흑인들로부터 비판을 받을 정도로 온건하고 타협적인 흑인이었다. 흑인 페미니스트 벨 훅스(Bel Hooks 2008)에 따르면 "하버드대학 교수이자, 백인 주류 사회가 이 사회를 대변하는 가장 영향력 있는 흑인 중 한 명으로 손꼽는 헨리 루이스 게이츠 주니어가 공영방송의 프로그램에 출연해 흑인들은 계급을 불문하고 공통된 사고방식을 지닌다는 생각에 공개적으로 이의를 제기했다. 그러자 그의 성공에 대해 흑인들이 보인 반응을 제대로 이해하지 못했다는 비난이 그에게 쏟아졌다. 설령 그렇다 하더라도, 그를 비롯한 많은 사람들이 흑인들의 반응이 긍정적이든 부정적이든 아무 상관없는 세상에서 살고 있다는 것은 분명하다."

그렇기에 흑인들은 더욱 분노했던 걸까? 많은 하버드대학 흑인 교수들은 이 같은 인종차별적 검문과 수색이 만연해 있다며 분통을 터뜨렸다. 게이츠가 면허증과 하버드 교수증을 제시했는데도 경찰이 의심을 풀지 않은 것이 그 증거라는 것이다. 앨런 카운터 신경과학과 교수는 자신도 강도로 오해받은 적이 있었다면서 "게이츠가 백인이었다면 일어나지 않았을 일"이라고 말했다.(김향미 2009c)

오바마의 개입 논란

그런 분노의 물결에 오바마도 가세했다. 오바마는 7월 22일 텔레비전 기자회견에서 관련 질문을 받고 "게이츠 교수와 친구여서 내가 다소 편향될지 모르겠다. 모든 사실을 알지도 못한다"고 전제하면서도 "(사건 당시) 게이츠가 자신의 집임을 증명하는 신분증을 보여줬는데도 경찰은 그를 체포하는 등 어리석게 행동했다"고 말했다. 그는 "이 나라에는 사법당국이 흑인과 라틴계에 과잉대응을 해온 오랜 역사가 있다. 이는 사실이다"라고 지적했다. 자신이 백악관 문을 억지로 열려 했다가는 "총을 맞을 것"이라고 뼈 있는 농담을 던지기도 했다.(김민아 2009e)

7월 23일 매사추세츠 주 케임브리지(Cambridge)의 로버트 하스 경찰국장은 이날 성명을 내고 "대통령의 발언에 우리 경찰국은 깊은 상처를 입었다"면서 게이츠 교수를 체포한 "제임스 크롤리 경사는 적절하게 행동했다"고 두둔하면서 고질적이면서 민감한 미국 경찰의 '흑인 차별' 논쟁에 제대로 불을 댕겼다. 크롤리 경사도 보스턴의 WBZ 방송 인터뷰에서 오바마 대통령의 비난을 직설적으로 되받았다. 그는 "대통령이 사실관계를 제대로 알지 못하면서 지역 문제에 끼어들었다"면서 "나는 잘못한 게 없다"고 주장했다. 케임브리지 순찰경관연합회의 스티븐 킬리언 회장은 오바마 대통령의 사과를 요구했다.

파문이 확산되자 로버트 깁스(Robert L. Gibbs) 백악관 대변인은 23일 브리핑에서 "대통령은 크롤리 경사가 멍청하다고 말한 게 아니라는 점을 분명히 해두자"면서 "하지만 게이츠 교수가 주거침입 용의자가 아니라는 사실이 밝혀진 뒤에는 모두 더 냉정한 모습을 보였어야 했다"고 말했다. 오바마의 발언에 대한 평가는 엇갈렸다. 역시 흑인 교수 출신인 랠프 메들리는 24일자 『뉴욕타임스』 인터뷰에서 자신이 세를 주던 집에서 수리를 하던 중 이웃의 신고로 경찰에 체포됐던 경험을 전하면서 유색인종들에 대한 경찰의 편견을 고발했다. 하지만 메어리 베리 펜실베이니아대학 교수(전 미국 민권위원회 의장)는 『보스턴글로브(Boston Globe)』와의 인터뷰에서 "대통령의 즉각적인 반응은 감정적이었으며 자신의 경험과 관련 있어 보인다"고 촌평했다.(김진호

2009a)

7월 24일 오바마는 백악관 정례 브리핑에 예고 없이 등장해 "이번 사건이 증폭되고 있으며, 여기에 확실히 나도 책임이 있다"며 "내가 선택한 단어로 인해 불행하게도 케임브리지 경찰과 특히 크롤리 경사를 부정적으로 보게 하는 인상을 줬다"며 사과했다. 오바마는 브리핑에 앞서 당사자인 크롤리 경사와 전화통화를 했다면서 "아직 날짜가 정해지지는 않았지만 나와 크롤리 경사, 게이츠 교수가 백악관에서 맥주를 한 잔 하자는 얘기를 했다"고 말했다. 그는 "이번 사건이 이처럼 엄청난 관심을 끌게 된 것은 미국 사회에서 여전히 인종문제가 매우 민감한 사안이라는 점을 보여준 것"이라고 덧붙였다.

케임브리지 경찰국장인 로버트 하스도 성명을 통해 "크롤리는 대통령과 대화할 기회를 갖게 돼 기뻐하고 있다"면서 "경찰국은 문제 해결을 위해 긍정적으로 조치를 취할 것이며, 이번 사건을 통해 배운 것을 일선 업무에 반영할 것"이라고 말했다. 게이츠 교수도 25일 "나는 오바마 대통령과 크롤리 경사와의 만남을 통해 서로 화해하길 바란다"면서 맥주 회동에 참여하겠다고 밝혔다.

이 같은 오바마의 솔직한 사과와 소탈한 행보에 미 언론과 공화당은 환영의 뜻을 밝혔다. 공화당의 뉴트 깅리치(Newt Gingrich) 의원은 트위터(twitter)에 "오바마 대통령이 기자회견에서 비판했던 경찰관을 (백악관에) 초청한 것은 매우 현명했다. 이는 하나의 세련된 사과였다"는 글을 올렸다. CNN 등 미국 언론들도 "오바마 대통령이 역대 어떤 정치지도자도 보여주지 못한 소탈한 리더십을 보였다"고 평가했다. (김향미 2009d)

'맥주 정상회담'

7월 28일 흑인인 콜린 파월 전 미 국무장관은 CNN 인터뷰 프로그램인 〈래리 킹 라이브(Larry King Live)〉에 출연해 "나는 게이츠 교수와 수년째 친구로 지내고 있으며, 그에게 최상의 존경심을 갖고 있다"고 전제하고 나서 "게이츠 교수가 좀 더 기다릴 수도 있지 않았나 싶다. 집 밖으로 나가 경관에게 조용히 말했으면 그걸로 상황이 종료됐을 수도 있었을 것이다. 그 정도로 큰 소란을 피웠어야 할 문제였는지 한 번 더 생각했어야 했다"고 지적했다.

"나도 흑인이라는 이유로 여러 번 차별을 당해봤다. 차별에 노출되지 않은 흑인은 미국에 한 명도 없다. 그러나 억울한 상황에 부딪히더라도 곧바로 분노를 표출하지 말고 일단 받아들여야 상황이 악화되지 않는다." 이렇듯 자신이 다른 흑인에게 '참을성'을 주문하게 된 배경에 대해 그는 로널드 레이건 대통령의 국가안보보좌관을 지내던 당시(1987-1989)의 경험을 소개했다. "워싱턴의 레이건공항에 누군가를 만나려고 갔다. 하지만 대통령 국가안보보좌관인 나를 알아보는 사람은 아무도 없었다. 흑인인 내가 그런 직책에 있으리라고는 누구도 생각하지 못했다. 내가 카운터로 다가가 '내 손님이 왔느냐'고 물었을 때야, 카운터에 있던 직원이 내가 누구인지 알아봤다."

인터뷰를 맡은 래리 킹이 "당시에 화가 나지 않았느냐"고 묻자, 파월은 "화가 났다. 그러나 화를 표출할 것이 아니라 (피부색에 따라 사람을) 차별하는 사람에게 교훈을 줄 기회로 여겼다"고 대답했다. 마음속으로 '그래, 내가 국가안보보좌관이다. 그리고 나는 흑인이다. 봐라, 그런데도 나는 내 일을 잘할 수 있다'고 생각했다는 것이다. 파월은

(왼쪽부터) 게이츠 교수, 크롤리 경사, 오바마 대통령.

흑인 젊은이에게 해주고 싶은 첫 번째 충고로 "경찰이 조사하면 일단 협조하라. 상황을 악화시키지 말라"고 말했다.(신정선 2009d)

7월 30일 오바마는 백악관 로즈가든에서 제임스 크롤리 백인 경사, 조지프 바이든 부통령, 헨리 루이스 게이츠 하버드대학 흑인 교수와 '맥주 회동'을 가졌다. 관심을 끌었던 '테이블에 오를 맥주'는 당초 알려졌던 '버드 라이트(Bud Light)'로 통일되지 않고 각자 선호하는 것으로 결정됐다. 오바마 대통령은 미국인이 가장 좋아하는 버드 라이트를, 바이든 부통령은 알코올이 없는 '버클러(Buckler)'를 마셨다. 게이츠 교수는 하버드대학이 있는 보스턴에서 생산하는 '샘 애덤스(Samuel Adams)'를, 크롤리 경사는 '블루 문(Blue Moon)'을 택했다. 블루 문은 공화당의 오랜 후원사인 '밀러쿠어스(MillerCoors)'가 만드는 맥주다.

이날 회동은 언론에는 거의 공개되지 않은 채 40분간 백악관 로즈가든에서 이뤄졌다. 미 언론들은 '맥주 정상회담(beer summit)'이라 부르며 관심을 보였으나 오바마 대통령은 회동 전 "일과를 끝낸 세 사람이 만나 서로의 의견을 듣는 자리"라며 확대해석하지 말 것을 주문했다. 오바마 대통령은 또 "정상회담도 아니고 대학교 세미나도 아니다"라며 "결코 완전하지 않은 세 사람이 자신을 반성하고 서로가 다른 관점을 지녔다는 사실을 깨닫기를 바란다"고 덧붙였다. 결국 회동이 시작될 때 약 2분간 촬영이 허락됐고, 취재진은 10미터 정도 떨어진 곳에서 이들의 모습을 잠시 지켜봤을 뿐이다.

오바마 대통령은 자리를 마친 뒤 "이 일을 통해 모두가 교훈을 얻었다고 생각한다"고 말했다. 크롤리 경사는 워싱턴을 떠나는 공항에서 "매우 진심 어린 자리였다"면서 "지나간 일보다는 미래의 일이 더 중요하다는 데 동의했다"고 말했다. 게이츠 교수와 나중에 또 만나기로 했다고 덧붙였다. 게이츠 교수와 크롤리 경사의 가족들도 백악관에 와 이들이 맥주를 마시는 동안 백악관을 구경했다. 이를 '할리우드적인 쇼'라고 볼 수도 있겠지만, 그렇다 하더라도 이런 신선한 풍경을 연출하는 '스토리텔링' 능력이 바로 미국의 저력이자 강점은 아닐까?

참고문헌 Hooks 2008, 권응 2009, 김민아 2009e, 김진호 2009a, 김향미 2009c · 2009d, 신정선 2009d, 이기홍 2009c, 이인식 2009, 임영주 2009, 황유석 2009a

"오바마는 거짓말쟁이!"
의료보험 개혁 전쟁

오바마의 '타운홀 미팅'

버락 오바마는 의료보험 개혁에 대한 저항을 넘어서기 위해 '타운홀 미팅(town hall meeting)'이라는 정면 돌파를 선택했다. 타운홀 미팅은 주민이 정책결정자나 선거 입후보자들과 만나 자유롭게 의견을 교환할 수 있는 장(場)이다. 주민의 민의(民意)가 직접적으로 정치인에게 전달돼, 타운홀 미팅은 미국 '참여 민주주의'의 중요한 토대로 평가받지만, 뜨거운 사안의 경우엔 난장판이 되기 일쑤였다.

2009년 8월 11일 오바마가 건강보험 개혁 방안을 주민에게 알리려는 타운홀 미팅이 뉴햄프셔 주 포츠머스(Portsmouth)의 한 고교에서 열렸다. 밖은 행사 시작 수 시간 전부터 찬반으로 갈려 시끄러웠다. 고교 정문 쪽에 모인 개혁 반대파는 "오바마는 거짓말쟁이!" "사기꾼, 마피아!" 등의 피켓을 들고 "오바마 보험(Obama care)에 반대한다"는 등의 구호를 외쳤다. 서양에서 최고의 악인으로 분류되는 나치 독일

2009년 9월 2일에 열린 건보관련 코네티컷 타운홀 미팅에 참석한 시민들. ⓒ Sage Ross

의 아돌프 히틀러(Adolf Hitler, 1889~1945)처럼 오바마를 분장시킨 사진도 등장했다. 그러나 길 건너 조금 떨어진 곳에선 건강보험 개혁 지지자들이 "즉시 개혁하라. 이익이 아니라 사람들(의 건강)을 보장하라" "당신들은 그가 할 수 없다고 말하지만, 우리는 그가 할 수 있다고 말한다"는 등의 피켓을 걸고 오바마를 응원했다. 일간지 『이그재미너(Examiner)』는 '타운홀이 아닌 '타운 헬(hell; 지옥과 같은 아수라장)' 이 되고 있다"고 표현했다.

반대론자들은 "정부 개혁안은 결국 연방정부가 건강보험 체제를 인수해 오히려 의료의 질은 나빠지고 늘어난 재정 부담 탓에 세금은 느는 반면, 의사와 치료 방식을 선택할 수 있는 폭은 지금보다 제한된다"고 우려했다. 반면 오바마는 "미국인들은 의료혜택을 제공하지 않으려 들거나, 지나치게 높은 비용을 부과하는 보험회사들에 볼모로 잡혀 있다. 보험사들이 우리를 협박하는 전술까지 쓴다"고 주장했다. (원세일 2009)

경제학자 폴 크루그먼(Paul Krugman 2009)은 "현 단계에서 보편적인 건강보험을 방해하는 것은 의료-산업복합체의 탐욕, 극우 선전기구의 거짓말, 잘 속아 넘어가는 유권자들의 태도 등이다"라며 오바마를 위한 지원사격에 나섰다.

오바마는 9월 9일 건강보험 개혁을 주제로 상·하원 합동 연설에 나섰다. 그는 "나는 건강보험 개혁을 내세운 첫 번째 대통령은 아니지만, 건강보험 개혁을 추진하는 마지막 대통령이 될 것이라는 결심을 했다"는 말로 자신의 단호함을 표현했다. 또 "미국은 전 지구상의 민주주의가 발달하고 부강한 나라 중에서 수백만의 국민들에게 힘든 고통을 겪게 하는 유일한 나라"라는 말로 5000만 명의 미국인이 건강보험에 가입돼 있지 않은 현실을 개탄했다. 그는 개혁안의 핵심인 공공보험(public option)은 목적이 아니라 수단임을 강조했다. 공공보험 운영에 대한 반발을 의식해 "좋은 아이디어가 있으면 언제든지 환영한다"는 입장도 밝혔다.

오바마 대통령은 구체적인 수치를 들어 가며 국민들의 불안을 해소하는 데에도 역점을 두었다. "미국의 34개 주에서 75퍼센트의 보험시장이 다섯 개 또는 그보다 적은 보험회사에 독점되고 있다"며 건강보험의 개혁 목표가 가장 필요한 순간에 정작 혜택을 주기를 거부하는 보험회사들을 겨냥하고 있다고 목소리를 높였다. 공화당을 향해서는 함께 일해 새로운 역사를 만들자는 메시지를 던졌다. "지금은 민주, 공화 양당이 최상의 방안을 모아서 국민에게 우리가 여전히 뭔가를 할 수 있다는 것을 보여줘야 할 때"라고 했다. 이와 함께 지난해 대통령선거 당시 경쟁자였던 공화당의 존 매케인 의원이 제시했던 의료보험 개혁안도 수용했음을 역설했다. 오바마 대통령은 병상에 누워 있던 마지막 순간까지도 건강보험 개혁을 강조했던 고(故) 에드워드 케네디 상원의원을 언급하며 "우리는 미래를 두려워하기 위해서 이 자리에 온 것이 아니라, 미래를 만들기 위해서 왔다"는 말로 연설을 마무리했다.

오바마는 역시 타고난 연설꾼이었다. 연설 직후 그의 개혁안을 지지한다는 여론이 14퍼센트 포인트 급등해 67퍼센트에 이르렀고, 반대는 29퍼센트에 머물렀다. CNN은 그의 연설을 들은 국민 중 일곱 중 한 명 꼴로 입장을 바꿨다고 분석했다.(이하원 2009d)

"오바마는 최고 기생충"?

그렇지만 의사당 밖에선 치열한 장외투쟁이 벌어졌다. 오바마의 의회 연설 시 '거짓말쟁이'라고 외쳐 논란이 된 공화당 조 윌슨(Joe Wilson) 하원의원에겐 이틀 만에 100만 달러의 후원금이 몰려들었다. 이런 반대 열기는 2009년 9월 12일 토요일 워싱턴 국회의사당 앞에 시위대 7만여 명이 집결하는 행동으로 이어졌다. 『뉴욕타임스』는 '오바마 집권 이후 최대 규모 반정부 시위'라고 했다. 전국에서 모인 시위대는 손에는 성조기, 가슴에는 '애국자' 스티커를 붙인 채 각양각색의 피켓을 들고 구호를 외쳤다. "사회주의자, 러시아로 떠나라" "오바마는

건보개혁 찬성 시위(왼쪽)와 반대 시위. ⓒ Sage Ross, MeetTheCrazies

최고 기생충(parasite in chief)" "오바마 건강보험을 (이를 지지했던 고 에드워드) 케네디와 함께 묻어버리자" 등등.

한 시민은 러시아의 사회주의 체제를 확립한 '블라디미르 레닌(Vladimir I. Lenin, 1870~1924)'과 '이오시프 스탈린(Joseph V. Stalin, 1879~1953)', 나치 독일의 '아돌프 히틀러'와 쿠바의 '피델 카스트로'를 모두 합치면 버락 오바마가 된다는 내용의 플래카드를 손에 들었다. 오바마를 영화 배트맨의 악역(惡役) 조커(Joker)와 독재자 히틀러에 비유한 사진, '우리는 히카고(Hicago; 히틀러와 시카고의 합성어)식 정치를 거부한다'는 문구도 등장했다. 조 윌슨은 시위대의 영웅이 되었다. 시위대는 "거짓말쟁이"를 외치며 "고마워요! 조 윌슨"이라고 적힌 플래카드를 흔들었다.

3시간 동안 진행된 이날 시위는 공화당의 딕 아미(Dick Armey) 전 하원 원내대표가 이끄는 보수 성향의 비영리단체인 '프리덤 워크스(Freedom Works)', 조세저항 운동을 하는 '티파티 패트리어츠(Tea Party Patriots)', 보수적 성향의 인터넷 동호회 '리지스트넷(ResistNet)'이 지원했다. 참석자 상당수는 50~60대였는데, 그럴 만한 이유가 있었다. 의보 개혁이 실시되면, 앞으로 10년간 1조 달러가 요구되어 세금 인상은 불을 보듯 뻔했기에 65세가 넘으면 받는 의료혜택인 '메디케어(Medicare)' 혜택이 줄어들 가능성도 높았다. 그러니 어찌 가만있을쏘냐.

물론 시위는 그런 이해관계에서만 비롯된 건 아니었다. 시위대는 공공의료보험 도입은 "세금 인상"일 뿐 아니라 "사생활 통제"이자 "자유의 죽음"이라고 외쳤다. 이에 대해 이국배(2009)는 "국가적 차원의 전 국민 건강보험 시대를 열자는데 '자유니 사생활 통제니, 무엇이 어떻게 연결되는 것이기에 이런 종류의 구호가 나오나'라고, 미국 국민이 아닌 사람들로서는 이해하기 힘든 부분이 있다"며 다음과 같이 말했다.

"미국 국민들 중에서 공화당적인 정서를 갖고 있는 일부 시민들은 의료보험을 비롯해 국가적 차원에서 시행하는 모든 정책은 결국은 큰 정부를 지향한다는 전제를 인정하는 것이고, 나아가 큰 정부는 곧 세수의 확대를 의미하고, 결과적으로 그것이 개인이 결정하거나 노력해서 해결해야 할 사안을—개인 의료보험을 지불할 능력이 없는 개인은 그 개인이 게을러서 그렇다는 전제를 사실상 인정하는 것임에도 불구하고— 국가가 결정한다는 의미에서 '자유의 침해'라는 논리로까지 비약하는 경향이 있다. 문제는 정치적인 입장에 따라 이러한 논리적 비약이 공화당적인 정서를 갖는 일부 국민들에게는 어느 정도 설득력을 갖는다는 데에 있다. 미국에는 유럽적 봉건제의 역사가 없었던 관계로, 정서상 계층적인 사고가 매우 취약한 문화적 성격을 갖고 있다. 즉 미국인 모두는 평등하며, 평등한 기회(equal opportunity)를 부여 받고 살고 있다는 착각(?) 내지 자부심을 갖는 문화가 건국 초기부터 뿌리 깊게 있어서 유럽이나 아시아권의 시민들이 볼 때는 분명히 계층적인 문제임에도 불구하고, 많은 사안들이 인종적인 문제나 이민자 집단 내의 문제로 전환되어 표출되는 사회적 경향을 보인다. '내가 왜 피부색도 다른 저 보기 싫은 게으른 종업원 때문에 세금을 더 내야 하는가' 라는 생각은 미국 사회에서 의외로 강력한 의문으로 작용하는 것이다. 의료보험 개혁 시도 80년의 세월이 극복하지 못한 가장 큰 걸림돌이 여기에 있다."

"오바마는 인류의 적"?

오바마는 미디어 이용으로 대응하고 나섰다. 그는 일요일인 9월 20일 하루에만 ABC, NBC, CBS, CNN과 히스패닉 전문 채널인 유니비전(Univision)에 출연한 데 이어 21일엔 토크쇼인 〈데이비드 레터맨 쇼(David Letterman Show)〉에서 건보 세일즈에 팔을 걷어붙였다. 오바마 대통령은 이들 프로그램에서 건보개혁이 중산층 이하의 세금 부담을 늘릴 것이라는 반대파의 주장을 반박하며 자신이 추진하는 개혁에 대한 지지를 호소했다. 그는 유니비전과의 인터뷰에서 "반대파는 정치적인 이유로 (내가 추진하는 개혁의) 그 어떤 것도 지지하지 않기로 결심한 사람들"이라며 비판의 목소리를 높였다.(이정은 2009)

지상파 CNN의 인기 심야 프로그램 〈데이비드 레터맨 쇼〉. 레터맨이 건보개혁 반대자들의 공격이 인종차별에서 비롯한다고 보느냐고 묻자 오바마는 재치 있게 응수했다. "무엇보다 내가 대통령선거 이전에는 사실 흑인이었다는 점을 여러분들이 아시는 게 중요합니다."

그러나 오바마를 향한 보수층의 원색적인 비난과 인신공격은 수그러들지 않았다. '문 리버(Moon River)' 등의 히트곡을 남긴 유명 가수 앤디 윌리엄스는 9월 28일 한 라디오와의 인터뷰에서 오바마 대통령을 '마르크스주의 추종자', '미국이 망하기를 원하는 사람'이라고 맹렬히 비난했다. 그런 증오의 목소리를 각 월별로 대표작을 뽑자면 이랬다. "버락 오바마 대통령은 백인과 백인 문화를 마음 깊숙이 증오한다. 이 자(this guy)는 인종차별주의자다."(7월 폭스뉴스 라디오 쇼 진행자 글렌 벡) "나는 오바마가 죽어 지옥으로 가기를 기도하겠다."(8월 미국 애리조나 주의 스티븐 앤더슨 목사) "오바마는 인류의 적(enemy of humanity)이다."(9월 트렌트 프랭크스 공화당 연방 하원의원)(원세일 2009a)

심지어 소셜 네트워킹 사이트인 페이스북(Face book)엔 '오바마 대통령의 암살 가능성 설문조사'가 오르기도 했다. 설문조사는, '오바마가 암살될까'라는 질문에 대해 '그렇지 않다' '아마도' '그렇다' '내 건강보험을 축소한다면 그렇다'라는 네 가지 답변 가운데 하나를 선택하게 돼 있었다. 설문 내용은 9월 26일 삭제됐지만 이미 700여 명이 설문에 참여한 후였다.

오바마를 향한 이런 공격은 『뉴욕타임스』의 보수 칼럼니스트마저 우려하게 만들었다. 9월 30일 토머스 프리드먼(Thomas L. Friedman)은 보수 세력의 오바마에 대한 공격이 도를 넘고 있다고 개탄했다. 그는 "이러한 글을 쓰고 싶지 않지만 전에 본 적이 있는 연극"이라면서 이츠하크 라빈(Yitzhak Rabin, 1922~1995) 전 이스라엘 총리가 1994년 극우파 청년에게 암살되기 직전과 비슷한 정치적 환경이 조성되고 있다고 지적했다. 프리드먼은 페이스북에 '오바마를 죽여야 할 것인가'라는 설문이 나돈 것은 합법적 지도자를 무시하는 시각에서 비롯됐다고 말했다.(김진호 2009b)

미국의 보수적인 싱크탱크인 미국기업연구소(AEI)의 석좌 연구원이자 『레이건 시대(The Age of Reagan, 1964-1980: The Fall of the Old Liberal Order)』(2001)의 저자인 스티븐 헤이워드(Steven F. Hayward)도 10월 4일 『워싱턴포스트』에 기고한 칼럼에서 "지금의 미국 내 보수주의는 진보주의에 지적으로 도전할 능력이 부족하다"며, "미국 보수주의는 뇌사

글렌 벡(사진)과 같은 보수 토크쇼 진행자들의 언론윤리를 벗어난 행동은 미국 언론이 당면한 과제로 떠올랐다. 그러나 레이건 정부가 1987년 수정헌법 제조에 위반된다는 이유로 '공정성 원칙(Fairness doctrine)'을 폐지한 이후 이를 제어할 법적 장치가 사라진 상황이다. ⓒ Luke X. Martin

(腦死)했느냐"고 개탄했다.(원세일 2009a)

 과유불급(過猶不及)이라고 했던가? 오바마 반대파의 과도한 증오심 표출은 점점 부메랑이 되어가는 듯 보였다. 그 대표적 사례가 폭스뉴스의 토크쇼 진행자 글렌 벡(Glenn Beck)에 대한 반발이었다. 벡은 '게이츠 사건' 때 게이츠를 체포한 백인 경찰관에게 오바마가 "어리석게 행동했다"고 말한 것을 두고 "오바마 대통령은 백인과 백인 문화에 대해 뿌리 깊은 증오를 갖고 있는 인종주의자"라고 비난했었다. 이 같은 발언으로 논란이 일자 월마트, 베스트바이(Bestbuy), 트래블로시티(Travelocity) 등 80여 개의 미국 기업들은 영업에 영향을 받을까 우려해 벡의 프로그램에서 광고를 철회했다. 흑인 인권단체 '컬러 오브 체인지(Color of Change)' 등도 벡의 프로그램에 광고를 중단하라고 광고주들에게 압박을 가했다. 10월 5일 영국의 고급 슈퍼마켓 체인 웨이트로즈(Waitrose)는 벡의 프로그램뿐만 아니라 폭스뉴스에서 방영 중인 모든 광고를 중단하기로 했다고 발표했다.(임영주 2009a)

의료보험 개혁법안 상원 통과

10월 6일 백악관은 아널드 슈워제네거(Arnold Schwarzenegger) 캘리포니아 주지사가 오바마 앞으로 보낸 편지를 공개했다. 전날 도착한 이 편지에서 슈워제네거는 "대통령의 의료보험 개혁안의 많은 부분에 공감한다"고 썼다. 다만 그는 의보개혁 반대 여론을 의식한 듯, 단서를 하나 붙였다. "의보의 질을 개선하되, 비용의 증가는 적게 해야 한다." 『뉴욕타임스』는 슈워제네거의 오바마 지지는 저소득층 의보 지원으로 재정 부담이 갈수록 커지고 있는 캘리포니아 주로선 어쩔 수 없는 선택이었다고 분석했다. 공화당원이었다가 무소속으로 전환한 마이클 블룸버그(Michael R. Bloomberg) 뉴욕시장과 조지 부시 행정부에서 보건복지부 장관을 지낸 토미 톰슨(Tommy G. Thompson) 전 위스콘신 주지사도 오바마를 지지하고 나섰다. 『로스앤젤레스타임스』는 이들의 지지가 의회에서 싸움을 벌이고 있는 중대한 국면에서 오바마에게 힘을 실어줄 것이라고 평가했다.(류이근 2009)

10월 13일 상원 재무위원회는 민주당 주도로 마련된 보건의료 개혁 법안을 표결에 부쳐 찬성 14표 대 반대 9표로 가결했다. 이날 상원 재무위 표결에서는 민주당 의원 13명이 모두 찬성하고, 공화당 의원 10명 중 올림피아 스노(Olympia J. Snowe) 의원 한 명이 당론에서 이탈해 찬성표를 던졌다. 재무위를 통과한 법안은 민주당 소속 맥스 보커스

(Max S. Baucus) 위원장이 중심이 돼 만든 것으로, 정부가 향후 10년간 8290억 달러의 재정지원을 통해 의료보험 수혜 대상을 전 국민의 94퍼센트까지 끌어올리는 내용을 담았다. 버락 오바마 대통령과 민주당 진보 성향 의원들이 주장해온 '공공보험회사 설립안(public option)'은 포함되지 않았다. 오바마 대통령은 기자회견을 열고 "(상원 재무위의 법안 통과는) 미국의 보건의료 시스템 개혁을 향한 중대한 이정표"라고 환영했다. 보커스 재무위원장도 "개혁법안이 올해 안에 의회를 통과할 것이 확실해졌다. 오늘 우리의 행동이 대단한 돌파구를 만들어 냈다"고 자평했다.(김민아 2009f)

그러나 아직 오바마가 안심할 단계는 아니었다. 10월 14일 『워싱턴 포스트』 인터넷판은 오바마의 의료보험 개혁 과정에서 주적(主敵)이 마지막 순간 본색을 드러냈으며 보험사들이 바로 그들이라고 보도했다. 상원 재무위원회에서 새로운 의료보험 법안이 통과되면서 지금까지 소극적 반대를 해왔던 보험사들이 전면전을 선언하고 나섰다는 것이다. 보험사들은 그간 '조용한 해결'을 위해 약 1억 1600만 달러를 들여 로비에 집중했다. 미국 내 의료보험사들의 협의체인 '미국건강보험플랜(AHIP)'은 오바마 행정부의 개혁안이 점점 현실화되자, 개혁안의 부당성을 선전하는 대규모 광고 공세를 퍼붓기 시작했다. 12일 의료보험 개혁안이 보험 가입자들의 비용만 늘릴 것이라는 내용의 보도자료를 낸 데 이어, 미국 여섯 개 주에 동시 광고를 시작했다. 내용은 의보개혁안이 시행될 경우 무엇보다 노인들의 의약품 구입지원 프로그램인 '메디케어 플랜'이 타격을 받을 것이라는 홍보였다. 메디케어 플랜의 수혜자인 노인층은 미국 내에서 정치적으로 매우 중요한 계층으로 간주된다.

의료보험사들은 1990년대 빌 클린턴 전 대통령이 의료보험 개혁을 추진했을 때, 대대적인 방송 광고를 동원해 개혁을 좌초시킨 바 있었다. 그런 연유로 댄 파이퍼(Daniel Pfeiffer) 백악관 공보부국장은 "보험업계가 개혁안에 대한 공세를 주도하기 시작했다"며 "그들의 목표는 말할 것도 없이 '수익'이며, 그들이 마지막 순간에 개혁안을 좌초하지 못하게 만반의 대비를 갖출 것"이라고 맞선전포고를 했다. 정부와 보험업계 사이 홍보전이 가열되고 있는 가운데 로버트 블렌던(Robert Blendon) 하버드대학 교수는 "대부분의 사람들은 의료개혁이 비용을 증가시키지 않을까 우려하고 있지만, 한편으로 보험사에 대한 신뢰도는 밑바닥 수준"이라고 말했다.(류이근 2009a)

메디케어 카드

보험사들의 전면전 도발에도 불구하고 의료보험 개혁법안은 11월 7일 미 하원에서 220대 215의 근소한 표 차이로 통과되었다. 하원 법안의 발의 대표자인 존 딩겔(John Dingel) 민주당 의원은 "미국민의 96퍼센트가 건강과 소득수준에 상관없이 건보 혜택을 누리게 됐다"고 법안 통과 의미를 밝혔다. 오바마 대통령도 "의료 서비스의 질을 높일 수 있는 역사적 투표"라고 환영하면서 "올해 말까지 상·하원 통합안에 서명할 수 있기를 기대한다"고 말했다.(정진황 2009a)

12시간에 걸친 격렬한 토론 뒤 진행된 이날 투표에서 39명의 민주당 의원이 반대표를 던진 반면, 공화당은 찬성표가 한 명에 그칠 정도로 단결했다. 더욱이 최종투표 직전 낙태 시술에 정부 지원을 엄격히 막는 수정안이 반영되지 않았다면 더 많은 민주당 이탈표가 나왔을 것으로 분석되었다. 사정이 이와 같은데, 법안의 상원 통과가 가능할 것인가? 오바마 행정부는 상원 통과를 위해 원안에서 조금씩 후퇴하는 전술을 택했고, 그 덕분에 12월 24일 의료보험 개혁법안이 상원을 통과했다. 1912년 프랭클린 루스벨트(Franklin D. Roosevelt, 1882~1945) 대통령이 전 국민 건강보험을 공약한 뒤 100년 만의 일이었다.

의료보험 개혁법안 하원 통과

그러나 오바마 행정부의 후퇴 전술은 진보진영의 반발을 불러왔다. 하워드 딘(Howard B. Dean III) 전 민주당 전국위원회 의장은 '배신'이라는 표현을 쓰면서 오바마 대통령을 비판하고 나섰다. 법안이 상원 통과를 위해 조금씩 후퇴하면서 원안과 달리 누더기가 됐다는 것이다. 무엇보다도 상원을 통과한 의보개혁안에는 하원안과는 달리 정부 주도의 공공보험(public option) 도입 방안이 누락되었다.

민주당 진보 진영은 오바마 대통령이 건보개혁안 논의 과정에서 골자인 공공보험을 배제하는 등 특정 이익집단에 밀려 많은 부분을 양보했다고 보았다. '진보적 변화를 위한 선거대책위원회'의 공동 창립자인 애덤 그린도 "오바마 대통령은 대선 때 보통 사람들을 대표해 특수 이익집단과 싸울 것처럼 행동했지만 이제는 그럴 의사가 없어 보인다"며 "이는 내년 중간선거에서 표로 입증될 것"이라고 경고했다. 이에 대해 데이비드 액설로드(David M. Axelrod) 백악관 선임고문은

"건보개혁법안을 살펴보면 매우 진보적인 성취라는 점을 알게 될 것"이라고 반박했다.(채지은 2009b)

보수파는 민주당 진보 진영이 분노하는 것과는 정반대의 이유로 분노했다. 이는 2010년 3월 17일 오바마가 폭스뉴스와 한 생방송 인터뷰에서 잘 드러났다. 오바마는 보건의료 개혁의 당위성을 강조하는 데 초점을 두었고, 진행자인 브렛 바이어(Bret Baier)는 백악관과 민주당 지도부가 공화당 상원의원들의 필리버스터를 우회해서 법안을 통과시키려는 과정상의 문제를 물고 늘어졌다. 백악관·민주당 지도부가 법안에 소극적인 의원들의 마음을 돌리기 위해 지역구에 특혜를 준 사례를 꼬치꼬치 따지기도 했다.

오바마는 비밀주의와 밀실담합으로 인해 대중의 지지가 떨어지고 있다는 점을 인정하면서도 "더 많은 사람들이 (절차보다는) 의료보험 탓에 집을 잃거나, 파산하는 것을 더 걱정한다"고 강조했다. 바이어는 곧바로 폭스뉴스가 1만 8000명을 상대로 실시한 이메일 조사 내용을 꺼내들고 "법안이 우리 모두에게 좋다면 의회가 이를 통과시키기 위해 왜 협박과 팔 비틀기 및 치사한 거래가 필요하냐"는 한 응답자의 주장을 소개했다. 오바마는 이에 "나는 하루에 4만 통의 편지와 이메일을 받는다"면서 "법안 통과가 늦어지면서 서민들과 중소사업자들의 고통이 심해지고 있다"고 반박했다.

팽팽하던 공방전은 백악관과 민주당 지도부가 보건의료 개혁안 가운데 각 주에 할당한 특혜 쪽으로 옮겨 가면서 오바마의 열세로 기울었다. 오바마는 하와이(Hawaii)와 네브래스카(Nebraska) 주의 경우를 들어 해당 주에 필요한 조치들이라고 해명했다. 하지만 바이어가 플로리다(Florida)와 코네티컷(Connecticut), 몬태나(Montana) 등 각 주별 조치들을 하나하나 따지고 들자 제대로 답을 하지 못했다. 바이어는 20여 분의 인터뷰 도중 오바마의 말을 다섯 번 자르고, 자기주장을 펼쳤다. 오바마는 "말 좀 끝내자" "왜 자꾸 말을 끊느냐"며 불쾌감을 토로하면서 끝까지 보건의료 개혁안의 당위성에 대한 설득에 초점을 맞췄다.(김진호 2010)

오바마와 폭스뉴스의 '맞장 토론'이 이루어진 날 발표된 갤럽 조사 결과 오바마 대통령의 직무수행에 대한 지지율은 46퍼센트, 반대율은 47퍼센트로 취임 뒤 처음으로 반대가 지지보다 많았다. 그렇지만 4일 후인 3월 21일 미 하원이 상원의 건강보험 개혁안을 과반수(216표)보다 겨우 3표 많은 찬성표(219표)로 아슬아슬하게 통과시킴으로써 '전 국민의 의료보험화'를 목표로 한 오바마 행정부의 건보개혁이 사실상 완성됐다.

이 법안에 따라 그 동안 비싼 민간 보험료 때문에 보험혜택의 사각지대에 놓여 있던 5400만 명 가운데 불법체류자 등을 제외한 3200만 명이 추가로 혜택을 볼 수 있었다. 이 법안은 10년에 걸쳐 9400억 달러의 정부재정을 투입해 저소득층 건강보험인 메디케이드(Medicaid; 저소득층 무상 공공의료) 수혜대상을 대폭 늘리고, 그다음 단계인 연소득 8만 8000달러(한화 약 9700만 원)까지의 중간 이하 계층에게 보조금을 지급해 민간 보험에 가입토록 했다. 이 경우 무보험자는 2200만 명으로 줄고, 65세 이하 전체 보험 수혜자의 비율은 95퍼센트에 달하게 된다. 법안은 이를 위해 대부분의 미국인에게 건보 가입을 의무화했다. 이를 위반할 경우 개인에게 연간 695달러의 벌금이 부과된다. 고용주의 근로자 보험 부담도 늘어난다. 50인 이상을 고용하는 사업주가 근로자들에게 건보 혜택을 주지 않을 경우, 30명을 초과하는 근로자들에 대한 건보 비용을 1인당 2000달러씩 지급토록 하고 있다.

그동안 지적돼온 보험회사의 횡포는 엄격히 제한했다. 가입자의 기존 질병을 이유로 보험가입을 거부하지 못하게 했고, 보험사의 급격한 보험료 인상도 억제된다. 또 부모의 보험에 함께 가입될 수 있는 자녀의 연령을 26세로 연장, 청년층의 단독 보험가입에 따른 부담도 줄여줬다. 이밖에 건강보험 시행에 따른 재원 마련을 위해 연소득 20만 달러(부부 합산 25만 달러) 이상의 부유층에게 메디케어 등의 세금을 새로 부과, 10년간 4000억 달러를 확보토록 했다. 박진용(2010)은 "그러나 무엇보다 크게 달라지는 것은 건강보험이 더 이상 개개인의 재력 여하에 따라 선택하는 하나의 '상품(Commodity)'이 아니라 모두가 누려야 할 '권리(right)'가 됐다는 점이다"라고 평가했다.

'오바마의 위험한 승리'

반면 소속의원 전원이 반대한 공화당의 폴 라이언(Paul D. Ryan, Jr.) 하원의원은 이번 개혁안을 "프랑켄슈타인 법안"이라고 비난했고, 버지니아 폭스(Virginia Foxx) 의원은 "미 역사상 가장 공격적인 사회보장 조작 입법"이라고 격하게 반발했다. 공화당은 중간선거에서 다수당 지위를 빼앗으면 건보개혁을 철회하는 입법을 추진하겠다고 공언했다. 『워싱턴포스트』는 "1년간의 논쟁은 오바마와 민주당에 상당한 정치적 손상을 안겼다"고 했으며, 『뉴욕타임스』는 건보개혁 통과를 "오바마 대통령에게 정치적으로 위험한 승리"라고 평가했다. 건보개혁에 대한 모든 반대가 이념적이거나 정략적인 것만은 아니었다. 권태호(2010c)의 「미국인들이 의보개혁안 반대하는 이유」에 따르면, 이런 현실적인 문제들이 있었다.

개혁안은 의보개혁 재정 부담을 향후 10년간 9400억 달러로 봤다. 세금을 올려야 한다. 고소득층의 반대는 당연하다. 중산층은 보험료가 더 오를까 걱정한다. 지금은 심각한 병력이 있는 사람들의 보험 가입이 쉽지 않다. 이들에게 보험 혜택을 주자는 데 반대하긴 힘들다. 그러나 이들이 같은 조건으로 가입하면 기존 가입자의 보험료는 올라간다. 또 직원 50명 이상의 회사는 이제 직원들의 의료보험료를 부담해야 한다. 인건비 부담 때문에 직원 채용을 꺼리거나 감원할 수 있다. 또 65세 이상 고령자들에 대한 무상 공공의료 보장제도인 메디케어에서 의약품 구입비용이 제외된다.

그렇다면 그동안 무보험으로 지내다 보험 혜택을 받게 되는 3200만 명은 행복할까? 이들 중 절반인 1600만 명은 의료비가 전혀 안 드는 메디케이드에 가입된다. 차상위 계층이다. 이들이 개혁안의 최대 수혜자다. 그러나 이들보다 사정이 조금 나은 나머지 1600만 무보험자들은 개인 부담으로 보험에 가입해야 한다. 그렇지 않으면 연간 695달러의 벌금을 문다. 또 메디케이드 가입자가 늘면 서비스 질이 떨어질 가능성이 높다. 3500만 명의 기존 메디케이드 수혜자들은 불평할 수 있다. 정부는 비용절감을 위해 메디케이드 수를 줄이려 하고, 일부 의사들은 돈 안 되는 메디케이드 환자를 안 받으려 한다.

이런 문제들을 지적한 권태호는 "따져보면 결국 미국민들의 5퍼센트(1600만 명)만이 개혁안을 지지할 수밖에 없는 구조다. 개혁안 지지율이 36퍼센트나 되는 게 신기하다. 유럽과 자주 비교되는 미국이지만, '그래도 선진국'이라는 생각이다. 이러니 11월 중간선거에서 민주당이 질 것이란 판단이 나오는 건 당연하다. 특히 의보개혁의 효과는 10년이나 지난 뒤에야 서서히 나타나지만, 세금·보험료·기존복지삭감·고용불안은 당장 표가 난다"며 다음과 같이 말했다.

"그럼에도 오바마는 왜 의보개혁안에 정치적 목숨을 걸었을까? 오바마는 이걸(의보개혁안) 하려고 정치에 뛰어들었다고 했다. 그는 시카고 빈민가에서 오랜 봉사활동을 했다. 거기에서 그는 보험이 없어 애태우는 어려운 이들과 마주했을 것이다. 대선에 나서고서야 정책을 만들어 공약으로 내놓는 경우와는 신념의 깊이가 다르리라. 그러나 안타깝게도 '좋은 뜻'이 늘 '좋은 정치적 결과'를 낳진 않는다. '언젠간 오바마가 옳았다는 걸 다 알리라'는 개인적 믿음이 있지만, 그 '언젠간'이 오바마 임기 안에 올진 자신이 없다."

공화당은 1994년 의료보험 개혁입법을 시도한 빌 클린턴 전 대통령을 중간선거에서 패퇴시킨 경험이 있다. 중간선거 패배로 결국 클린턴 전 대통령은 의료보험 개혁을 포기했다. 이와 관련해『워싱턴포스트』는 "민주당이 의료보험 개혁에 대해 근본적으로 접근방법을 바꾸지 않는다면, 중간선거에서 재앙을 맞을 것"이라고 경고했다.(조기원 2010)

3월 22일 프랑스의 인기 인터넷 뉴스 사이트 'Rue89.com'은 미 하원의 건보개혁법 통과 소식을 전하면서「일요일(21일) 밤, 세계에서 가장 강하고 부유하다는 미국이 마침내 20세기에 진입했다」는 제목을 달았다. 미 시사주간지『타임』온라인판은 23일 '유럽이 미국의 건보

1929년 미국 최초의 근대적 건강보험 탄생.
1935년 루스벨트 대통령, 사회보장법 시행.(위 왼쪽, 오른쪽)
1945년 트루먼 대통령, 건보개혁 10개년계획 추진 좌절.
1962년 케네디 대통령, 건보개혁 추진 좌절.
1965년 존슨 대통령, 메디케어·메디케이드 제정.(아래)
1976년 카터 대통령, 포괄적 국민건강보험제 제안.
1993년 클린턴 대통령, 민간보험업자 간의 경쟁하 보편적 건보체제 도입 추진. 힐러리, 관련 태스크포스 주도.
1994년 건강보장법 의회 통과 좌절. 여파로 민주당 중간선거 패배.(오른쪽 페이지 위)
2003년 부시 대통령, 일부 처방약품에 대한 메디케어 확대.
2006년 전 국민 의료비 2조 2000억 달러 기록.(오른쪽 페이지 중간)
2009년 오바마 대통령, 건보개혁안 추진→ 상·하원 통과.
2010년 건보개혁안 원안 의결. 별도 표결 통해 수정안도 채택.(오른쪽 페이지 아래)

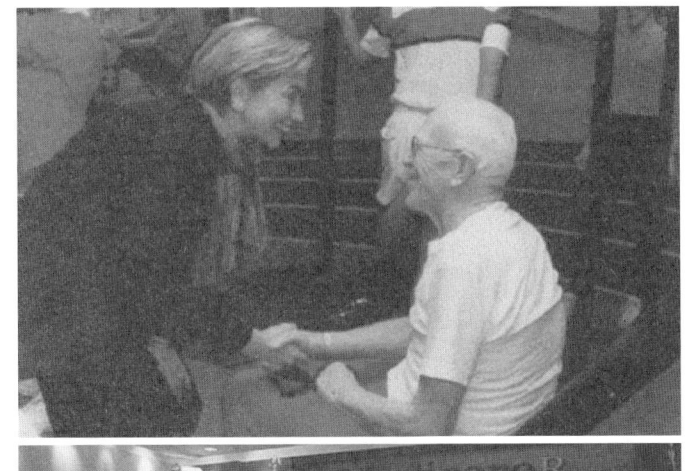

개혁 과정을 지켜보며 비웃고 있다'고 보도했다.

3월 23일 건보개혁법안 서명에 앞선 연설에서 오바마는 "어머니는 당신의 말년, 암 투병 중에도 보험회사와 싸웠습니다"라고 말했다. 그의 모친 앤 던햄(S. Ann Dunham, 1942~1995)은 자궁암으로 53세에 숨졌다. 서명식장인 백악관 이스트룸은 법안 통과 주역인 민주당 의원들과 지지 인사들의 축하 열기로 가득했지만, 공화당 의원은 한 명도 없어 '역사적인 날'을 무색케 했다.(전병근 2010a)

공화당이 11월 중간선거에서 유권자의 심판을 통해 개혁안을 좌초시키겠다고 단단히 벼르고 있는 가운데, 14개 주가 건강보험에 의무적으로 들게 한 조항은 위헌이라며 집단 소송을 제기하고, 각 주에서 개혁안에 반대하는 소송이 줄을 이었다. 이들이 제기한 위헌소송의 핵심은 보험 가입을 강제한 의회의 조처가 연방정부의 사생활 침해라는 것이다. 이와 관련해 권웅(2010)은 다음과 같이 말한다.

"오는 11월 중간선거는 말할 것도 없고 재임 내내 건강보험 개혁에 따른 엄청난 사회적 양극상과 분열상을 극복해야 하는 힘든 과제를 안게 됐다. 이번 개혁안에 동조한 공화당 의원이 한 명도 없었다는 점은 취임 후 초당적 국정수행을 다짐했던 오바마 대통령에게는 뼈아픈 일이 아닐 수 없다. 초당적 대통령이 되겠다던 오바마가 건보개혁안을 기점으로 자신이 그토록 경계한 '분열적 대통령'으로 전락할 위기에 처했다. 건보개혁안은 오바마 대통령에게는 역사적·정치적 수확인 동시에 대도박인 셈이다."

오바마는 11월 중간선거를 염두에 두고 2008년 대선 시의 선거구호 '예스 위 캔(Yes, we can)!'을 '예스 위 디드(Yes, we did)!'로 바꾸는 등 승리를 위한 발동을 걸었다. 오바마의 대도박이 어떤 결말을 맺을지는 차후에 드러난다. 어차피 정치는 도박이고, 오바마의 경우엔 더 말할 나위가 없잖은가. 어느 날 갑자기 날아든 노벨평화상은 오바마의 '판돈'을 늘려줄 수 있는 카드이기도 했지만, 그 실속은 신통치 않았다. 너무 때 이른 탓이었을까?

참고문헌 Krugman 2009, 권경복 2010, 권웅 2010, 권태호 2009e · 2010c, 김민아 2009f, 김재영 2009, 김진호 2009b · 2010, 류이근 2009 · 2009a, 박진용 2010, 원세일 2009 · 2009a, 이국배 2009, 이정은 2009, 이하원 2009d, 이혜운 2009b, 임영주 2009a, 전병근 2010a, 정진황 2009a, 조기원 2010, 채지은 2009b, 황유석 2010a

제4장
'티파티 운동'의 도전

정녕 '역사의 종언'인가?
오바마의 노벨상과 베를린장벽 붕괴 20주년

오바마의 노벨평화상 수상

2009년 10월 9일 버락 오바마 미국 대통령이 노벨평화상 수상자로 선정됐다. 오바마는 "놀랍고 황송하다(deeply humbled)"면서 "이 상은 행동을 촉구하는, 21세기의 도전에 모든 국가들이 맞설 것을 요청하는 뜻으로 받아들이겠다"고 밝혔다. 미국 현직 대통령의 노벨평화상 수상은 1906년 시어도어 루스벨트(Theodore Roosevelt, 1858~1919) 전 대통령과 1919년 우드로 윌슨(T. Woodrow Wilson, 1856~1924) 전 대통령에 이어 세 번째다. 지미 카터 전 대통령은 퇴임 뒤인 2002년 노벨평화상을 받았다.

노르웨이 노벨위원회는 "국제외교와 사람들 간의 협력을 강화하기 위해 그가 벌인 특별한 노력"을 이유로 오바마를 수상자로 선정했다고 밝혔다. 노벨위원회는 그의 '비전'에 무게를 실었다. 선정 이유에 대해 위원회는 "핵무기 없는 세계라는 그의 비전과 노력의 중요성"을 강조하며 "국제정치에 새로운 바람을 만들었다"고 밝혔다. 또 "오바마만큼 전 세계의 관심을 모으며 사람들에게 좀 더 나은 미래의 희망을 준 인물도 극히 드물다"고 덧붙였다. 이와 관련해 김영희(2009a)는 "냉전 붕괴 이후 진행되던 미국의 단일패권주의라는 국제질서를 되돌려놓고 있는 오바마의 '존재' 자체에 큰 힘을 실어준 것"이라며 "미국 최초의 흑인 대통령이라는 상징적 의미가 전 세계인들에게 주는 '희망'도 크게 고려된 것으로 보인다"고 했다.

오바마의 노벨평화상 수상은 말 그대로 깜짝 수상이었기에 전 세계가 놀랐다. 전 세계적으로 축하와 격려의 메시지도 많이 나왔지만, 취임한 지 1년도 안된 오바마에게 노벨평화상을 준 것은 성급하다는 지적도 나왔다. 마이클 스틸 공화당 전국위원장은 "이번 수상은 오바마의 업적보단 '스타 파워' 때문"이라며 "미국인들은 오바마 대통령이 무엇을 이뤘는지 묻고 있다"고 말해 냉소적인 반응을 보였다. 공화당의 싱크탱크인 헤리티지 재단도 "중국, 쿠바, 짐바브웨와 독재국가의 반체제 인사들이 실질적 성취에도 불구하고 수상자가 되지 못한 건 우리를 슬프게 한다"고 말했다.(권태호 2009f)

『로스앤젤레스타임스』는 "우리는 오바마 대통령의 팬이며 그의 대선 승리에 기뻐했지만 왜 그가 이토록 빨리 평화상을 받게 됐는지 이해하기 어렵다"며 "노벨위원회의 결정은 오바마 대통령을 당혹스럽게 하는 데 그치지 않고, 상 자체의 신임도를 훼손했다"고 논평했다. 이 신문은 이어 "오바마 대통령이 단지 조지 부시 전 대통령이 아니란 이유로 수상하게 됐다는 인상을 지울 수 없다"며 '반사효과'를 지적했다. 『댈러스모닝뉴스(Dallas Morning News)』는 "노벨상을 받게 된 게 오바마 대통령 잘못은 아니지만, 사실대로 말하자면 그는 수상 자격을 갖추지 못했다"고 말했다. 『뉴욕타임스』는 오바마의 수상 이유를 '반부시' 정서로 보면서도 "수상은 '혼돈스러운 축복'"이라며 상대적으로 중립적 평가를 내렸으며, 유력지 가운데 옹호론은 "수상은 미국의 가치 있는 자산"이라고 평가한 『보스턴글로브』가 거의 유일했다.(양홍주 2009b)

폴란드 민주화에 기여한 공로로 1983년 노벨평화상을 수상한 레흐 바웬사. ⓒ Sławek

노벨상 수상자인 레흐 바웬사(Lech Wałęsa) 전 폴란드 대통령은 소감을 묻는 기자의 질문에 "뭐라고? 그렇게 일찍?"이라며 "오바마가 제안한 것들을 실행하는지 지켜보겠다"고 말했다. 아프가니스탄 탈레반 대변인 자비훌라 무자히드(Zabiullah Mujahid)는 "아프가니스탄의 평화나 안정을 위해 그는 어떤 조처도 취하지 않았다"며 "오바마에게 노벨평화상을 수여한 조처는 정당하지 않다"고 밝혔다. 칼레드 알바시 이슬라믹지하드 지도자는 "이 상은 정치적이고, 신뢰와 가치, 도덕의 원칙에 따르지 않았다"며 "미국이 지구상에서 최대의 핵무기를 보유하고 있고, 미군들이 이라크와 아프가니스탄에서 무고한 목숨을 계속 빼앗고 있는 상황에서 어떻게 노벨평화상이 주어질 수 있느냐"고 비난했다. 라디오 쇼 진행자 러시 림보는 "우리가 탈레반이나 이란과 의견을 같이 할 일이 생겼다. 노

노벨평화상 수상자를 발표하는 장소인 오슬로 노벨위원회 홀. 노벨위원회가 업적이라고는 일천한 미국의 젊은 대통령에게 큰 상을 준 이유는 교착 상태에 빠진 국제현안에 대해 그의 역할을 기대하는 것이라는 분석이 지배적이다. ⓒ Hadi

벨 갱들이 자폭한 것이 그것이다"라고 독설을 퍼부었다.(김순배 2009d)

오바마의 노벨상 수상 논란을 계기로 미국의 '노벨상 독식' 현상도 지적되었다. 2009년 일곱 개 부문 수상자 13명 중 무려 11명이 미국 국적을 가진 이들이었기 때문이다. AP통신에 따르면, 노벨상 수상이 시작된 1901년 이후 총 816명의 수상자 중 미국인은 309명으로 37.9퍼센트를 차지했으며, 영국이 114명(14퍼센트)으로 뒤를 이었다. 문학상을 제외하면 생리의학·물리·화학 분야에서는 40퍼센트를 웃도는 수상자들이 미국인이었다. 이런 현상에 대해 과학 분야 노벨상 수상자를 선정하는 스웨덴 왕립과학원은 미국의 '자금력과 야심'을 배경으로 꼽았다고 AP통신은 전했다.(이대혁 2009b)

일각에선 "미국의 돈과 야심이 노벨상 독식을 가져왔다"는 해석이 나왔다. 그러나 구정은(2009)은 "1901년 이후 노벨상 수상자 총 816명 중 309명이 미국인이라고 하니 독식이라 불러도 지나치지 않다. 하지만 간과해서는 안 될 것이, 그 '독식'의 이면에 세계적인 두뇌들을 빨아들이고 키워주는 포용정책과 장기적인 안목이 있었다는 사실이다"라며 다음과 같이 말했다.

"스웨덴 한림원에서 노벨상 수상자를 발표할 때 관행적으로 수상자의 국적은 밝히지 않는다. 이유는 단순하다. 세계적인 지식인들 중에는 여러 나라의 국적을 가진 이들이 많기 때문이다. 특히 근래에는 혈연에 따라서든 환경에 따라서든, 다문화적인 분위기에서 자라나고 여러 지역의 문화들을 흡수한 '하이브리드 지성'들이 정치·경제·문화 어느 영역에서건 두각을 드러내고 있다. 2009년 노벨물리학상을 받은 찰스 가오는 중국에서 태어나 영국과 미국 국적을 갖고 있고, 공동수상자인 미국 벨 연구소의 윌러드 보일은 캐나다와 미국 국적을 갖고 있다. 화학상 수상자인 벤카트라만 라마크리슈난은 인도에서 태어나 미국에서 공부하고 지금은 영국에서 일하고 있다. 미국은 이들을 받아들여 키운 뒤 과학 발전의 양분으로 빨아들였다."

'정의로운 전쟁'을 위하여?

2009년 12월 10일 오바마는 노르웨이 오슬로(Oslo) 시청사에서 열린 노벨평화상 시상식 수락 연설에서 "나는 미국 청년 수천 명을 먼 전쟁터에 보낸 책임이 있다. 전쟁과 평화에 대한 어려운 질문들을 안고 이 자리에 섰다"며 "평화는 목표지만 그 과정에서 때때로 전쟁은 필요하고 정당화될 수 있다"고 말했다. 그는 36분간의 연설 대부분을 '정의로운 전쟁(just war)'을 변론하는 데 할애했지만, 인류 역사상 전쟁의 당사자들이 '정의로운 전쟁'을 외치지 않은 적이 한 번이라도 있었던가?

『뉴욕타임스』는 "그는 할 말을 했지만 노벨위원회가 듣고 싶었던 건 아닐 것"이라고 말했다. 미국 내에서는 보수파가 더 반겼다. 공화당의 뉴트 깅리치 전 하원의장은 "진보적 대통령이 평화상을 받으러 가서 '힘 없이는 자유도, 평화상 수상도 불가능함'을 상기했다는 점에서 아주 역사적인 연설"이라고 했다. 미 외교협회의 월터 러셀 미드 석좌연구원은 "부시가 이렇게 말했으면 세계가 격렬히 반대했을 텐데 오바마가 말하니까 사람들이 고분고분한 것"이라고 했다.(전병근 2009a)

오바마는 자신의 노벨평화상 수상이 논란이 되고 있는 것과 관련해 "수상에 대한 비판 의견은 시기상조(premature)"라며 "나는 새로운 세기에 등장할 새로운 위협에 맞서는 데도 게을리 하지 않을 것"이라고 했다. 그럼에도 그의 노벨평화상 수상은 적합하지 않다는 비판 여론이 여전히 따라다녔다. 미국 코네티컷 주 퀴니피액대학이 12월 1~6일 전국의 유권자 2313명을 대상으로 조사한 결과 응답자의 3분의 2가 오바마 대통령의 노벨상 수상이 "적합하지 않다"고 했고, 수상 자격이 있다는 답변은 26퍼센트에 불과했다.(권경복 2009)

오바마에게 위로 아닌 위로가 될 책이 얼마 후에 출간된다. 노르웨이 변호사이자 평화운동가인 프레더릭 헤퍼멜(Fredrik Heffermehl)은 2010년 8월에 출간한 『평화의 선택: 노벨평화상이 노벨의 유언을 따르지 않은 이유와 해결책(Picking Up the Peaces: Why the Nobel Peace

Prize Violates Alfred Nobel's Will and How to Fix It)』에서 1946년 이후 노벨평화상 수상자들 중 절반 이상이 노벨상 창시자인 앨프리드 노벨(Alfred B. Nobel, 1833~1896)이 유언장에 남긴 본래 취지에는 맞지 않은 '부적격자들'이라고 주장했다. 그는 노벨이 1895년 11월 27일자로 작성한 유언장에 따르면, 노벨평화상은 군대 폐지나 전쟁 종식 투쟁에 나선 인물에게 주어져야 했음에도, 노벨상위원회가 임의로 수상 기준의 외연을 넓혀왔다고 주장했다. 또 그는 "1999년 이후 노벨평화상 수상자 10명 중 지미 카터를 제외하고는 모두 정당성이 없다"고 했다.(전병근 2010b) 사정이 그렇다면 오바마만 부적격자라고 몰아세울 일은 아니겠다.

베를린장벽 붕괴 20주년

노벨평화상이 냉전 붕괴 이후 진행되던 미국의 단일패권주의라는 국제질서를 되돌려놓고 있는 오바마의 '존재' 자체에 큰 힘을 실어준 것이라면, 타이밍은 절묘했다. 베를린장벽 붕괴 20주년(2009년 11월 9일)과 비슷한 시기에 맞아 떨어졌기 때문이다.

2009년 10월 31일 베를린장벽 붕괴 20주년을 맞아 당시 독일 통일 과정에서 중요한 역할을 맡았던 미하일 고르바초프(Michail S. Gorbachev) 전 러시아 대통령과 조지 H. W. 부시(George H. W. Bush) 전 미국 대통령, 헬무트 콜(Helmut Kohl) 전 독일 총리가 베를린 기념행사에 참석해 서로 공로를 치하하고 덕담을 나눴다.

베를린장벽이 무너진 후 중·동부 유럽이 시장경제와 민주주의를 받아들여 서부 유럽을 지향하면서 통합 유럽은 눈부시게 발전했다.

2007년 베를린장벽의 흔적들. ⓒ Deutsches Bundesarchiv

20년 동안 유럽연합(EU)의 경제는 두 배로 성장했고, 세계 최대 경제 블록이 됐다. 특히 장벽 붕괴 후 10여 년의 시장경제 도입기를 거친 후 2004년 중부유럽 주요국 폴란드, 체코, 슬로바키아, 헝가리 등이 EU에 가입하자 유럽통합은 완성단계에 접어드는 것처럼 보였다.

실제로 지난 20년간 이들 국가는 서유럽과의 경제 격차를 상당히 줄였다. 체코의 경우 동구권 붕괴 직전인 1987년 1인당 GDP가 EU 27개국 평균의 73퍼센트에 머물렀으나 지난해 80퍼센트까지 따라잡았다. 같은 기간 슬로바키아는 51퍼센트에서 72퍼센트로, 폴란드는 47퍼센트에서 57퍼센트까지 쫓아왔다.

하지만 대가도 만만치 않았다. 20년간 이들 국가에서 계층 간 소득

2007년까지 EU에 가입한 국가 현황. ⓒ Ssolbergj

불평등도를 보여주는 지니계수는 지속적으로 악화해왔다. 2008년 불어 닥친 금융 위기로 이 국가들은 국제통화기금(IMF)의 구제금융을 받을 수밖에 없었고 향후 그 대가로 각종 복지예산을 줄여야 할 처지에 놓였다.

20년이 흐른 후에도 좀처럼 지워지지 않는 '2등 시민'이란 자괴감도 극복해야 할 숙제였다. 통독 이후 정부가 19년간 무려 1조 2000억 유로(약 2100조 원)를 투자해, 다른 동구 국가에 비해 훨씬 형편이 나은 구동독지역 역시 마찬가지였다. 구동독지역의 전체 독일 GDP 기여도는 10퍼센트에 머물렀으며, 만성적으로 높은 실업률도 나아지지 않아 통일 후 일자리를 찾아 서쪽으로 이주한 구동독 주민은 200만 명에 달했다. 베를린장벽 붕괴 20주년을 맞아 실시된 한 여론조사에서 "우리는 2등 시민"이라고 답한 구동독 주민이 전체의 3분의 2에 이르렀다.(정영오 2009a)

2009년 10월 31일 영국 일간 『텔레그라프』는 「베를린장벽 붕괴 20년, 분단은 여전하다」는 제하의 기사에서 독일인들에게 남아 있는 분단의 상처와 봉합되지 않은 갈등의 골을 진단했다. 『텔레그라프』는 9월 말 치러진 독일 총선의 '투표결과 지도'를 예로 들며 수그러들지 않는 독일인의 지역주의를 보도했다. 신문은 "분단은 정치적으로 혹은 심리적으로 확실히 존재하고 있다"며 "총선에서 서베를린 주민들은 보수적인 기민-기사당 연합을 압도적으로 지지한 반면, 동베를린에선 절반가량의 유권자가 좌파당, 녹색당 등에 지지를 보냈다"고 전했다.

통일 이전의 시간을 기억하는 방식에 있어서도 동·서 독일인은 서로 달랐다. 『텔레그라프』는 "최근 여론조사에서 '분단 독일'을 그리워하느냐는 질문에 동독 출신은 10퍼센트만이 '그렇다'라고 답한 반면, 서독 출신은 16퍼센트가 긍정하는 답을 내놨다"며 "서독 주민들은 막대한 통일비용 때문에, 동독인들은 20년간 견뎌온 경제난 때문에 이 같은 반응을 보인 것 같다"고 해석했다.(양홍주 2009a)

'역사의 종언'의 종언인가?

베를린장벽 붕괴와 동유럽 민주화, 소련 해체 등은 곧 자유민주주의와 시장경제의 승리로 받아들여졌다. 미국의 정치학자 프랜시스 후쿠야마는 1989년 「역사의 종언(The End of History)」을 통해 이데올로기적 진보의 최종 단계는 사회주의 및 공산주의의 실패와 자유 민주주의적

상하이 경제특구. 중국은 1979년 덩샤오핑의 개혁·개방 노선을 본격화하며 4대 경제특구(선전·주하이·산터우·샤먼)를 만들어 외국 자본을 모으고 사회주의 시장경제를 실험해왔다. 이러한 처방은 집권층이 개혁을 추진할 수 있도록 한 것은 물론, 전체주의 국가에서 별도로 구축된 자본의 결과를 최대로 수혜할 수 있게 했다.

이념과 질서의 범세계적 확산이라고 봤다. 과연 그렇게 되었던가?

『월스트리트저널』은 베를린장벽 붕괴 이후 20년이 흐른 지금, 세계 금융 위기가 미국과 서유럽이 이끌었던 자유민주주의와 시장경제의 승리라는 결론을 시험대에 올렸다면서 '역사의 종언' 이론이 '종언'의 위기에 빠졌다고 보도했다. 이 신문은 자유민주주의에 가장 강력한 신흥 라이벌로 러시아와 중국의 권위주의적 자본주의 정치체제를 들었다. 이들의 꾸준한 경제 성장은 서양식 자유민주주의와는 거리가 멀지만 양국은 더 강력한 권위주의적 자본주의를 바탕으로 경제 성장에 보다 효율적인 정치체제를 구축했다는 평가까지 받고 있다는 것이다. 조너선 이얄 영국 왕립연합서비스재단의 수석연구원은 "전 세계 수억 명의 인구는 중국과 러시아를 보면서 민주주의가 논쟁적인데다

제4장 '티파티 운동'의 도전 191

경제적 효율이 떨어진다고 믿는다"고 말했다.

특히 중국의 경제성장은 '번영을 위해서 민주주의가 꼭 필요한 것은 아니며, 심지어 도움이 되지 않는다'는 인식을 심어주고 있다는 주장까지 나왔다. 후쿠야마조차도 "1당 독재로 자본주의 경제를 발전시킨 중국의 예상치 못한 성공은 독재정치가 운명을 다할 것이라는 관념을 깨버렸다"고 말했을 정도였다.

수치상으로도 자유민주주의 체제 확산은 주춤거리고 있었다. 미 정부지원 연구기관인 프리덤하우스에 따르면 베를린장벽 붕괴 20주년을 맞은 시점에서 민주주의를 선택한 나라는 전 세계 46퍼센트로, 베를린장벽이 무너질 당시인 1989년의 36퍼센트보다 늘었지만, 이는 1999년 이래 10년 동안 변화가 없는 수치였다. 러시아를 비롯한 그 이웃 국가들, 남아프리카 국가들이 베를린 붕괴 이후 민주주의 제도를 선택했다가 권위주의 정치제도로 복귀했기 때문이다.(이대혁 2009)

베를린장벽의 붕괴 20주년을 앞둔 11월 3일, 독일 총리 앙겔라 메르켈(Angela Merkel)은 독일 총리로는 1957년 콘라트 아데나워(Konrad Adenauer, 1876~1967) 전 서독 총리 이후 처음으로 52년 만에 미 의회에서 상·하원 합동연설을 했다. 그는 먼저 "우리 독일인들은 미국인 친구들에게 얼마나 많은 빚을 졌는지 잘 알고 있으며 내 개인적으로도 절대로 잊지 않을 것"이라고 말했다. 또 로널드 레이건과 조지 H. W. 부시 등 통독(統獨)에 기여한 역대 미국 대통령에게 감사를 표했다.

메르켈은 이어 레이건의 말을 인용해 "우리 세대는 오늘날 우리를 가로막는 벽을 허물어야 한다"고 역설했다. 그는 이 벽으로 기후변화 문제를 강조했다. 그는 "북극의 얼음이 녹고, 해수면은 상승하고, 아

1988년 러시아를 방문한 레이건 대통령. 그는 1987년 6월 12일 베를린장벽 앞에서 "고르바초프 서기장, 이 장벽을 허물어버리세요"라고 연설한 바 있다.

프리카인들은 (기후변화에 따른) 환경 파괴로 난민이 되고 있다"며 "우리는 지구의 온도가 섭씨 2도 이상 올라가지 않게 온실가스 배출을 억제한다는 목표에 합의해야 한다"고 말했다.

그는 또 미국이 12월 덴마크 코펜하겐(Copenhagen)에서 열리는 유엔(UN) 기후변화 정상회의에서 도쿄의정서보다 한층 강화된 온실가스 감축 합의가 이뤄질 수 있게 힘써달라고 촉구했다. 메르켈은 "중국과 인도 등 개발도상국들이 동참해야 감축 목표를 달성할 수 있지만, 공통의 가치를 지닌 독일과 미국이 솔선수범해서 다른 나라들을 이끌어야 한다"고 말했다. 메르켈이 연설하는 동안 미 의원들은 10여 차례 기립박수를 보냈지만, 민주당이 추진하는 온실가스감축 법안에 반대하는 일부 공화당 의원들은 자리에서 일어서지 않아 불쾌한 심기를 드러냈다.(김민구 2009a)

"비어 진트 다스 폴크!"

2009년 11월 7일 레흐 바웬사 전 폴란드 대통령은 독일 시사주간지 『슈피겔』과의 인터뷰에서 공산권의 붕괴는 1980년 폴란드 레닌 조선소에서 시작됐으며 베를린장벽 붕괴는 미하일 고르바초프 당시 소련 공산당 서기장이 유약한 정치인이어서 가능했다고 주장했다. 그는 "고르바초프 전 소련 공산당 서기장이 동독인들의 탈출을 봉쇄해 우리의 승리를 막지 않을까 걱정했다"면서 "매우 위험한 게임이었다"고 회상했다. 그는 이어 "다행히 고르바초프가 유약한 정치인이어서 모든 일이 순조로웠다"며 "소련은 당시 리더십의 변화로 불안정했고 고르바초프는 아무것도 할 수 없었다"고 말했다.

바웬사 전 대통령은 또 헬무트 콜 전 독일 총리, 조지 H. W. 부시 전 미국 대통령, 고르바초프 전 소련 공산당 서기장이 '독일 통일의 아버지들'로 거론되는 것에 불편한 감정을 드러냈다. 바웬사는 이들을 공산권 붕괴 당시 '우연한 위치'에 있어 요행의 결과를 얻은 인물로 평가했다. 그는 특히 "이 세 명은 냉전이 핵전쟁을 통해서만 해소될 것으로 본 인물들로 어느 누구도 체계적 변화를 믿지 않았다"며 "이들은 대중들로부터 통일을 강요당한 '베를린장벽 붕괴의 돌발적 아버지들'에 불과하다"고 말했다.(이대혁 2009a)

2009년 11월 9일 베를린 브란덴부르크문 앞에서 열린 장벽붕괴 20주년 기념행사는 앙겔라 메르켈 독일 총리, 니콜라 사르코지(Nicolas Sarkozy) 프랑스 대통령, 고든 브라운(James G. Brown) 영국 총리, 드미트리 메드베데프(Dmitry A. Medvedev) 러시아 대통령 등 각국 정상들과 10만여 명의 독일 국민들이 참여한 가운데 진행됐다. 폴란드 자유

노조 지도자로 동유럽 민주화를 촉발했던 레흐 바웬사가 1.5킬로미터에 이르는 1000개 도미노 패널을 넘어뜨리는 장면으로 장벽 붕괴 상황을 재현했다.(이진희 2009)

브란덴부르크문 앞 광장에서 열린 '자유의 축제'에는 10만여 명의 인파가 몰렸다. 총천연색 조명으로 꾸민 브란덴부르크 석조문의 맨 위에는 '1989년 11월 9일'이라는 간명하고도 강렬한 숫자가 스포트라이트를 받아 빛났다. 거장 대니얼 바렌보임이 지휘하는 슈타츠카펠레(국립 오페라 오케스트라)의 야외공연으로 시작된 축제는 화려한 불꽃놀이와 인기 가수들의 공연에 이어, 베를린장벽 붕괴를 재현한 도미노 쓰러뜨리기로 절정에 올랐다.

앙겔라 메르켈 독일 총리는 "장벽 붕괴 스무 돌은 빈곤에서부터 기후 변화와 인권 보호까지 우리 시대의 도전들을 떠맡아야 한다는 점을 상기한다"고 말했다. 힐러리 클린턴 미국 국무장관은 "지금도 수백만 명의 사람이 사랑하는 이와 헤어져 있거나, 뒤처져 있거나, 감옥에 감금돼 단절돼 있다"며 "이날 행사는 행동을 촉구하는 것"이라고 강조했다.

고든 브라운 영국 총리는 "가난에 찌든 아프리카, 고통받는 다르푸르, 눈물이 그치지 않는 짐바브웨, 족쇄에 묶인 버마(미얀마) 등 문제투성이 세계에서 사람들이 희망도 없이 영원히 고통받을 필요가 없다는 점을 보여줬다는 점에서 베를린 시민들에게 감사한다"고 말했다. 니콜라 사르코지 프랑스 대통령도 "베를린장벽 붕괴는 압제와 싸우고 세상을 갈라놓은 모든 장벽을 무너뜨리라는 요구"라고 말했고, 드미트리 메드베데프 러시아 대통령은 "지금은 새롭고 달라지고 더 나은

1990년 10월 2일 독일 통일 하루 전, '죽음의 선'이라 불리던 국경선을 건너는 동독 시민 행렬.

세계를 건설할 때"라고 강조했다.

앞서 메르켈 총리는 힐러리 클린턴, 고든 브라운, 니콜라 사르코지, 드미트리 메드베데프 등 4대 강국 대표들을 안내해, 브란덴부르크문을 동쪽에서 서쪽으로 통과하는 의례에 앞장을 섰다. 2차 대전 승전국들이자 패전국 독일을 분할한 당사국의 최고 지도자들이 분단의 상징에서 통일의 상징으로 바뀐 그 문을 통과한 것은 오늘날 독일의 위상과 급변한 세계질서를 극적으로 보여줬다.

버락 오바마 미국 대통령은 깜짝 영상 메시지를 보내왔다. 오바마는 "(동독 시민들은) 전제정치에 직면해서도, 세상이 바뀔 수 있음을 말했다"며 "독재에 대한 그보다 더 분명한 비난, 자유를 향한 그보다 더 강한 믿음은 없을 것"이라고 말했다.

인파 속에선 "비어 진트 다스 폴크(Wir sind das Volk; 우리가 인민이다)!"란 외침이 다시 한번 터져나왔다. 20년 전 동독 시민들이 군인들에 둘러싸였을 때 두려움에 맞서 외쳤던 구호다. 당시 동독 시민들의 시위를 이끌었던 요아힘 가우크(Joachim Gauck) 목사는 "'우리가 인민'이라는 주제는 독일뿐 아니라 자유와 민주를 추구하는 모든 사람들에게 중요한 것"이라고 강조했다.(조일준 2009)

"비어 진트 다스 폴크!" 가슴에 깊은 감동을 안겨주는 외침이지만, 그런 감동이 일상화될 수는 없으며 수십 년 만에 한두 번 외칠 수 있을까 말까 할 정도로 그 기회가 희소하다는 데에 인간 세계의 비극이 있다 하겠다.

참고문헌 구정은 2009, 권경복 2009, 권태호 2009f, 김민구 2009a, 김순배 2009d, 김영희 2009a, 김철웅 2009a, 양홍주 2009a · 2009b, 이대혁 2009 · 2009b, 이진희 2009, 전병근 2009a · 2010b, 정영오 2009a, 조일준 2009

'증오 마케팅'의 승리인가?
'티파티 운동'과 폭스뉴스의 번영

'티파티 운동'의 탄생

2009년 봄 이른바 '티파티 운동(Tea Party movement)'이 미국 전역을 떠들썩하게 만들었다. 이 운동의 이름은 1773년 당시 영국의 식민 지배하에 있던 미국인들이 영국의 가혹한 세금 징수에 반발해, 보스턴 항에 정박한 배에 실린 차 상자를 바다에 내던진 '보스턴 차 사건(Boston Tea Party)'에서 따온 말이다. 'TEA'에는 '이미 세금을 충분히 냈다(Taxed Enough Already)'라는 뜻도 있다. 그런데 왜 갑자기 그 사건이 236년 만에 다시 부활했는가? 그 전말은 이렇다.

2009년 1월 19일 자본시장에 대한 의견을 올려놓는 마켓 티커(The Market-Ticker) 홈페이지에 "2월 1일, 상·하원에 티백(tea bag) 한 개를 보내자"는 제안이 떠올랐다. 투자자문회사의 한 분석원이 올려놓은 이 글은 짧은 시간 미국 전역에서 주목을 받았다. 2008년 미국 대선에서 '오바마 마니아'들이 풀뿌리 선거운동으로 조지 부시 행정부의 실

반정부 시위를 벌이는 티파티 운동 참가자들. 장기적인 경제 불황에 불안을 느낀 시민들은 티파티를 통해 기존 정당에 편입하지 않고도 선거에 강력한 영향력을 행사하는 새로운 정치 운동을 정착시켰다. ⓒ dbking

정에 실망한 민심을 끌어모았다면 티백 보내기 제안은 티파티 운동으로 발전하면서 불만의 또 다른 블랙홀이 됐다.

김진호(2010a)는 "납세와 연방정부의 개입을 거부하는 미국민의 유전자를 선정적으로 깨우고 있다. 페이스북과 트위터, 마이스페이스(My space) 등 사상 첫 흑인 대통령을 탄생시킨 풀뿌리 운동의 도구들이 이번에는 정반대 성향의 사용자들의 손에 동원되고 있다"며 다음과 같이 말한다.

"티파티 운동은 구제금융 법안 및 경기부양예산 법안에 찬성표를 던진 연방의원들을 상대로 국민의 혈세를 엉뚱한 곳에 집행했다는 불만에서 비롯됐다. 1994년 보수 혁명의 지휘자 격이었던 뉴트 깅리치

전 하원의장은 보건의료 개혁을 '배급제'로 규정해, 오바마의 개혁에 사회주의, 공산주의, 반자본주의에 더해 나치라는 꼬리표를 다는 길을 안내했다. 티파티의 발화점이었던 구제금융과 경기부양 예산이 부시 행정부로부터 시작됐거나 원인을 제공했다는 사실은 흥분한 군중 사이에서 쉽게 흐려진다. 2009년 한 해 동안 최대 이슈였던 보건의료 개혁은 티파티 운동의 확산에 기름을 부었다. …… 티파티의 정치적 성향을 공화, 민주로 양분된 미 제도권 정치의 틀로 이해하기는 쉽지 않다. 그들은 미국 특유의 자유방임주의에 탯줄을 두고 비제도권 정치인을 선호한다. 공화당과 폭스뉴스를 비롯한 보수 언론과 말을 섞고 있기는 하다. 하지만 특정 정당과 상관없이 납세 거부와 자유를 좇아 움직이는 무정형의 아메바라고 하는 게 정확한 표현일 성싶다."

티파티 운동은 시민단체인 '티파티 패트리어츠'가 주도했으며, 보수 성향의 비영리단체인 '프리덤 워크스', 인터넷 동호회 '리지스트 넷' 등이 지원했다. 미국의 납세 기일인 2009년 4월 15일엔 전국 500여 개 도시에서 수십만 명의 시위대가 티파티 시위를 벌이기도 했다.

'티파티 운동'은 작명(作名)으로나마 '애국적 이미지'를 팔아보겠다는 심산이었지만, 주류 언론은 이를 무시했다. 그런데 유독 '티파티 운동' 보도에 공을 들인 매체가 있었으니, 바로 핵심 보수층의 대변자 역할을 자임한 케이블 방송인 폭스뉴스였다. 폭스뉴스는 그런 역할로 영향력을 넓혀 나갔다.

폭스뉴스의 스타 글렌 벡

2008년 말 오바마 대통령이 당선되자 "앞으로 중도 성향의 CNN과 리버럴 성향의 MSNBC가 영향력을 넓힐 것"이란 관측이 많았으나 실제로는 폭스뉴스와 다른 케이블 뉴스 채널 간의 시청률 차이는 더 벌어졌다. 누적 시청자(cumulative audience; 1개월 또는 6개월 등 일정한 기간 동안 한 번 이상 본 사람의 총수) 기준으로는 여전히 CNN이 선두였지만 일반적인 시청률 집계에선 폭스뉴스가 압도적 1위를 차지했다. 특히 공화당 지지자 사이에서 폭스뉴스에 대한 '충성도'는 CNN과 MSNBC에 비해 세 배 이상 높았다. 민주당 지지자들이 CNN과 MSNBC에 대해 보이는 '충성도'에 비해 '농도'가 짙은 것이다. 또한 민주당 지지자 가운데 폭스뉴스를 보는 사람이 공화당 지지자 가운데 CNN이나 MSNBC를 보는 사람보다 조금 더 많은 것으로 나타났다.(이기홍 2009a)

특히 폭스뉴스 라디오 쇼 진행자인 글렌 벡은 공화당의 사실상 '지도자(leader)'라고 불릴 정도로 큰 인기를 누렸다. 1964년 워싱턴(Washington)주 에버렛(Everett)에서 태어난 벡은 고교를 졸업한 뒤 알코올과 약물에 빠졌으며, 이혼 후에서야 크게 깨닫고 마약에서 손을 뗐다. 그는 나중에 라디오 쇼 프로그램을 맡아 진행하며 이 같은 경력을 고백해 청취자들의 마음을 사로잡았다. 벡은 타고난 '라디오 이야기꾼'으로 평가받았다. 그는 13세 때 고향인 마운트버논의 한 라디오 경연대회에서 입상해 한 시간 동안 디제이를 맡았다. 그는 CNN에서 밤 시간대 〈헤드라인 뉴스(Headline News)〉를 진행했지만 큰 성공은 거두지 못했다. 그러다가 2008년 10월 보수적인 폭스뉴스로 옮기고 나서 선동적이고 자극적인 방송으로 민주당 공격의 최전선에 나섰다. 그의 극우 성향을 두고 "벡에 비하면 (강경 보수 성향의 라디오 시사 프로 진행자인) 러시 림보는 분별 있는 철학자로 보일 정도"라고 평가하는 이들도 있을 정도였다. 벡은 글재주도 뛰어나 매년 수백 쪽의 책을 써 『뉴욕타임스』 베스트셀러 리스트에서 두 차례 1위에 오르기도 했다. 경제주간지 『포브스(Forbes)』는 그의 2008년 수입을 2300만 달러(약 268억 원)로 추산했다.(이청솔 2009d)

묘한 점은 글렌 벡의 사상을 하나로 표현하기는 어렵다는 점이었다. 그는 금융 위기를 초래한 월스트리트를 비판하면서도, 연방정부의 막대한 구제금융을 받고 임원들끼리 '보너스 잔치'를 벌인 AIG는 옹호했다. 시사주간지 『타임』은 "벡이 다루는 개별적인 주제를 하나로 묶는 것은 백인 남성의 '포위됐다'는 심리"라고 진단했다.

벡은 2009년 7월 자신의 프로그램에서 "오바마 대통령은 백인과 백인 문화를 마음 깊숙이 증오한다. 백인을 싫어한다고 말하지는 않겠지만, 확실히 문제가 있다"라고 내뱉었다. 그는 미국 최초의 모슬렘 하원의원인 키스 엘리슨(Keith Ellison)에게는 "당신이 적들과 협조하지 않는다는 것을 증명하라" "당신을 적이라고 비난할 수는 없지만, 그게 바로 솔직히 내가 느끼는 것"이라고 퍼부었다. 벡이 이런 식으로 북을 치듯 보수주의의 밑바닥 민심을 두들겨 깨우면 이를 주류 언론이 받아쓰고 의원들까지 가세해 상황은 돌이킬 수 없게 전개되곤 했다.(신정선 2009e)

2009년 9월 초 미국의 수도 워싱턴 중심가는 전국에서 모여든 수만 명의 시위대로 가득했다. 이들은 백악관에서 의사당까지 행진하며 오바마의 보건의료 개혁안과 '큰 정부 정책'을 비난했다. 일부는 오바마의 사진에 콧수염을 붙여 히틀러에 비유했다. 이들이 행진하며 부른 이름은 "글렌 벡!"이었다. 시사주간 『타임』은 9월 28일자 잡지에서

2009년 9월 12일 백악관 앞 '납세자 행진' 피켓-"변화는 충분해. 우린 파산했어". 조세저항은 티파티의 중요한 목표인데, 참가자들은 대규모 경기부양책과 이로 발생할 재정적자에 반대한다. 구체적으로는 구제금융 및 부실 모기지에 대한 정부 지원이 모기지를 갚아온 이들을 실망시키고, 성실한 납세자들의 돈을 낭비한다고 비판해왔다.

벡을 표지 모델로 다뤘다. 『타임』은 벡을 "대중의 공포와 의심을 잘 이용할 줄 아는 이야기꾼"이라고 묘사했다. 실제로 벡은 자신의 방송에서 한 달에 한 번 이상 "나는 두렵다. 당신도 두려울 거다"라고 말하곤 했다. 그는 조지 부시 행정부 당시에도 위선적인 공화당원들이 자본주의를 죽이고, 자유를 짓밟는 것이 두렵다고 했었다.

『타임』은 시위에 참석했던 디에나 프란코브스키의 사연을 통해 벡을 소개했다. 금융 위기로 돈에 쪼들리게 된 프란코프스키는 주택담보대출에 도움을 주겠다는 오바마 행정부의 제의를 거부했다. 그는 "정부가 너무 많은 돈을 쓰고 있다"며 "자본주의가 제대로 작동하게 놔두라"고 주장했다. 시위 후 그는 집 앞에 "우리는 글렌 벡을 사랑합니다(We love Glenn Beck)"라고 커다랗게 써 붙였다. 프란코브스키 말고도 수많은 사람이 라디오와 텔레비전을 통해 벡이 독려하는 것을 듣고 시위장소에 나왔다. '광기 어린 독설가'로 치부하기에는 벡이 현실 정치에 미치는 영향력이 매우 컸다.(이철솔 2009d)

이와 관련해『뉴욕타임스』칼럼니스트 프랭크 리치(Frank Rich 2009)는 "이번 주 시사주간『타임』은 벡을 커버인물로 내세웠다. 벡은 많은 자유주의자들이 생각하듯이 단순한 '제2의 러시 림보'는 아니다. 조금 다르다. 그의 이데올로기는 자유주의에 대한 맹목적인 숭배와 음모론이 뒤섞인 것이다. 그는 마약과 알코올 의존자였던 과거의 실수를 공개적으로 자백함으로써, 마찬가지로 오류에 빠지기 쉬운 시청자들과 함께 유대감을 유지한다"며 다음과 같이 말했다.

"벡의 부상은 공화당에 재난이 되고 있다. 공화당의 이미지가 추잡한 욕설과 기이한 서커스, 이민자 배척 등으로 굳어진다면 미국이 더 젊어지고 다양화될수록 공화당은 인구학적인 자살을 하는 것이다. 벡을 추종하는 사람들의 극단주의 이면에 잠복해 있는 경제적 불평등은 언제든 뇌관이 될 수 있다. 고장 난 시계도 하루에 두 번은 맞게 마련이다. 경기침체가 낳은 분노는 벡이 우파진영에 심어놓은 것처럼 좌파와 중도파의 포퓰리스트적인 선동에서도 언제든 터져나올 수 있다. …… 오바마가 이러한 인종주의자들의 행위를 막을 수 있는 방법은 없다. 그에겐 오직 개혁된 정부가 얼마나 미국인의 삶을 실제로 향상시킬 수 있는지를 보여주는 방법밖에 없다. 이것이 프랭클린 루스벨트가 한 일이며, 지난 대선 때 몇몇 공화당원과 심지어 인종차별주의자까지도 흔들리게 했던 오바마의 약속인 것이다."

오바마 행정부의 반격

그러나 '약속'을 지키려면 오래 걸리니 어쩌겠는가. 한판 붙는 수밖에. 이미 2009년 6월 오바마 대통령 자신이 "한 텔레비전 방송(폭스뉴스)은 정부를 공격하는 데 완전히 전념한다"며 공개적으로 불만을 터뜨렸지만, 그게 어디 대통령이 직접 나서서 할 일이겠는가. 그래서 참모들이 나섰다.

2009년 10월 11일 백악관의 애니타 던(Anita Dunn) 공보국장은 CNN의 매체 비평 프로그램인 〈릴라이어블 소스(Reliable Source)〉와의 인터뷰에서 "폭스뉴스는 대체로 공화당의 탐사 조직이거나 홍보 매체로서의 역할을 자주 하고 있다"고 비판했다. 던 국장은 나아가 "폭스뉴스는 버락 오바마 대통령에 대한 전쟁을 수행하고 있다"며 "더 이상 이를 정상적인 언론사의 보도행위로 간주하지 말아야 한다"고 말했다. 던 국장은 특히 버락 오바마 대통령이 폭스뉴스를 언론사라기보다는 당파적 견해를 지닌 반대자로 인식하고 있음을 강조했으며, 폭스뉴스를 '공화당의 날개(wing)'로 지칭했다. 다른 언론은 "백악관과 보수 성향의 폭스뉴스 간에 '전쟁'이 시작됐다"고 했다.(이하원 2009e)

마이클 클레멘트 폭스뉴스 부회장은 애니타 던의 발언 직후 성명을 내고 "백악관은 국정 운영은 안 하고, 아직도 선거운동을 하고 있다. 이들의 공격 본능이 폭스뉴스를 표적으로 삼았다"고 비판했다. 『뉴욕타임스』는 "그들이 우리를 비판하면 할수록 우리의 시청률은 올라간다"고 말한 폭스의 빌 샤인(Bill Shine) 부회장의 말을 인용하면서 "폭스뉴스는 오바마와의 갈등 관계를 즐기고 있다"고 보도했다. 10월 16일 폭스뉴스를 소유한 루퍼트 머독(K. Rupert Murdoch) 회장은 주주총회에서 "(백악관의 비판으로) 우리 시청률이 엄청나게 올라가고 있다"고 말했다.(권태호 2009g)

자꾸 약 오른다는 기분을 백악관에선 느꼈음 직하다. 2009년 10월 18일 백악관의 데이비드 액설로드 선임고문은 ABC에 나와 "폭스뉴스는 진정한 뉴스 방송이 아니며, 그 프로그램 중 상당수는 진정한 뉴스가 아니다"라고 비판했다. 또 "(폭스뉴스의 사주인) 루퍼트 머독 회장은 돈을 버는 데 재능이 있다. 그들의 프로그램은 돈을 버는 것이 목적"이라고 몰아붙였다. 람 이매뉴얼 백악관 비서실장은 CNN에 "폭스뉴스는 뉴스 기관이라고 하기보다는, 관점을 지닌 기관"이라고 평가했다. 그는 "다른 주요 매체들은 폭스뉴스를 뉴스 매체로 취급해선 안 된다"며 "우리도 그렇게 취급하려 하지 않을 것"이라고 말했다.

그러나 일간지 『볼티모어선(Baltimore Sun)』의 텔레비전 비평가인 데이비드 주라위크(David Zurawik)는 "폭스를 좋아하든 말든, 대통령이 한 매체의 '관점'을 이유로 벌 주려 하는 태도는 같은 언론인으로서 우려해야 한다"고 비판했다. 30여 년간 공화당과 민주당 정부에서 백악관 공보 참모를 지냈던 데이비드 거겐(David Gergen) CNN 정치평론가는 "오바마 백악관의 심정을 이해하며 나 역시 그랬지만, 종종 이 (언론사 공개 비판)는 실수로 판명 났다"며, "내 경험상 백악관이 개인이나 특정 조직을 공격하면, 그 공격이 의도와는 달리 되레 공격 대상을 백악관과 동급으로 격상시킨다. 폭스의 시청률만 올라갈 뿐"이라고 충고했다. 『뉴욕타임스』의 데이비드 카(David Carr) 미디어 칼럼니스트도 "미디어와 전쟁을 벌여 이긴 정권의 역사는 내가 지금 말하는 문장보다도 짧다"며 "지금 이 싸움의 승자는 폭스뉴스일 뿐"이라고 말했다.(원세일 2009c)

이들의 말이 맞았다. 폭스뉴스는 10월 19일 오바마 선거유세 당시던 공보실장이 "미디어를 통제하겠다"고 한 비디오를 입수해 방영했다. 던 실장의 발언은 오바마가 대중과 직접 소통해, 미디어가 취지를 왜곡하는 일이 없게 하겠다는 뜻이었으나 결과적으로 폭스뉴스에 공격 호재를 제공한 셈이 됐다. 백악관과의 갈등 이후 폭스뉴스의 시청률은 20퍼센트 이상 급상승했다.(황유석 2009c)

공화당을 능가한 티파티 지지도

폭스뉴스만 상대한다고 될 일도 아니었다. CNN의 토크쇼 진행자 루 돕스(Lou Dobbs)도 빼놓을 수 없는 극우파 보수 논객이었는데, 돕스는 2009년 8월부터 "오바마의 출생 의혹을 없애려면 자세한 출생기록을 제시해야 한다"고 주장함으로써 오바마가 미국에서 태어나지 않았다는 의혹을 키우는 데에 앞장섰다. 길거리엔 'Obama'로 5행시를 지어 Obnoxious Boring Arrogant Machiavellian Asshole(불쾌하고 따분하고 건방지고 권모술수에 능한 놈)이라고 티셔츠에 새겨 다니는 사람들마저 등장했다.(이청솔 2009d, 임귀열 2009a)

이래저래 오바마로선 죽을 맛이었지만, '죽 쑤는 공화당'에서 한 가닥 위안을 찾을 수 있었다. 2009년 11월 2일 AP통신은 「공화당과 당

내 온건파들의 불확실한 미래」라는 기사를 통해 중도·온건 성향의 공화당원들이 정체성의 혼란을 겪고 있다고 보도했다. 과거의 어젠다들을 고집하는 공화당에 실망한 당원들의 이탈이 잇따르고 있다는 것이다.(구정은 2009c)

'티파티 운동'이 공화당을 대신하겠다고 나섰다. 2009년 12월 6일 티파티 회원 600여 명은 테네시(Tennessee) 주 내슈빌(Nashville)에서 첫 총회를 열고 '자유 보장'이란 이름의 정치행동위원회(PAC)를 구성해 2010년 11월 연방 상·하원 선거에 적극 개입하겠다고 선언했다. 100만 달러의 정치자금을 모금해 작은 정부를 지향하는 후보를 적극 지원하는 한편, 건강보험 개혁법안에 찬성하는 등 정부 역할의 확대를 주장한 의원들의 낙선운동에 나선다는 계획이었다. 티파티 정치세력화의 가장 큰 수혜자로는 새라 페일린 전 공화당 부통령후보가 꼽혔는데, 페일린은 공화당 지도자 중 유일하게 초청을 받아 이 총회에 참석했다. 페일린은 이날 연설에서 "티파티는 혁명이자 미국 정치의 미래"라고 치켜세운 뒤 오바마와 민주당을 거세게 비판해 박수를 받았다.(김정욱 2009)

미국인들은 '티파티 운동'에 대해 어떻게 생각했을까? 놀랍게도 이 운동에 대한 지지율이 공화당의 전국 지지율을 뛰어넘는 일이 벌어졌다. 12월 7일 공개된 여론조사기관 라스무센의 전화 조사 결과에서, 응답자의 23퍼센트는 "2010년 중간선거에 '티파티'를 주도하는 단체에서 후보가 나온다면 지지하겠다"고 대답했다. 공화당 후보를 지지하겠다는 의견은 18퍼센트에 그쳤다. 민주당 지지율은 36퍼센트였다. 응답자의 41퍼센트는 "이른바 '티파티'라는 단체에 찬성한다"고 대

커피파티의 페이스북. 한국에서도 커피파티를 본딴 커피당이 만들어져 2010년 지방선거 기간에 유권자 참여 운동을 벌였다. ⓒ 연합뉴스

답했고, 22퍼센트만이 반대했다. 공화당원의 70퍼센트는 티파티에 찬성했다.(김시현 2009a)

 티파티 운동에 자극을 받은 민주당 지지자들은 커피파티 운동(Coffee Party Movement)으로 치고 나왔다. 한인 2세로 오바마 대통령의 대선후보 진영에서 동영상 담당자로 자원봉사활동을 한 바 있는 여성 운동가 애너벨 박(Annabel Park; 한국명 박수현)이 2010년 1월 조직했다. 커피파티라는 말은 박수현이 "티파티가 아니라 커피파티를 해보자"고 말한 것이 계기가 됐다. 커피파티는 설립 한 달여 만에 약 12만 명의 회원을 확보해 티파티 측(약 11만 명)보다 회원 수가 더 많았다. 하지만 티파티는 커피파티를 "광범위한 풀뿌리 정치운동인 티파티에 대해 억지로 만들어낸(manufactured) 대응 세력"이라고 일축했다.

2010년 3월 13일 미국 전역의 370여 개 커피점에서 개최된 커피파티 운동 토론회에선 "미국 정부는 국민의 적이 아니라 집단적 의지의 표현인데, 왜 정부를 반대하나?"라는 말들이 쏟아져 나왔다. 3월 14일 박수현은 CNN과의 인터뷰에서 "커피파티는 티파티의 정부 변혁 방법에 대한 반론"이라며 "우리의 행동지침은 국민이 깨어나 자신들의 미래를 스스로 관장하고 정부에 요구하라는 것"이라고 말했다.(권경복 2010a)

"미국의 통치 시스템이 망가졌다"

2010년 3월 21일 건보개혁법안이 하원에서 통과되자 일부 티파티 지지자들은 법안에 찬성한 의원들의 집 앞에 깨진 유리조각을 쏟아놓거나 살해 협박장을 보내는 등 과격해졌다. 이들은 건보개혁입법을 주도한 의원들에 대한 응징을 외치며, 그 첫 번째 타깃으로 민주당의 해리 리드 상원의원을 정하고 그의 지역구이자 고향인 네바다(Nevada) 주의 사막 마을 서치라이트(Searchlight; 인구 800명)에 집결했다.

3월 27일 1만 명에 가까운 티파티 지지자들은 서치라이트에 모여 "(정치권은) 납세자를 밟지 말라(Don't Tread On Me)"며 "납세자에게 막대한 부담을 지우는 건보개혁법안에 찬성한 의원들을 의회에서 몰아내자"고 주장했다. 티파티의 지지를 받는 새라 페일린 전 알래스카 주지사는 27일 네바다 집회 연설에서 "큰 정부와 많은 세금, 버락 오바마·낸시 펠로시·해리 리드의 헤픈 재정 지출은 이제 끝내야 한다"며 "당신들(오바마와 펠로시)은 해고야!"라고 외쳤다. 티파티는 서치라이트를 시작으로 4월 15일 워싱턴까지 건보개혁입법을 주도한

미국 독립전쟁 당시의 개즈던 기(Gadsden flag). "Don't Tread On Me(날 밟지 마)"는 원래 이 시기 영국에 대한 미 저항군의 구호로 쓰였다. 먼저 공격하지 않는 뱀의 특성과 관련해 "그렇지 않으면 내가 공격한다"는 뜻을 지니고 있기도 하다. ⓒ Lexicon, Vikrum

의원들의 지역구인 23개 주 44개 도시를 버스로 순회하며 낙선운동에 들어갔다.

이와 관련해 미국의 대표적 싱크탱크인 브루킹스 연구소는 "미국의 통치 시스템이 망가졌다"는 내용의 보고서를 발표했다. 미 CNN의 여론 조사에서도 '연방정부가 제대로 기능하고 있다'는 응답은 전체 응답자의 14퍼센트에 불과했다. 나머지 86퍼센트는 '연방정부가 작동하지 않는다'고 답했다. ●리더십의 부재 ●여론의 양극화 ●대중의 정치 불신 ●주류 언론의 영향력 약화 등으로 인해 정치 세력 간 협상과 토론이 중단됐고, 이로 인해 국민이 납득하지 않는 '고장 난 정책'이 양산되고 있다는 것이다. 브루킹스 연구소는 티파티 운동으로 대변되는 정치의 장외화를 해소하기 위한 방안으로 ●정치 토론의 활성화 ●정책의 복잡성에 대한 대중의 이해도를 높이는 각종 교육 프로그램 ●정부의 적극적인 인터넷, 소셜 네트워킹 서비스 활용 등을 제시했다.(김민구 2010b)

박수현의 커피파티

커피파티가 가만있을 리 있겠는가. 커피파티 회원 수는 3월 말 18만 4000여 명(티파티 11만여 명)으로 늘었다. 박수현은 『한겨레』 인터뷰에서 커피파티가 빠른 성장을 하게 된 이유에 대해 "페이스북과 소셜 네트워킹 때문이다. 페이스북에서 우린 도심 한가운데에 있는 것과 마찬가지다. 거기서 우리는 외친다. 페이스북은 한국처럼 사람들이 빽빽이 들어찬 곳이다. 페이스북은 도시와 같다. 한국에서 많은 사람들이 정치를 말한다. 페이스북도 다양한 장소다"라고 말했다. 권태호 (2010f) 기자와의 몇 가지 문답을 감상해보자.

(문) 커피파티 웹사이트를 보면 '정부는 총체적 의지의 집합'이라고 하며, 정부에 대한 협조를 강조했다. 만일 공화당이 운영하는 정부라도 그렇게 할 것인가?

(답) 미국인과 연방정부의 관계에서 티파티는 '공포'를 내세운다. 그들은 작은 정부를 원하고, 정부의 책임을 믿지 않는다. 선거로 결정되는 조직은 의회뿐 아니라, 행정부의 여러 기구들, 연방정부의 주요 직책 등 매우 많다. 그들이 국민들을 대표하는 건 당연하다. 그런데 이런 민주주의 과정이 지금 너무 많이 오염돼 있다. 선출된 사람들이 자신을 뽑아준 사람들을 대표하게끔 하는 게 투표다. 우리는 민

주주의 과정을 바로잡아 더 많은 사람들이 민주주의 과정에 참여하게 하자는 것이다. 자신의 뜻을 (선거로 당선된 이들에게) 전하고, 자원봉사에 나서기를 원한다. 현재의 정치구조는 돈, 로비, 심지어 소수파인 티파티 등에도 휘둘릴 수 있는 취약한 상태다.

(문) 결국 민주당이냐, 공화당이냐가 중요한 게 아니라 민주주의 과정이 중요하다는 것이냐?

(답) 그렇다. 현재 (미국의) 정치구조는 로비스트의 영향을 너무 많이 받는다. 그래서 보통사람들이 (정치과정에) 참여해야 한다. 그것이 민주주의다.

(문) '티파티는 소수'라고 얘기하지만, 많은 미국인들이 티파티를 지지하는 것도 사실이다. 오바마의 의료보험 개혁안이 절대다수의 미국인들로부터 지지를 받는 것도 아니다.

(답) 미디어 때문이다. 특히 폭스뉴스. 그들은 과장하고, 내용이 없는 새로운 이야기를 만들어낸다. 위험한 것이다. 티파티 그리고 폭스뉴스가 하는 많은 이야기들이 거짓말이다. 의보개혁안에 대해 거짓을 과장하는—예를 들어 '오바마가 (불치병에 걸린) 내 할머니를 죽이려 한다'는 식의— 발언은 위험한 것이다.

박수현이 페이스북에 올리는 짧은 글마다 조회 건수가 약 100만 건에 이르렀지만, 스트레스가 컸다. 그녀는 하루 5시간 정도 자며 보수 없이 일했다. 행사에 참석하려고 비행기를 타고 호텔에 묵어도 자기 신용카드로 결제했다. 그녀는 "이런 경험을 누가 마다하겠는가? 평생 한 번 있을까 말까 하는 경험이다"라면서 상냥한 미소를 지었지만, 커피파티가 증오를 불태울 것을 요구하는 목소리가 높았다.

3월 13일 미국 내 약 500곳에서 열린 커피파티 회의 중 하나인 워싱턴의 카페 '버스보이즈 앤드 포잇츠(Busboys and Poets)'의 한 장면을 보자. 박수현은 이 카페로 가는 동안 차분하고 민주적인 소통이라는 '아름다운 비전'에 들떠 있었으며, 정치 전문 케이블 텔레비전 C스팬(C-SPAN)이 그 회의를 중계하기로 했다는 사실에 특히 기분이 좋았다.

스티브 터틀(Steve Tuttle 2010)은 "그러나 장내를 가득 메운 참석자들이 발언을 시작하는 순간부터 이 사람들이 단지 카푸치노를 홀짝이며, 상반된 주장으로 과열된 미국 사회에 정중함의 모범을 보일 생각은 아예 없다는 사실을 깨달았다. 그들은 분노에 차 있었다. '티파티'와 공화당을 혐오하며 앙갚음을 원했다. 한 참석자는 미국이 신흥 과두재벌의 지배를 받는다며 '부유한 자본가'를 규탄했다. 새라 페일린의 이름이 언급되자 몇몇 사람은 야유를 보냈다. 골수좌익 인사들도 참석했다"고 말했다.

이어 터틀은 "애너벨 박은 '커피파티'의 좀 더 중도적인 원칙으로 토론을 이끌려고 애썼다. 그러나 누군가 공화당 지지자가 얼마나 되느냐고 물었을 때 아무도 손을 들지 않았다. 참석자 캐런 앤더슨은 '정중함이라는 발상도 좋지만 티파티가 너무 싫다'고 말했다. 행사가 끝날 때쯤 참석자 일부는 겨우 2개월 남짓한 '커피파티' 운동에 새로운 지도자가 필요하다고 말했다. 지역사회 운동가인 차이나 디커슨은 '만약 좀 더 박력 있는 지도자가 나오지 않는다면' 이 운동은 오래 가지 못한다고 말했다. 디커슨은 선동가를 원했다. '생각이 아무리 달라도 협력이 가능하다고 말하는 사람은 필요 없다.' 행사가 끝나자 애너벨 박은 다소 당혹스러운 모습이었다. '나를 지도자에서 제외하려 한다면 이 단체는 그들에게 맞지 않다. 우리는 갈등과 대치를 원치 않는다.' 그러나 애너벨 박이나 다른 누구라도 분노와 투쟁이 아니라 정중함을 바탕으로 사회운동을 성공적으로 이끌 가능성이 있을까?'라면서 다음과 같이 말했다.

"지금 미국 같은 풍토에선 쉽지 않은 일이다. 진부하긴 하지만 논평가들이 미국을 분열의 골이 깊은 나라로 계속 묘사하는 데에는 그만한 이유가 있다. 이념 스펙트럼의 극우와 극좌에 골수분자가 포진해 있기 때문이다. 애너벨 박은 이런 과열된 무대에선 자신이 아마추어라는 사실을 인정한다. 물론 실수도 했다. '커피파티'라는 이름을 붙였다는 사실 자체가 첫 번째 실수였을 가능성이 크다. 그날 워싱턴의 '커피파티' 회합 장소로 택한 곳도 당파심을 부추기기에 안성맞춤이었다. '버스보이즈 앤드 포잇츠'는 워싱턴에서 좌익인사들이 즐겨 찾는 식당 겸 서점이다."

'편향성은 이익이 되는 장사'

세를 넓히기 위해 '증오 마케팅'이 절대적으로 필요하다는 건 폭스뉴스를 통해서 입증된 듯 보였다. 2010년 2월 미국의 여론조사기관인 PPP(Public Policy Polling)가 미국의 주요 뉴스채널에 대한 수용자들의 신뢰도를 조사한 결과에 따르면, 49퍼센트의 미국인이 폭스뉴스를 신뢰한다고 응답하여 가장 높은 신뢰도를 나타냈다. 또한 폭스뉴스를 신뢰하지 않는다는 응답도 37퍼센트로 나타나 타 매체와 비교해 가장 낮은 비율로 조사됐다. 폭스뉴스 다음으로는 CNN으로 39퍼센트의 응답자가 신뢰한다고 답하였고, 신뢰하지 않는다는 비율은 41퍼센트로 나타났으며, NBC 뉴스의 대한 신뢰도는 35퍼센트인 것으로 조사됐다. CBS 뉴스의 경우 32퍼센트의 신뢰도를, ABC 뉴스는 31퍼센트로 조사되어 오차범위 안에서 4위와 5위를 기록했다.(김동준 2010)

2010년 3월 14일 『워싱턴 포스트』는 하월 레인스(Howell H. Raines) 전 『뉴욕타임스』 편집국장의 「불공정하고, 불균형하며, 견제 받지 않는 폭스뉴스」라는 제목의 기고문을 실어 폭스뉴스가 언론의 기본을 벗어났다고 비판했다. 레인스 전 국장은 특히 이 방송의 논점보다 사실관계 왜곡 및 정치적 목적 등을 지적했다. 그는 폭스뉴스가 "공정성과 객관성이라는 언론의 가치를 파괴하고 있다"며 "저널리즘이라고 볼 수 없다"고 단언했다.(권태호 2010h) 그러나 어쩌란 말인가. 미국인들은 폭스뉴스를 가장 많이 시청하는데다 가장 신뢰하는 게 현실인 것을. 일반 시청자들은 이렇게 생각하지 않을까?

"우리의 마음에 풍파를 일으키지 말라. 그저 우리가 믿고 있는 바들을 더 많이 보여달라. 그러면 우리는 그 견해를 읽으며 계속해서 만족감을 느낄 수 있으리라. 우리를 결집시킬 내용을 달라. 우리가 환호할 수 있는 사람을 달라!"

미국의 인류사회학자 비키 쿤켈(Vicki Kunkel 2009)의 분석이다. 쿤켈은 "몇몇 사회학 연구 논문들은 사람들이 심리적 지름길로서 자신이 아는 브랜드로 달려간다고 명확히 결론짓는다. 중립적 뉴스 해설을 통해 자신의 입장을 가려내는 데에는 너무 많은 심리적 에너지가 필요하다"며 다음과 같이 말한다.

"이 때문에 자신과 견해를 같이하는 방송국에서 해석한 뉴스를 들는 편이 훨씬 마음 편하다. 그 내용을 다시 생각할 일 없이 그저 고개를 끄덕이며 동의만 하면 되기 때문이다. …… 우리는 입으로는 편향적인 보도를 싫어한다고 말하지만 실제 행동은 말과 다르다. 그 증거가 바로 시청률이다. 편향성을 편안하게 받아들이는 우리의 본능적 성향은 많은 블로그와 웹사이트들이 성공한 비결이기도 하다. 비슷한 견해를 지닌 사람들은 비슷한 견해를 지닌 다른 사람들이 작성한 글을 보고 싶어 한다. …… 편향성은 이익이 되는 장사다."

새로 각광을 받기 시작한 이른바 '싱크탱크 저널리즘'도 그런 맥락에서 이해할 수 있지 않을까? 2010년 4월 14일 AP통신은 전통적 종이 언론들이 경영난 등으로 지방조직을 축소하고 지역 언론들은 문을 닫는 가운데 보수적인 연구소·기관(싱크탱크)의 재정적 후원을 받는 인터넷 뉴스매체들이 그 공백을 메우면서 이른바 '싱크탱크 저널리즘' 현상이 나타나고 있다고 보도했다. 이 기사 내용은 이렇다.

싱크탱크 저널리즘은 대부분 인터넷을 활용하고 있다. 지방언론사의 인터넷 뉴스 페이지와 거의 다를 바가 없기 때문에 언론의 모습을 띠고 있으며, 기존 지역 언론과 방송을 신뢰하지 않는 주민 사이를 파고들고 있다. 노스다코타(North Dakota) 주 공화당 간부 출신의 제이슨 스티브락은 "노트북과 무선랜, 소형 캠코더만 있으면 『뉴욕타임스』 못지않은 영향력을 행사할 수 있다"며 기존 주류 미디어에 대한 불신이 싱크탱크 저널리즘의 확대를 가져오고 있다고 주장했다. 그러나 이들은 다른 언론사들과 달리 로비스트들이 아무 제약 없이 드나들 수 있었으며, 게다가 이들 인터넷 매체들은 후원자가 누구인지를 한사코 밝히지 않았다.(강태호 2010)

선벨트의 파워 증대와 남부연합 복고주의

티파티의 연방주의에 대한 저항은 남부 선벨트의 파워 증대와 그에 따른 남부연합 복고주의와 맞물려 있었다. 케빈 필립스(Kevin P. Phillips 1969)가 『부상하는 공화당 다수(The Emerging Republican Majority)』에서 처음 사용한 개념인 선벨트(Sun belt; 미국에서 연중 날씨가 따뜻한 남부 및 남서부지역)에 직접 해당하는 주들은 캘리포니아, 네바다, 뉴멕시코, 텍사스, 루이지애나, 조지아, 플로리다다. 기후와 관련해서는 아칸소, 미시시피, 앨라배마, 사우스캐롤라이나가 포함된다. 한 가지 흥미로운 사실은 1964년 이래 선출된 모든 미국 대통령은 오바마를 제외하곤 모두 선벨트 출신이라는 점이다.

우선적으로 인구 파워가 선벨트의 약진을 가능케 했다. 2002년 기준으로 텍사스 인구는 뉴욕을 누르고 2위로 뛰어 올랐고, 플로리다가 4위, 조지아가 10위에 오르는 등 전반적으로 남부의 급증세가 두드러졌다.

인구 상위 10개 주는 ①캘리포니아 3511만 ②텍사스 2177만 ③뉴욕 1915만 ④플로리다 1671만 ⑤일리노이 1260만 ⑥펜실베이니아 1233만 ⑦오하이오 1142만 ⑧미시간 1005만 ⑨뉴저지 859만 ⑩조지아 856만 등이다. 반면 인구가 적은 순서로 보자면 ①와이오밍 49만 ②워싱턴 D.C. 57만 ③버몬트 61만 ④노스다코타 63만 ⑤알래스카 64만 등이다.(사루야 가나메 2007)

바로 이게 믿는 구석이었을까? 2010년 4월 워싱턴과 인접한 버지니아(Virginia) 주의 공화당 소속 로버트 맥도널(Robert F. McDonnell) 주지사가 4월을 '남부연합(Confederation) 역사의 달'로 선포했다. 남북전쟁 당시 연방정부에 대항해 독립을 선언했던 '남부연합'을 역사적으로 기리자는 것이다. 맥도널 주지사는 2011년 남북전쟁 150돌을 앞두고 역사관광 촉진에 도움이 될 것이라고 설명했다. 버지니아에는 곳곳에 남북전쟁 유적이 많고, 주도 리치먼드(Richmond)는 남부연합의 수도였다.

그런데 맥도널 주지사는 남북전쟁과 떼어놓을 수 없는 '노예제'를 전혀 언급하지 않아 논란이 일었다. 민주당과 흑인·인권단체의 비난이 쏟아졌고, 버락 오바마 대통령도 이를 지적했다. 맥도널 주지사는 4월 7일 뒤늦게 "노예제도를 언급하지 않은 건 실수"라며 "노예제는 미국을 분열시켰으며 사악하고 잔인한 관행으로, 버지니아와 미국의 영혼에 얼룩을 남겼다"고 말했다. 미 정가에선 맥도널 주지사가 보수세력의 지지를 얻기 위해 고의로 논란을 일으킨 것으로 해석했다.

이와 관련해 권태호(2010b)는 "사우스캐롤라이나 주 청사에는 지금도 성조기와 함께 남부연합 깃발이 걸려 있다. 타이거 우즈의 불륜 사건 때 융단 폭격하듯 퍼붓는 비난과 조롱을 보며 '과연 그가 백인이었어도 저랬을까' 하는 생각을 떨치기 힘들었다. 지난 2004년 미국 연수 시절에는 텔레비전만 틀면 '마이클 잭슨, 어린이 성추행 의혹' 사건이 뒤덮었다. 흑인 유명인사들에 대해 미국 언론들은 백인 아내 살해 혐의를 받은 '오제이 심슨' 그림자를 은연중 어른거리게 만드는 재주를 갖고 있다"며 다음과 같이 말했다.

"오바마의 의료보험 개혁 추진이 발단이 돼 미 전역에 거대한 보수주의 물결인 '티파티'가 놀라운 속도로 퍼져나갈 때도, '만일 오바마가 백인이었어도'라는 가정이 머릿속을 맴돌았다. 최근 미국 사회가

2009년 미국 주별 증오단체 수. 출처: 남부빈곤법률센터

 진보·보수 양쪽으로 나뉘어 타협 없는 다툼을 벌이는 원인의 상당 부분은 '오바마가 흑인이기 때문'일지도 모른다. 오바마가 지난해 9월 데이비드 레터맨이 진행하는 토크쇼에서 '나는 대선 이전에는 흑인이었다'고 한 말은 미국 사회를 향한 아픈 농담이다. 그러나 미국 사회는 분명 변하고 있다. 텔레비전 화면에 흑인뿐 아니라 히스패닉·동양인 등 비백인들의 비중은 점점 늘어나고, 흑백 커플을 봐도 예전처럼 호기심 어린 눈길을 던지는 이도 없다. 미국의 인구구성에서도 백인은 이제 절대다수가 아니다. 미국의 보수화 물결은 어쩌면 변화하는 사회에 대한 '마지막 저항'일지도 모른다."
 그 어떤 저항이건 평화적이면 좋으련만, 그게 꼭 그렇진 않다는 데

버지니아 주 리치먼드에 집결한 신남부연합. 출처: 남부빈곤법률센터

에 문제가 있었다. 2010년 4월 9일 시사주간지 『뉴스위크』에 따르면, 남부빈곤법률센터가 인종·계층 간 증오 등을 부추기는 연설이나 단체를 모니터한 결과, 2008년 149개였던 증오단체는 2009년 512개로 1년 사이에 세 배 이상 늘었다. 512개 단체 중 무장한 민병대는 127개에 달했다. 『뉴스위크』는 예전의 극우주의자들은 나치나 스킨헤드, 백인 우월주의를 표방하더라도 자기 과시형에 불과했는데, 이제는 행동으로 옮긴다는 데 사태의 심각성이 있다고 지적했다.(이진희 2010a)

증오를 먹고사는 이념 전쟁

2010년 4월 8일 멤피스(테네시), 리치먼드(버지니아), 올랜도(플로리다)를 비롯한 미국 내 티파티 대표자들은 미네소타 주도 세인트폴에서 모임을 갖고 전국티파티연맹(NTPF)을 결성했다. 50만 명의 회원을 대표하는 미국 내 21개 지역이 여기에 참여, 티파티가 정치적 압력단체

로서 활동에 나설 기반을 갖게 됐다. 멤피스 지역 티파티 창설자인 마크 스코다는 "전국적으로 수천 개에 이르는 티파티 조직이 세련되지 못하고 느슨해, 오는 중간선거에서 효율적인 역할을 하지 못할 것이라는 언론의 지적을 불식하기 위해 출범했다"고 밝혔다. 전국 티파티 연맹은 티파티 회원들이 인종차별주의자이며 폭력적이라는 시각을 불식하는 데 주력하기로 했지만, 그들의 활동이란 간접적으로 폭력적인 인종차별 집단의 발호에 영향을 미칠 수밖에 없었다.(진성훈 2010)

2010년 4월 14일 『뉴욕타임스』와 CBS가 발표한 여론조사 내용을 보면, '티파티' 운동 후원자들이 평균적인 미국인보다 경제적으로 더 잘사는 백인들이 많은 것으로 조사됐다. 티파티 참가자들의 전형은 '공화당 지지자, 백인, 남자, 기혼자, 45세 이상' 등으로 나타났다. '오바마 정부가 잘못된 방향으로 가고 있다'고 생각하는 이는 90퍼센트를 넘었으며, 특히 92퍼센트는 오바마가 미국을 사회주의로 이끌고 있다고 주장했다.(권태호 2010g)

이는 선악(善惡) 이분법에 근거한 이념 전쟁의 근거가 되었다. 2010년 6월 20일 『워싱턴포스트』는 최근 발간된 미국 좌·우파의 대표적인 서적들을 각각 다섯 권씩 소개하면서 "이번 여름 서점을 강타한 정치 서적들 때문에 미국은 다시 한번 내전(內戰)에 돌입하고 있다"고 했다. 이 신문은 이 책들의 특징을 한결같이 '무례하고, 독선적이며, 선동적'이라고 표현했다. 이 기사의 내용은 이렇다.

좌파 진영에서 나온 『아메리칸 탈레반(American Taliban)』은 미국 우파들이 이슬람 테러리스트의 특성과 전술을 사용하고 있다고 비판한다. 『낭떠러지 너머 저편에(Over the Cliff)』는 부제를 "오바마의 당선은 어떻게 미국 우파들을 정신 나가게 만들었는가"로 달았다. 『해로운 토크쇼(Toxic Talk)』는 "미국의 과격한 우파가 라디오 토크쇼 프로그램을 장악해 미국을 부정적인 방향으로 이끌고 있다"고 평가했다. 『커먼넌센스(Common Nonsense)』와 『리퍼글리컨스(Repuglicans; 공화당원을 폄하하는 말)』는 폭스뉴스의 진행자 글렌 벡과 새라 페일린 전 공화당 부통령후보 등을 집중 공격하고 있다.

우파의 정치서적은 오바마 대통령을 정면으로 겨냥하고 있다. 『청사진(The Blueprint)』과 『만주 대통령(The Manchurian President)』은 오바마 대통령이 헌법을 파괴하고 사회주의 국가를 만들려고 한다고 주장한다. 『미국의 2차 내전(The Next American Civil War)』과 『포스트 아메리칸 프레지던시(The post-American Presidency)』 역시 오바마 대통령 취임 후 미국이 좋지 않은 방향으로 가고 있다며 이를 막아야 한다고 역설한다. 우파의 공격에는 차기 대통령을 꿈꾸는 뉴트 깅리치 전 하원의장도 동참했다. 그는 『미국을 구하기 위해서(To Save America)』에서 오바마 대통령의 '세속적 사회주의'를 중단하기 위해 적극적으로 행동해야 한다고 주장했다.(이하원 2010)

티파티의 '증오 마케팅'

2010년 7월 초 지역 티파티 단체 중 하나인 '티파티 익스프레스(Tea Party Express)'의 지도자 마크 윌리엄스는 블로그에 올린 글에서 인종차별주의를 드러내 논란을 빚었다. 문제의 글은 흑인 노예가 링컨 대통령에게 노예해방에 대해 불평하는 내용을 표현한 것으로, 흑인을 인종차별적 용어인 '유색인(Colored people)'으로 명명했다. 윌리엄스는 이 편지에서 가상의 흑인이 "우리(흑인)는 해방을 바라지 않았다. 자유란 일하고 보상받을 수 있는 것을 뜻한다. 이건 우리가 요구한 게 아니다"라고 말한 것으로 기술해, 심한 인종차별적 요소를 담았다. 나아가 그는 "흑인들은 감세를 원하지 않는다. 비유색인이 (세금을 내지 않고) 번 것을 그냥 갖는다면, 흑인들이 어떻게 와이드스크린 텔레비전을 얻을 수 있겠느냐"라고 비꼬았다. 티파티 익스프레스는 티파티 단체 중 큰 영향력을 지닌 곳이고, 또 티파티 회원들 중에는 내심 윌리엄스에게 동조하는 이도 적지 않아 논란은 더욱 커졌다.(권태호 2010i)

그다음 주엔 '티파티'의 지역 그룹인 노스아이오와 티파티가 오바마의 개혁에 반대해 메이슨시티에 오바마 대통령과 히틀러, 레닌의 사진이 나란히 등장한 대형 정치광고판을 내걸어 논란을 빚었다. 내용도 매우 자극적이었다. 아돌프 히틀러와 오바마 대통령, 블라디미르 레닌의 사진을 차례로 싣고, 히틀러는 '국가 사회주의', 오바마는 '민주 사회주의', 레닌은 '마르크스 사회주의'라고 규정했다. 그리고 각각의 사진 밑에는 모두 '변화(change)'라고 적었다. 세 명의 사회주의가 조금씩 다르지만 변화를 명분으로 했다는 점에서는 똑같다는 것을 나타내기 위한 것이었다. 광고판 제일 밑에는 '극단적인 지도자는 두려움 많고 순진한 사람을 먹고산다'고 적혀 있었다. 오바마의 개혁정책에 적극적으로 저항하지 않으면 히틀러나 레닌과 같은 지도자 밑에서 허덕일 수 있다는 뜻이다.(황유석 2010b)

2010년 7월 12일 미셸 오바마 대통령 부인은 미주리 주 캔자스시티(Kansas City)에서 열린 유색인종지위향상협회(NAACP) 연례총회 기조연설에서 "남편이 대통령에 당선된 것은 우리에 앞서 (인종차별 철폐를 위한) 투쟁과 희생이 있었기 때문"이라고 말했다. 이어 "우리의 과제는 아직 완수되지 않았다"며 "우리 자손들을 위해 열정과 원칙을 갖고 (인종차별 철폐에) 더욱 집중해야 한다"고 강조했다. 그러면서 "우리가 물려받은 유산은 당연히 누려야 할 혜택이나 선물이라기보다는 앞으로 성취해야 할 의무"라고 했다.

NAACP 연례총회는 7월 14일 티파티의 인종주의를 규탄하는 결의안을 채택했다. NAACP 결의안에는 "티파티 시위 참여자들이 흑인 의원들에 대해 인종주의적 욕설이나 위협을 했으며, 유색 인종, 특히 오바마 대통령을 모욕하는 표시나 포스터를 전시했다"는 내용이 담겼다. 레일라 맥도웰 NAACP 대변인은 "미국을 과거로 돌아가게 하고 우리가 이룬 성과를 뒤집으려는 세력에 대해 깊이 우려한다"며 "법을 지키는 티파티 구성원들은 인종주의 성향을 보이는 사람들을 거부하고, 티파티 내부에 인종주의 성향이 있음을 인정해야 한다"고 말했다. (정재홍 2010)

이런 인종주의 비판에 대한 도전이었을까? 2010년 8월 28일 '티파티'를 비롯한 보수 세력들이 11월 중간선거를 앞두고 대규모 세 과시를 위해 꼭 47년 전 마틴 루서 킹 목사가 '나에겐 꿈이 있다'라는 유명한 연설을 한 워싱턴의 링컨기념관 앞 계단에서 대규모 시위를 벌였다. 전국에서 30만~50만 명이 몰려든 이 집회에서 보수논객인 글렌 벡은 "백인만이 에이브러햄 링컨을 소유해서는 안 되며, 흑인만이 마틴 루서 킹을 소유해선 안 된다. 이들은 미국을 대표하는 아이콘이자 미국인의 이상이다"라고 주장했다. 같은 시각엔 이에 항의하는 맞불 집회도 열렸다. 흑인 민권운동가 앨 샤프턴 목사 등 수천 명은 워싱턴에서 처음으로 생긴 흑인 학교인 인근 던바 고등학교에 킹 목사 연설 47년 행사를 열고 보수집회가 열리는 링컨기념관까지 행진을 벌였다. 영국의 일간 『가디언(Guardian)』은 서로가 킹 목사의 유산 계승을 주장하면서 "수십 년 만에 최대의 문화충돌이 워싱턴에서 벌어졌다"고 평가했다.(류재훈 2010b)

티파티와 폭스뉴스가 더 심했으면 심했지 상대편에 대한 증오를 부추기는 '증오 마케팅'은 이념과 정치성향을 초월해 존재하는 미국 정치의 일상이다. 물론 한국도 다를 게 없다. 아니, 어느 나라인들 다르랴. 어느 나라에서건 모두 '증오의 언어'를 잘 구사하는 논객들이 큰 인기를 끌고 있다. 어쩌겠는가. 그게 인간의 속성인 것을. 미국의 1000만 불법체류자들이 "죽음보다 더 힘든 삶"을 살고 있는 것도 바로 그런 사정과 무관치 않으리라.

참고문헌 Kunkel 2009, Phillips 1969, Rich 2009, Tuttle 2010, 강태호 2010, 구정은 2009c, 권경복 2010a, 권태호 2009g · 2010b · 2010f · 2010g · 2010h · 2010i, 김동준 2010, 김민구 2010b, 김시현 2009a, 김정욱 2009, 김진호 2010a, 류재훈 2010b, 사루야 가나메 2007, 손세호 2007, 신정선 2009e, 아루가 나츠키 · 유이 다이자부로 2008, 원세일 2009c, 이기홍 2009a, 이진희 2010a · 2010b, 이청솔 2009d, 이하원 2009e · 2010, 임귀열 2009a, 정재홍 2010, 조찬제 2010b, 진성훈 2010, 황유석 2009c · 2010b

"죽음보다 더 힘든 삶"
1000만 불법체류자의 운명

1000만 불법체류자의 서글픈 운명

2009년 8월 6일 소냐 소토마요르 미국 연방대법관 지명자가 상원 인준을 통과했다. 찬성 68, 반대 31표였다. 민주당과 무소속 의원들에다 공화당 의원 아홉 명이 찬성표를 던졌다. 집권 민주당은 안정 의석을 확보하고 있었지만 비준 과정은 순탄하지 않았다. 상당수 공화당 의원은 그가 인종적 편견을 지니고 있다며 반대했기 때문이다. 어찌 됐건 상원 인준을 통과함으로써 소토마요르는 미국 연방대법원 220년 역사상 최초의 히스패닉계 대법관이 되었다.(이충형 2009)

2009년 11월 5일 오바마 대통령은 워싱턴 내무부 청사에서 열린 정부와 인디언 원주민 부족 대표자 간 회의에 참석해 400여 명의 부족 대표자들을 만났다. 대통령이 원주민 대표자 회의에 참석한 것은 15년 만이었다. 이날 회동은 오바마가 원주민들과 연례 회동을 하겠다고 한 대선 공약의 일환으로 이뤄졌다.

오바마의 시대를 맞아 최초의 히스패닉계 대법관이 탄생하고 인디언들의 처지가 나아질 가능성을 보인 것은 고무적인 일이었지만, 불법체류자의 서글픈 운명엔 아직 변화의 조짐이 나타나지 않고 있었다. 미국 국토안보부 통계를 보면, 2009년 미국의 불법체류자는 모두 1080만 명이었다. 이 중 한인 불법체류자도 20만 명이나 됐다.

불법체류자에게는 사회보장번호가 발급되지 않아 취업은 물론 운전면허 취득 기회도 없고, 단속에 걸릴까 마음을 졸여야 하는 등 정상적인 생활이 불가능하다. 의료보험이 없는 건 물론이다. 단속에 걸려 가족이 생이별을 하는 경우도 흔하다. 2009년 한 해에만 40만 명이 추방됐다. 미국에서 불법체류자 부모 밑에서 태어난 어린이들이 부모의 추방으로 남의 손에 맡겨지거나, 부모와 함께 미국에 온 미성년자들은 같이 불법체류자가 돼 대학 진학을 하지 못해 좌절하는 등 문제는 어른들에게만 그치지 않는다.

'이민으로 만들어진 나라'인 미국에서 구제의 목소리는 오래 전부터 나왔으나, 번번이 반대 여론에 부닥쳤다. 버락 오바마 대통령은 상원의원 시절 "우리는 (불법체류자) 1200만 명을 추방할 수도 없고, 추방해서도 안 된다. 현실적인 해결책이 필요하다"고 말했다. 불법체류자들은 저임금 노동층을 형성해 미국 경제를 떠받치는 몫을 한다. 오바마는 후보 시절, "이민개혁을 임기 첫 해 핵심정책으로 추진하겠다"고 공약했다. 당시 히스패닉계 유권자들의 3분의 2가량이 오바마에게 표를 던졌다. 그러나 오바마 행정부 들어 불법이민 단속은 조지 부시 행정부 때보다 훨씬 더 강화됐고, 이민개혁안은 뒷전으로 밀려 히스패닉계 유권자들의 불만이 점점 커져 가고 있었다.

2010년 3월 21일, 이민개혁을 촉구하는 집회에 참석한 히스패닉 여성이 "지금은 우리의 시간"이라고 쓰인 피켓을 들고 있다. ⓒ Rrenner

2010년 3월 18일 상원의 민주당 찰스 슈머, 공화당 린지 그레이엄(Lindsay Graham) 의원은 불법체류자에 대해 조건부 영주권을 부여하는 내용의 이민법 개정안 개요를 공개했다. 관계당국 조사를 거쳐 벌금 및 세금을 납부하는 조건으로 불법체류자들을 합법적 체류 신분으로 전환한다는 것이다. 유창한 영어, 생체인식 사회보장카드 도입 등 일부 조항에 대해 이민자단체들은 불만을 표시하긴 했지만, 그래도 법안 통과를 희망했다. 앞서 민주당의 루이스 구티에레스(Luis V. Gutiérrez) 하원의원도 2009년 12월 불법체류자들에게 6년간 임시 영주권을 발급하고, 이후 영주권 신청이 가능하게 하는 법안을 하원에 제출했다.

　이민자 단체들은 이민개혁을 2010년 11월 중간선거 쟁점으로 부각하기 위해 2010년 3월 21일 워싱턴에서 20만 명이 참가하는 대규모 집회를 시작으로, 각주 상·하원의원 방문, 타운홀 미팅 등을 추진했다. 이민자단체들은 '미국을 위한 이민개혁(RIFA; Reform Immigrate for America)'이라는 연합단체 아래 히스패닉·아시아계 이민자들이 힘을 합해 싸워나가고 있었는데, 한인 단체로는 로스앤젤레스에 본부가 있는 미주한인봉사교육단체협의회, 민족학교, 시카고의 한인교육문화마당집 등이 주도적으로 참여했다.(권태호 2010)

한국인의 원정출산 매년 5000건

그간 한인들에겐 어떤 변화가 있었을까? 2008년 11월 17일부터 한국을 대상으로 미국 비자면제프로그램(VWP)이 시행되면서 입국 절차가 간소화되자 원정출산을 계획 중인 예비 부모들의 관심이 높아졌다. 원정출산 동호회 게시판엔 '무비자 첫날 입국했다'는 경험담과 함께 원정출산 방법을 묻는 글이 하루에도 10~20건씩 게재되었다. 알선업체 11월 국내에서 원정출산 설명회를 두 차례나 열었다. 미국 로스앤젤레스의 원정출산 전문의 어느 산후조리원 관계자는 "환율 상승(원화가치 하락)에도 불구하고 비자면제 조치 발표 후 문의전화가 많아졌다"며 "예약을 서둘러야 한다"고 말했다.

　원정출산에 대한 관심이 높아지면서 업체 간 경쟁도 치열해졌다. 산모 1인당 보통 1만~6만 달러가 들어가는데 일부 산후조리원에선 원화가치 하락을 감안해 10~30퍼센트 할인 행사를 벌였다. 브로커들은

"출산 예정일이 비슷한 임신부 두 명이 함께 방을 쓰면 비용을 줄일 수 있다"고 유혹하기도 했다. 반면 '상위 0.1퍼센트만을 위한 VVIP 원정출산' 등 고가 상품으로 차별화한 업체도 등장했다.

로스앤젤레스 등 미국 본토의 원정출산 시설과 괌, 사이판 등 미국 자치령의 관련 업체 사이에선 경쟁구도도 나타났다. 미국 본토의 산후조리원 측은 "의료시설 수준에서 차이가 난다. 괌, 사이판은 미국 정식 주가 아닌 자치령으로 자녀 유학 시 등록금 지원 혜택 등이 본토 출신과 다르다"고 주장한 반면 괌과 사이판 업체들은 "지리적으로 가까워 임신부 건강과 안전 측면에서 유리하고 비용도 저렴하다"고 강조했다.

한편 미국 한인회 홈페이지에는 "무비자 입국으로 원정출산이 늘면 한인 이미지가 실추되고 미국 시민의 혜택이 줄어든다"고 비판하는 목소리도 나왔다. 괌 일간 『퍼시픽데일리뉴스(Pacific Daily News)』는 한국인의 괌 원정출산 실태를 고발하며 '적절하지 못한 시민권 취득 방법'이라고 비판했다.(남원상 2008)

2009년 말 서울 강남 일대에서는 10여 곳의 원정출산업체가 성업 중이었는데, 이들이 주로 알선하고 있는 원정출산지는 괌이나 사이판이었다. 가격은 체류기간 임산부의 숙소 수준 등에 따라 네다섯 개 등급으로 나뉘어 1500만~3000만 원 선이었고, 출산에서 현지 출생신고, 사회보장번호 수령 등 출생관련 서비스를 원스톱으로 받을 수 있다고 했다.

어느 브로커는 원정출산의 이득으로 "향후 유학비용과 비교하면 남는 장사"라고 강조했다. "아이가 미국 국적이 있으면 미국에서 초

중고 교육을 무상으로 받을 수 있어 외국인 신분의 조기유학 비용보다 훨씬 싸다. 유학을 안 보내더라도 국내에서 외국인 학교를 편하게 들어갈 수 있다." 신고되지 않은 이중국적자가 수천 명에 달할 것이라고 주장한 이 브로커는 "(사회적 지위가) 있는 사람들이 원정출산도 하고 법도 만드는 만큼 언젠가는 원정출산도 이중국적이 공식적으로 허용될 수밖에 없을 것"이라고 말했다. "하루에만 원정출산 상담을 10건도 넘게 받아 너무 바쁘다"고도 했다. 한국 법무부는 원정출산을 한 해 5000건 이상으로 추정했다.(이태무 2010, 차규근 2010)

재외동포 참정권 논란

2009년 2월 5일 한국 국회는 본회의를 열어 재외국민 240만여 명에게 대통령선거와 총선 비례대표 투표권을 부여하는 내용의 공직선거법과 국민투표법, 주민투표법 개정안을 국회 정치개혁특별위원회에서 의결한 원안대로 통과시킴으로써 '참정권' 이 주요 이슈로 떠올랐다. 개정안은 19세 이상 한국 국적을 가진 외국 영주권자에게 대선과 총선 비례대표 투표에 참여할 수 있게 했다.

해외 동포들은 대체로 환영하는 분위기였지만, 교포사회에까지 선거바람이 몰아쳐 지지 정당별로, 정치 성향별로 갈라지는 것은 아닌지 우려하는 분위기도 역력했다. 김동석 뉴욕·뉴저지(New Jersey) 한인유권자센터 소장은 "그렇지 않아도 다른 아시아 민족에 비해 미국 교민들은 영어 구사력도 떨어지고 마음이 항상 한국을 향해 있어 문제인데 투표권까지 얻으면 더 심해질 수 있다. 미국에 정착해 뿌리를 내리는 게 장기적으로도 한미동맹에 도움이 되는데 출신지역 지지정

당별로 한국 이야기를 하며 분열되지 않을까 걱정"이라고 말했다.(홍수영 2009)

2009년 5월 이기홍(2009e)은 "한인 커뮤니티의 일부 지도부 인사들은 모든 촉각이 고국 정치로 쏠린다. 본국의 재외동포 참정권 허용 결정은 여기에 불을 붙였다. 최근 치러진 뉴욕 한인회장 선거를 두고 『뉴욕타임스』가 주말판 특집을 통해 '의전 자리에 불과한 선거에 세 명의 후보가 1인당 20만 달러 이상의 자금을 쓰며 과열 양상을 빚고 있다'고 대대적으로 보도할 정도였다"고 개탄했다. 김동석 소장은 "미국 내 유대인 커뮤니티는 '납세자가 요구 못할 게 없다'는 구호 아래 미국 사회에서 자신들의 요구를 관철하려 한다"며 "오바마 시대는 미국 내 소수계가 주류 정치권에 진입할 수 있는 좋은 기회인데 유독 한인 사회는 참정권 허용으로 고국의 정치에 관심이 쏠리는 것 같다"며 안타까워했다.

2009년 7월 류재훈(2009a)은 "동포사회 내부의 한국 정치 지향 인사들과 한국 내 정당들의 이해가 맞아떨어지면서 동포사회의 이합집산은 이미 시작됐다. 지난달 워싱턴 지역에선 '워싱턴 한나라포럼'이라는 한나라당 지지 단체가 공식 출범했다. 여야는 해외 후원조직을 결성하려는 움직임을 보이고 있고, 미국 각지에서 비슷한 단체들이 우후죽순 생겨나고 있다. 이런 현상은 2012년 첫 선거철을 앞두고 내년에는 더욱 기승을 부릴 것이다"라며 다음과 같이 말했다.

"36년 만의 재외동포 참정권 회복이 동포들의 오랜 숙원을 해결한 것처럼 떠들어대지만, 정작 많은 동포들은 달갑게 여기지 않는다. 후진적 한국 정치의 파당적 병폐가 한인 사회를 휘저어놓을 것을 잘 알기 때문이다. 한 동포는 사업상 영주권이 편해 시민권을 받지 않은 덕분에 투표를 할 수 있게 됐지만, 투표할 생각은 전혀 없다고 잘라 말한다. 20년 넘게 이민생활을 하는 동안 동포사회의 10퍼센트도 안되는 동포단체 정치꾼들의 꼴불견을 너무 많이 보았기 때문이란다. 대한민국 국회의 비례대표 의원보다는 미국 주류사회에서 한인 동포들을 제대로 대변할 수 있는 한국계 미국 의회 의원들을 보고 싶은 게 그의 소망이다."

2010년 3월 백악관 정책고문을 지낸 재미동포 박선근은 『조선일보』 인터뷰에서 2012년부터 실시될 재외국민 선거를 앞두고 "벌써 미국 교민 신문에 한국 정치 얘기가 넘쳐나고 교민이 많은 지역에선 정당 지부까지 만든다며 어수선하다"는 걱정을 털어놨다. 벌써부터 동포사회엔 '○○협의회' '××연합회' 같은 정치 단체들이 등장하고, 한인회 등 공식단체에서도 정치색에 따라 파벌 다툼이 벌어지고 있다는 것이다. "재외동포 몫으로 국회의원 다섯 자리를 보장하라"는 요구가 나오는가 하면, 정치권 주변에는 "내가 몇 만 표를 모아주겠다"며 비례대표 자리를 요구하는 인사들도 등장했다. 정당이나 차기(次期)를 염두에 두고 있는 정치인들은 공약과 조직 확장으로 과열을 부추기고 있다는 것이다.

이에 『조선일보』는 사설을 통해 "2012년 4월 국회의원 선거(비례대표)와 12월 대통령 선거부터 280만여 명의 재외국민이 투표를 하게 된다. 39만 표(1997년), 57만 표(2002년) 차이로 승부가 갈렸던 과거 대선을 생각하면 그 정치적 영향력이 적지 않을 것이다"라며 "동포 사회가 이렇게 선거판에 휘둘리다간 한인 공동체 자체가 산산조각이 날 수도 있다. 한인회 등 공식단체 임원들부터 정치적 중립을 선언해야 한다"고 주장했다.

실제로 '산산조각' 나는 일이 벌어지고야 말았다. 2010년 6월 30일 미국 로스앤젤레스에서 두 명의 한인회장이 같은 시각 다른 장소에서 취임식을 연 사건이 벌어진 것이다. 두 사람은 한인회장 선거에 나섰으나 분란이 벌어져 결국 각각 취임식을 가졌는데, 두 취임식장은 길 하나 사이였다. 서로 로스앤젤레스의 유력 인사들을 초청해 상대를 제압하려고 총력전을 벌인 가운데, 결국 로스앤젤레스 시장은 두 한인회장 취임식에 다 참석해야 했다.

이에 양상훈(2010)은 "그 광경을 본 사람은 '미국인들은 어떻게 이런 일이 있느냐는 표정인 듯했다'고 전했다. 이쪽 한인회장 취임식에 참석해 인사한 다음에 길 하나를 건너 다른 한인회장 취임식에 참석해 또 억지 덕담을 했을 로스앤젤레스 시장을 생각하면 얼굴이 화끈거린다"며 다음과 같이 말했다.

"생활에 바쁜 교민들에게 한인회는 큰 관심의 대상이 아니다. 그러나 모이기만 하면 너무도 분열하는 한국인들의 특성을 한인회가 잘 보여주고 있는 것은 사실이다. 미국만이 아니라 전 세계 각지의 한인회 상당수가 이와 비슷한 내부 분열을 안고 있다고 한다. 앞으로 재외국민이 국내 선거에 투표하면 이 분열은 더 심해질 것이다. …… 두 한인회 사이를 흐르는 강을 상상하면서, 100여 년 전 미국 대통령이 '한국인은 자립할 능력이 없다'고 말했던 것을 기억한다. 100년이 지난 지금 우리는 과연 자립하고 있는가. 미군 없이 우리끼리 단결해 나라를 지키고 통일할 수 있는가. 한인회장 취임식 두 곳에 가야 했던 로스앤젤레스 시장은 이 의문에 대해 그날 느낀 것이 있었을 것이다."

분열할 때 분열하더라도 어찌 정치의 맛을 포기할 수 있으랴. 혹 역지사지(易地思之)가 필요한 건 아닐까? 2009년 겨울을 훈훈하게(?) 만들어준 이른바 '타이거 우즈(Tiger Woods) 불륜사태'에 대한 한국 언론의 지극한 관심이 그런 필요성을 말해준 건 아닐까? "MBC는 우즈의 불륜 소식을 첫날 교통사고 소식부터 거의 일주일 동안 〈뉴스데스크〉에 한 건씩 내보냈다. 워싱턴, 로스앤젤레스 특파원들까지 동원돼 바다 건너 미국 골프 스타의 추문을 '중계방송'했다. 이 점에선 신문들도 마찬가지였다."(김철웅 2009b)

'타이거 우즈 불륜사태' 뿐만이 아니다. 매사가 이런 식이다. 한국은 늘 미국에서 일어난 일에 일희일비(一喜一悲)한다. 그 반대로 재미교포들은 한국 정치에 관심을 갖겠다는데, 그게 왜 문제가 된단 말인가? 어차피 바뀌지 않을 특성이라면 차라리 긍정하면서 부작용을 최소화하는 쪽으로 답을 찾는 게 올바른 해법은 아닐까?

한인은 133만인가, 210만인가?

2009년 10월 미국 뉴욕의 싱크탱크 맨해튼 연구소가 발표한 '이민자의 미국 동화 측정 보고서'에 따르면 한국계 이민자의 종합 동화 점수는 40점으로 조사 대상 122개국 이민자 중 49위를 기록했다. 미국에 가장 잘 적응한 이민자는 독일계로 조사됐다. 아시아에선 홍콩이 18위로 가장 순위가 높았다. 일본은 59위였고, 중국·인도는 100위권 밖이었다. 한국 동포는 ●학력이 높고 ●상대적으로 수입이 많으며 ●안정된 직업을 가진 것으로 평가돼 경제부문에서 100점을 얻었다. 그러나 문화부문에선 63점으로 일본·인도네시아·필리핀·홍콩보다 낮았다. 영어 구사력이 떨어지는데다 인종 간 결혼 비율도 낮았기 때문으로 풀이되었다. 사회부문도 55점으로 홍콩·필리핀·베트남·대만보다 낮았다. 시민권 취득률이 상대적으로 낮고 군 입대자가 많지 않아서였다.(정경민 2009)

특히 한인은 센서스(인구주택총조사)에 참여하지 않는 것으로 악명(?)이 높았다. 미국 인구조사국 뉴욕·뉴저지 지부 김대용 홍보과장(미국명 라이언 김)은 "한국 외교통상부는 미국 내 한국인을 210만 명으로 집계하는데, 미 정부의 2008년 추정 자료를 보면 133만 명에 불과합니다"라면서 "결국 한인 사회가 80만 명분의 힘을 더 가질 수 있는데도 스스로 포기한 셈"이라고 했다. "오바마 정부는 한국인 같은 소수민족에게 재정 지원을 많이 할 생각을 갖고 있습니다. 이런 재정 지원을 더 받으려면 올해 실시하는 센서스(인구주택총조사)에 미국 내 한인이 최대한 참여해 목소리를 키워야 합니다. 이번 인구센서스가 미국 내 한인의 세력을 키울 중요한 기회인데, 이번을 놓치면 다음 센서스까지 10년을 기다려야 합니다."

김대용은 "연방정부는 매년 4000억 달러 이상을 주정부 등에 배분하는데 인구 수가 가장 중요한 기준이므로 센서스 참여율을 높이는 것이 관건"이라고 했다. 한국인이 많이 산다는 것을 알아야 전철 안내문 등이 한국어로 표기되고, 관공서에도 통역이 많이 배치되고, 정부 지원을 받는 비영리단체들의 한국인 서비스가 확대된다고 했다. 그는 또 "연방 하원의원의 지역구 재조정, 연방 예산 분배 등에도 결정적 영향을 미치기 때문에 미국 정치인들은 센서스에 엄청나게 신경을 씁

니다"라면서 "재미 한국인이 이를 활용하지 못해온 것은 안타까운 일"이라고 했다.(이진석 2010)

2010년 4월 8일 미 국토안보부 이민통계국(OIS)이 발표한 '2009 회계연도(2008.10-2009.9) 영주권 취득자 자료'에 따르면 한국 태생 영주권 취득자는 2만 5859명에 달하는 것으로 나타났다. 이는 전체 영주권 취득자 113만 818명의 2.3퍼센트를 차지하며 국가별로는 9위에 해당한다. 한국 태생의 영주권 취득자는 2008년도 2만 2405명(2.0퍼센트), 2007년도 2만 6666명(2.5퍼센트) 등 매년 비슷한 수준을 유지하고 있다. 이 자료에서 멕시코 출신이 14.6퍼센트로 가장 많았고, 중국(5.7퍼센트), 필리핀(5.3퍼센트), 인도(5.1퍼센트), 도미니카공화국(4.4퍼센트) 등의 순이었다.

미국 영주권 취득자들의 유형을 보면, 가족관련 취득이 66퍼센트, 고용관련 취득이 13퍼센트, 난민 및 망명에 의한 취득이 16퍼센트 등으로 나타났다. 또 미국 내 주(州)별 영주권 취득자는 캘리포니아가 가장 많은 20퍼센트를 차지했고, 다음으로 뉴욕(13퍼센트), 플로리다(11퍼센트), 텍사스(8퍼센트) 등의 순이었다. 영주권 취득자의 중간 나이는 31세였고, 성별로는 여성이 55퍼센트로 남성보다 많았다.(강동호 2010)

2010년 4월 14일 ABC는 태어날 아이가 미국 시민권을 획득할 수 있게 미국에 와서 아이를 낳는 '출산 관광객(birth tourists)'이 늘고 있으며 이들이 미국 헌법의 허점을 악용한다는 비판이 일고 있다고 보도했다. ABC는 미국보건통계센터의 자료를 인용해 2000년에서 2006년 사이 미국 전체 출산은 5퍼센트 증가한 반면 비거주 외국인의 출생은 53퍼센트 이상 증가했다고 밝혔다. 통계에 따르면 2006년 미국에서 출생한 427만 3225명의 아이들 중 7670명은 미국에 거주하지 않는 여성에게서 태어났다.

원정출산 관광객들의 국적은 주로 한국·중국·대만·멕시코 등이지만 최근에는 터키 등 동유럽 출신도 늘고 있는 것으로 나타났다. 이렇게 태어난 아이들은 훗날 전 가족의 이민의 발판이 되는 '앵커(anchor; 닻) 베이비' 역할을 한다고 방송은 전했다. 이에 미국 사회 일각에서는 "원정출산은 미국 수정헌법 14조의 참 의미를 더럽히는 처사"라는 비난이 제기되고 있다고 ABC는 보도했다. 수정헌법 14조는 '미국에서 출생한 모든 아이에게 미국 시민권을 부여한다'는 '출생지주의(ius soli)' 조항을 담고 있으며 남북전쟁 직후인 1868년 흑인 노예들의 권리를 보호하기 위해 미국 연방헌법에 추가됐다.

미 국토안보국은 법적으로 원정출산을 막을 근거는 없지만 경우에 따라 임산부의 입국을 제지할 권리가 있다고 ABC는 전했다. 국토안보국 대변인은 "명백하게 무상 의료 혜택만을 목적으로 입국하려는 외국 임산부에 대해선 실제로 입국을 거부하고 있다"고 밝혔다. 임신한 외국 여성의 경우 출산 예정일과 미국 체류 일정을 대조해보고 결정한다는 것이다. 하지만 미국이민연구소의 마크 커코리언 박사는 "입국 심사대마다 임신 테스트를 할 수도 없고, 임신을 이유로 입국을 막는 것은 차별"이라고 주장했다.(박승혁 2010a)

애리조나 주 이민단속법 논란

2010년 3월 10일 발표된 케네스 존슨 뉴햄프셔대학 교수의 보고서는 2010년은 미국 내 신생아 가운데 소수인종이 백인을 능가하는 원년이 될 것이며, 앞으로 40년 내에 미국은 현재 소수인종이 다수를 차지하는 국가로 바뀔 것으로 추산했다. 미국에서 태어난 신생아들 가운데 소수인종이 차지하는 비율은 1990년에는 전체 37퍼센트였으나, 2008년에는 48퍼센트에 도달했다. 인구통계학자들은 2010년은 이 비율이 50퍼센트를 넘어서는 일종의 티핑포인트(tipping point)가 될 것으로 전망했다. 현재 전체 백인의 비율은 69퍼센트에 이르지만, 2050년쯤에는 이 비율이 절반 이하로 내려오고, 대신 소수인종의 비율이 50퍼센트를 넘어설 것으로 추산됐다.(박종세 2010b) 이 보고서는 백인 미국인으로 하여금 이민에 대해 보수적인 자세를 갖게 영향을 미치지 않았을까?

2010년 4월 2일 지난 몇 년간 이민개혁 캠페인을 전개해온 미주한인봉사교육단체협의회(미교협)의 이은숙 사무국장은 "붕괴된 이민 시스템이 모두에게 아픔을 주고 있다"며 "많은 '서류 미비자(이민자단체가 '불법체류자' 대신 쓰는 용어)'들이 미국 경제재건을 위해 성실히 일하지만, 최소한의 권리조차 없이 살아가고 있다. 변화를 만들어내기 위해선 용기가 필요하다"고 말했다. 한인 일곱 명 중 한 명이 서류 미비자였다. 그녀는 "'생체인식 사회보장카드 도입' 등 공개된 이민개혁안에 독소조항이 있진 않나?"라는 질문에 대해 이렇게 답했다. "문제가 있다는 걸 안다. 그러나 서류 미비자들의 삶이 너무 힘들다. 죽음보다 더 힘든 삶을 산다. 법안 통과가 더 중요하다."(권태호 2010a)

그러나 정반대의 방향으로 나아가는 주(州)들도 있었는데, 그 선두에 멕시코와 국경을 맞댄 애리조나가 있었다. 공화당 출신의 잰 브루어 주지사는 2009년 초 선출된 뒤, 의회와 함께 이민단속 법안을 추진

미국과 멕시코 국경. 선 오른편이 멕시코 지역이다. ⓒ Allen Ormond

해왔다. 이민자들의 불법체류를 주 범죄로 규정하고, 이민자들은 외국인 체류자 증명서를 항상 소지해야 하며, 주 경찰은 불법이민자로 의심되는 사람이면 누구든지 불심검문을 할 수 있게 하는 것이 법안의 골자였다. 지금까지 불법이민 단속은 연방정부의 권한인데도, 애리조나 주는 주가 스스로 단속하겠다고 나선 것이다. 누가 봐도 애리조나 주에 체류하는 46만여 명의 불법이민자를 대상으로 하고, 주 인구 약 660만 명 가운데 29퍼센트를 차지하는 히스패닉(스페인어권 중남미 이민자들)도 영향을 받을 것이 뻔했다. 소수민족에 대한 인권 침해, 인종차별 논란이 나오는 것도 당연했다.

급기야 이 법안이 2010년 4월 13일 주 하원, 19일 주 상원을 통과했다. 이 법은 불법체류자로 확인되면 최고 6개월 징역형과 2500달러를 부과할 수 있기 때문에 미국 역사상 가장 강력한 이민자 단속법으로 평가받았다. 브루어 주지사의 법안 서명을 눈앞에 두자 오바마 대통령이 직접 나섰다. 오바마는 4월 23일 백악관에서 열린 한 행사에서 "애리조나 이민단속법은 경찰과 공동체 간의 신뢰는 물론 미국 국민으로서 소중히 간직해야 하는 공정성(fairness)에 대한 기본적인 인식을 침해하고 위협하는 것"이라고 말했다. 그는 또 이민단속의 실태를 철저히 관찰하고 인권 침해 논란과 파장에 대해 검토하라고 관계부처에 지시했다. 하지만 브루어 주지사는 오바마 대통령의 연설 후 불과 몇 시간 만에 이민단속 법안에 서명했다. 그러면서 "(민주당 출신의) 연방정부가 국경을 안전하게 지키는 책임을 다하지 못해 주가 나선 것"이라고 강변했다.

이민단속법에 대한 후폭풍은 거셌다. 2008년 대선 공화당 후보였던 존 매케인 상원의원이 찬성 의사를 표시한 가운데, 브루어 주지사의 서명 직후 애리조나의 주도(州都)인 피닉스에서는 1000여 명이 집결해 이민단속법 반대 시위를 벌였다. 또한 애리조나 주 바로 옆 주인 뉴멕시코 주의 빌 리처드슨(William B. Richardson) 주지사는 "이 법안은 끔찍하다(terrible). 미국 사회를 후퇴시키는 시도"라고 비난했다. 애리조나 주민 다수는 주정부 입장에 동조했지만, 애리조나 주 일부 언론들조차 자신들의 주를 '미국에서 가장 멍청한 주(America's dumbest state)'라고 쏘아붙였다. 펠리페 칼데론(Felipe Calderon) 멕시코 대통령도 26일 "멕시코 국민은 분노하고 또 슬퍼하고 있다"면서 정면으로 애리조나 주 이민법 통과를 비난했다. 미국 시민자유연맹(ACLU)을 비롯한 인권 단체들은 "애리조나 주가 경찰주가 됐다"며 이 법안의 발효를 막기 위해 소송 준비에 들어갔다. 지난 2005년 뉴햄프셔 주가 애리조나와 유사한 이민단속법을 만들었을 때 연방법원은 불법이민은 연방정부만이 단속을 할 수 있다며 이를 무효화한 판례가 있기 때문이다.(권경복 2010b, 유신모 2010)

대럴 스타인버그(Darrell S. Steinberg) 캘리포니아 주 상원의장은 아널드 슈워제네거 주지사에게 보낸 서한을 통해 "애리조나 주 이민법은 헌법 정신에 어긋나는 비양심적인 법률"이라며 "애리조나 주와의 경제협력 단절을 주정부 차원에서 검토해야 한다"고 촉구했다. 애리조나 주 내부에서도 적지 않은 반발이 일어났다. 애리조나 주 호텔숙박업협회는 페이스북에 '애리조나 주 관광을 보이콧하지 마세요'라는 홈페이지를 개설해 "정치적 결정으로 20만 명에 달하는 관광업 종사자가 피해를 보게 됐다"고 하소연했다.

『USA 투데이』 역시 '애리조나의 추악한 이민법(Arizona's ugly immigration law)' '시민권에 대한 범죄(crime against civil right)'라고 표현하는 등 지역언론에 이어 미국 주요 언론까지 비판에 가세했다. 반면 존 매케인(애리조나) 상원의원은 4월 27일 CBS에 출연해 "오바마 정부가 국경을 제대로 보호하지 못하기 때문에 불법이민 문제에 시달리는 애리조나 주의 강력한 이민법을 통과시킬 수밖에 없었다"고 주장했다.(권경복 2010c, 최익재 2010)

미국인 51퍼센트 이민단속법 지지

항의 시위는 5월까지 계속되었다. 시위대는 매일 거리로 몰려나와 성조기를 흔들면서 "우리 '라티노' 들은 21세기의 유태인인가"라고 외쳤다. 안토니오 비야라이고사(Antonio R. Villaraigosa) 로스앤젤레스 시장은 "주 이민법을 만들기보다는 연방 이민법을 조속히 개혁해야 한다"면서 "시민들을 피부 색깔에 근거해 불법체류 혐의를 두도록 한 애리조나 주 이민법은 미국 땅에 존재해서는 안 된다"고 비판했다. 시위자들은 "오바마가 이민법을 개혁하겠다고 공약한 것을 믿고 투표했는데 이제 와서 보니 속은 것 같다"면서 연방정부가 조속히 이 문제에 뛰어들 것을 촉구했다.

워싱턴의 백악관 앞에서 열린 반대 시위에서는 일리노이 주 민주당 하원의원인 루이스 구티에레스가 수십 명의 시위 동참자들과 함께 연좌시위를 하다가 경찰에 체포됐다. 구티에레스 의원은 연행돼 가면서 "오늘 그들은 나에게 수갑을 채웠지만 언젠가 우리는 사랑하는 조국의 품에서 자유로울 것"이라고 말했다. 구티에레스 의원과 시위 동참자들은 "오바마, 우리의 가족들을 국외로 추방하는 것을 좌시하지 말라"고 외쳤다. 그와 함께 연행된 사람들은 서비스고용자국제연맹(SEIU)의 워싱턴 지부장 하이메 콘트레라스, 이민자들의 이익단체 지도자들인 조슈아 호이트, 알리 누라니, 디팍 바르가바 등 수십 명에 달했다. 이런 장면은 마치 1960년대 흑인들의 민권운동을 연상시켰다. 시위자들은 애리조나 주민들에 대해 "창피한 줄 알라"고 외쳤다.(설원태 2010)

그러나 미국인들의 전반적인 민심은 이런 비난과는 좀 거리가 있었다. 『뉴욕타임스』와 CBS 뉴스의 공동 여론조사에 따르면 애리조나 주 이민단속법에 대해 51퍼센트가 지지 입장을 밝힌 것으로 나타났으며, 그중 9퍼센트는 현행 단속조치보다 더 강해져야 한다는 견해를 보였다. 애리조나를 따라나선 주정부도 생겼다. 4월 말 유타 주에 이어 미네소타 주도 이민자 단속을 강화하는 법을 상정해놓은 상태였다.

이게 바로 '믿는 구석'이었을까? 애리조나 주는 소수인종의 역사와 문화를 가르치는 학교 프로그램을 금지하는 법까지 통과시켰다. 5월 12일 잰 브루어 애리조나 주지사는 애리조나 주 공립학교에서 히스패닉이나 흑인, 미국 원주민 등 특정 소수인종의 문화와 역사를 가르치는 과목을 제한하는 법안에 최종 서명했다. 이 법안의 통과 배경에는 소수인종을 대상으로 한 학습이 사회분열을 조장한다는 보수층의 우려가 깔려 있는 것으로 분석되었다.

이 법안을 추진해온 애리조나 주 투산 교육구의 톰 호른 교육감은 "이 같은 학습 프로그램은 소수인종들이 백인으로부터 탄압을 받았다는 내용을 가르치는 등 학생들에게 반정부적인 교육을 해왔다"고 설명했다. 그는 "이번 법안은 인종적 문제에 초점을 맞춘 것이 아니라 반정부적인 교육을 금지하기 위한 것"이라며 "공교육을 통해 백인에 대한 거부감을 갖게 가르쳐서는 안 된다"고 주장했다. 그러나 이 법안은 소수인종 문화에 대한 차별과 공격을 옹호하는 것이라는 반대론자들의 비판에 직면했다. 비판론자들은 "소수인종 교육 프로그램은 학생들의 비판적 사고를 키우기 위한 것"이라며 "비교육적이고 반정부적이라는 주장은 잘못된 것"이라고 비난했다.(유신모 2010a)

애리조나 주 주민들까지 거들고 나섰다. 2010년 7월 17일 AP통신은 "미국 내 불법이민 논란의 중심지 애리조나 주는 당국의 불법이민자에 대한 조치에 불만을 품은 다양한 민간조직이 국경 감시활동을 벌이고 있다"고 보도했다. 경비행기를 동원해 감시활동을 벌이는 소규모 조직이 있는가 하면 조직원 숫자만 500명에 달하는 '애국자 연합'

과 같은 단체도 있으며, 심지어 군복 차림에 자동소총으로 중무장한 '신나치' 조직까지 등장했다는 것이다. 당국은 이들 스스로가 문제를 일으키지 않는 한 문제 삼지 않겠다는 입장을 보였다. 국경순찰대의 오마르 칸델라리아 대변인은 민간조직의 감시활동에 감사를 표시하면서도 민간단체보다 합법적인 법 집행을 선호한다고 말했다.(조찬제 2010c)

오바마의 딜레마

2010년 7월 1일 오바마 대통령은 워싱턴의 아메리칸대학 연설을 통해 이민법개혁을 의회에 촉구했다. 오바마 대통령은 "이 문제를 내일, 내년, 다음 정부로 미뤄왔다"며 "나와 민주당은 준비돼 있고, 상당수 미국인들도 그렇다. 문제는 공화당 표가 없으면 이뤄지지 못한다는 것"이라고 말해 공화당을 정면 겨냥했다. 이민자단체들은 이날 연설에 환영 입장을 나타내면서도 "말과 행동은 다르다"며 실천을 촉구했다.

이와 관련해 권태호(2010j)는 "오바마가 이민개혁안을 꺼내든 것은 그간 난항을 겪은 금융개혁법안(Financial Reform Bill)이 6월 30일 하원을 통과해 상원 표결처리만 남겨둬 이민법에 집중할 수 있는 여건이 형성된 게 배경이다. 그러나 이보단 중간선거를 앞두고 히스패닉 유권자들을 투표장으로 부르려는 정치적 고려가 더 짙어 보인다"며 다음과 같이 말했다.

"지난 2008년 대선에서 히스패닉 유권자 중 3분의 2가 오바마에게 표를 던졌으나, 대선공약이던 이민법개혁이 진척되지 않자 불만을 표시하고 있기 때문이다. 애초 백악관이 이날 연설을 과거 이민자들이 입국심사를 받던 뉴욕 엘리스섬에서 독립기념일(7월 4일)에 진행하는 방안을 논의했던 것만 봐도 오바마의 이민법 연설이 다분히 정치적 이벤트 성격이 강했음을 짐작할 수 있다. 공화당을 지지하는 보수층이 이민개혁안을 반대하고 있지만, 히스패닉 유권자들이 점점 늘어나 공화당도 당 차원에서 이 문제를 다루는 데는 조심스러운 입장이라, 민주당으로선 더욱 호재다. 공화당은 이날 연설을 '선거용'이라고 공격했다."

2010년 7월 6일 연방정부는 애리조나 주 이민단속법에 대한 위헌소송을 제기했다. 법무부는 또 29일로 예정된 이 법의 발효를 금지할 것을 요청하는 가처분 신청도 함께 제기했다. 법무부는 소장에서 "헌법은 이민 문제에 대해 연방정부가 우월한 권한을 갖게끔 규정하고 있는데 애리조나 이민법은 이를 침해하고 있다"면서 "연방정부의 균형 잡힌 이민법과 상충된 법이 발효되면 연방정부의 대외정책 목표를 훼손시킬 수 있다"고 밝혔다. 법무부는 또 "애리조나 주 이민법이 시행되면 합법적인 체류자와 시민들도 신분증을 소지하지 않았다는 이유로 체포될 수 있다"고 지적했다. 애리조나 주정부와 이민법 찬성론자들은 이에 즉각 반발했다. 잰 브루어 애리조나 주지사는 "애리조나 주는 불법이민 문제로 심각한 국경보안의 위기에 처해 있다"고 반박했다. 존 매케인도 성명을 내고 "오바마 정부는 소송 제기에 앞서 불법이민자들로부터 국민을 어떻게 보호할 것인지에 대한 대책을 먼저 내놔야 할 것"이라고 비난했다.(유신모 2010b)

이에 대해 황유석(2010c)은 "법무부가 소송을 제기한 이유는 표면적으로는 관할권이다. 하지만 속마음은 11월 중간선거에 닿아 있다. 히스패닉이 갖는 정치적 영향력 때문이다. 오바마 행정부 입장에서 히스패닉이 80퍼센트 이상을 차지하는 불법체류자 문제를 방치했다가는 중간선거에서 어떤 역풍을 맞을지 모른다. 히스패닉은 지난 대선에서도 오바마 대통령에게 표를 몰아준 민주당 텃밭이다. 이민개혁에 정치적으로 접근하는 연방정부와 불법체류자 유입이 주민들의 현실적 문제가 된 주정부의 충돌은 오바마 개혁의 추동력을 떨어뜨리는 선례가 될 수 있다"며 다음과 같이 말했다.

"이번 소송이 대법원까지 간다면 어떤 판결이 나올 지 장담할 수 없다는 것이 언론의 지적이다. 더욱이 건강보험 개혁과 금융개혁에 따른 소송이 줄을 이을 것으로 보이는 상황이어서 보수 세력이 잡고 있는 대법원의 정치화는 오바마 개혁의 발목을 잡을 가능성이 높다. 미국에서 마이너 스포츠로 통하는 축구가 지난 월드컵 때 전에 없는 인기를 누렸다. 축구라면 미치는 히스패닉 인구가 늘어난 때문이라는 분석이 설득력을 갖는다. 히스패닉을 중심으로 한 미국의 인구 변화가 미국 정치에도 큰 변곡점을 그리고 있다."

오바마 대통령의 이민개혁의 취지는 불체자 양성화로 밀린 세금을 내고 신분 확인이 되면 영주권을 준다는 게 골자였다. 그러나 미 언론들은 타이밍이 좋지 않았다고 지적했다. 선거가 있는 해인데다 경제 문제로 국민 정서가 불체자에 대해 매우 부정적이라는 분석을 내놓았다. 민주당의 고위 당직자는 "백악관이 이민개혁에 집착하는 것은 무당파뿐 아니라 이민개혁의 수혜자라고 생각했던 히스패닉까지 화나게 하는 것"이라며 "모두를 패배자로 만드는 것"이라고 비판했다. 히스패닉의 표를 끌기 위한 선거용이라는 오해를 자초하고 있다는 것이다.

　공화당의 공세도 거셌다. 공화당이 주지사를 장악하고 있는 여덟 개 주의 검찰총장은 연방법원에 애리조나 주 이민단속법을 지지한다는 의견서를 제출했다. 미시간 주 마이크 콕스 검찰총장은 "오바마 대통령이 국경을 보호하려는 주정부의 노력을 저하시키는 데 납세자의 돈을 사용하는 것은 끔찍한 일"이라고 말했다. 언론들은 조지 부시 대통령이 '초청 근로자' 프로그램 등의 포괄적 이민정책을 추진하다 "불체자들을 사면하는 격"이라며 반발에 부닥쳐 실패한 사례를 언급하며, 오바마 대통령이 공약으로 내건 이민개혁이 딜레마에 빠질 수 있다고 지적했다. 아닌 게 아니라 정말 쉽지 않은 문제다. 오바마의 역량이 어떻게 발휘될지 지켜보기로 하자.

참고문헌 강동호 2010, 권경복 2010b · 2010c, 권태호 2010 · 2010a · 2010j, 김상민 2010, 김창범 2010, 김철웅 2009b, 김향미 2009, 남원상 2008, 류재훈 2009a, 박승혁 2010a, 박종세 2010b, 설원태 2010, 양상훈 2010, 유신모 2010 · 2010a · 2010b, 이기홍 2009e, 이진석 2010, 이충형 2009, 이태무 2010, 정경민 2009, 조선일보 2010, 조운찬 2010, 조찬제 2009a · 2010c, 차규근 2010, 최익재 2010, 홍수영 2009, 황유석 2010c · 2010d

제5장
'오바마의 미국'은 어디로 가는가?

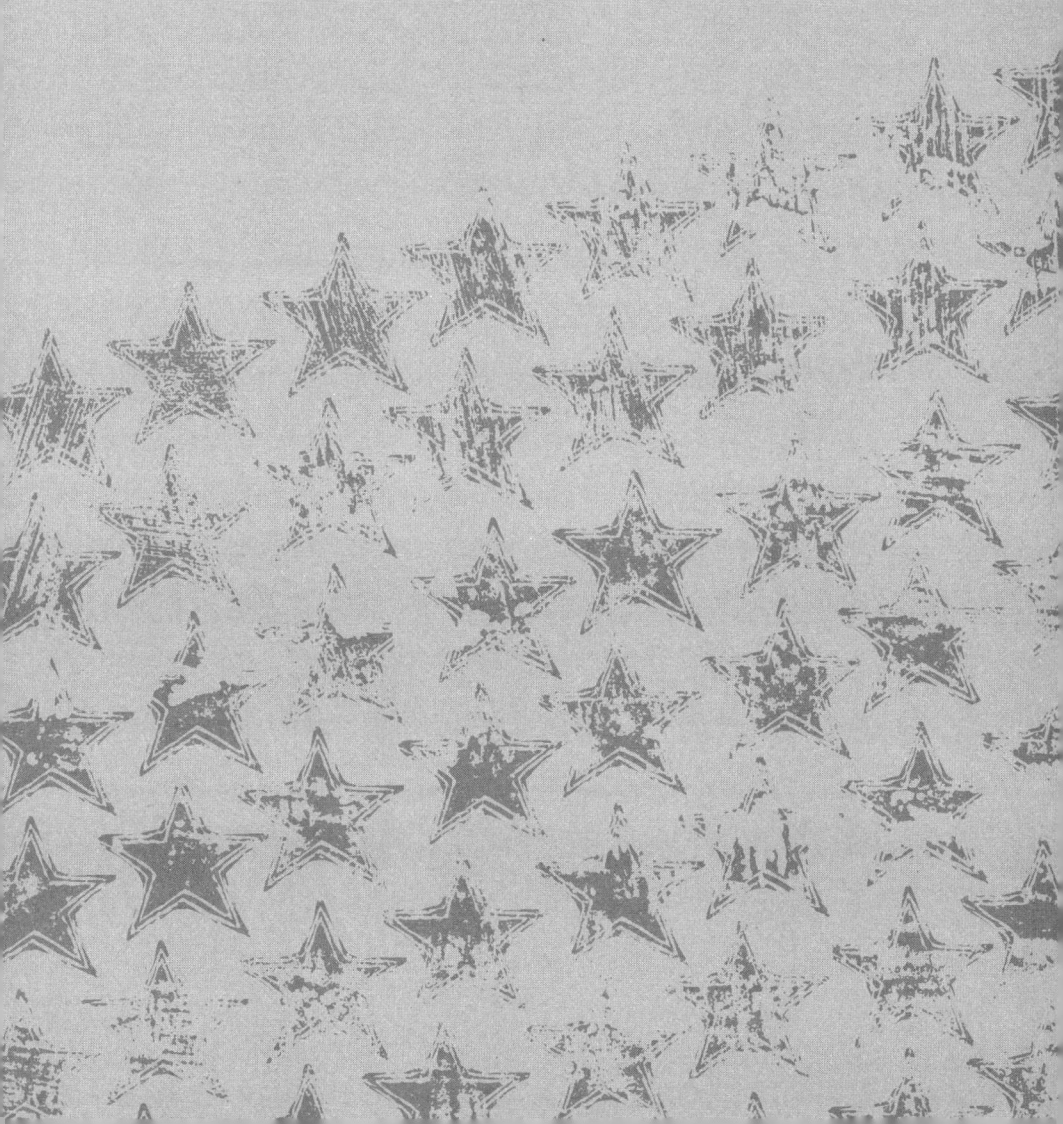

'살찐 고양이들'을 어찌할 것인가?
골드먼삭스 사건과 기업 정치광고 파동

저축을 잊은 미국인

지난 500년간 가장 부유했던 국민들은 가장 투기가 심했던 국가들, 즉 미국, 영국, 네덜란드의 국민들이었다. 그러나 과유불급(過猶不及)이라고 했던가. 금융 부문의 지나친 번성이 명백히 네덜란드에 이어 영국의 쇠락을 가져온 중요 요인이었기 때문이다. 21개의 실패한 문명들의 공통점이 무엇인가를 탐구했던 아널드 토인비(Arnold J. Toynbee, 1889~1975)는 '소유 집중'과 이 문제를 경직되게 다루었던 엘리트 집단을 원인으로 지목했다. 욕심, 오만, 자만 등은 시대를 넘어서는 현상이 되었던바, 시장과 개인주의를 강조하는 영어 사용 국가들의 불평등도가 높은 건 우연이 아니다.(Phillips 2004)

이제 미국의 차례인가? 미국인들은 무엇보다도 저축하는 법을 잊어버렸다. 『타임』 칼럼니스트 낸시 깁스(Nancy Gibbs)는 2008년 10월 13일자 칼럼에서 "미국인들은 한때 소득의 15퍼센트를 저축했지만,

요란했던 1980년대에 4퍼센트로 떨어졌고, 이젠 마이너스가 되었다"며 절약 정신이 사라진 현실을 개탄했다.

빈곤층의 경우엔 절약만으로 대처할 수 없는 근본적인 문제가 있었고, 따라서 이들은 고리대금에 의존했다. 1978년까지만 해도 이자제한법이 있었지만, 연방대법원의 결정으로 그 법은 사라졌다. 연방대법원은 채무자들을 보호하기 위한 다른 법률을 새로 제정할 필요가 있다고 의회에 권고했지만, 정부와 의회는 정반대의 방향으로 나아갔다. 그래서 2007년 배우 게리 콜먼(Gary Coleman)이 출연한 텔레비전 광고는 99.25퍼센트에 달하는 이자로 돈을 빌려 쓰라고 부추겼다. 그래서 어떤 일이 벌어졌는가? 데이비드 케이 존스턴(David Cay Johnston 2009)은 "골드먼삭스, 리먼브러더스, 씨티뱅크와 같은 업체들이 가난하고 단순하며 무지한 사람들을 이용할 수 있게" 되면서 "미국 일곱 가구 중 한 가구 꼴로 연방파산법원에 구제를 요청하는 신세가 되었다"고 말한다.

'정직한 보수주의 경제학자'로 불리는 브루스 바틀릿(Bruce Bartlett 2010)은 2009년에 출간한 『신미국경제(The New American Economy: The Failure of Reaganomics and a New Way Forward)』에서 "미국 가정들은 은퇴기에 적절히 대비할 수 있는 저축을 하지 않고 빚을 얻어가면서 현재의 소비 수준을 유지하고 있고, 기업들은 빚을 얻어서 중심 사업에 투자하는 대신에 배당금을 지급하거나 다른 기업을 인수하느라 여념이 없으며, 연방정부는 빚을 얻어서 아무런 부양 효과가 없는 '부양책'을 추진하고 있다"며 다음과 같이 주장한다.

"결국, 미국이란 나라는 도저히 지탱할 수 없는 생활수준을 외국에서 얻어온 빚으로 유지하고 있는 셈이다. 앞으로 미국인들은 소비를 줄이고 저축을 늘려야 한다. 소비야말로 성장을 촉진하는 필수 조건이라고 보는 케인즈경제학의 논점은 앞으로는 통하지 않을 것이다. 대폭적인 세금 인하로 모든 문제를 해결할 수 있다고 보는 공급중시 경제학의 논점 역시 통하지 않을 것이다. 나는 세금 인하로 우리를 괴롭히는 문제들을 해결할 수 있는 시기는 이미 지났다고 생각한다. 이제까지 정부가 약속했던 정책들을 온전하게 실행에 옮기기 위해서는 대폭적인 세금 인상이 이루어져야 한다."

미국 유권자들이 세금 인상을 지지할까? 바틀릿은 "미국인들이 오랫동안 가슴에 품고 있었던 세금 인하(지난 30년 동안 공화당이 가장 선호했던 이슈)에 대한 열망은 눈에 띄게 식어 가고 있다"며 다음과 같이 말한다.

"나는 공화당이 일체의 세금 인상에 반대하기보다는 불가피한 추가 세입을 확보할 수 있는 최선의 방안을 강구하는 것이 옳다고 생각한다. 어쨌든 사회복지 제도는 사라지지 않을 것이고, 어떤 방법으로든 그 재원은 확보되어야 한다. 공화당이 이 사실을 시인하는 시점이 빠르면 빠를수록, 정치권력을 재탈환하는 시점은 앞당겨질 것이다."

제2의 '보너스 잔치' 파동

바틀릿의 주장이 들어맞을지는 더 두고 보아야겠지만, 미국 경제가 더 이상 '탐욕 예찬' 만으로는 버티기 어려워졌다는 건 분명했다. 2008년 세계적 금융 위기를 초래한 '장본인'인 월가 금융인들의 엄청난 '보너스 잔치'에 대해 미국인들은 분노했지만, 그건 시스템의 문

2009년 IMF 및 세계은행 연례회의 중 〈특별한 세계 토론〉 생방송에 패널로 참석한 경제인들. (왼쪽부터) 경제역사학자 닐 퍼거슨, 프랑스 경제재정산업부 장관 크리스틴 라가르드, 골드먼삭스의 짐 오닐, IMF 총재 도미니크 스트로스칸, 사반지 그룹의 귈러 사반지.

제였지 도덕의 문제는 아니었다. 2009년 여름 또다시 똑같은 '보너스 잔치'에 대한 분노가 터져나왔다. 골드먼삭스(The Goldman Sachs Group, Inc.), 모건 스탠리(Morgan Stanley) 등 미국 아홉 개 대형은행이 2008년 천문학적인 공적자금을 받고도 임직원 1인당 최고 1800만 달러(약 220억 원)의 보너스 잔치를 벌인 것으로 밝혀진 것이다.

아홉 개 은행은 2008년 총 810억 달러의 적자를 냈고 미 재무부의 부실자산구제계획(TARP)에 따라 모두 1750억 달러를 수혈 받았으면서도 326억 달러를 보너스로 지급했다. 1인당 보너스를 많이 지급한 곳은 주로 투자은행(IB)이었다. 특히 골드먼삭스는 1인당 평균 16만 420달러를 지급해 아홉 개 은행 중 1위였다. 이 가운데 상위 네 명은

1인당 평균 1100만 달러를 받았다. 모건 스탠리는 1인당 평균 9만 5286달러를 지급해 2위를 기록했지만 내용을 들여다보면 골드먼삭스 못지않았다. 이 은행은 상위 네 명에게 1인당 평균 1800만 달러를 지급해 이 분야 최고였다. AFP통신은 "이 회사의 지난해 순이익이 17억 달러인데, 보너스 지급액은 이보다 2.5배 많은 44억 달러"라고 비꼬았다. 100만 달러 이상을 수령한 임직원 수에서 골드먼삭스가 953명으로 1위를 차지했고, 이어 씨티그룹(City Group) 738명, 메릴린치(Merrill Lynch) 696명, 뱅크오브아메리카(Bank of America Corporation) 172명, 웰스파고(Wells Fargo) 62명 순이었다. 투자은행이 압도적으로 상위권을 차지했다.(이민주 2009)

2009년 10월 『월스트리트저널』은 23개 월가 금융회사의 올해 임직원 보수지급액 총액이 사상 최대 규모인 1400억 달러에 이를 것으로 추산된다고 보도했다. 특히 골드먼삭스는 1~9월 매출의 절반가량인 167억 달러를 임직원 연봉 및 보너스로 쌓아둔 것으로 알려졌다. 이는 지난해 지급한 114억 달러보다 46퍼센트 늘어난 것으로, 금융 버블이 한창이던 2007년(169억 달러)과 맞먹는 것이었다.(신치영 2009)

실업률이 9.8퍼센트를 넘어 10퍼센트를 넘보는 상황에서 월가 보너스 이야기는 여론을 악화시켰다. 게다가 투기거래 규제를 막기 위해 의회를 상대로 한 월가의 로비가 전 방위로 펼쳐진 것도 비판 여론을 부추겼다. 소비자단체 퍼블릭시티즌(Public Citizen)의 로버트 바이스만 회장은 "월가는 보너스 잔치로 미국 국민을 우롱하고 있다"고 쏘아붙였다. 게다가 월가의 깜짝 실적이 주로 채권·통화 거래에서 나온 점도 문제로 지적됐다. 시중 돈줄이 마르는 것을 우려해 금융회사를 파산 위기에서 구해줬지만 정작 금융회사는 국민 세금으로 대출보다 다시 금융거래에 뛰어들었기 때문이다. 브루킹스 연구소의 더글러스 엘리엇 연구원은 "경쟁자들이 파산하자 살아남은 금융회사는 수수료를 마음대로 올려 이익을 취했다"고 지적했다.(정경민 2009a)

하지만 버락 오바마 대통령과 민주당 지도부가 총동원돼 맹공을 퍼부었던 3월 AIG 사태 때에 비해 미국 정부 내 비판의 목소리는 다소 수그러진 상태였다. 골드먼삭스와 JP모건 체이스(JPMorgan Chase) 등 월가 금융회사들이 대부분 정부의 구제금융을 모두 갚았기 때문에 정부로서는 이들을 규제할 마땅한 수단이 없었기 때문이다. 그래도 여론이 악화되는데 잠자코 있을 수는 없는 일이었다.

2009년 10월 18일 람 이매뉴얼 백악관 비서실장은 CBS 〈페이스 더 네이션(Face the Nation)〉과 CNN 〈스테이트 오브 더 유니언(State of the Union)〉 프로그램에 잇따라 출연해 "월가 대형 금융회사들의 보너스 잔치가 미국인들에게 좌절감을 안겨주고 있다"며 자제를 당부했다. 그는 "국민 세금인 구제금융 덕분에 살아난 금융기관들의 대규모 보너스 지급은 소득이 정체돼 있거나 떨어지고 있는 미국인들에게 좌절감을 주는 것"이라고 지적했다. 데이비드 액설로드 백악관 선임고문도 이날 ABC 〈디스 위크(This Week)〉에 출연해 "이번 보너스 지급은 눈에 거슬린다"며 "자신들이 어떤 행동을 하는지 심사숙고해야 한다"고 말했다. 이어 "미국 경제에 중요한 많은 중소기업이 여전히 성장에 필요한 자금을 확보하지 못하고 있다"고 지적했다.(신치영 2009)

월가 대형 금융회사들이 오불관언(吾不關焉) 자세를 취하자 결국 오바마가 직접 나섰다. 2009년 12월 12일 오바마는 주례 라디오 연설에서 금융업계가 고용한 로비스트들이 올 들어 3억 달러의 자금을 살포했음을 소개하면서 "공화당 지도부는 바로 지난주 100여 명의 핵심 로비스트들을 불러 의미 있는 금융개혁안 봉쇄를 당부했다"고 꼬집었다. 다음 날인 12월 13일 오바마는 CBS 〈식스티 미니츠(Sixty Minuets)〉와의 인터뷰에서 "나는 월가의 살찐 고양이 은행가들을 돕기 위해 대통령에 출마한 게 아니다"라면서 이들의 탐욕을 통제할 금융개혁의 시급한 진전을 촉구했다. 그는 "월가는 여전히 사람들이 왜 자신들에게 분노하는지 궁금해하는 것 같다"면서 "하지만 당신들이 문제를 만들어 수십 년 이래 최악의 경제 위기를 야기했으며 그럼에도 1000만, 2000만 달러의 보너스를 챙기고 있지 않느냐"고 반문했다.(김진호 2009c)

기업 선거광고 무제한 허용

미국의 '살찐 고양이들'을 어떻게 통제할 것인가? 2010년 1월 21일 오바마는 "월가 대형은행들의 위험한 투자를 규제하겠다"며 "저항하는 세력이 싸우겠다면 싸울 준비가 돼 있다"고 선언했다. 그러나 연방대법원의 생각은 다른 듯했다. 바로 그날 연방대법원은 기업이 선거기간 특정 후보를 지지 또는 반대하는 광고를 무제한 할 수 있게 하는, 즉 금권선거의 자유를 보장하는 판결을 내렸기 때문이다.

연방대법원은 기업의 선거광고를 제한하는 법 조항은 언론·종교·집회의 자유를 정한 미국 헌법수정 제1조를 위반하는 것이라고 판결했다. 보수 성향의 앤서니 케네디(Anthony M. Kennedy) 대법관 등 다섯 명은 "정치·언론 자유에 있어서 기업과 개인은 똑같은 권리를 누린다"며 기업의 선거광고 제한조항 철회에 찬성했다. 반면 소니아 소토마요르 대법관 등 네 명은 "기업의 권리와 개인의 권리가 같을 수 없다"는 등의 이유로 반대의견을 냈다.

1947년 제정된 법 조항에 따라 그동안은 선거 이슈에 대해 찬반의견을 제시하는 기업의 광고는 허용됐지만 특정 후보를 지지 또는 반대하는 광고는 금지됐다. 케네디 대법관은 판결문에서 "정부가 개인이 특정 정보원으로부터 정보를 얻거나 얻지 못하게 하기 위해 권력을 사용하는 건 사상을 통제하기 위해 검열하는 것"이라며 "수정 1조는 스스로 생각할 자유를 보장한다"고 밝혔다.(임영주 2010)

이 판결이 나오게 된 사건의 발단은 이렇다. 2007년 말 '시티즌스유나이티드(CU; Citizens United)'란 보수단체가 90분 분량의 다큐멘터리 영화 〈힐러리(Hillary: The Movie)〉를 완성했다. 민주당 대통령후보 경선에 출마한 힐러리의 '감춰진 얼굴'을 들춰내기 위한 '야심작'이었다. 이 단체는 이를 '비디오 온 디맨드(VOD)' 시장에 내놓을 방도를 찾기 시작했다. 2007년 12월 어느 케이블 텔레비전 업체가 〈힐러리〉의 VOD 판권으로 120만 달러를 내놓겠다고 제안했다. CU 쪽은 이 제안을 받아들이고, 작품 방영을 널리 알리기 위해 각각 10초 분량 두 개와 30초 분량 한 개의 홍보영상 3편을 제작했다. 일종의 '광고'였다.

문제는 미 연방법인 '선거자금개혁법(McCain-Feingold Act)'이 영리행위를 하는 단체가 특정 후보를 지지 또는 반대하는 광고를 하면 민·형사상 책임을 지도록 규정하고 있다는 데 있었다. CU가 〈힐러리〉의 판권으로 영리를 얻었고, 그 방영을 알리는 광고가 힐러리 당시 상원의원을 반대하는 광고에 해당한다는 해석이 가능했다. CU 쪽은

이 같은 규정이 〈힐러리〉에 적용돼선 안 된다고 주장했지만, 연방법원의 판단은 달랐다. "광고만 봐도 힐러리 클린턴 (당시) 상원의원이 공직에 부적합하다는 인상을 심어줄 수 있다"는 게 이유였다. CU 쪽은 미 수정헌법 제1조를 들먹이며 "의회는 표현의 자유를 침해하는 어떠한 법도 만들 수 없다"고 강조했다. '선거자금개혁법'에 대한 위헌 시비가 자연스레 불거졌다. 결국 CU 쪽의 항소로 사건은 최종심인 미 연방대법원으로 무대를 옮겨간 것이다. 연방대법원의 판결 논리는 이랬다.

"어떤 사람은 〈힐러리〉를 깊이 있고 교훈적인 작품이라 여길 것이다. 다른 사람은 이 작품이 공정하지 못하다고 느낄 수도 있다. 또 다른 사람들은 판단을 유보할 수도 있다. 선택과 평가는 정부의 몫이 아니다. …… 지난 2003년 대법원은 '매코넬 대 연방선거관리위원회' 사건에서 시민들이 의사표현을 위한 새로운 실험을 자유롭게 할 수 있게 판시한 바 있다. 시민적 담론은 시민에게 부여된 것이며, 정부는 이를 실행에 옮기는 수단을 제어하려 해선 안 된다."(정인환 2010)

11월 중간선거를 앞두고 나온 이번 판결로 공화당과 민주당의 희비도 엇갈렸다. 전통적으로 친기업적 성향을 보인 공화당은 판결에 대해 "언론 자유의 승리"라고 기뻐하며, 오는 중간선거에서 공화당에 대한 기업의 지지가 급증할 것으로 기대했다. 실제로 미상공회의소 등 기업관련 단체들의 영향력이 커질 것으로 전망됐다. 의료보험 개혁과 금융기관 규제 등에 반대하고 있는 상공회의소는 판결 전에도 "중간선거에서 친기업적인 후보를 지지하는 데 막대한 노력을 기울일 것"이라고 밝힌 바 있다.

반면 버락 오바마 대통령은 즉각 성명을 내고 "이번 판결로 특수 이익단체의 돈이 정치권에 쏟아져 들어올 수 있게 됐다"면서 "정계에 매일 영향력을 행사하며 평범한 미국인들의 목소리를 막아온 대형 석유회사, 월가의 대형은행과 보험회사, 힘 있는 이익단체들이 승리한 것"이라고 비판했다. 그는 "이보다 더 공공의 이익을 해치는 일은 생각할 수 없다"며, "초당적으로 협력해 강력한 대책을 마련할 것"이라고 밝혔다.(임영주 2010)

오바마의 '포퓰리즘'?

오바마가 열을 단단히 받은 것 같았다. 오바마는 다음 날인 1월 22일 오하이오 주 로레인(Lorain) 커뮤니티컬리지에서 열린 타운홀 미팅에서 "건강보험·금융개혁을 지속하겠다. 대통령 자리에 있는 한 이를 위한 싸움을 결코 멈추지 않겠다"고 다짐하면서 "싸우겠다(fight)"는 단어를 20차례 이상 사용했다. 그는 "가정의 가치를 회복하기 위해 월스트리트와 싸울 것이며, 건강보험 개혁을 위해 싸울 것이고, 고객들을 기만하는 신용카드 회사들과 싸울 것" "국민의 돈을 되찾아 주겠다" "내가 숨 쉬고 있는 한 국민들을 위해 싸울 것"이라는 말로 참석자들을 열광시켰다.

1월 23일 『월스트리트저널』은 「오바마가 포퓰리스트 논조를 더욱 날카롭게 하고 있다」는 제목의 기사를 게재했다. 이 신문은 "오바마가 주요 의제에 대해 공화당에 양보하기보다는 중간선거에서 그의 우선순위를 위해서 싸우겠다는 신호를 분명히 보내고 있다"고 했다. 『뉴욕타임스』도 금융계를 겨냥한 미 정부의 고강도 규제정책에 대해 "오바마가 포퓰리스트적인 자세로 은행들을 다룬다"고 지적했다. 24일에는 『워싱턴포스트』도 가세해 "오바마가 민주당의 상처를 치료하기 위해서 포퓰리스트화 하고 있다"고 말했다. 『워싱턴포스트』 칼럼니스트 댄 발즈는 "오바마의 최근 연설은 '분노엔 분노'로 싸우겠다는 결심을 보여준다"며 "오바마는 미국인이 금융 구제와 월가의 보너스 잔치에 짜증을 낸다면 자신도 똑같이 노여워하겠다는 믿음을 미국인에게 주려고 한다"고 지적했다.(이하원 2010a, 최상연 2010)

금권정치에 대항할 수 있는 길이 '포퓰리즘' 말고 무엇이 있었겠는가. 다른 현안들도 중요했지만, 사실 가장 중요한 문제는 기업 선거광고를 무제한 허용한 대법원 판결이었다. 이것이야말로 구조적인 문제가 아닌가 말이다.

『뉴욕타임스』(2010.1.23)는 "대법원 결정이 나온 뒤 위스콘신 · 콜로라도 · 켄터키 등 미 전역 24개 주에서 보수적 친기업 단체들이 일제히 기업체의 정치광고를 규제하는 주법의 효력을 정지하기 위한 소송을 벼르고 있다"고 전했다. 『필라델피아인콰이어러(Philadelphia Inquirer)』는 인터넷판(2010.1.24)에서 한 로비업체 관계자의 말을 따 이렇게 전했다. "(대법 결정이 나온 뒤) 마치 크리스마스와 새해 첫날, (모슬렘 최대 명절인) 라마단이 한꺼번에 찾아온 듯한 분위기다. 그동안 각급 기업체의 정치광고 요청이 있을 때마다, 선거자금개혁법관련 조항 때문에 번번이 거절할 수밖에 없었다. 하지만 이제 수문이 열렸다. 벌써부터 문의가 폭주해 전화가 녹아날 지경이다." 정치전문 인터넷 매체 『폴리티코』(2010.1.25)는 "오바마 행정부와 민주당 쪽이 기업을 포함한 특정 이해집단의 과도한 선거 개입을 막기 위한 방안 마련에

골몰하고 있다"며 "기업체가 공금으로 정치광고를 하려면 주주총회의 의결을 거치도록 하는 방안 등이 유력하게 검토되고 있다"고 전했다.(정인환 2010)

1월 27일 오바마는 새해 국정연설을 하는 자리에서 대법원의 결정을 정면으로 비판했다. 연단 바로 앞에는 아홉 명의 대법관이 자리를 잡고 있었다. "지난주 대법원은 한 세기 동안 유지돼온 법리를 뒤집고, 특정 이익집단이 정치에 과도한 영향을 행사할 수 있는 문을 열어줬다. 미국의 선거가 힘 있는 집단의 자금에 좌우돼선 안 된다고 생각한다. 오로지 미국민의 결정에 따라 선거가 치러져야 한다고 믿는다. 민주·공화 양당 의원들에게 이 문제를 바로잡을 수 있는 법안 마련을 촉구한다." 오바마의 발언에 의사당에선 우레와 같은 기립박수가 울려퍼지는 사이, 법복 차림의 새뮤얼 얼리토 대법관이 머리를 가로저으며 "사실이 아니다"라고 말하는 장면이 카메라에 잡혔다.(정인환 2010)

오바마 행정부는 '악의 제국'?

2010년 2월 21일 재선 불출마를 선언한 민주당 에번 바이(B. Evans Bayh III) 연방 상원의원이 『뉴욕타임스』에 기고한 「상원을 떠나는 이유」에서 미 의회 문화의 '퇴보'를 이야기했다. 그는 1963~1981년 인디애나 주 상원의원을 지낸 부친 시절을 회고했다. "아버지는 진보파였지만 온건한 공화당과 남부 (전통) 민주당 의원들과도 많은 교분을 나눴다. 어릴 적 집으로 양당 의원들이 가족과 함께 저녁식사를 하거나 휴일을 보내기 위해 놀러 왔다. 지금은 드문 일이다. 그 점에서 우리는 더 가난한 사람들이다. 서로 가족을 알고 집을 오간 사이라면 상대를 악마처럼 내몰 수는 없는 일이다. 오늘날 의원들은 선거에서 비방전을 벌이며 싸운다. 서로 파멸을 꾀했던 사람들이 함께 일하기란 애당초 어려운 일이다."

바이 의원은 뜻있는 의원들을 좌절시키는 장애물들로 완고한 당파주의와 타협을 모르는 이념, 해악적인 선거모금 방식, 게리맨더링(gerrymandering; 당략적인 선거구 획정), 필리버스터 남용 등을 들었다. 하지만 무엇보다 반대당 의원들 간 상호 교류 부족이 가장 큰 문제라고 지적했다. 그는 개선을 위한 첫걸음으로 "상원의원 100명이 월 1회 점심을 함께 하자"고 제안했다. 그는 "타협을 무조건 배신이나 도덕적 굴복으로 여기지 않고, 나라를 위해 단기적인 정치 이익을 희생할 줄 아는 법을 배워야 한다"고 강조했다. 그러곤 "남은 임기 11개월 동안 나부터 개혁의 주창자가 되겠다"며 말을 맺었다.(전병근 2010c)

미국 정치의 '퇴보'를 확실하게 입증하겠다는 뜻이었을까? 2010년 3월 3일 정치전문지 『폴리티코』는 미국 공화당 전국위원회(RNC)가 선거기금 모금 행사용 자료에 버락 오바마 대통령을 악당으로 묘사하고, 오바마 행정부를 "악의 제국" "사회주의" 등 원색적 용어로 비난한 사실이 드러났다고 보도했다. 사건의 내용은 이렇다.

2월 18일 RNC는 플로리다 주에서 열린 기금 모금 행사에서 참석자들에게 72쪽 분량의 파워포인트 자료를 배포해 프레젠테이션을 실시했다. '악의 제국'이라는 제목이 달린 페이지에는 오바마를 영화 〈배트맨(Batman)〉의 '조커(Joker)'와 합성한 사진이 실렸는데, 오바마는 입이 양옆으로 찢어지고 눈 밑은 퀭한 모습이었다. 이 사진은 2009년 미국 거리에 나붙어 화제가 된 적이 있었지만, 공화당 조직이 공식적으로 사용한 것은 이번이 처음이었다. "조커(〈배트맨〉의 악당) 오바마로부터 미국을 구하기 위해 공화당에 기부하세요."

또 낸시 펠로시(Nancy Pelosi) 하원의장과 해리 리드 민주당 상원 원내대표는 각각 영화 〈101 달마시안(101 Dalmatians)〉의 악당인 크루엘라 드빌(Cruella de Vil)과 〈스쿠비 두(Scooby-Doo)〉의 말하는 개 캐릭터인 스쿠비 두로 묘사됐다. RNC는 또 공화당에 대한 기부를 독려하기 위해 '색깔론'을 내세웠다. 프레젠테이션 자료에 따르면 RNC는 "백악관, 하원, 상원을 잃은 상태에서 당신은 무엇을 팔 수 있는가"라고 물은 후 "사회주의로 기울어가는 나라를 구하라"고 답했다.(이청솔 2010a)

기부를 독려하기 위해서 그랬다니, 결국 돈 문제 아닌가. 그래서 기업 정치광고 무제한 허용이 갖는 의미가 클 수밖에 없었다. 2010년 3월 백악관과 대법원의 힘겨루기가 재현됐다. 3월 9일 존 로버츠 대법원장은 "누구라도 대법원을 비판할 수 있다"면서도 "상황과 예의 문제도 있다"고 오바마 대통령이 신년연설 때 사법부에 '결례'한 데에 대한 강한 불만을 표시했다. 백악관은 대법원의 뒤늦은 공개반격이 있은 지 5일 만에 다시 카운터펀치를 날렸다.

3월 14일 데이비드 액설로드 백악관 선임고문은 ABC에 나와 "대법원 판결대로라면 어떤 로비스트도 아무 의원에게나 다가가 '이 법안에 우리 희망대로 투표하지 않으면, 당신 지역구의 경쟁자에게 수백만 달러의 선거자금을 지원하겠다'고 말할 수 있다"며 "이는 민주주의에 대한 위협"이라고 말했다. 이 날 로버트 깁스 백악관 대변인도 폭스뉴스에서 "중요한 것은 다가올 선거에 대법원이 익명의 정치 기부가 가능하게 했으며, 그런 기부는 상·하원의원의 당락에 구체적으로 활용될 수 있다"고 비판했다.(조일준 2010a)

골드먼삭스의 사기 혐의

2010년 4월 16일 오바마 미국 대통령의 금융규제 개혁안에 반대해온 세계 최대 투자은행 골드먼삭스가 미 증권거래위원회(SEC)로부터 사기 혐의로 기소를 당했다. 기소장에 따르면 골드먼삭스는 부채담보부증권(CDO)의 설계와 마케팅에 헤지펀드 폴슨앤드코(Paulson & Co.,)를 참여시켰다. 폴슨앤드코는 서브프라임 모기지 부실로 인한 '주택가격 하락'에 베팅한 파생상품에 막대한 자금을 베팅했으나 골드먼삭스는 이를 숨긴 채 투자자에게 상품을 판매했다. 몇 달 뒤 서브프라임 부실이 본격화되면서 CDO의 가치가 급락하자 폴슨앤드코는 단숨에 10억 달러가 넘는 막대한 이익을 챙겼고, 피해는 골드먼삭스의 상품을 산 투자자들에게 고스란히 돌아갔다. 골드먼삭스는 또 폴슨앤드코와 CDO 상품설계와 마케팅에 관한 거래를 통해 1500만 달러를 받아낸 것으로 드러났다.

공화당은 "금융규제 개혁안을 위한 정치적 계산이 숨어 있는 조치"라며 격렬히 반발했다.『월스트리트저널』도 SEC의 기소가 미 상원의 금융규제 개혁법안 심의를 앞두고 이뤄졌다는 점을 지적하면서 정치적 배경에 의혹을 표시했다. 그러나 오바마 대통령은 17일 라디오 주례연설을 통해 "금융개혁에 반대하는 것은 납세자에게 부담을 계속 지우겠다는 것"이라며 "개혁하지 않으면 금융 위기가 반복될 수 있

다"고 강조했다.(유신모 2010c)

4월 19일 오바마는 로스앤젤레스에서 열린 민주당 전국위원회의 선거자금 모금 행사에 참석해 "월가가 다른 사람의 돈으로 도박하듯 투자해 돈을 버는 것은 터무니없는 발상"이라고 비난했지만, 그게 과연 월가 사람들의 '탐욕'의 문제였을까? 혹 전반적인 미국 시스템의 문제는 아니었을까?

골드먼삭스는 1869년 독일계 이민자 마르쿠스 골드만(Marcus Goldman, 1821~1904)이 설립했고, 1882년 그의 사위 새뮤얼 삭스(Samuel Sachs, 1851~1935)가 합류한 후 지금의 이름을 갖게 됐다. 그 뒤 뉴욕 기업상장 업무를 주도하며 굴지의 글로벌 금융회사로 컸다. 2009년 직원 수가 세계 각지에 3만 1700여 명에 달했다. 존 K. 갤브레이스 교수는 예전 대공황을 다룬 책에서 월가의 투기성을 지적하며 '우리는 하나님을 믿는다(In God we trust)' 대신 '우리는 골드먼을 믿는다(In Goldman we trust)'라고 썼다.

그런데 문제는 골드먼삭스가 거버먼트 삭스(Government Sachs)로 불릴 정도로 미 정부에 대한 입김이 세다는 것이었다. 내막을 모르는 일반 대중들 사이에선 기부·자선사업을 많이 하는 것으로 유명해 평판도 좋았다. 그런 평판을 업은 골드먼삭스의 막강 영향력은 주요 공직을 넘나드는 'GS 사단'에서 나왔다. 골드먼삭스 회장을 역임한 로버트 루빈(Robert E. Rubin)과 헨리 폴슨(Henry M. Paulson Jr.)이 각각 빌 클린턴과 조지 부시 대통령 시절 재무장관을 지냈으며, 미 무역대표부 대표를 지낸 로버트 졸릭(Robert B. Zoellick) 세계은행 총재도 골드먼삭스 상무이사 출신이었다. 오바마 행정부에도 GS맨들은 많았다. 래리

서머스(Lawrence H. Summers) 백악관 국가경제위원장은 골드먼삭스와 각별한 사이로 2008년 4월 골드먼삭스에서 강연하고 13만 5000달러를 받았다. 서머스의 수제자가 티머시 가이스너(Timothy F. Geithner) 재무장관이며, 가이스너의 보좌관 마크 패터슨도 골드먼삭스 로비스트였는데, 이들이 주도한 구제금융 중 100억 달러가 골드먼삭스에 갔다.

오바마도 골드먼삭스의 그런 영향권에서 자유로울 수 없었다. 2007~2008년 대선 운동 때 골드먼삭스 측 후원금 99만 7095달러를 받았다. 캘리포니아대학(150만 달러) 다음으로 높은 액수였다. 공화당 후보 매케인이 받은 돈(23만 달러)보다 네 배나 많은 액수였다. 오바마는 2009년 구제금융 때 정부개입을 기획하는 과정에서도 골드먼삭스 사람들의 도움을 받았다. 오바마를 두고 "집안청소부터 하라"는 목소리가 나오는 것은 이 때문이었다. 골드먼삭스는 오바마 정부의 공세에 대한 수비수로 '오바마맨' 출신인 그레고리 크레이그(Gregory B. Craig)를 영입했는데, 크레이그는 오바마의 첫 백악관 법률고문으로 있다가 2009년 11월 하차한 인물이었다.(Bishop & Green 2010, Carney 2010, 전병근 2010d)

'골드먼삭스는 불가촉천민'

선거자금 좀 많이 받았다고 굴복할 수야 있겠는가. 4월 22일 오바마는 월가와 가까운 맨해튼 명문사학인 쿠퍼유니언대학에 금융 관계자와 경제학자 등 700여 명을 초청한 자리에서 '대(對)금융계 선전포고'를 방불케 하는 연설을 했다. 연설에서 오바마 대통령은 "지금 워싱턴으로 몰려오고 있는 로비스트 중 상당수는 (금융기관인) 당신들 회사가 보낸 것으로 안다. 로비까지 해 가며 개혁안에 맞서지 말고, 우리의 노력에 동참하길 바란다"고 호소했다. 워싱턴에는 오바마의 금융개혁법안 통과를 저지하기 위해 금융기관이 투입한 약 1500명의 로비스트가 활동하고 있는 것으로 알려져 있었다.

오바마 대통령은 "몇몇 금융기관은 거래되는 모든 돈 뒤에, 집을 사고 자녀교육비를 대며 은퇴도 준비해야 하는 투자자들이 있다는 사실을 잊고 있는 듯하다. 이곳 월가에서 발생하는 일들이 미국 전역에 막대한 영향을 끼친다는 사실을 명심하길 바란다"며 강력히 경고했다. 그는 또 "나는 자유시장의 힘을 믿으며 사람들이 자유롭게 돈을 빌리고 투자하는 것은 건전한 현상이라고 생각한다. 그러나 이 자유가 수단과 방법을 가리지 않고 아무 돈이나 끌어모을 수 있다는 뜻은 아니다"라고 강조했다.(김신영 2010b)

이틀 후인 4월 24일 오바마에게 호재가 터졌다. 이 날 골드먼삭스 경영진이 2007년 미국의 주택 가격 급락 때 "큰돈을 벌었다"고 자화자찬한 이메일이 폭로된 것이다. 이는 그동안 골드먼삭스도 서브프라임 모기지(비우량 주택담보대출) 관련 파생상품 때문에 손실을 입었다는 주장과 배치된 것이었다. 예컨대, 골드먼삭스의 최고경영자 로이드 블랭크페인(Lloyd C. Blankfein)은 2007년 11월 18일 작성한 이메일에서 "우리도 서브프라임 모기지 사태로 인한 혼란을 피할 수 없었다"며 "다만 쇼트(매도) 포지션 덕에 잃은 것보다 더 많은 돈을 벌었다"고 만족해했다. 쇼트 포지션(Shot Position)이란 집이나 주식 값이 떨어질 것으로 보고 미리 팔아두는 투자기법을 말한다.

골드먼삭스 경영진의 이메일과 25건의 내부 문건을 공개한 칼 레빈

(Carl M. Levin) 상원의원은 "당시 이메일은 골드먼삭스가 모기지 시장에서 투기를 통해 막대한 이익을 챙겼음을 확실하게 보여주고 있다"고 강조했다. 또 이날 『뉴욕타임스』는 월가 금융회사들의 경우, 무디스·스탠더드앤드푸어스·피치 등 신용평가사로부터 등급을 매기는 모델을 입수해 결론을 미리 내놓은 뒤 역으로 여기에 데이터를 짜 맞추기도 하고, 아예 신용평가사에서 모델을 개발한 직원을 빼내서 고용하는 경우도 있다고 보도했다.(박종세 2010d, 정경민 2010b)

2010년 4월 25일 『뉴욕타임스』는 「탐욕의 세대에 주홍글씨를」이라는 제목의 칼럼을 통해 "한때 성공 자격증처럼 여겨졌던 'G(골드먼삭스의 앞 글자)'가 수치스러운 주홍글씨 'A'로 변했다"고 전했다. 간통을 했다는 이유로 평생 주홍색 알파벳 'A(adultery)'를 달고 다니도록 명령받은, 너대니얼 호손(Nathaniel Hawthorne, 1804~1864)의 소설 『주홍글씨(The Scarlet Letter)』 여주인공에 골드먼삭스를 빗댄 것이다. 온갖 주장과 설들이 난무했다. "골드먼삭스에 돈을 많이 받은 공화당 의원일수록 금융개혁안에 반대하는 것 같다" "골드먼삭스 기부금의 69퍼센트는 민주당으로 흘러들어 갔다는 사실을 잊지 말라" "공화당 금융감독위원인 리처드 셸비는 골드먼삭스로부터 3만 4600달러를 받고도 제대로 개혁을 추진할 수 있나" 등등.

비영리기구인 '책임감 있는 정치 센터'에 따르면 2007~2008년 골드먼삭스가 기부한 정치 자금은 590만 달러(약 65억 원)에 달하며, 2009년 1월부터 2010년 4월까지 뿌린 돈만 90만 달러에 육박했다. 골드먼삭스 선거자금에 대한 비난에 노출되자 공화당 5선 상원의원인 마크 커크(Mark S. Kirk)는 골드먼삭스로부터 받은 2만 달러를 반납해

버렸다. 커크 의원은 돈을 반납한 후 블룸버그에 "우리는 오바마 대통령과 다르다"고 일갈했다. 오바마 대통령이 선거운동 시절 골드먼삭스로부터 기부금을 받은 것을 지적한 것이다. 한때 골드먼삭스의 선거 기부금을 한 푼이라도 더 받아보려고 혈안이 돼 있던 정치인들이 성급히 골드먼삭스에서 발을 빼는 행태를 『월스트리트저널』은 '골드먼삭스 기부금 전쟁'이라고 꼬집었다. 버지니아대학 정치학연구소 래리 사바토(Larry J. Sabato) 교수는 "이번 총선에서 골드먼삭스의 돈은 정치인에게 독(毒)과 다름없다. 유권자들은 골드먼삭스와 연관된 후보에게 표를 주지 않을 것이며, 골드먼삭스는 불가촉천민 같은 외톨이 처지가 된 상황"이라고 말했다.(김신영 2010c)

'추잡한 골드먼삭스'

2010년 4월 27일 11시간 가까이 진행된 상원 청문회에서 칼 레빈 상원 상설조사소위원회 위원장은 '매우 추잡하고 더럽다'는 뜻을 지닌 속어 'shitty'를 써 가며 "골드먼삭스가 자신의 실패가 아니라 미국의 성공을 놓고 내기를 걸어 오랫동안 성장의 엔진이었던 월가의 전체 기능에 의문을 던졌다"고 비판했다. 존 매케인 상원의원은 "(골드먼삭스의 행위가) 비윤리적이라는 데 의심의 여지가 없다"며 "법원과 국민들이 심판을 내릴 것"이라고 지적했다.

반면 블랭크페인 골드먼삭스 최고경영자는 고객을 오도한 적이 없다고 주장했다. 그는 "불행하게도 주택시장이 대단히 빨리 추락해 사람들이 돈을 잃었다"며, 자신들의 책임이 아니라 급속한 시장 악화로 사정이 불가피했다고 반박했다. 파브리스 투르(Fabrice Tourre) 골드먼삭스 부사장은 투자자들이 위험 부담을 알고도 투자했다며, "2007~2008년 시장에서 벌어진 상황이 대단히 슬프지만 내 행동은 옳았다"고 주장했다. 이날 청문회장에는 줄무늬 있는 죄수복을 입은 시민단체 회원들이 '골드먼 뱅스터(bankster; 은행가 'banker' 와 악당 'gangster'의 합성어)' 등의 항의 피켓을 들고 참관했다.(김순배 2010, 이하원 2010b)

2010년 5월 조원희(2010) 국민대학 경제학과 교수는 "세인들에게 골드먼삭스는 '금신(금융의 신)' 들이 천상에 모여 세간의 자금시장 흐름을 내려다보는 조직이었다. 이 '금신' 들은 자금시장에 모인 어리석고 탐욕스러운 인간들의 행동을 미리 내다보고 한 걸음 앞서 움직임으로써 '떼돈' 을 벌고 있으며 이는 당연한 일로 생각됐다. 그런데 '신 중의 신' 골드먼삭스가 파렴치한 사기행각을 펼치다니 어떻게 믿을 수 있겠는가"라면서 다음과 같이 말했다.

"남의 나라 일에 각별한 관심을 표명하는 이유는, 수 년 전 골드먼삭스가 지금은 사라진 주식회사 진로와 관련해 파렴치한 행동으로 약 1조 원을 거둬들인 사건을 잊을 수 없기 때문이다. 1997~1998년 부도 직전의 진로는 골드먼삭스와 비밀유지협약을 맺고 자문을 하면서 재무·영업 비밀을 골드먼삭스의 '투자금융 부서' 에 제공했다. 이를 통해 진로의 자금흐름이 비교적 우량하다는 사실을 알게 된 골드먼삭스는 '부실채권 부서' 를 통해 진로 채권을 액면가의 10~20퍼센트에 대량 매집했다. 더욱이 이 채권을 신속히, 비싸게 팔아 이익을 실현할 목적으로 진로를 파산에서 법정관리, 이어 매각으로 몰아 가기까지 했다. 여론의 공격을 받자 골드먼삭스는 '투자금융 부서' 와 '부실채권 부서' 간에 정보차단벽이 준수되고 있으므로 '문제없다' 고 발뺌했다. 한국은 지난 수십 년간 골드먼삭스 같은 대형 투자은행들을 '선진 금융'이라며 벤치마킹 대상으로 삼아왔다. 그러나 이런 '선진 금융기관'이 본고장 미국에서는 사기와 협잡의 대명사로 급격히 추락하고 있다."

멕시코만 원유 유출사태

2010년 5월 20일 미국 상원이 1930년대 대공황 이후 가장 강력하고 광범위한 금융개혁 법안을 59대 39로 통과시켰다. 민주당에서는 더 강한 개혁이 필요하다고 주장한 두 명이 반대표를 던졌고, 공화당 쪽에서는 네 명이 민주당 다수파에 동조했다. 해리 리드 상원 민주당 원내대표는 "이 법으로 월가가 투기로 다른 사람들의 돈을 뺏는 것이 불가능해졌다"며 "게임은 끝났다"고 말했다. 오바마 대통령은 "(월가를 위해 활동한) 수많은 로비스트들과 수백만 달러의 광고"가 실패로 돌아갔다며 환영의 뜻을 밝혔다.

상원 법안은 우선 재무부 장관과 연방준비제도(FED) 의장, 증권거래위원회(SEC) 위원장 등이 참여하는 (가칭) '금융안정감독위원회'를 만들어 금융시장의 위험도를 측정하고 공조 시스템을 구축하게 했다. 또 연준 산하에 소비자보호국을 신설해 서브프라임 모기지 상품 등 파생금융상품 투자 때 소비자들의 피해를 줄이는 임무를 부여하기로 했다. 월가 대형 투자은행들에 족쇄를 채우는 내용도 다수 포함됐다. 먼저 대형 투자은행들이 많은 이익을 내오던 스와프 거래(swap transaction; 서로 다른 금리 또는 통화로 표시된 부채를 상호 교환하는 거래)를 직접 하지 못하고 자회사에 넘기게 했다. 투자은행들이 너무 큰 위

미 상원 통과 금융개혁법안 주요 내용

분야	주요내용	하원 통과 법안과 비교
파생상품 규제	은행들의 파생상품 거래를 금지	하원 법안은 파생상품 거래에 대한 감독을 강화하도록 하고 있음
소비자 보호	미 연준(FRB) 내에 소비자금융보호국을 신설해 신용카드, 주택대출 등 소비자 금융에 대한 감독을 강화	소비자금융 업무를 전담하는 독립된 기구 설립
'대마불사' 방지	금융회사 파산에 들어간 비용을 세금으로 처리하지 않고 금융회사들이 공동 분담	상원 법안은 파산 후 비용을 산정해 금융회사들이 분담하도록 한 데 반해 하원 법안은 금융회사들이 사전에 1500억 달러의 기금을 조성하도록 함
경영진 보수	해외이사들이 경영진 보수를 책정하도록 함	하원 법안은 주주들이 경영진 보수에 대해 찬반 투표를 할 수 있으며 상원 법안은 부정확한 재무제표를 근거로 받은 보수는 반납하도록 함
자기매매 규제	고객 돈이 아닌 자체 자금으로 금융상품에 투자하는 은행의 자기자본 거래를 규제	하원 법안에는 관련 내용 없음

험에 노출되면 부실화됐을 때의 비용도 크기 때문에 방화벽을 만들게 한 것이다. 이와 함께 파생금융상품에 관한 정보 공개를 확대하고 그 거래를 공개시장에서 하게 규정했다. 법안은 이와 함께 부실 금융기관에 예산을 투입하는 것을 금지하는 한편, 심각한 상황에 빠진 부실 금융기관의 경영권과 주주 권리를 빼앗고 회사를 청산하는 권한을 감독기관에 주는 내용도 포함했다.(이본영 2010a)

영국『파이낸셜타임스』는 미 상원에서 금융규제 법안이 통과하면서 월스트리트의 은행가와 로비스트들이 '최후의 반격'을 준비하고 있다고 보도했다. 월가의 한 최고경영자는 이 신문과의 인터뷰에서 "대통령이 법안에 서명하기 전까지는 끝난 게 아니다"라고 말했다.(이진희 2010c) 이 말은 나중에 사실로 입증되지만, 이즈음 오바마 행정부를 가장 괴롭힌 건 미국 남부 멕시코만의 원유 유출사태였다.

위성 촬영된 오염 해양지역.

영국계 석유회사 BP의 해저 석유 시추시설 '딥워터호라이즌(Deep Water Horizon)' 폭발사고가 발생해 원유가 유출되기 시작한 건 2010년 4월 20일이었는데, 수개월 내내 유출을 막지 못해 사상 최악의 환경재앙을 넘어 오바마 대통령에게 '정치적 재앙'으로까지 다가온 것이다. 그래서 '오바마의 9·11'이니 '오바마의 카트리나'니 하는 말까지 등장했다.(권웅 2010a) 오바마는 원유 유출 차단 노력에 별다른 성과가 없자 5월 24일 측근들에게 "빌어먹을 (원유 유출) 구멍 좀 막아버려(Plug the damn hole)"라고 내뱉었으며, 5월 29일 "가슴이 터질 것 같다"는 표현을 써 가며 속상함을 표현했다.

과학자들은 하루 동안 유출되는 원유량이 최대 6만 배럴에 이를 것으로 보았는데, 이는 이전까지 미국 최악의 원유 유출사고로 기록됐던 1989년 엑손 발데스(Exon Valdez)호 사고가 4일마다 한 번씩 일어나는 것과 마찬가지였다. 이 사고로 해양생태계의 보고이자 미국 최대 수산물 공급지역인 미시시피·앨라배마·루이지애나·플로리다 등 네 개 주는 엄청난 환경적·경제적 피해를 입었으며, 전문가들은 이 사태로 인한 피해를 돈으로 환산할 경우 629억 달러(76조 원)에 이를 것으로 추정했다.(유신모 2010e) 원유 유출 차단은 사고 발생 85일 16시간 25분 만인 7월 15일에야 이루어졌는데, 그 사이에 오바마의 야심작인 금융규제 개혁법에 진전이 있었던 게 그에겐 다행이라면 다행이었다.

금융규제 개혁법 발효

2010년 6월 25일 새벽 상·하원은 20여 시간에 걸친 마라톤 협상 끝에 약 2000쪽에 이르는 금융규제 개혁법안 단일안을 도출했다. 오바마 대통령은 26일 주례 라디오 연설을 통해 "월스트리트는 최근 수개월간 엄청난 숫자의 로비스트를 고용하고 수백만 달러를 써 가며 개혁법안을 막으려 했지만, 우리는 물러서기를 거부하며 계속 싸운 결과 이제 승리의 문턱에 와 있다"고 선언했다.(박종세 2010e)

2010년 7월 1일 시사주간 『타임』은 「로비스트들이 어떻게 금융개혁법안을 쥐락펴락 했는가」라는 제목의 기사를 통해 로비스트들의 활약으로 금융개혁법안이 당초 예상했던 것보다 대폭 완화되고 있다고 보도했다. 『타임』은 골드먼삭스, 모건 스탠리 등 대형 투자은행들이 쓴 로비 자금 1500만 달러는 "엄청난 금액으로 보이지만 향후 10년 동안 은행들에 부과될 약 1000억 달러에 달하는 세금에 비하면 놀랄 만한 금액은 아니다"라고 밝혔다. 로비스트들은 이 자금을 이용해 금융개혁법안의 수위를 대폭 낮춰 약 100억 달러의 세금을 줄였다는 것이다.

한 로비스트는 "민주당이 추진하는 금융개혁법안에 반대하는 공화당 중진의원에게 법안 어구를 바꾸게 하기 위해 파견됐다"고 귀띔했다. 로비스트들의 가장 큰 무기는 법안을 복잡하게 만드는 것이다. 문구를 수정하거나 전혀 관련 없는 내용을 넣어 결국 규제를 완화하고 적용을 연기하거나 심지어 면제하기까지 한다. 당초 규제안에 적용키로 했던 자기자본거래 전면금지 조항이 "최대 3퍼센트의 자기자본을 투자할 수 있다"는 식으로 수정된 것이 그 예다. 은행 규제와 전혀 상관없는 '그린 에너지 분야'에 투자, 세금 감면을 받는다는 내용도 관철했다. 오바마 행정부가 그린 에너지 활성화를 위해 세금 감면이라는 당근을 제시한 것을 역이용한 것이다. 『타임』은 "취재 기자도 쉽게 이해할 수 없는 내용들"이라고 전했다. 한 의원도 "법안이 복잡해질수록 은행들이 유리해진다"며 "복잡함은 우리의 적"이라고 말했다. (이대혁 2010a)

결국 골드먼삭스도 그런 로비의 덕을 본 걸까? 2010년 7월 15일 미국 증권거래위원회는 골드먼삭스가 "서브프라임 모기지 상품과 관련해 투자자들에게 충분한 정보를 제공하지 못한 실수를 인정했다"면서 "골드먼삭스로부터 5억 5000만 달러 합의금과 사업 관행을 바꾸는 조건으로 사기혐의 소송을 끝내기로 했다"고 밝혔다. 전체 합의금 가운데 3억 달러는 증권거래위에 벌금으로 납부하고 나머지는 관련 투자로 손실을 입은 투자자들을 위한 배상 용도로 집행된다는 것이다. AP통신은 이번 합의는 지금까지 월가 금융기관이 낸 벌금 가운데 가장 큰 액수로 기록됐지만, 2009년에만 주주 배당 뒤 122억 달러의 순이익을 낸 골드먼삭스에게 이번 합의금은 2주 정도의 수입에 불과하다고 지적했다. 샌포드 번스타인(Sanford C. Bernstein & Co)의 분석가인 브래드 힌츠는 "골드먼삭스는 사기를 친 게 아니라 부주의했다는 결론이 난 셈"이라고 말해 이번 합의를 골드먼삭스의 승리로 평가했다.(강태호 2010a)

7월 21일 금융개혁법안(7월 15일 상원 통과)이 오바마 대통령의 서명으로 발효됐다. 오바마 대통령은 이날 백악관 인근 로널드 레이건 빌딩에서 열린 서명식에서 "이 법 덕분에 미국민은 월가 금융회사들이 범한 실수의 대가를 치르는 일이 더 이상 없을 것"이라고 말했다.

허나 그럴 리가 있겠는가. '실수'가 아니라 '사기' 의도를 품고 보통 사람들의 돈을 먹겠다고 들면 무슨 짓인들 못할 것이며, 법이 무슨 수로 그런 고난도 묘기 대행진을 막아낼 수 있을지 의문이 든다. 그럼에도 오바마가 이런 큰일을 해낸 것은 긍정적으로 평가해도 괜찮겠다.

참고문헌 Bartlett 2010, Bishop & Green 2010, Carney 2010, Endlich 1999, Johnston 2009, Phillips 2004, 강태호 2010a, 권웅 2010a, 김순배 2010, 김신영 2010b · 2010c, 김진호 2009c, 박종세 2010c · 2010d · 2010e, 신치영 2009, 유신모 2010c · 2010e, 이대혁 2010a, 이민주 2009, 이본영 2010a, 이진희 2010c, 이청솔 2010a, 이하원 2010a · 2010b, 임영주 2010, 전병근 2010c · 2010d · 2010e, 정경민 2009a · 2010b, 정인환 2010, 조원희 2010, 조일준 2010a, 최상연 2010

제2의 베트남전쟁인가?
오바마의 발목을 잡는 아프가니스탄

'항구적인 자유'가 '항구적인 혼돈'으로

2001년 9·11테러가 일어나고 20여일 만인 10월 7일, 조지 부시 대통령이 이 테러의 주범인 오사마 빈 라덴의 근거지인 아프가니스탄을 공격하면서 내건 작전명은 '항구적인 자유(Enduring Freedom)'였지만 이후 항구적인 것은 오직 '혼돈'뿐이었다.(전병근 2009c) 개전 한 달여 만에 권좌에서 축출됐던 이슬람 수니파 근본주의 집단인 탈레반(Taleban) 세력은 부활했고, 8년이 다 돼 가는 시점까지 부시의 뒤를 이은 오바마마저 이러지도 저러지도 못하는 수렁에 몰아넣고 말았다.

아니, 오바마도 '제국'을 지켜야 한다는 점에선 부시와 전혀 다를 바 없는 인물이었다. 그건 곧 그의 존재 근거였는지도 모른다. 오바마는 2008년 12월 자신의 외교·안보팀을 발표하면서 "국내의 번영과 해외의 평화를 보장하기 위해 지구상에서 가장 강력한 군대를 유지하는 것은 극히 중요하다"고 말했으며, 실제로 이를 실천에 옮겼다. 오

이라크·아프간전은 계획 수립부터 '신속한 공격과 장악 후 철군'이라는 전략 아래 수행됐다. 그러나 아프간 민중이 미군을 환영할 것이라는 예측은 빗나가고 부족·종파 간 내전 및 탈레반 무장세력이 확산됐다. 미국은 아프간 철군을 보류하며 반군 소탕작전을 벌였지만 이는 2011년 완전철군을 전제로 하는 한시적 조치였다. 증파 결정도 철군 날짜를 못 박은 채 이뤄졌다.

바마 행정부는 아프가니스탄전쟁의 승리를 위해 단계적으로 병력을 증파(6만 5000명)했고, 인접한 키르기스스탄의 마나스 공군기지(Transit Center at Manas)를 확보하기 위해 독재 정권으로 비판받는 키르기스스탄 정부를 정치·경제적으로 지원했다.

2009년 미군은 공식적으로 46개국 900여 군사시설을 운용하고 있었다. 이 시설의 면적을 모두 합치면 3217제곱킬로미터로 서울의 다섯 배며, 이곳에 들어선 건물 2만 6000여 동을 포함하면 부동산 가치만 1460억 달러(약 178조 원)에 이르렀다. 해외 배치 미군 병력은 19만 명, 민간 지원인력이 11만 5000명이었다. 미 국방부에 따르면, 교전 지역인 이라크(12만 8000명)와 아프가니스탄(5만 8000명)에 배치된 병력 중 현역(주 방위군, 예비역 제외)을 추릴 경우, 2009년 3월 말, 해외 파병 미군은 29만 3700명에 달했다. 전체 현역 미군(141만 2500명)의 21퍼센트가 해외에 있는 셈이었다. 또 이스라엘 · 쿠웨이트 · 필리핀 등의 비공식 시설들까지 고려하면 미군의 해외 진출 규모는 이보다 훨씬 컸다.

2009년 8월 미국 브라운대학 왓슨국제정치학연구소의 캐서린 러츠 교수는 영국 시사 주간지 『뉴스테이츠먼(New Statesman)』(2009.8.3) 표지기사 「오바마의 제국」에서 위와 같은 통계 수치들을 제시하면서 "현재 미군의 해외 진출 수준은 전대미문"이라며 "오바마 대통령은 지금 이 시각에도 팽창하는 미 군사기지 네트워크의 총사령관"이라고 주장했다.(이용수 2009a)

그 와중에서 아프가니스탄이 '제2의 베트남'이라는 인식이 확산돼가고 있었다. 이를 의식한 오바마는 2009년 9월 14일 백악관에서 『뉴욕타임스』 · CNBC와 가진 인터뷰에서 "우리는 역사에서 교훈을 배워야 한다. 그러나 모든 역사의 순간은 다 다르다. 우리는 같은 강물에 두 번 발을 담글 수 없다. 그와 마찬가지로 아프가니스탄은 베트남이 아니다"라고 강변했다.(전병근 2009b)

그러나 장군들이 대통령의 말을 잘 듣지 않는 것도 베트남전 때와 비슷했다. 백악관은 아프가니스탄에 대한 병력 증강 대신 무인폭격기와 특수부대를 동원해 테러조직 알카에다 분쇄에 좀 더 집중한다는 전략을 세웠는데, 이에 대해 아프가니스탄 주둔 미군(6만 8000명)과 더불어 나토(NATO) 10만 병력의 총지휘관인 스탠리 매크리스털(Stanley A. McChrystal) 대장이 공개적으로 반론을 제시하고 나섰다. 4만 병력

매크리스털(사진)은 대규모 증파를 통한 테러 소탕과 새로운 아프간 건설을 주장했다. 이에 바이든 부통령은 장기간의 소탕작전이 미국을 '군사적인 늪'에 빠뜨린다며 반대했다. 이 공방은 오바마 대통령이 증파와 2011년 철수라는 출구전략을 발표하면서 수습되었다. 양측 입장을 모두 염두에 둔 결정인 셈이었다.

의 증파를 요구해온 그는 10월 1일 런던의 국제전략연구소에서 행한 연설에서 "기다려선 좋은 결과를 얻을 수 없다"며 추가 파병에 미온적인 오바마를 사실상 비판하는 등 백악관을 자극하는 발언을 쏟아냈다. 그는 '백악관의 수정안'을 지지할 거냐는 질문에 "아프간을 혼돈의 나라로 만들 것"이라며 "한마디로 '노'"라고 답했다.

바로 다음 날 때마침 시카고의 2016년 하계올림픽 유치 노력을 지원하기 위해, 코펜하겐을 방문 중이던 오바마는 매크리스털을 긴급 호출했다. 면담 장소는 덴마크 코펜하겐공항에서 이륙 준비 중이던 미 대통령 전용기인 에어포스원(Air Force One)이었다. 그와 군 최고통

수권자의 25분간 일대일 기내 면담을 놓고 백악관은 '생산적'이었다고 했지만, 미 언론들은 군 지휘관의 '항명'에 대한 대통령의 '질책'으로 해석했다. 실제로 제임스 존스 백악관 안보보좌관은 10월 4일 CNN 방송의 대담 프로그램에서 매크리스털 장군에 대해 "증파를 공개적으로 요구했으며, 지휘계통을 밟지 않았다"고 비판했다.(김정욱 2009a, 전병근 2009c)

딜레마 상황에서 확고한 노선을 유지하긴 어려운 일이었을까? 오바마는 결국 아프가니스탄에 3만 명의 병력을 추가 파병키로 하는 오락가락 행보를 보였는데, 이 때문에 "네오콘은 죽지 않았다"는 말까지 나왔다.

2010년 1월 22일 발간된 시사주간지 『뉴스위크』는 이라크전의 실패와 함께 몰락한 것으로 보였던 네오콘이 오바마 정권에서도 건재하며, 그 영향력을 높여 가고 있다는 분석기사를 실었다. 2009년 9월 네오콘의 대부였던 어빙 크리스톨(Irving Kristol, 1920~2009)이 89세로 사망했을 때, 그에게 혜택을 입은 공화당 주요인물들이 장례식에 거의 참석하지 않은 것은 네오콘의 쇠락을 상징적으로 보여줬지만, "성급한 사망선고가 내려졌던 그때, 사실 네오콘은 부활하고 있었다"는 것이다. 『뉴스위크』는 "네오콘의 브랜드는 변할지라도 그들은 언제나 건재했다"고 보도했다. 미국인들의 맹목적 애국주의와 '무엇이든 고칠 수 있다'는 생각, 외교의 미묘함을 못 참는 습성은 미국 역사만큼이나 오래됐고 그것이 네오콘의 뿌리라는 것이다. 그러나 오바마 정부의 한 관리는 아프간 증파 결정에 네오콘이 영향을 미쳤다는 주장에 대해 "네오콘들은 그렇게 정당화하고 싶겠지만 그들이 지지했던

정부는 이미 실패했다"고 일축했다.(이진희 2010d)

스탠리 매크리스털의 항명

2010년 2월 22일 아프가니스탄전쟁으로 인한 미군 사망자가 1000명을 넘어섰다고 아프간 · 이라크전 전사자 집계 웹사이트인 '아이캐쥬얼티스(www.icasualties.org)'가 밝혔다. 2001년 10월 전쟁이 시작된 지 8년 4개월 만이었다. 개전 이후 미군을 포함한 다국적군 전체 사망자 수는 1657명을 기록했다. 영국군이 264명, 캐나다와 프랑스도 각각 140명과 40명의 전사자를 낳았다.(이청솔 2010b)

2010년 6월 7일 아프간전은 '통킹만 결의안' 통과로 1964년 8월 참전이 시작됐던 베트남전의 103개월 기록을 제치고 미국의 가장 긴 전쟁(104개월)으로 기록됐다. ABC는 "두 달 만에 칸다하르(Kandahar)를 정복하며 속전속결로 끝날 듯 보였던 이 전쟁은 개전 당시 무명의 정치인이었던 버락 오바마 대통령 치하에서 8년 8개월째 진행되고 있다"고 말했다.(김신영 2010d)

2010년 6월 아프가니스탄 주둔 미군 사령관 스탠리 매크리스털이 결국 또다시 일을 저지르고 말았다. 격주간지 『롤링스톤(Rolling Stone)』과의 인터뷰에서 "대통령의 빌어먹을 전쟁(his fucking war)"이라고 말하는 등 오바마 대통령과 그의 아프간 정책을 또 다시 비판한 것이다. 『롤링스톤』은 매크리스털을 밀착 취재한 뒤 「통제 불능의 장군(The Runaway General)」이란 기사를 실었다. 그가 오바마를 비롯한 행정부 주요 인사들과 불편한 관계여서 '광야에 혼자 선 외로운 늑대'와 같다고 표현했다.

먼저 매크리스털이 사령관에 기용돼 백악관에서 오바마를 만날 때의 일화가 소개됐다. 매크리스털 측근은 "당시 두 사람의 만남은 10분간 사진 찍는 게 전부였는데 오바마는 매크리스털에 대해 알고 있는 게 전혀 없었다"며 "아프간전쟁을 이끌어갈 사람이 거기에 있는데 오바마가 별로 신경을 쓰지 않는 듯 보여 보스(매크리스털)는 적잖이 실망했다"고 전했다. 매크리스털과 측근들은 또 사석에서 제임스 존스 백악관 국가안보보좌관을 "1985년에 갇혀 있는 광대", 리처드 홀브룩(Richard Holbrooke) 아프간 담당 특사를 "언제 잘릴지 몰라 초조해하는 상처 입은 동물"로 불렀다.

오바마는 기자들에게 "매크리스털이 등장한 잡지 기사를 보고 그의 판단력이 부족하다고 생각했다"고 질타했다. 경질 여부를 묻는 질문에 오바마는 "최종 결정을 내리기 전, 그와 직접 이야기해보고 싶다"고 답했다. 백악관은 "매크리스털이 23일 열리는 아프간·파키스탄 전황관련 월례회의에서 발언 내용을 해명할 것"이라고 말했다. 로버트 깁스 백악관 대변인은 "오바마 대통령이 기사를 보고 진노했다. 경질을 포함해 모든 옵션이 열려 있다"고 전했다. 반면 하미드 카르자이(Hamid Karzai) 아프간 대통령은 매크리스털에 대해 신뢰를 표시하며 그의 경질에 반대한다는 뜻을 미국에 전달했다.(최상연 2010a)

6월 23일 수요일 아침, 오바마는 아프간 카불에서 14시간 비행기를 타고 온 매크리스털을 백악관에서 만났다. 약 20분간의 면담에서 매크리스털은 사과했지만, 엎질러진 물이었다. 3시간 뒤, 오바마는 기자회견에서 경질 사실을 공식 발표했다. 그는 매크리스털이 "우리 민주주의 체제의 핵심인 군에 대한 문민 통제를 훼손하고, 아프간에서 우리의 목표를 달성하기 위해 함께 일하는 데 필요한 신뢰를 무너뜨렸다"고 말했다. 후임 사령관으로는 매크리스털의 두 명의 직속상관 중 하나인 데이비드 퍼트레이어스(David H. Petraeus) 중부군 사령관이 아프간 주둔 사령관을 겸임토록 했다. 미국에서 전시 사령관이 바뀐 것은 1951년 해리 트루먼(Harry S. Truman, 1884~1972) 대통령과 더글러스 맥아더(Douglas MacArthur, 1880~1964) 유엔군 사령관이 한국전쟁의 방향을 놓고 부딪쳐 맥아더가 해임된 뒤 사실상 처음이다. 『워싱턴포스트』는 "오바마는 누가 최고 지휘자인지 보여줬다"고 평가했다.(김순배 2010a, 최상연 2010b)

그러나 일각에선 해임 배경으로 매크리스털이 내부 권력싸움에서 밀렸다는 설과 더불어 매크리스털 스스로 자신의 해임을 유도했다는 설이 제기되었다. 이 두 번째 설이 주목할 만하다. 그가 취임한 이후 아프간 상황이 오히려 계속 악화된 정황이 이런 추측의 배경이었다.

전임자인 데이비드 매키어넌(David D. McKiernan) 사령관 시절인 2008년 미군 사망자는 155명이었지만 매크리스털 취임 이후인 2009년에는 317명을 기록했고 2010년에는 더 늘어날 전망이었다. 매크리스털은 2009년 12월 미국 상원 군사위원회 청문회에 출석해 "내년 이맘때면 무장 세력의 위세를 꺾는 동시에 탈레반을 아프간 민간인으로부터 떼어놓을 수 있을 것이다"라고 호언장담했지만, 그의 작전은 실패로 돌아가고 말았다. 그의 처지가 극도로 곤란해진 것이다. 그래서 이매뉴얼 월러스틴 예일대학 교수는 매크리스털이 '자폭'했다고 주장했다. "매크리스털이 인터뷰에 응한 것은 스스로 해임되기 위해서였다. 자신이 선봉이 되어 아프간에서 추진하는 정책들이 먹혀들지 않고 있으며 앞으로도 그럴 것임을 너무나 잘 알기 때문이다. 나아가 패배의 오명을 뒤집어쓰는 인물이 되고 싶지 않았을 것이다."(김영미 2010)

매크리스털 경질로 누가 최고 지휘자인지는 분명해졌을지라도, 미국인들의 아프간전에 대한 염증은 더욱 깊어졌다. 매크리스털 사퇴 직후 실시된 『뉴스위크』 설문조사에서 '오바마가 아프간전을 제대로 지휘하고 있다'는 답은 27퍼센트에 불과했다. 2010년 2월(55퍼센트)의 절반에 불과한 수치였다. '미국이 아프간전에서 이기고 있다'는 답은 고작 26퍼센트에 불과했다. 『뉴스위크』는 "군과 정부의 간극을 드러낸 매크리스털 사태가 아프간전에 대한 대중 지지도를 악화시켰을 가능성이 크다"고 분석했다. 라스무센 연구소의 한 설문조사에선 절반 정도가 '승전(勝戰)보다 종전(終戰)이 중요하다'고 답했다.(김신영 2010e)

위키리크스 폭로 사건

매크리스털 사태가 끝나자, 이젠 2011년 7월로 예정된 미군의 아프가니스탄 철군 계획이 이슈로 등장했다. 2010년 6월 29일 헨리 키신저(Henry A. Kinsinger) 전 미국 국무장관은 『파이낸셜타임스』와의 인터뷰에서 미군의 아프가니스탄 철군은 "실패로 가는 메커니즘을 제공할 것"이라고 경고했다. 키신저는 "미국의 아프간 목표가 지나치게 거창한데다 수도 카불 이외의 아프간에는 통치권이 미치지 않는 하미드 카르자이 아프간 대통령 정부에 지나치게 의존하고 있는 만큼, 버락 오바마 대통령은 아프간 철군 시점과 아프간 전략의 도출 방식을 현실에 맞게 수정할 필요가 있다"고 강조했다. 키신저는 "철군 시점을 밝히는 것은 적들에게 어떻게 전투를 치러야 하는지 알게 하고, 느긋하게 기다릴 수도 있게 해 현명하지 않은 생각"이라고 꼬집었다.(정재홍 2010a)

철군 반대에 공화당도 가세했다. 7월 4일 공화당의 존 매케인·린지 그레이엄 상원의원 등은 언론과의 인터뷰를 통해 오바마 대통령이 철군 시점을 못 박음으로써 알카에다와 탈레반을 더 공세적으로 만들었다고 비난했다. 매케인 의원은 ABC의 시사 프로그램에 출연해 "우리가 어느 특정 시점에 떠날 것이라고 분명히 말한 이상 적들이 그때까지 기다릴 것이라는 점은 상식"이라며 "오바마 대통령은 우리가 전쟁에서 승리한 뒤 철수할 것이라는 점을 명백하게 말해야 한다"고 주장했다. 그레이엄 의원도 CBS에 출연해 "미군이 아프간을 떠날 것이라고 사람들이 생각하는 이상 우리가 아프간전에서 이길 기회는 없다"고 지적했다.(유신모 2010d)

그러나 매크리스털 사태와 철군 반대는 7월 25일에 터진 사건에 비하면 약과였다. 그날 폭로전문 사이트 '위키리크스(WikiLeaks)'가 9만

키신저는 닉슨과 포드 행정부에서 국무장관을 지냈다. 퇴임 후에도 후임 미 대통령들의 비공식고문으로 활동하며 대외정책에 영향력을 행사해왔다.

1731건의 아프가니스탄전쟁관련 미군 기밀문건을 공개한 사건이다. 위키리크스는 2010년 4월, 미 아파치 헬기가 2007년 이라크 민간인을 공격하는 동영상을 폭로해 세계적 관심을 끌었던 사이트로, 2006년 12월 호주 저널리스트 줄리언 어산지(Julian P. Assange)가 수십 개국 자발적 후원자들의 지원으로 설립한 내부고발 전문 인터넷 언론매체다. 위키리크스는 창설 이후 영국 극우파 소수정당 인사들의 개인정보나 미국 공화당 부통령후보였던 새라 페일린의 이메일, 아프리카 연안 유독물질 투기관련 메모 등을 공개해 기존 언론이 미처 다루지 못했던 '폭로 저널리즘'의 전형을 보여줬다.

위키리크스는 어산지가 대표라는 사실 외에는 실체가 거의 드러나지 않은 매우 비밀스러운 조직이다. 12명의 핵심 자원봉사자들이 스웨덴, 덴마크 등에 서버를 둔 사이트를 운영하며, 제보자들의 철저한 익명성 보호를 위한 1000여 명의 기술 지원단 및 소송을 대비한 법률 지원단이 외곽에서 위키리크스를 지탱하고 있다. 위키리크스는 주로 미 정부의 민감한 내부 정보를 공개했다는 이유로 한때 미 정보기관들로부터 '미군에 위협이 되는 사이트'로 지정되었다.(양홍주 2010b)

문건공개에 앞서 위키리크스로부터 자료를 제공받은 미『뉴욕타임스』, 영국『가디언』, 독일『슈피겔』의 25일 보도에 따르면 파키스탄 정부는 정보부 인사들을 탈레반 회의에 보내 이들의 아프간-파키스탄 접경지역 공격을 배후 조종하는 등 미군을 적대하는 이중 행동을 펼쳐왔다. 이란은 알카에다와 연계된 토호 세력에 무기 공급과 훈련 지원을 계속해온 것으로 드러났다. 북한은 빈 라덴 측근 두 명과, 미군과 연합군을 공격할 원격조정 로켓포를 이듬해 초순까지 인도하기로 계

위키리크스가 확보한 미 헬기 이라크 민간인 공격 장면. 위키리크스는 미국의 압박으로 2010년 후원계좌 폐쇄, 설립자 체포, 서버와 도메인 차단이라는 위기에 처했다.

약했으나, 이 무기판매 계약은 가격문제로 최종 성사되지는 않았다. 북한과 알카에다가 유대관계를 넘어 무기거래를 추진한 사실이 밝혀진 것은 처음이었다. 문건엔 연합군이 민간인을 사살한 144건의 정보와, 탈레반 고위 인사 암살을 위한 특수부대가 비밀리에 운영된 사실도 담겨 있었다.

BBC는 "미군 역사상 최대 규모의 기밀 누출사건이 터졌다"고 이번 '아프간 리크' 사건의 의미를 부여했다. 이 문건을 분석한 『뉴욕타임스』는 "미국이 3000억 달러(357조 원)의 자금을 쏟아 넣었는데도, 아프간에서 탈레반이 (미군의 침공 이전인) 2001년보다 더 강해지고 있는 원인을 보여준다"고 평가했다. 제임스 존스 미 백악관 국가안보보좌관은 26일 "이 같은 기밀 누출은 국가 안보를 위협한다"며 강력히 비난했지만, 어산지는 "이번 자료는 '표면에 상처를 낸 것'에 불과하며, 지금 1만 5000개의 미공개 파일을 확인 중"이라며 추가폭로 계획을 밝혔다.(양홍주 2010a, 이진희 2010e)

2010년 7월 26일 위키리크스로부터 미군 상황일지 등 군사기밀문서를 사전에 넘겨받아 수 주 동안 검토했던 영국의 『가디언』은 미군이 아프간 민간인 학살을 은폐·축소한 전형적 예로 2007년 3월 4일 발생한 미 해병들의 총기난사 사건을 들면서, 이 짧은 상황일지 뒤에 감추어진 진실을 폭로했다. 사건 발생 3주 전 현지에 배치된 미 해병 호송부대는 잘랄라바드(Jalalabad) 동쪽 외곽도로에서 자살폭탄 차량의 공격을 받았는데, 부상자 발생에 광분한 해병대원들은 현장을 벗어나 도로를 질주하면서 10여 킬로미터에 걸쳐 자동화기를 무차별적으로 쏴댔다는 것이다. 이 무차별 총격으로 갓 결혼한 16세 소녀, 길을 가던 75세 노인 등 19명의 비무장 아프간 민간인들이 목숨을 잃었고, 50여 명이 다쳤다.(류재훈 2010)

'톱 시크릿 아메리카'

『워싱턴포스트』(2010.7.26)는 "위키리크스는 급변하는 언론환경 속에서 소규모 비영리 웹사이트 언론이 얼마나 힘을 갖게 됐는지를 보여준다"고 평가했지만, 그렇게 적당히 얼버무리고 넘어갈 일이 아니었다. 『워싱턴포스트』를 비롯한 주류 미디어들의 무능과 직무유기 그리고 그 원인에 대한 심층분석이 필요한 일이었다.

사실 『워싱턴포스트』는 위키리크스의 폭로 6일 전인 7월 19일 여러 원인 중의 하나를 내놓긴 했다. 그날 『워싱턴포스트』는 "미국 정부가 2001년 9·11테러 이후 9년 동안 미국을 일급비밀 국가로 만들었다"고 폭로했다. 이 신문은 지난 2년간 취재한 '일급비밀 미국(Top Secret America)' 시리즈 기사에서 먼저 정보기관 문제를 짚었다. 이 시리즈에 따르면, 미국에서 대테러, 국토안보 프로그램 임무를 수행하는 정부 및 민간 기구는 전국 1만 곳에 걸쳐 각각 1271개와 1931개가 활동 중이다. 이를 위해 지난 9년간 완공됐거나 건설 중인 정보기구 단지는 워싱턴 주변에만 33개나 되었는데, 이는 미 펜타곤의 세 배, 의사당의 22배 넓이에 해당하는 160만 제곱미터에 달했다. 『워싱턴포스트』는 정보기관들이 급속히 비대해지면서 나타나는 여러 문제들을 지적하면서 "누가 일하고, 얼마의 돈이 쓰이고, 어떤 작전이 행해지고, 어느 기관이 간여했는지 알 수 없는 '톱 시크릿 아메리카'의 발견은 미합중국의 또 다른 지리적 발견에 해당한다"고 비판했다.(이태규 2010)

그렇다. 문제의 핵심은 바로 이것이다. '톱 시크릿 아메리카'! 다수의 국민을 배제한 채 소수의 기득권 엘리트가 좌지우지하는 미국의 시스템이 문제다. 오바마 행정부 이전 미국 정부가 84퍼센트라고 자랑하던 미사일 방어(MD) 시스템의 명중률이 2010년 5월 실제로는 최대 10~20퍼센트에 불과한 것으로 밝혀진 것도 이를 잘 말해준다.(이진희 2010f) 미국에선 무엇이건 늘 나중에 밝혀진다. 미국보다 못한 시스템을 갖고 있는 나라들에선 "뒤늦게나마 모든 게 밝혀지는 걸 보면 미국은 역시 선진국이다"라고 감동하는 사람들도 많지만, 그게 어디 그렇게 감동할 일이겠는가.

2010년 8월 31일 미국은 이라크 주둔 미군 전투병력의 철수가 완료됨에 따라 이라크 전투 임무를 공식 종료했다. 2003년 3월 20일 이라크를 침공한 지 무려 7년 5개월 만이었다. 2011년까지 이라크 군경을 교육·훈련할 5만 명의 비전투요원이 남지만 이라크전은 사실상 종료 단계로 들어갔다. 수십만에 이르는 이라크 민간인과 미군 4400여 명 등 4700여 명에 이르는 연합군의 목숨을 앗아간 끔찍한 전쟁이었다.

2010년 3월 7일 의회 선거 투표를 마치고 나오는 이라크 시민들. 이라크는 2005년 1월 30일 제헌의회를 구성하여 새 헌법초안을 마련한 후 2005년 10월 15일 국민투표로 확정했다. 신헌법상 이라크는 대통령과 부통령을 두지만 100퍼센트 내각책임제로 운영되는 연방제국가다.

이제 남은 건 아프간전쟁이었다.

이라크전쟁에 이어 아프간전쟁만을 놓고 보자면 미국은 곧 무너질 제국처럼 여겨질 수도 있겠지만, 미국엔 제국을 지탱하는 또 다른 시스템이 하나 있었으니 그건 바로 미국인의 '애국심 관리'에 지극한 정성을 쏟는 일이었다. 가장 대표적인 게 '전우 유해 찾기 운동'이었다. 병 주고 약 주는 식이라고나 할까.

미군은 '조국은 당신을 잊지 않는다'는 캐치프레이즈를 내세워 '전우 유해 찾기 운동'을 활발히 펼쳐왔다. 2009년 '실종' 상태인 미군은 모두 8만 4000명이었는데, 기존 발굴 속도(연간 70여 구)로 국방부가 '발굴 가능'으로 판단하는 3만 5000구를 모두 찾아내는 데만도 500

년이 걸린다. 하지만 미군은 아무리 오랜 시간이 걸리고 값비싼 대가를 치르더라도 유해를 발굴한다는 방침이다. '단 한명의 군인도 홀로 적진에 남지 않게 하라'는 게 이들의 모토다.(김동섭 2009a, 이용수 2009)

어디 그뿐인가. 2009년 7월 오바마는 한국전 휴전일인 27일을 '한국전 참전용사 휴전일'로 지정하고, 연방정부의 모든 기관이 성조기를 조기(弔旗) 게양토록 지시했다. 백악관 포고문에 따르면, 오바마 대통령은 "판문점에서 휴전 협정이 체결되고 56년이 흐른 뒤에도, 미국인들은 한국전 참전용사들의 용기와 희생에 감사하고 있다"고 밝혔다. 그는 "한국전에 참전했다가 사망한 미국인들에 대한 추모의 뜻으로 연방정부의 모든 기관, (6·25전쟁 휴전에) 관심이 있는 단체와 조직, 개인들이 27일 성조기를 조기로 달 것을 요청한다"고 밝혔다.(이하원 2009f)

이건 일과성의 행사가 아니라 '미국 시스템'으로까지 자리 잡은 미국인들의 기본자세다. 한국의 보수언론들은 미국 정부의 그런 '애국심 관리'에 경의를 표하면서 한국도 이를 배워야 한다고 역설하지만, 한국은 미국과는 정반대다. 한국에선 정부에 의한 '애국심 관리'는 미국과 비교하여 소홀하거나 부실한 편이다. 사회문화적 동질성이 강한 한국인들은 스스로 알아서 애국을 할 거라고 보기 때문일까? 애국심은 둘째 치고 한국의 해외공관들이 자국민 보호는커녕 자국민에 대해 오만하게 굴거나 그들의 위험을 외면해 문제가 된 사건들이 심심치 않게 일어나도 도무지 변화가 없다. 한국은 '애국심 관리'를 해야 할 사이즈의 '제국'이 아니기 때문인지도 모른다.

워싱턴 한국전기념관의 모습. 2차 세계대전과 6·25, 베트남전, 걸프전, 이라크전 등에서 전사한 미군 유해 발굴과 신원감식 업무는 미 국방부 산하 '전쟁포로 및 실종자 확인 합동사령부(JPAC)'가 담당하고 있다.

    미국의 빈부격차가 극심하다는 보도들이 잇따르면 어느 순간 부자들이 모여서 '기부'를 외치고 나선다. 2010년 8월 4일 억만장자 사업가 워렌 버핏(Warren E. Buffett)과 빌 게이츠(Bill Gates)가 만든 자선사업가 모임 '기부 약속(The Giving Pledge)'은 '살아 있거나 사망할 때 최소한 재산의 절반을 기부한다'고 서명한 억만장자 40명의 명단을 공개했는데, 기부 약속을 한 부자들의 재산을 50퍼센트만 합산해도 1500억 달러, 175조 원에 이른다. 이에 한국의 『조선일보』(2010a)는 "이런 움직임은 부(富)의 개념에 대한 혁명이다. '혁명에는 장미꽃 향기가 난다'는 말이 '혁명에는 피 냄새가 난다'는 옛말을 대신해 가기 시작한 것이다. 정말 기적이 일어났다"고 찬사를 보냈다.

    미국 거부들의 기부 운동은 민간 영역에 의한 '제국 관리'라 볼 수

기부와 사회환원을 약속해 '오마하의 현인'으로 불리는 워렌 버핏(사진). 허나 그의 화려한 기부운동에 대한 반론도 있다. 미국에서는 기부액의 대부분이 세금혜택을 받기 때문에 부자들은 기부와 세금 중 택일을 한다. 그러니 세금을 거둬들여 공공 목적에 쓰는 편이 더 나은 대안이라는 의견이다.

있겠다. 여기에 앞서 지적한 '소프트 파워' 헤게모니를 위한 각종 혁신들이 시장 논리에 따라 동시다발적으로 일어난다. '구글-위키피디아-아이폰'으로 대변되는 미국의 IT 소프트 파워 산업은 디지털 정보 제국의 첨병인 동시에 세계인들을 '팍스 아메리카나'의 자장 속으로 끌어들이는 문화적 힘으로 기능한다.

참고문헌 김동섭 2009a, 김순배 2010a, 김신영 2010d · 2010e, 김영미 2010, 김정욱 2009a, 류재훈 2010, 양홍주 2010a · 2010b, 유신모 2010d, 이용수 2009 · 2009a, 이진희 2010d · 2010e · 2010f, 이청솔 2010b, 이태규 2010, 이하원 2009f, 전병근 2009b · 2009c, 정재홍 2010a, 조선일보 2010a, 최상연 2010a · 2010b

디지털 정보제국인가?
'구글-위키피디아-아이폰'의 정치학

오바마의 중간선거 패배

'계층 간 전쟁(a class war)'으로 일컬어진 11월 2일 중간선거는 오바마의 패배로 끝나고 말았다. 435석 전체를 다시 선출하는 하원 선거에서 공화당은 239석을 확보했으며 민주당은 185석을 차지하는 데 그쳤다. 본래 의석보다 60석 이상을 보탠 공화당의 압승이었다. 상원에서는 민주당이 51석을 건졌고 공화당은 46석을 챙겼다. 주지사는 민주당이 14개 주, 공화당은 27개 주를 차지했다. 대공황 여파 속에 실시된 1938년 중간선거 이래 72년 만의 집권당 최악의 패배였다.(이 중간선거에 시장·주 하원의원·주 상원의원·시의원 등 다양한 선출직에 출마한 한인은 모두 28명으로 이 중 3분의 2가 넘는 16명이 당선되어, 2006년 28명이 도전해 15명의 당선자를 낸 데 이어 또다시 최다 당선 기록을 갱신했다.)

패배의 가장 큰 원인은 지나치게 느린 경제회복이었다. 10월 평균 9.6퍼센트의 기록적인 실업률로 대표되는 경제 상황이 결정타였다.

인디애나 주 노터데임대학 로버트 시뮬 교수는 "국민은 일자리를 바랐는데, 오바마는 건강보험 개혁의 정치적 승리에 몰두했다"고 설명했다. 그는 이어 "대공황 때의 프랭클린 루스벨트 대통령은 국민에게 '우리는 모두 함께 있다'는 믿음과 '반드시 역경을 이겨낼 것'이라는 희망을 심어주는 데 성공했다"며 오바마의 설득과 소통능력 부족을 지적했다. 이 때문에 공화당 선거운동과 언론 보도에서는 오바마의 소통 실패를 빗댄 '노-바마(No-Bama)'라는 표현이 등장했다. 더불어 '우리는 할 수 없다(No, We can't)'란 조롱 섞인 구호도 나왔다.(김정욱 2010a)

공화당이 승리할 수 있었던 핵심 동력의 하나는 풀뿌리 우익단체 '티파티'였다. 전국적으로 맹위를 떨친 티파티 덕에 보수 세력을 결집시킬 수 있었다. 중간선거 최고의 스타는 티파티를 이끈 새라 페일린이었다. 페일린은 2일 밤 공화당의 승리를 확인한 뒤 트위터에 "유권자는 극좌파를 거부했다(Refudiate)!"는 글을 올렸다.(정경민 2010d)

페일린이 쓴 'Refudiate'는 'repudiate'의 오타다. 지난 7월 트위터에 철자가 틀린 이 단어를 썼다가 구설수에 올랐는데 이를 의도적으로 다시 쓴 것이다. 당시 그녀의 무식과 무지에 대해 "공화당은 이민자들에게 영어 배우라고 주장하기 전에 페일린에게 공부를 시켜라"는 비아냥이 쏟아졌지만, 그녀는 기죽지 않고 "영어는 살아 있다. 셰익스피어도 새로운 말을 즐겨 만들지 않았냐"라고 맞섰다.

이와 관련해 신예리(2010)는 "페일린은 미국이 특별한 나라라는 이른바 '미국 예외주의'를 신봉하면서도 미국의 지도자는 특별해선 안 된다고 주장한다. 결코 일반 국민과 달라선 안 된단 것이다. 무식해도 당당한 이유다. 힐러리 클린턴처럼 남자 경쟁자보다 두 배는 뛰어나려 용 썼던 게 앞 세대 여전사들. 이와 달리 평범한 아줌마로 자처하는 그녀를 두고 '페미니즘의 종언'이란 얘기도 나온다"며 다음과 같이 말한다.

"어쩌면 진짜 영리한 건 페일린일지 모른다. '미국인들은 생각이 너무 많은 대통령을 원치 않는다. 이래라 저래라 지시하는 아버지 타입도 질색이다'(클로테르 라파이유, 『컬처 코드』). 아이비리그 출신에다 입만 열면 '한국을 배우라'며 잔소리하는 버락 오바마 대통령이 궁지에 몰릴 만하지 않은가. 차기를 노린다면 잊지 마시길. 민심을 움직이는 건 논리가 아니라 감정 아닐까."

11월 3일 중간선거 패배 후 백악관에서 열린 기자회견에서 오바마 대통령은 "미국인들은 크게 좌절했습니다. 더딘 경제 회복, 자녀들에게 희망했던 기회의 부족……. 2년 동안 절대다수 미국인들은 삶의 진척을 느끼지 못했고, 어제 (선거를 통해) 그것을 저에게 말해주었습니다. 대통령으로서 이에 대한 모든 책임을 받아들입니다"라고 말하며 고개를 숙였다. 56분의 기자회견 동안 오바마는 여덟 차례나 "책임을 통감한다"고 말했다. 오바마는 향후 초당적 국정운영을 약속했다. 그는 "이번 선거는 어느 한 정당이 우리가 앞으로 나아가야 할 방향을 강요할 수 없다는 것을 가르쳐주었다"며 "이른 시일 내에 민주·공화 의회 지도부와 마주 앉아 공통분모를 찾고 이를 바탕으로 어려운 도전을 함께 극복해내겠다"고 말했다.(김정욱 2010b)

그러나 지미 카터 대통령의 보좌관을 지낸 패트릭 캐들과 빌 클린턴 대통령의 참모를 지낸 더글러스 손은 11월 14일 『워싱턴포스트』

기고문을 통해 오바마에게 "연임을 포기하고 당파를 초월한 국정 운영으로 위기에 빠진 미국을 살리는 일에 전념하라"고 조언했다. 개인의 정치적 야망을 버리고 당과 미국을 위해 희생하라는 주문이었다. 국민들의 신뢰를 잃은 민주당이 살기 위해서는 오바마의 연임을 희생하는 수밖에 없다는 판단이다. 또 국민들이 중간선거에서 공화당에 투표를 한 것은 '공화당의 비전'을 지지한 것이 아니기 때문에 오바마가 무조건 공화당과 타협하고 중도라는 이름으로 민주당의 정체성과 가치를 포기해서는 안 된다는 주문이기도 했다.(유신모 2010f)

오바마는 연임을 포기하고 무너질 것인가? 두고 볼 일이지만, 설사 오바마가 무너진다 해도 미국이 무너지진 않을 것이다. 미국의 디지털 제국이 날이 갈수록 그 위용을 더해 가고 있기 때문이다. 무엇보다도 구글리제이션(googlization)이 전 세계를 덮치고 있지 않은가.

구글과 구글리제이션

구글리제이션(googlization)이 전 세계를 덮치고 있다. 구글리제이션은 세계 디지털 문화의 선두 주자인 구글이 주도하는 디지털 커뮤니케이션 혁명을 말한다. 1998년 설립된 구글(Google)은 2009년 전 세계 검색 시장의 약 72퍼센트를 차지했다. 구글의 본질은 '속도'다. "빠른 것이 늦은 것보다 낫다"는 구글의 선언은 당연한 듯 보이지만, 실은 그 이상이다. "1000분의 1초가 모두 중요하다. …… 속도는 사용자들에게 중요하다. 속도는 또한 구글이 좋은 명분이 없이는 희생하지 않는 경쟁우위다." 제프 자비스(Jeff Jarvis 2010)의 말마따나, "속도는 구글 종교의 교리인 셈이다."

구글의 운용체계(OS)와 인텔의 칩셋, 소니 등이 결합한 구글 TV. 구글 TV는 인터넷 접속은 물론 스마트폰에서처럼, 텔레비전으로도 다양한 응용 프로그램(애플리케이션)을 받아 사용할 수 있는 '스마트 TV'다.

구글이 '사악하게 굴지 말라(Don't be evil)'는 신조 아래 무료사용 원칙을 지켜온 것에 대해 긍정적인 평가를 해온 토머스 글로서(Thomas Glocer) 로이터 회장은 이런 경고를 했다. "(그 신조가) 구글의 진정한 신조이자 실제 가치관인지, 아니면 단지 '걱정 말라'고 안심시키고 나중에 엄청난 개인행동 데이터를 구축하고 나면 '그런데 말이지, 이제부턴 돈을 내서야겠어' 하고 등을 치려는 건지 모릅니다. …… 구글은 소프트웨어를 응용해서 좁은 해협을 만들고는 우리가 웹에서 뭔가를 할 때마다 그곳을 지나가야 하게 만들었죠. …… 사용자들의 눈길을 끌려면 구글에 의존해야 한다는 것이 두려운 거죠. 어떤 시점이 되면 구글은 공익사업가가 아니라 입장료를 받는 문지기로 바뀔 수도 있어요."(한승동 2010)

2009년 6월 23일 경제일간지 『월스트리트저널』을 소유한 미국의 출판·경제정보 회사 다우존스(Dow Jones)의 레스 힌턴(Les Hinton) 대표는 미국 뉴욕에서 한 다국적 금융·컨설팅기업의 주최로 열린 연예·언론산업 전망 회의 기조연설에서 "구글은 신문 산업의 피를 빨아먹는 흡혈귀(vampire)다"라고 주장했다. 『월스트리트저널』의 발행인이기도 한 그는 "구글은 원래 동굴 속에서 뱀파이어로 생명을 시작한 것이 아니라, 뉴스 업계 스스로가 구글의 입맛에 맞는 피를 먹여준 것으로 봐야 한다"고 주장했다. 애초에 신문 산업이 인터넷에 콘텐츠를 무료로 제공하면서 "구글이 송곳니로 물어뜯을 수 있게 먹잇감을 갖다 바친 꼴이 됐다"는 것이다.(이태훈 2009a)

2009년 『구글드(Googled)』란 책을 쓴 켄 올레타(Ken Auletta 2010)는 "구글은 더 이상 단순한 검색 엔진의 이름이 아니다"라면서 "구글은 21세기 지구상에서 가장 강력한 영향력을 지닌 기업을 일컫는 말"이라고 말했다. 『경영학 콘서트』의 저자 장영재는 구글을 '신의 영역에 도전하는 기업'이라고 칭했다.(정철환 2010)

그래서 문제는 자꾸 더 심각해졌다. 2010년 초 구글은 트위터의 콘텐츠를 구글 검색결과에서 보여주는 서비스를 선보였으며, 사회관계망 전문서비스인 페이스북과 마이스페이스도 검색 결과에 포함하기로 했다. 이에 대해 구본권(2010)은 "'검색되지 않으면 존재하지 않는 것'이라는 시대에 단문 블로그, 인맥 사이트가 '검색' 되기 시작한다는 것은 인터넷 사용자들이 영화 〈트루먼 쇼〉와 같이 노출된 삶을 살게 될 우려로 이어진다"며 "실시간 검색 시대에 자신의 어디까지를 공개하고 살지 스스로 결정해야 한다. 인터넷에 올리는 모든 것은 기록으로 남아 있고, 검색된다는 걸 잊지 말아야 한다"고 말했다.

그 어떤 문제에도 불구하고 구글의 위력에 대한 평가에 일리가 있다면, 미국에서 구축된 이런 '인터넷 정보제국'이 '팍스 아메리카나'의 수명을 연장할 것이라고 볼 수 있겠다. '구글리제이션'은 축복이되 이윤 추구를 전제로 한 축복이다. 그런데 우리 시대의 비전을 위한 혁신과 창의력은 바로 이윤을 추구하겠다는 욕망에서 나온다는 데에 근본 문제가 있다. 빛은 과대평가되고 그림자는 과소평가된다. 이건 우리 시대의 피할 수 없는 숙명인가? 미국이 주도하는 '인터넷 정보제국'의 또 다른 얼굴이라 할 위키피디아는 달리 볼 수 있는 것일까?

위키피디아와 위키노믹스

위키피디아(www.wikipedia.org)는 미국의 무료 온라인 백과사전으로 새로운 문화적 현상으로 부각되었다. 2001년 1월 출범한 위키피디아는 '빨리'라는 뜻의 하와이 원주민 말인 'wiki'와 백과사전인 'encyclopedia'의 합성어로 네티즌들이 공동으로 백과사전 제작에 참여하는 독특한 방식을 채택하면서 화제를 모았다. 위키피디아에선 아무나 새 주제어를 올릴 수 있고, 이미 오른 글도 고치거나 지울 수 있다. 비회원도 글을 남기는 데 제한이 없으며, 운영은 비영리 방식이다. 그로 인한 문제가 없을 리 없었다. 위키피디아가 부정확한 정보를 무책임하게 제공하고 있다는 비판이 끊임없이 제기되었다.

그럼에도 위키피디아의 인기가 치솟으면서 위키노믹스(wikinomics)라는 말이 생겨났다. 이는 인터넷 이용자들이 만든 백과사전 '위키피디아'와 경제를 뜻하는 '이코노믹스'를 합성한 말로, 집단지성과 협업(collaboration)으로 창출되는 경제를 가리킨다. 2006년 12월 돈 탭스코트(Don Tapscott)와 앤서니 윌리엄스(Anthony Williams)가 쓰고, 국내엔 2007년 4월에 번역·출간된 책의 제목이기도 하다.(Tapscott & Williams 2007)

그러나 미국 켄트주립대학 정치학과 교수 데니스 하트(Dennis Hart 2007)는 "위키백과는 스스로를 공동으로 생산하는 지식의 가치를 알리는 모범이며 '누구나 편집할 수 있는 공짜 백과사전'이라고 자화자찬하기를 즐겨 한다"며 다음과 같이 말했다. "의도야 좋았지만 불행히도 위키백과는 지식의 민주주의가 반드시 좋은 게 아니라는 것을 보여주는 산 증거가 됐으며, 발전한 기술을 매개로 과거의 동네 바보들을 세계 바보들로 바꾸고 있다. 지식을 늘리고 편협한 신념을 깨뜨리는 대신 오히려 편견과 오해를 더욱 고착하고 서구 중심적이고 수구적이며 인종차별적인 집단의 자기중심주의를 더욱 부채질하고 있는 것이다."

또 그는 "개인적 관점의 배제(NPOV; Non-Point-Of-View)는 위키피디아의 최대의 구호이며 개인적 관점(POV)은 최악의 죄로 여긴다"며 다음과 같이 말했다. "위키 신봉자들은 NPOV가 '객관적'이란 말과 동일하다고 믿으며, 한 가지 측면만을 부각하지 않고 '사실'을 그대로 전한다는 뜻이라고 본다. 그러나 NPOV란 다수 지배집단이 원래부터 공유하고 있는 편견을 객관적인 사실로 포장하는 것에 지나지 않는다. 정말로 '모든' 시각과 측면을 고려하는 것이 가능하기나 한가? 설혹 가능하다 해도 특정 논의에 모든 입장과 시각이 완전히 고려됐는지를 어떻게 판단할 수 있겠는가? 게다가 위키백과 영어판 편집자는 대부분 18세에서 30세 사이의 백인 남자들인데 이들이 다수결로 생산해내는 지식이 어떻게 '모든 의견과 시각'을 고려한 것이라고 볼 수 있다는 말인가? …… 결론적으로 위키백과의 허접스러움은 단순히 공부를 덜한 대중이 다수결로 만든 지식이어서일 뿐만이 아니다. 질 높은 지식은 지식의 주체와 객체 간의 권력관계에 대한 성찰이 있는 지식이며, 끊임없는 비판적 사고와 해체적 시각에 열려 있는 지식인데 위키백과의 운영철학으로는 이것이 불가능하기 때문이다."

「디지털 마오이즘(Digital Maoism): 새로운 온라인 집단주의의 위험」(2006)이라는 논문을 쓴 재론 래니어(Jaron Lanier)는 위키피디아가 네티즌이 익명으로 참여하기 때문에 개인의 목소리가 배제된 집단주의라고 비판한다. 이러한 온라인 협동 작업은 개인의 창의성이 거의 무시되므로 '와글와글하는 군중의 사고(hive thinking)'에 불과하며, 인터넷 찬양론자들의 주장처럼 집단지성(collective intelligence)을 표출하기는커녕 네티즌의 군중심리만을 자극한다는 것이다. 그는 2010년 1월 중순 펴낸 『당신은 부속품이 아니다(You Are Not a Gadget: A Manifesto)』에선 인터넷 사용자들이 익명성의 뒤에 숨어서 집단으로 마녀사냥을 하게 된다고 주장하고 그 예로 영화배우 최진실(1968~2008)의 자살을 들었다.(이인식 2010)

이희은(2009)은 위키피디아의 구조적 개방성이 편집원칙과 더불어 영어가 누리는 세계어로서의 권력으로 인해 내용과 형식의 평등성이나 다원성으로 이어지지 못하고 있다고 진단한다. 그는 "결국 이러한 편집 원칙이 의미하는 것은 기존 지식체계의 재생산이다. 사실이거나 검증 가능한 논리는 기존의 믿을 만한 정보원에 근거해야 하고, 믿을 만한 정보원이라는 판단 역시 해당 언어권에서 이미 입증된 권력을 누리고 있는가의 여부에 따르는 경우가 많기 때문이다"라며 다음과 같이 말한다.

"영어 사용자와 영어 항목이 다수를 차지하고 있는 위키피디아에서, 영어로 된 문서와 지식체계가 더 많이 인용될 것임은 자명한 사실이다. 게다가 사진이나 동영상 음성파일 등이 함께 기재될 수 있는 위키피디아의 기술적인 시스템을 고려하면, 이미 세계를 장악하고 있는 영어(권)의 시각이 더 많이 반영될 것이라 유추할 수 있다. 문제는 그렇게 한쪽으로 시각이 경도된다는 것 자체가 아니라, 그렇게 구축되고 재생산된 지식과 정보가 다수의 협업과 경쟁으로 생산된 집단지성이라는 이름을 갖는다는 사실이다."

위키피디아는 오락과 놀이 중심으로 발달돼온 한국의 인터넷 문화가 성장과 혁신의 도구로 활용될 수 있는 길을 모색하는 하나의 시금석이 될 수도 있다. 사이버 세계에선 오락과 지식을 구분하는 것 자체가 무의미하겠지만, 아직 둘의 융합조차 제대로 실현되지 않은 한국에선 '오락의 내실화'가 필요하다. 그러나 국제적 차원에선 '미국 중심주의'에 주목한 하트의 우려와 경고에 주목할 필요가 있다. 위키피디아 역시 '팍스 아메리카나'에 일조할 수 있는 미국의 '인터넷 정보 제국'으로 보아야 하지 않을까?

'잡스 교도'와 '아이폰빠'

스타급 미래학자나 IT 경영자들은 '유사 종교인'이다. 스티브 잡스(Steve Jobs)를 교주로 모시는 잡스교가 이를 잘 대변한다. 어느 칼럼에서 잡스를 '난봉꾼'에 비유했다가 엄청난 비난에 시달렸다는 명지대학 교수 김정운(2010)의 분석에서부터 시작해보자. 2010년 6월 그는 "정말 열화와 같은 반응이었다. 도대체 국내 어느 정치 지도자, 혹은 종교 집단을 공격한들 이런 극심한 비난을 받게 될까? 스티브 잡스는 우리의 구체적 삶과 정말 아무 상관없다. 더구나 어떻게든 자사 제품을 많이 팔아 돈을 벌고 싶어 하는 미국의 한 기업가일 뿐이다"라며 다음과 같이 말했다.

"한때 그와 경쟁자였던 마이크로소프트의 빌 게이츠는 자선사업에 열중한다. 그러나 스티브 잡스의 애플이 자사의 이익을 환원한다는 이야기는 별로 들어본 적 없다. 그렇다고 스티브 잡스가 한국인에 어떤 특별한 애정이 있는 것도 아니다. 그저 세계에 널린 수많은 소비자의 일부일 뿐이다. 그럼에도 불구하고 그렇게 많은 한국인은 스스로 '잡스 교도'를 자처하며 교주를 모욕했다고 이토록 거세게 항의해온다. 20년이 넘게 애플 로고가 찍힌 컴퓨터를 사용하는 나조차 도무지 이해가 안 된다. 도대체 왜일까?"

한국의 잡스교 신도들은 잡스는 말할 것도 없고 잡스의 체취가 깃든 아이폰(iPhone)에 대해 비판을 해도 '악플' 공세를 퍼붓는다. 『한겨레21』기자 최성진(2010)은 "수많은 아이폰 마니아를 낳고 아이폰을 일반 스마트폰과 구분 짓게 만든 1등 공신이 앱스토어(App Store; 네티즌의 참여로 운영되는 휴대폰용 프로그램 장터)라지만, 알면 알수록 '뭐 별거 없구먼'이라는 생각이 든다"고 썼다가 "우주 최악의 얼간이 기자"라는 욕을 먹어야 했다. 전자우편으로 도착한 독자의 반응 중엔 "이렇게 쉬운 걸 못 따라하는 당신이 바보"라거나 "아이폰 탓하려면

(위)아이폰, 아이폰 3G, 아이폰 3GS.
(아래)애플사의 아이폰 세일 기간 중 쇼핑 행렬. ⓒ Alison

국산 제품이나 써라" "『한겨레』가 삼성 광고 받으려고 아이폰을 깎아내린다" 등도 있었다.

최성진(2010a)은 "나중에 알았다. 아이폰 마니아 집단의 존재 말이다. 아이폰을 사용하면서 느낀 것 가운데 하나가 이 물건이 그냥 휴대전화가 아니라는 사실이다. 디자인이 훌륭하고 기능이 다양하며 심지어 사용자의 의지에 따라 무한한 확장이 가능한 신기한 물건인 동시에 아이폰 사용자를 중심으로 '마니아 집단'이 형성돼 있다는 점에서도 특이하다. 휴대전화를 비롯해 각 부문 히트 상품이 끊임없이 쏟아지지만 아이폰처럼 마니아 집단을 통해 독특한 문화를 만들어갈 수 있는 제품은 흔치 않다"며 다음과 같이 말한다.

"아이폰 마니아 집단은 둘로 나뉜다. 먼저 아이폰이 가져올 모바일 세계의 혁명적 변화에 일찌감치 눈뜬 사람들이다. 이들은 국내에 아이폰을 적극적으로 소개했고, 아이폰 도입을 가로막고 있던 국내 이동통신사의 폐쇄적 무선 인터넷 시장을 개방하도록 압력을 행사했다. 가히 선구자적 역할을 했던 사람들이라 할 수 있다. 다른 한 그룹은 아이폰의 매력에 지나치게 열광한 나머지 자신과 생각이 다른 사람들을 인정하기 싫어하는 부류다. 이른바 '아이폰빠'다. 아이폰빠에 대한 정확한 정의는 없지만, 흔히 아이폰이나 애플에 대한 정당한 비판을 수용하지 못하고 맹목적으로 아이폰을 추종하는 이들을 가리킬 때 '아이폰빠'라는 용어를 쓴다."

이어 최성진은 "한 달째 아이폰을 쓰고 있는 나는 어느 쪽도 아니다. 굳이 이름 붙이자면 '단순 사용자'다. 아이폰이 무선 인터넷 시장 개방에 큰 역할을 했다는 사실은 인정하지만 아이폰의 가능성은 과장된 것 아닐까 의심하고 있다. 아이폰의 강점인 앱스토어는 오락성이 아닌 유용성의 관점에서 봤을 때 '먹을 것 없이 화려한 밥상'이라고 결론 내렸고, 아이폰이 제공하는 트위터 등 소셜 네트워크 서비스(SNS) 기능은 아직 '타자 속도'가 느려 본격적으로 합류하지 못했다. 아이폰의 조그만 자판에 언젠가는 익숙해진다 해도 트위터에 그렇게 매달릴 여유가 있을지는 모르겠다"며 다음과 같이 말한다.

"이는 '온라인을 통한 실시간 소통'의 필요성에 대한 근본적 회의와도 맞닿아 있다. 스마트폰 사용자를 '스마트 피플'이라 부르며 이들이 사회개혁 세력이 될 수도 있다고 전망하는 이들도 있던데, 아직까지는 지나친 호들갑으로 들린다. 아무래도 스마트 피플은 나에게 너무 먼 이야기다. '아이폰빠'가 될 생각은 더더욱 없다. 아이폰이 매력적이라는 사실에는 동의하면서도 만만치 않은 월 기본료 등을 고려하면 다른 사람에게 함부로 권할 마음이 생기지 않는다. 나는 단지 내가 '아이폰빠'가 아닌 것처럼 '삼성빠'도 아니라는 사실을 말하고 싶었을 뿐이다."

그러나 그런 항변은 통하지 않는다. 잡스와 아이폰은 신앙의 대상이기 때문이다. 잡스는 미 제국의 '스마트한 얼굴'이며 '매력적인 얼굴'이다. 한국에서 스마트폰족의 43퍼센트가 스마트폰을 휴대전화로 사용하고 있다는 건 무엇을 말하는가?(최성우 2010) '아이폰빠'의 자긍심과 '스마트폰 포비아'는 정반대인 것 같지만 실은 같은 종류의 것이다. 종교는 공포에서 비롯된다. 현대인은 남에게 뒤처질지 모른다는 공포감을 안고 살아간다. 남보다 앞서겠다는 열망조차 그런 공포감과 연결돼 있다. 미래학과 더불어 디지털 테크놀로지가 종교적 성격을 갖는 이유도 바로 여기에 있다. '구글-위키피디아-아이폰'으로 대변되는 미국의 디지털 정보제국은 '팍스 아메리카나'의 수명을 영속화하진 못한다 해도 오랫동안 그 동력으로 기능할 것이다.

참고문헌 Auletta 2010, Hart 2007, Jarvis 2010, Tapscott & Williams 2007, 공종식 2005a, 구둘래·임지선 2007, 구본권 2010, 김정욱 2010a·2010b, 김정운 2010, 신예리 2010, 오애리 2005c, 유신모 2010f, 이인식 2010, 이태훈 2009a, 이희은 2009, 임인택 2007, 임지선 2007, 정경민 2010d, 정철환 2010, 최성우 2010, 최성진 2010·2010a, 한승동 2010, 함석진 2007a

맺음말

왜 미국은
'제2의 한국'인가?

미국은 인류 역사 최초의 '초초강대국'

『신대륙 이주와 독립전쟁』(1권), 『미국의 건국과 '명백한 운명'』(2권), 『남북전쟁과 제국의 탄생』(3권), 『'프런티어'의 재발견』(4권), 『혁신주의와 '재즈시대'』(5권), 『대공황과 뉴딜혁명』(6권), 『'뜨거운 전쟁' 과 '차가운 전쟁'』(7권), 『미국인의 풍요와 고독』(8권), 『뉴 프런티어와 위대한 사회』(9권), 『베트남전쟁과 워터게이트』(10권), 『'성찰하는 미국'에서 '강력한 미국' 으로』(11권), 『미국 '1극 체제'의 탄생』(12권), 『미국은 '1당 민주주의' 국가인가?』(13권), 『세계화 시대의 '팍스 아메리카나'』(14권), 『'9·11테러 시대'의 미국』(15권), 『제국의 그늘』(16권), 『오바마의 미국』(17권).

우리가 그간 걸어온 기나 긴 산책 코스의 이름이다. 특정한 주제를 내세웠던 산책은 아니었지만, 코스의 이름만 보자면 아무래도 미국이라고 하는 제국의 발달사였다는 느낌이 든다. "전쟁이 국가를 만든다"고 한 찰스 틸리(Charles Tilly)의 명제를 원용하자면, "전쟁이 제국을 만든다"고 할 정도로 미국은 많은 전쟁을 해왔다는 것을 우리는 보아왔다. 자신의 미국 쇠락론이 들어맞지 않은 것에 대해 폴 케네디(Paul Kennedy)가 '군사 분야에서의 혁신'이 은밀하게 작용한 결과라고 설명한 것도 흥미롭다. 1980년대에 그가 정열적으로 비판했던 군사 분야의 연구개발 투자가 예상을 뒤엎는 이익을 창출했다는 것이다. 그러나 전쟁을 많이 하고 늘 이긴다고 해서 제국이 되는 것은 아니다. 이제 산책을 끝내면서 "무엇이 제국을 만들었나?"라는 질문을 던지고 이에 답하는 것도 좋을 것 같다.

"좋건 나쁘건 미국은 미국이다. 미국은 여러 특징적인 권력의 모습과 그 자체의 의미를 갖고 있는 독립적인 문화이다. 인류 역사의 위대한 문명 중 하나로서 그리스 및 로마와 견줄 수 있는 문화다." 막스 러너(Max Lerner, 1902~1992)의 말이다.

팍스 아메리카나는 '미국의 지배에 의한 세계 평화'를 의미하는 것으로 사실상 미국 패권주의를 가리킨다. 인류 역사 이래로 지금의 미국과 같은 초강대국은 없었다. 노엄 촘스키(Noam Chomsky 1996)는 "어느 한 권력체가 전 세계를 그토록 압도적으로 그리고 안정적으로 지배한 것은 유사 이래 처음 있는 일이었다"고 말한다.

어떤 이들은 '초강대국'이라고 부르는 걸론 모자란다며 '초초강대국'이라 불러야 한다고 말한다. 1997~2002년 프랑스 외무장관을 지낸 웨베르 베드린(Hubert Védrine)은 1999년, 1992년 이래 미국을 규정하는 '초강대국(super power)' 이라는 표현이 더는 적합하지 않다며, '초초강대국(hyper power)' 이라는 표현을 썼다. 베드린의 주장에 따르면 "오늘날 미국의 패권적 지위는 경제와 통화, 군사, 생활방식, 언어와 전 세계를 풍미하는 대중문화 상품에까지 미치면서 하나의 사조를 이루어 미국에 적대적인 사람과 나라들까지 사로잡고 있다." 영국의 『이코노미스트(Economist)』(1999.10.23)도 맞장구를 쳤다. "미국은 지구 위에 걸터앉은 거대한 괴수와 같다. 미국은 비즈니스와 상거래, 통신을 지배하고 경제는 세계에서 가장 큰 성공을 거두고 있으며 군사력은 그에 필적할 나라가 없다."(Nye 2002, Portes 2009)

고종석(2003)에 따르면 "하이퍼 파워를 냉전 시대의 슈퍼 파워와 구별하는 가장 큰 특징은 그 유일성이다. 미국이라는 하이퍼 파워에 견주면, 러시아 같은 옛 슈퍼 파워조차도 하이포(hypo; 하위) 파워에 지나지 않는다. 미국은 은유로서가 아니라 실제로 제국적 공화국이, 제국의 메트로폴리스가 되었다."

'국토의 축복'

도대체 어떻게 하여 그런 제국이 태어날 수 있었던 걸까? 나는 미 제국을 만든 세 가지 원동력은 '국토의 축복', '선민의식', '아메리칸 드림' 이라고 생각한다. 너무 단순하고 뻔한 것 아니냐고 생각할 수도 있겠지만, '국토의 축복' 은 의외로 거론이 잘 안 된다. 하나씩 살펴보자.

첫째, 국토의 축복이다. 왜 일부 한국인들은 미국만 가면 꼭 자동차로 대륙횡단 여행을 하는가? 본문에서도 제기했지만, 이것은 의외로 중요한 질문이다. 좁은 땅에 사는 한국인들의 한(恨)과 같은 정서를 느낄 수 있기 때문이다. 그 한은 곧 경탄으로 바뀐다. 미국은 정말이지 자연적으로 축복받은 나라다. 북미대륙 본토만 해도 동서로 약 4300킬로미터, 남북으로 약 3000킬로미터나 된다. 동부와 서부 사이엔 네 시간의 시차가 있고 텍사스처럼 큰 주에서는 두 시간의 시차가 있다. 비좁은 국토에 사는 한국인들로선 그저 입이 딱 벌어질 수밖에 없다. 많은 한국인들이 미국만 가면 꼭 자동차로 대륙횡단 여행을 하는 것도 그런 이유가 아니겠는가.

농업에서 각종 자원에 이르기까지 국토 활용도 기준으로 따지면, 미국은 세계에서 가장 넓은 국토를 갖고 있는 나라다. 국토가 넓으니 이민도 끌어들일 수 있었던 것이다. 20세기 동안 프랑스 인구는 52퍼센트, 독일은 46퍼센트, 영국은 42퍼센트 증가한 반면, 미국의 인구는 270퍼센트나 증가했다. 이는 국토 규모의 축복 때문에 가능한 일이 아니었을까 싶다.

미국의 인구는 3억으로 중국·인도에 이어 세계에서 셋째로 많으며 증가율도 선진국 최고 수준이다. 이 추세라면 2043년에는 4억도 넘어설 것으로 보인다. 유엔인구기금(UNPFA)은 2050년쯤 되면 미국이 선진국 가운데 유일하게 인구 부족을 걱정하지 않아도 되는 나라가 될 것이라고 예측하고 있다. 출산율 1.8의 '저출산 국가'인 미국의 인구가 이처럼 팽창하고 있는 것은 전 세계에서 몰려드는 이민자들 덕분이다. 현재 31초마다 한 명씩 새로운 이민자가 미국 땅을 밟고 있으며, 상당수가 고급두뇌들이다.(조민근 2006) 미국이 1901년 이후 노벨상 수상자 총 816명 중 309명(약 38퍼센트)을 차지하게 된 것도 바로 그런 고급두뇌의 유입 덕분이다.

땅이 넓으니 집도 크다. 미국인 1인당 주택 면적은 66평방미터로 세계 1위다. 호주가 2위로 51평방미터고, 그밖에 캐나다 41, 네덜란드 20, 일본 15다. 앞서가는 사람들은 '규모의 경제'는 갔고 '범위의 경제'가 도래했다고 주장하지만, 과장이 심하다. 여전히 '규모의 경제' 파워는 절대적인 힘을 행사하고 있는 게 현실이다.

사이즈는 우리 인간의 사고에도 큰 영향을 미친다. 노르웨이 출신의 어느 지도 제작자가 미국으로 이민을 온 이후 거리 감각에 변화가 생겼다고 밝힌 이야기를 들어보자. "미국에 도착한 유럽인은 처음에는 관점뿐만 아니라 계획을 세우는 데 있어 제한적인 모습을 보여준다. 그러다 점차 자신의 스케일을 넓히게 된다. 이전에는 300킬로미터 거리가 상당히 멀게 느껴졌지만 미국에서는 아주 가까운 거리처럼 여겨졌다. 미국의 공기를 마시자마자 이전에 있던 나라에서는 상상도 못할 규모로 틀을 세우고 설계를 시작하게 된다."(Brooks 2008)

독일 출신의 영국 경제학자 E. F. 슈마허(E. F. Schmacher 1995)는 1973년에 출간한 『작은 것이 아름답다(Small is Beautiful)』에서 '인간 중심의 경제학'을 주창했지만, 미국을 지배하는 원리는 시종일관 "큰 것은 아름답다"는 것이다.

2005년 『비즈니스위크(Business Week)』는 크기에 집착하고 열광하는 미국인들의 정서가 중국에 대한 두려움을 극대화한다고 보도했다. 섬세함과 감성을 중시하는 유럽이나 뭐든지 작은 것을 선호하는 일본과 달리, '슈퍼 사이즈'에 환호하는 미국 국민성이 중국에 대한 두려움을 낳는다는 분석이다. 일단 영토와 인구 면에서 중국은 미국을 압도한다. 중국 인구는 13억 명으로 미국 인구의 네 배나 된다. 중국은 세계 1위의 석탄, 철강, 시멘트 생산국이자 2위의 에너지 소비국이며 3위의 석유 수입국이다.

미국이 자랑하는 세계 최대 할인점 월마트 역시 알고 보면 실속이 없다. 미국은 '거인' 월마트가 미국 GDP의 2퍼센트를 담당하고 마이크로소프트보다 수입을 8배나 올리며, 종업원도 포드, GM, GE, IBM의 종업원을 합친 것보다 많은 140만 명에 이른다는 데 자부심을 갖고 있다. 그러나 속을 들여다보면 월마트 협력업체 6000개 중 80퍼센트(5000개)가 중국에 공장을 두고 있고, 이 때문에 월마트는 2004년 중국에서 180억 달러(약 18조 원)어치를 수입했다. 중국은 이미 전 세계 복사기와 전자레인지, DVD 플레이어, 신발, 장난감의 3분의 2를 만들어내고 있다.(김희균 2005)

규모의 경제가 갖는 위력은 미국 생산품 중 가장 뛰어난 경쟁력을 자랑하는 대중문화에서 여실히 드러난다. 미국은 내수 시장 규모가 웬만한 나라의 수십 배가 되기 때문에 무한복제가 가능한 문화상품의 경우 매우 유리한 고지를 점령하고 있다. 그 어떤 산업이든 성장은 시장규모에 따라 큰 영향을 받게 마련이지만 거의 동일한 제조원가로 거의 무한대의 재생산이 가능한 대중문화 상품의 경우에 시장규모는 절대적인 영향력을 행사하게 된다.

물론 그밖에 다른 이유들이 많다. 할리우드가 갖고 있는 강점 중 하나는 바로 미국의 '이민 사회적' 특성에서 비롯되었다. 할리우드는 배우들뿐만 아니라 지식인들까지 외국으로부터 공급받는 '특혜'를 누렸던 것이다. 프랑스 지식인 기 소르망(Guy Sorman 1998)이 잘 지적했듯이, "미국산 문화상품 또는 여가상품이 시장을 지배하는 것은 제국주의적 전략이 아니라 시장의 법칙에 의거한 것이다. 미국이 수출하는 모든 것은 사전에 미국에서 시험된 것이고, 방대한 시장을 가진 미국은 물질적 또는 정신적 실험을 원하는 만큼 할 수 있다. 혁신을 실험할 수 있는 이 거대한 장으로 인해 미국은 창조력을 가지게 된다. 이는 특별한 국가적 천재성이라기보다는 세계의 크리에이터들이 이곳에서 개방과 성공의 보상을 얻으리라는 확신을 지니고 몰려들기 때문이다."

또한 이민 사회에서 가장 큰 재산은 젊음이며, 나이를 먹었다는 것은 미덕이 아니라 오히려 악덕이기까지 하다. 그러한 이민 사회의 특성을 반영하고 있는 미국 대중문화의 한 가지 분명한 특성은 청춘에 대한 예찬이요 신앙이다. 미국 대중문화가 전 세계시장에서 늘 10대를 '판매촉진'의 전위대로 이용하고 있는 것도 결코 우연이 아니다. 게다가 이민 사회는 미국 대중문화가 인종과 언어를 초월해 통할 수 있는 일종의 '시장성 테스트'의 기회를 제공했다. 미국의 이민 문화는 시장성 테스트의 기회와 더불어 미국 문화가 가장 만국 공용적인 문화의 특성을 갖게끔 하는 데에 기여했다. 이는 단지 자본만으론 넘볼 수 없는 미국 대중문화 특유의 강점이 있음을 웅변하고 있는 게 아닐까. 그런데 바로 이런 '이민 문화의 장점'도 미국의 사이즈 덕분에 가능했던 것이다.

'선민의식'

둘째, 선민의식이다. 미국인들의 독특한 선민의식은 이스라엘 사람들

빠칠 정도로 강하다. 미국인의 '선민의식'은 '명백한 운명'이니 '예외주의'니 하는 말로 표현되기도 하지만, 캘빈주의, 자유주의, 공화주의까지 다 포함하는 개념으로 볼 수 있다. 미국의 건국 자체가 선민의식에 기초한 것이었고, 공격적인 해외팽창도 탐욕만으론 설명할 수 없는 그 어떤 이데올로기가 있다는 것이다.

권용립(2003b)이 잘 지적했듯이, "미국을 인식할 때 중요한 것은 미국 스스로 자신을 특별한 나라로 믿는다는 사실이다. 이 자의식이 미국을 서구와 구별해온 것인데, 따라서 역사학자들을 비롯한 미국의 지식인들이 그려온 미국의 우월주의적 자화상을 그들의 애국심이 만든 허구로만 볼 수는 없다. 신이 선택한 '아메리카의 신세계'라는 신념은 사실 여부에 관계없이 미국의 집단적 자의식으로 전승되어왔고 이 자의식이 미국 정치와 외교를 조종하는 엘리트 집단에 투영되어 있다면 그것은 영토나 정부와 마찬가지로 '현실의 미국'을 구성하는 또 다른 실체로 봐야 하는 것이다."

미국 예외주의(American Exceptionalism)라는 말은 '미국 특별의식'으로 번역하기도 하는데, 이것이 하나의 '개념'으로 정착한 것은 1920년대에 스탈린주의자들이 미국을 마르크스의 역사 발전 법칙이 적용되지 않는 예외적인 나라로 빗댄 후부터다. 2차 세계대전 이후 미국을 서유럽과도 구별하면서 특별한 나라로 과장하는 경향이 미국 지식계에 등장하면서 '미국 예외주의'는 미국 역사학이나 정치학의 세계관을 조율하는 중심 개념이 되었다.(권용립 2003, 김봉중 2001)

김형인(2003b)은 미국 문화의 핵심에 내재한 요소를 개인주의, 자유의 예찬, 평등주의, 법치주의, 다문화주의, 퓨리턴(Puritan; 청교도) 정신, 개척정신, 실용주의, 과학기술의 신뢰, 미래지향주의 등 10개의 코드로 정리한다. 이 가운데 특별히 미국적이라고 할 만한 것엔 무엇이 있을까? 세이무어 마틴 립셋(Seymour M. Lipset 2004)은 1996년에 출간한 『미국 예외주의(American Exceptionalism)』에서 미국의 독특한 신조를 자유, 평등주의, 개인주의, 포퓰리즘, 자유방임주의 등 다섯 개를 들었다. 그는 이런 가치 체계가 무엇보다 혁명적 사건에서 출발한 '최초의 신생 국가'라는 점에서 예외적이라고 했다. 예외주의의 연원에 대해 청산해야 할 봉건이 없었기 때문이냐, 혁명적인 인적 구성 때문이었느냐 하는 두 갈래 논쟁이 있다.

예외주의 논쟁의 연장선상에서 "미국에는 왜 사회주의가 존재하지 않는가?"라는 의문도 자주 제기된다. 앞서(3권 7장) 보았듯이, 1906년 베르너 좀바르트(Werner Sombart, 1863~1941)가 이 의문을 제기한 이후로 수많은 학자들이 이 질문에 매달렸다. 그간 제출된 답을 요약해보자면 대략 일곱 개로 압축된다.

①신분제와 계급제에 기반을 둔 봉건제도가 없었기 때문에 계급을 기초로 하는 조직과 운동이 성장하지 못해 미국인이 개인주의적 사상을 갖게 되었고, 세습적 귀족도 없고 농노계급도 없는 미국 사회를 평등하고 민주적이라 생각했다. ②유럽에 비해 경제적으로 풍요로웠다. ③사회적 유동성이 높아 계급이 고정되지 않고, 지위상승의 기회가 풍부할 뿐 아니라 평등하게 보장되었으며, 개인의 능력이 정당하게 평가받았다. ④다인종·다민족 사회이기 때문에 인종, 민족, 종교의 차이가 숙련 기술의 유무와 겹쳐져 노동자를 가르고, 계급적 결속을 방해했다. ⑤계급정당을 조직해 참정권을 쟁취한 유럽과는 다르

게, 미국의 노동자는 참정권을 쟁취할 필요 없이 그냥 부여받았기 때문에 스스로를 공화국의 평등한 시민이라 규정하고, 국가가 적대하는 계급지배 아래에 있다고는 생각하지 못했다. ⑥양당의 유연한 자세로, 노동자의 리더를 구슬려 개혁 세력과 반대 세력의 요구와 정책을 흡수했다. ⑦양당제와 대통령 선출의 선거 제도 아래에서는 제3정당에게 표를 주는 것은 한 표를 버리는 것과 마찬가지였기 때문에, 양당제가 보강되었다.(아루가 나츠키·유이 다이자부로 2008)

에이미 추아(Amy Chua 2004)는 인종차별주의를 강조한다. 인종차별주의를 통해 가난한 다수집단을 억압함으로써 시장과 민주주의 간의 갈등을 중화시킬 수 있었다는 논리다. "역사적인 측면에서 볼 때, 가난한 백인 노동자 계층과 가난한 소수집단 노동자 계층 간의 정치적인 협력관계를 형성하는 데 인종차별주의가 걸림돌이 되어온 것은 분명한 사실이다."

물론 이런 주장들에 대한 반론도 만만치 않다. 미국엔 식민지 역사가 없다는 점도 자주 거론되는데, 이에 대한 반론도 있다. 데이비드 핼버스탬(David Halberstam 1996)은 "미국은 스스로 식민지 열강이 아님을 자랑으로 여겼지만, 사실 미국의 식민주의는 비공식적으로 자국의 영토 안에 거주하는 힘없는 흑인들에게 부과된 것이었다"고 주장한다. 차머스 존슨(Chalmers Johnson 2003)은 전 세계 130여 개국에 미군이 주둔하고 있는 현실을 지적하면서 이 미군 기지야말로 현대판 제국의 식민지라고 주장한다.

이 모든 논쟁과 논란에도 불구하고 여기서 가장 중요한 것은 "미국은 모든 면에서 다른 국가들과는 다르다"고 보는 미국인들의 의식이다. 아니, 신앙이요 종교다. 그래서 미국은 핵을 보유해도 되지만 미국이 보기에 위험한 다른 나라들이 보유해선 안 된다는 식이다. 1998년 2월 클린턴 행정부의 여성 국무장관 매들린 올브라이트(Madeline Albright)는 이라크에 대한 크루즈미사일 공격을 옹호하면서 다음과 같이 선언했다. "만약 우리가 무력을 사용해야 한다면, 그것은 우리가 미국이기 때문이다. 우리는 절대 없어서는 안 될 국가다. 우리는 높이 서 있다. 우리는 미래까지 멀리 볼 수 있다."(Johnson 2003)

도대체 미국이 무슨 자격과 능력으로 그럴 수 있단 말인가? 물어도 소용없다. 하나님의 특별한 축복이 있기 때문이라는데, 무슨 수로 반박할 수 있겠는가. 미국인들의 이런 신앙은 국제적으로 재앙이 되기도 하지만, 미국의 발전엔 기여했다. 그 이치에 대해 진 립먼-블루먼(Jean Lipman-Blumen 2005)은 다음과 같이 말한다.

"역사적으로 볼 때 칼뱅주의자들의 운명예정설, 이를테면 우리는 태어나기 전에 이미 신의 은총 아니면 영원한 저주를 받도록 선택되어 있다는 관념은 하나의 막강한 힘이었다. 희망을 잃고 불확실성의 세계에 살던 중산층들은 운명예정설로 새로운 방향 감각을 얻고 삶의 의미를 찾을 수 있었다. 종교개혁에 나선 칼뱅주의자들만이 선택되었다는 느낌에서 힘을 이끌어낸 유일한 무리는 아니었다. 사실 선택된 집단에 소속되어 있다는 개념은, 그 집단의 성격과는 관계없이, 첨단기술의 시대인 지금 이 시점에서도 여전히 인간에게 막강한 지배력을 행사하고 있다."

왜 그렇게 특정집단에 대한 반감이 강할까? 왜 그렇게 고위 공직을 탐하는 걸까? 왜 그렇게 특정 학교에 들어가려고 필사적으로 발버둥치는 걸까? 왜 그렇게 편 가르기에 몰두해 반대편을 미워하고 경멸하는 걸까? 다 그 나름의 이유들이 있겠지만, 가장 중요한 건 선택받은 집단에 소속돼 있다는 느낌이 아닐까? 그 느낌 하나만으로 배가 부르고, 자존심이 충족되고, 우월감을 만끽하고, 더 나아가 못된 짓도 서슴없이 저지를 수 있는 게 아닐까? 물어볼 필요도 없다. 이건 인류 역사가 수없이 입증해온 명백한 사실이니까 말이다.

리더십이란 무엇인가? 전부는 아니라도 상당 부분은 그런 '편 가르기의 게임'이다. 특정집단에 대한 지지자들의 증오를 자신에 대한 열광으로 바꾸는 '적(敵) 만들기의 게임'이다. 물론 그 게임은 화려한 이념이나 명분의 포장을 뒤집어쓰게 마련이지만, 그 본질이 그렇다는 건 부인할 수 없는 사실이다.

선택받았다고 느끼는 사람들이 모여 있는 곳은 그 어느 곳이건 부패하게 마련이다. 그 부패를 지적하면 그 집단의 사람들은 "시기와 질투로 배가 아파서 그런다"느니 "열등감이나 콤플렉스 때문에 그런다"느니 하면서 받아친다. 실은 그게 부패를 입증하는 증거다. 그 이치를 립먼-블루먼은 이렇게 설명한다.

"선택받은 사람들이 이 세상의 중심에 선다는 특별한 권한을 보호하고 유지해나가려면 온갖 종류의 고통을 다 참고 견뎌야 할 때가 종종 있다. 선택된 사람들 또한 그런 지위가 자신을 독특한 존재로 만들 뿐 아니라 자신을 성스러운 중심에 있게 해준다는 믿음에서 매우 강한 아집과 결단력을 이끌어낸다. 역사적으로 살펴보면, 선택받은 사람들이 그 특권을 위해 목숨까지 바치는 경우도 자주 있다. 그 중심에는 종종 못 보고 넘어가는 위험이 하나 존재하고 있다. 중심에 서 있는 사람들의 경우 자신이 무슨 짓을 하고 있는지 정확히 모를 때가 간혹 있다는 점이다. 그리고 배타적인 성향이 있어서 특권 계층 바깥에 있는 사람들에게서 조언이나 잘못되었다는 지적을 받아들이지 않을 가능성이 높다."

사실 이건 우리 주변에서도 쉽게 볼 수 있는 현상이다. 엄청난 자긍심과 자기확신 없이 큰 성공을 거두진 못하는 법이다. 문제는 성공 이후다. 미국인들은 건국 초기부터 유럽의 부패한 군주제와 비교하여 자기들이 세운 나라에 대한 긍지와 더불어 미국의 이익 증진이 전체 세계의 이익 증진이라는 신념 또는 환상 속에서 살아왔다. 잘 믿기지 않겠지만, 미국인들은 인디언 학살의 역사를 잘 모른다. 아직도 약 200만 명의 인디언들이 살고 있고 그 가운데 절반이 인디언 레저베이션이라는 사실상의 수용소에 모여 살고 있다는 말을 하면 미국인들은 대부분 놀란다.(박영배 1999) 미국의 대중매체는 주로 '쾌락'을 제공하기에 바쁘기 때문에, 미국인들은 역사나 다른 나라들에 대한 지식에 있어서 믿기지 않을 정도로(한국의 기준에서 보자면) 무식한 사람들이다.

정치학자 에릭 스미스(Eric Smith)는 20세기에 걸쳐 이루어진 공공교육의 극적인 확대에 상응해서 대중의 지식수준도 상승했다는 증거를 찾으려고 노력했지만 결국 찾지 못한 채 『변화하지 않은 미국 유권자(The Unchanging American Voter)』(1989)라는 책을 썼으며, 또 다른 정치학자 스티븐 베넷(Stephen Bennett)은 "미국인들의 정치적 지식의 무지함은 철저히 문서화되어 있어서 더 이상 주(註)를 달 가치가 없다"며 '완벽한 낙제점(F)'이라고 했다.(Shenk 2000)

이 말을 믿어야 할지 모르겠지만, 빌 게이츠는 2007년 하버드대학 졸업식 연설에서 세계에 대한 자신의 무지를 이렇게 토로했다. "하버드를 자퇴했을 때 나는 세계 전역에 끔찍한 불평등이 만연해 있음을, 건강과 부 그리고 기회의 어마어마한 격차가 수백만 명의 삶을 절망으로 내몰고 있음을 전혀 알지 못했습니다."(Bishop & Green 2010)

걸프전쟁이 끝난 뒤 미국 기자로서는 처음으로 이라크에 들어가 취재를 했던 『로스앤젤레스타임스』 기자 니나 벌레이는 "다른 나라들이 우리가 우리 자신에 대해 아는 것보다 미국을 더 잘 알고 있다. 국제정세에 대한 이런 무관심 때문에 결국 외국인들이 미국을 혐오하는 동기가 무엇인지를 우리만 모르고 있다"고 말했다.(이홍환 2002a)

즈비그뉴 브레진스키(Zbigniew Brzezinski 2009)는 2007년에 출간한 『미국의 마지막 기회(Second Chance)』에서 미국 대학생의 오직 1퍼센트 정도만이 해외 유학을 하며, 대부분은 다른 국가들이 어디에 자리해 있는지에 대해 가장 막연한 형태의 인식조차 없다고 말한다. 미국 지리학회의 한 연구에 따르면, 미국 젊은이들의 85퍼센트가 이라크와 아프가니스탄의 위치를 지도상에서 찾아낼 수 없으며, 60퍼센트는 영국을 못 찾고, 심지어 29퍼센트는 태평양조차 식별할 수 없다는 걸 확인했다는 것이다.

그 결과 어떤 일이 벌어지는가? 경제학자 폴 크루그먼(Paul Krugman 1997)의 주장에 따르면 "미국의 대중들은 한결같이 미국의 골칫거리가 외국놈들 탓이라고 여기는 것이 보통이고, 식자인 양하는 자들도 국내 문제의 국제적 측면을 과장하는 경향이 있는 반면에, 전 국민이 외국의 경험으로부터 뭔가 배운다는 것은 매우 꺼리는 편이다.(이 점에서는 교양 있는 사람들도, 외국 억양을 쓰는 악역은 좋아해도 외국 영화는 외면하는 미국의 10대 영화 관객들과 전혀 다르지 않다.)"

미국의 제도는 완벽하다고 믿는 것도 대부분의 미국인들이 고수하고 있는 신앙이다. 또 다른 경제학자 레스터 C. 서로우(Lester C. Thurow 1992)의 주장에 따르면 "미국 제도는 완벽해서 더 이상 향상시킬 수가 없다는 관점은 미국 특유의 역사적 산물이다. 미국의 국부인 토머스 제퍼슨, 조지 워싱턴, 벤저민 프랭클린은 신이었다. 혹은 신까지는 아니더라도 생존했던 사람 어느 누구보다도 가장 완벽했다고 여겨지고 있다. 그들은 향상하지 않아도 영원히 지속될 수 있는 독특한 제도를 고안했다. 과거에도 완벽했고 현재에도 그렇다. 미국의 국부들은 세계 다른 나라들의 경우와는 의미가 다르다. 유일하게 같은 경우라면 소련의 마르크스와 레닌을 들 수 있겠지만 소련은 공식적으로 그들의 국부를 저버렸다. 레닌그라드의 명칭도 옛 이름인 성 페테르부르크로 환원되었다."

그렇게까지 된 데엔 비단 학교뿐 아니라 사회 전반적으로 이뤄지는 왕성한 세뇌교육을 무시할 수 없다. '세뇌'라고 하니까 좀 끔찍하게 들리지만, 이런 이야기다. 빌 브라이슨(Bill Bryson 2009a)에 따르면 "미국에서 자라다 보면 아주 어릴 때부터 미국이 세계에서 제일 부자이고, 제일 강대국이라는 믿음(아니, '이해')이 주입된다. 하나님이 우리를 제일 사랑하기 때문이라고. 세상에서 정부 형태도 가장 완벽하고, 온갖 스포츠 이벤트가 가장 흥미진진하며, 음식도 제일 맛있고 양도 제일 많으며, 자동차도 제일 크고, 기름 값도 제일 싸고, 천연자원도 제일 풍부하며, 농가 생산성도 가장 높고, 가장 파괴력이 강한 무기와 가장 친절하고 제일 점잖으며 최고의 애국자들이 있는 곳이 미국이라고. 모름지기 국가란 이보다 더 나을 순 없다고. …… 고등학교 때 네덜란드 교환학생과 사물함을 같이 썼는데, 그 아이가 한번은 내게 왜 미국에서는 모두가, 한 사람도 빠짐없이 모두가, 자기가 네덜란드보다 미국을 더 좋아하기를 바라느냐고 심통을 내며 물었다. '네덜란드가 내 고국인데.' 그가 말했다. '그러니까 거기 살고 싶다는데 왜 사람들이 이해를 못하지?'"

연구 때문에 북한 귀순자들을 많이 만난 사회학자 선한승(2001)은 미국에서의 세뇌교육은 북한에서의 김일성 우상화 작업과 다를 바 없다고 주장한다. "요즈음 북한에는 군대에도 식량이 제대로 공급되지 않고 늘 배고픔 속에서 군대 생활을 한다고 한다. 그런 그가 밤새도록 추위와 허기 속에서 야간 초계 근무를 마치고 내무반에 들어와서 김일성 초상화를 보면 저절로 눈물이 나온다는 것이다. 이와 같은 김일성 숭배사상이 어디서 나오는 것일까? 그것은 어려서부터의 반복적인 학습을 통해서 가능한 것이다. 미국인이 어디를 가나 성조기를 몸에 지니고 다니며 미국을 위하는 일이라면 목숨도 내거는 관행은 초등학교에서부터 반복되는 학습을 통해서라는 점을 아는 사람은 많지 않은 것 같다. 물론 미국의 중·고등학교 학생들 중에는 성조기 앞에서 국가를 정중하게 따라 부르는 사람은 많지 않다. 그러나 부지불식간에 자신도 모르게 반복되는 학습 과정에서 미국인이라는 정체성이 가슴속에 심어지는 것은 어쩔 수 없는 것이다."

물론 이건 꼭 미국만의 특성은 아니다. 역사적으로 강대국들의 공통된 특성이다. 선민적 우월주의는 히틀러 치하의 독일이나 군국주의 일본에서도 똑같이 나타났던 것이다. 미국의 경우 훨씬 더 강력하고 매력적으로 보이는 이데올로기 장치들을 갖고 있다는 데에 그 특성이 있다.

　미국인의 종교적 태도는 민주주의로의 비상만 가져온 게 아니었다. 그들은 '세계의 미국화'를 꿈꾸면서 그것이 세계에도 큰 축복이라는 신앙을 갖게 되었다. 평범한 미국인을 만나 미국 정부가 해외에서 군사적으로 저지른 일들에 대해 이야기해보라. 그들의 순진무구한 신앙심에 대해 놀라게 될 것이다. '잔인한 순진'이라고 해야 하나? 신앙은 역지사지(易地思之)를 모른다. 윌리엄 블럼(William Blum)이 그의 저서 『불량국가(Rogue State: A Guide to the World's Only Superpower)』(2000)에서 내린 다음과 같은 진단은 결코 과장이 아니다.

　"미국의 대외정책이 지난 수십 년 동안 저지른 죄악을 폭로하면 사람들은 마치 연쇄 토막살인 사건과 그 범인을 사랑하는 여인의 입장과 같은 상황에 서게 될지 모른다. 여인은 자신이 그토록 사랑하는 남자가 그런 끔찍한 일을 벌였으리라고는 생각하지 못한다. 토막 난 시신의 일부를 눈앞에 보여줘도 자신의 애인이 그런 일을 했다고 결코 믿지 못할 것이며, 혹 그를 인정한다 해도 자신이 사랑하는 남자가 다 무슨 다른 선한 이유가 있어서 또는 우연한 실수로, 심지어 어떤 경우에 이르면 인도주의적인 동기에서 그랬을 것이라고 믿는다. 이 남자가 바로 미국이다. …… 그런데 이 미국은 세계를 향해 이렇게 말한다. '우리의 무기를 사라. 우리의 군대와 우리의 자본이 그대들의 땅에 마음대로 들락거릴 수 있게 하라. 그리고 그대들의 지도자들이 무엇을 결정하든 우리가 거부할 수 있는 권리를 달라. 그러면 우리는 그대들을 지켜줄 것이다.'"(김민웅 2003)

지금 미국과 미국인을 폄하하고자 하는 게 아니다. 제대로 이해하자는 뜻이다. 미국인들의 자부심과 우월의식은 종교적인 수준의 것이며 사실상 종교라고 해도 과언이 아님을 분명히 해두자는 것이다. 그런데 이게 바로 오늘날의 미국을 가능케 한 미국의 정체성이다. 그래서 변화를 기대하기가 매우 어렵다.

'아메리칸 드림'

셋째, 아메리칸 드림이다. 지금까지 우리가 해온 기나긴 산책의 현장은 사실상 '아메리칸 드림'의 역사였다. 미국을 무한한 '기회의 땅'으로 여기는 '아메리칸 드림'의 역사는 200년이 넘었지만 그것이 대중용어로 자리잡은 건 1931년 역사가인 제임스 애덤스(James T. Adams, 1878~1949)가 『미국의 서사시(Epic of America)』라는 책에서 처음 사용한 이후부터다. '아메리칸 드림'은 이미 1956년에 출간된 찰스 라이트 밀스(C. Wright Mills 1979)의 『파워엘리트(Power Elite)』에서 실증적으로 부정되었다. 이 책은 3000만 달러 이상을 보유한 미국의 대부호 275명 가운데 93퍼센트가 상속으로 부자가 된 사람들이란 걸 보여주었다. 이후로도 '아메리칸 드림'의 허구성을 밝히는 수많은 책들이 출간되었지만, 미국인들은 그런 사실에 전혀 개의치 않았으며 '아메리칸 드림'이라는 신앙을 버리지도 않았다.

1992년 9월 5일자 『이코노미스트』의 조사에 따르면 "자유와 평등 가운데 어떤 가치를 더 높이 평가하느냐"는 질문에 대해 미국인의 72퍼센트가 자유를 택했으며, 평등을 택한 사람은 20퍼센트에 지나지 않았다. 반면 독일인은 37퍼센트가 자유, 40퍼센트가 평등을 택했다. 또

"당신은 자유 경제 체제를 통해 발생한 소득의 손실을 보완하기 위해 정부가 개입해야 한다고 생각합니까?"라는 질문에 대해선 미국인의 80퍼센트가 부정한 반면, 독일인은 60퍼센트가 찬성했다. 이탈리아인과 오스트리아인은 80퍼센트가 찬성했다. 또 '퓨 리서치 센터'의 2003년 조사에 따르면 미국인의 3분의 2는 "성공이 자신의 통제력 밖에 있지 않다"고 믿었다. 독일인의 경우 68퍼센트는 그 반대라고 응답했다.

이건 예외적인 조사 결과가 아니라 매우 흔한 것이다. 미국인들과 유럽인들은 그토록 많이 다르다. 왜 그럴까? 가장 강력한 이유로 제시되는 건 미국의 서부개척 시대에 형성된 '프런티어 정신'이다. 좁은 곳에서 아옹다옹 싸우느니 드넓은 서부로 가서 기회를 찾자는 식의 사고방식이 프런티어 시대가 끝난 이후에도 전 세계를 무대로 하여 발휘되고 있다는 것이다.

인종적 구성도 작용한다. 유럽의 빈자는 인종적으로 소수가 아니라 백인들인 반면, 미국은 200년 이상 노예제를 유지한 나라다. 그래서 미국인들은 소수인종의 문제를 자기 문제로 여기지 않으며, 그래서 가난이란 사회의 요인이 아니라 개인의 잘못 때문에 찾아온다고 믿는 경향이 유럽에 비해 강하다는 것이다. 미국인들의 이런 사고방식이 여러 반대 증거에도 불구하고 '아메리칸 드림'이 여전히 살아 있는 주요 이유가 되고 있는 것이다. '아메리칸 드림'을 조금이나마 가능케 하기 위해서는 성장과 팽창을 해야만 하는바, 성장과 팽창은 '아메리칸 드림'을 주요 이데올로기로 삼는 미국의 본질적 숙명이라고 보는 게 옳을 것이다.

몇몇 논평가들은 "미국인들은 화성 출신, 유럽인들은 금성 출신"이라고 말했다. 제러미 리프킨(Jeremy Rifkin 2005)은 『유러피언 드림: 아메리칸 드림의 몰락과 세계의 미래(The European Dream)』에서 그런 말이 등장한 배경을 설명한다. 유럽인들과 확연하게 다른 미국인의 특성은 효율성(efficiency)에 대한 신념이다. 이마저도 신앙심과 연결돼 있다. "유럽인들은 종종 왜 미국인들이 살기 위해 일하기보다 일하기 위해 살까 하고 궁금해한다. 그 대답은 효율성에 대한 미국인들의 깊은 애착에서 찾을 수 있다. 미국인들은 효율성이 높을수록 더욱 하나님께 가까워진다고 믿는다."

효율성을 사랑하는 이들이 게으름을 곱게 볼 리 만무하다. 미국인들은 끊임없이 생산적인 것을 가장 행복하게 생각하며 게으름을 도덕적인 문제로 간주하는 반면, 유럽인들은 게으름을 탐내고 부러워한다. 어디 그뿐인가. 개인주의와 모험심도 미국인들이 훨씬 더 강하다. 2003년 조사에 따르면, 미국인의 경우 세 명에 두 명 꼴로 자영업을 선호한 반면 유럽 인구의 절반은 다른 사람 밑에서 일하는 것을 원했다. 또 미국인의 경우 세 명에 두 명 꼴로 실패할 위험이 있다고 해도 사업을 시작해보겠다고 한 반면, 유럽인의 경우 거의 절반이 실패할 가능성이 높다면 사업을 하지 않겠다고 응답했다.

좌파 성향이 농후한 리프킨은 '아메리칸 드림'의 몰락을 선언하면서 그 대안으로 관대한 사회복지, 문화의 다양성, 국제법 존중을 기반으로 부상하는 EU를 칭송하면서 '유러피언 드림'을 역설한다. 그는 다음과 같이 책을 끝맺는다.

"유러피언 드림은 이 어둡고 험난한 세상에서 길을 인도하는 등대다. 그 등불은 포괄성, 다양성, 삶의 질, 심오한 놀이, 지속 가능성, 보편적 인권, 자연의 권리, 지구상의 평화로 정의되는 새로운 시대로 우리를 손짓하며 부른다. 미국인들은 아메리칸 드림이 목숨을 바칠 가치가 있는 꿈이라고 말하곤 했다. 그러나 새로운 유러피언 드림은 삶을 추구할 가치가 있게 해주는 꿈이다."

그러나 아무리 봐도 '유러피언 드림'이 그 대안일 것 같지는 않으며, 설사 그렇다 하더라도 '아메리칸 드림'이 사라질 것 같지도 않다. '아메리칸 드림'은 신화이며 사기라고 하지만, 중요한 건 여전히 그것이 힘을 발휘하고 있다는 사실이다. 미국은 주로 성공의 열망에 들뜬 사람들이 몰려드는 곳이다. 실용적일 수밖에 없다. 세상을 관조하고 성찰하는 철학은 낡아빠진 유럽이나 하라는 게 미국인들의 태도였다. '아메리칸 드림'은 이미 '아메리칸 백일몽(American daydream)'이라는 다른 이름을 얻었지만, 역설적으로 바로 그렇기 때문에 '아메리칸 드림'은 더욱 질긴 생명력을 갖게 될지도 모른다. 인간은 꿈 없이 살 순 없으며, 현실이 고달플수록 더욱 꿈에 매달려야만 하기 때문이다.

아메리칸 드림과 실용주의는 상호 불가분의 관계에 있다. 아메리칸 드림은 개인의 드림이기 때문에 실용적이어야 한다. '계급'이라는 개념은 개인을 말하는 것이 아니기 때문에 실용적이지 않으며, 따라서 미국인들이 공감하지 않는다. 미국인들이 이론과 추상화에 반감을 갖고 있는 것도 그런 사정과 무관치 않다.

30년 이상 미국 문화를 다른 나라의 사람들에게 소개해온 개리 앨턴(Gary Althen 2003)에 따르면 "미국인들은 이론과 일반화를 믿지 않으려는 경향이 있는데, 이에 대해 '비실용적이다' '비현실적이다'

'너무 추상적이다' '허풍이 많다' '이론적일 뿐이다'라는 꼬리표를 붙이기도 한다. 미국 유학을 가려는 중국인 예비 유학생에게 '고속성장하는 중국 경제의 민간 분야 발전에 기여하겠다'는 계획을 영사에게 얘기하지 말라고 조언을 하였다. 그 학생이 졸업 후, 자기 분야에서 한 기업의 사장으로서 중국에서 특정 액수의 돈을 벌 수 있다고 말을 해야, 미국인에게 더 설득력을 갖는다."

리프킨의 『유러피언 드림』은 한국의 많은 이들을 감동시켰다. 예컨대, 선학태(2010)에 따르면 "노무현이 꿈꾸었던 세상은 어떤 모습이었을까? 그가 서거 직전까지 손에서 놓지 않고 탐독하며 주변 지인들에게 많이 권한 책이 있다. 미국 미래학자인 제러미 리프킨이 쓴 『유러피언 드림』이다. 여기서 우리는 그가 열망했던 비전과 가치를 읽을 수 있는데, 아메리칸 드림에 회의감을 가졌던 것으로 보인다. …… 유감스럽게도 대한민국은 아메리칸 드림에 따라 디자인되어왔다. 특히 엠비(MB) 정부의 '선진화' 비전은 아메리칸 드림의 상징이다. 우리 사회의 불평등, 차별, 소외, 배제는 아메리칸 드림에서 비롯되고 있다고 말해도 지나치지 않다. …… 자고로 시대를 앞서 가는 선각자의 길은 평탄치 않았다. 노무현 유러피언 드림의 길도 아메리칸 드림 세력의 저항으로 파란만장했다. 그래도 하늘나라의 노무현은 대한민국 미래가 유러피언 드림의 길로 가고 있는지 내려다보고 있으리라."

이 주장의 선의엔 공감한다. 좀 더 평등하고 복지 지향적이고 환경 친화적이고 덜 경쟁하는 세상을 만들자는 데에 누가 이의를 제기할 수 있겠는가. 물론 이의 제기 정도가 아니라 '좌파' 딱지를 들이밀며 시비를 거는 못난 인간들도 있긴 하지만 말이다. 그런데 그런 세상을 만들기 위해서라도 '유러피언 드림'에 대한 과대평가와 '아메리칸 드림'에 대한 과소평가는 경계하자는 말씀을 드리고 싶다.

리프킨의 '유러피언 드림'은 '아메리칸 드림'을 비판하기 위한 열정이 앞선 나머지 유럽의 그늘이나 어두운 면을 제대로 다루지 않았다. 역사적으로 보자면 세계 1, 2차 대전과 유태인 대량학살, 식민지 착취 등만으로도 유럽은 미국에 대해 큰소리치기 어렵다. 또한 '아메리칸 드림'은 추악하게나마 인종문제 테스트를 거친 것인 반면, '유러피언 드림'은 그것을 거치지 않았다. 최근에서야 그 문제가 불거지고 있는데, 유럽 백인들의 인종차별이 미국 백인들의 인종차별보다 나을 게 없거나 더 심하다는 게 드러나고 있지 않은가? 물론 이게 '유러피언 드림'을 거부해야 할 이유는 되지 못하지만, '유러피언 드림'에 대한 환상을 자제해야 할 이유는 되지 않을까?

대한민국이 아메리칸 드림에 따라 디자인되어왔다는 건 옳은 진단이지만, 이명박 정부의 '선진화' 비전을 아메리칸 드림의 상징으로 보는 건 이명박 정부에 대한 과대평가는 아닐까? 아메리칸 드림은 환상일망정 가난한 사람들에게 "나도 해볼 수 있다"는 꿈을 주는 것일진대, 이명박 정부가 언제 그런 꿈을 준 적이 있단 말인가?

아메리칸 드림을 '불평등, 차별, 소외, 배제'의 관점에서만 보는 건 '누워서 침뱉기'는 아닐까? 아메리칸 드림에 따라 디자인돼왔을 뿐 아니라 아메리칸 드림을 동력 삼아 이룬 경제발전의 과실은 누리고 긍정하면서 그 부작용만 비판하는 것은 모순이 아닐까? 김대중(1924~2009)과 노무현(1946~2009)도 그 드림을 스스로 구현한 입지전적 인물이 아닌가? 노무현이 정말 유러피언 드림을 꿈꾸었는지는 모르겠지만, 대통령으로서의 정책은 아메리칸 드림에 충실하지 않았던가?

한국에서 정책을 포함하여 일관되게 유러피언 드림을 역설하는 세력은 진보 정당들뿐이다. 그러나 유권자들은 이들에게 충분한 표를 주지 않는다. '노무현의 꿈'을 사랑한다는 사람들조차 여전히 새로운 정당은 만들어도 진보 정당들을 위해 일할 생각은 하지 않는다. 도대체 왜 그러는 걸까? 꿈의 의인화 현상인가? 꿈의 알맹이보다는 누구의 꿈이냐가 더 중요하다는 것인가?

정치 분야에서 유러피언 드림의 일환으로 시도했던 기간당원제는 어떤가? 노무현 정부 시절 기간당원제는 정당 민주주의의 희망으로 여겨졌지만, 실패로 돌아가고 말았다. 기성정치 기득권 세력의 방해 때문인가? 그게 아니다. 우리의 강한 연고주의 문화가 대중의 공적 참여를 억누르고 있기 때문이다. 2006년 한국개발연구원(KDI)의 '사회적 자본 실태 종합조사' 보고서에 따르면, 우리나라 국민들의 사회적 관계망 가입비율은 동창회가 50.4퍼센트로 가장 높고, 종교단체 24.7퍼센트, 종친회 22.0퍼센트, 향우회 16.8퍼센트 등이 뒤를 이었다. 반면 공익성이 짙은 단체들의 가입률은 2퍼센트대에 머물렀다. 정당이나 시민사회단체 참여에 투입되어야 할 대중의 시간, 에너지, 돈이 모두 연고(인맥) 관리에 들어가고 있는 것이다. 이건 하루아침에 바꿀 수 없는 문화이며, 이런 토양에서 기간당원제는 '연고 기간당원제'로 전락할 수밖에 없다. 한국의 독특한 현실을 감안한 참여 방안을 모색해야 한다.

이 지구상에 미국과 유럽만 있는 건 아닌 만큼, 우리로선 어떤 드림이 더 나을지 고민해보지 않을 수 없겠다. 거칠게나마 대별해보자면,

한국에서 보수파는 '아메리칸 드림' 쪽이고 진보파는 '유러피언 드림'에 가까운 것 같다. 그러나 드림의 문제를 떠나 지금 있는 그대로의 상태에서 어떤 사회가 우리와 더 비슷한가 하는 점을 따져보는 건 별개의 문제다.

한국은 미국형 사회다. 오랜 역사적 관계 때문에 가깝다는 의미가 아니다. 여러 면에서 한국은 미국과 놀라울 정도로 비슷한 점이 많은 나라다. 이 지구상에서 미국을 가장 빼박은 나라는 한국이라고 해도 과언이 아닐 정도다. 덩치로 봐선 한국을 '제2의 미국'이라고 하는 게 옳겠지만, 한국의 역사가 훨씬 앞서니 미국을 '제2의 한국'이라고 하는 게 더 나을 것 같다. 무엇이 닮았는가? 압축 성장, 평등주의, 물질주의, 각개약진, 승자독식 등 다섯 가지가 닮았다. 실은 다 하나로 통하는 이야기다. 다양한 관점에서 살펴본다는 뜻으로 이해하고 탐구해보자.

압축 성장, 평등주의, 물질주의, 각개약진, 승자독식 등은 근대화 이후에 생겨난 것이니 한국의 역사가 앞선다는 이유만으로 미국을 제2의 한국이라고 하는 것은 억지스럽다고 볼 수도 있다. 과도한 국수주의가 아니냐는 반론도 가능하겠다. 그럼에도 미국을 제2의 한국이라고 주장하는, 아니 그렇게 보아야만 할 이유가 있다. 한국을 제2의 미국으로 보는 기존의 '상식적인' 사고 틀을 깨야만 한국과 미국에 대한 이해는 물론 한미관계를 제대로 볼 수 있기 때문이다. 또한 압축 성장, 평등주의, 물질주의, 각개약진, 승자독식 등이 근대화 이후에 생겨났을망정, 뿌리 없는 진공 상태에서 홀연히 나타난 것은 아니라는 점도 감안할 필요가 있다.

압축 성장

첫째, '압축 성장(condensed economic growth)'이다.

대니얼 부어스틴(Daniel J. Boorstin 1991)은 "이 신생국 미국은 유럽이 2000년 동안 경험했던 것을 한두 세기로 역사를 압축시켜 놓았다"며 이렇게 말한다. "아메리카는 하나의 근대국가가 되는 과정에서 나타나는 단계들 가운데서 몇 단계는 거치지 않았다. 전례가 없을 정도로 빨리 전진하면서 아메리카는 봉건 제도를 거치지 않았다. 그 때문에 충성심이 여러 갈래로 분리되지도 않았고 귀족도 만들어지지 않았다. 여기 아메리카에서 역사는 서유럽의 역사와 비교해보면 정상 속도보다 다섯 배나 빨리 나타나는 빠른 영화의 화면과 같다고 볼 수 있다."

한국은 더 빨랐다. 한국인들은 "우리의 1년은 세계의 10년"이라는 구호 아래 문자 그대로 '미친 듯이' 또는 '전쟁하듯이' 일했다. 그러니 어찌 다른 나라들에 비해 성장이 빠르지 않을 수 있었겠는가. 한국의 압축 성장은 인류사에 있어서 전무후무하다고 해도 좋을 정도로 기적에 가까운 것이었다. 압축 성장은 어느 정도였나? 한국의 압축 성장을 가장 드라마틱하게 표현한 세 사람의 묘사를 소개한다.

> **복거일** "영국이 1780년에서 1838년까지, 58년 만에 일인당 국민소득이 배가 되었습니다. 미국은 1839년에서 1886년까지 47년 만에 갑절로 늘었고, 일본은 1885년에서 1919년까지 34년이 걸렸습니다. 그런데 우리나라는 1966년에서 1977년까지 11년 만에 배로 늘었습니다. 몸집이 갑자기 늘어나니까 부작용이 생기지 않을 수 없는 것입니다."(복거일 외 1998)

한홍구 "우리가 겪은 근대화의 특징은 이식(移植) 근대화이면서 동시에 압축 근대화라는 점이다. 한 예로 도시화 비율을 보면 1949년 17.3퍼센트이던 것이 1960년 28퍼센트, 1980년 57.3퍼센트, 1995년 78.5퍼센트로 가파르게 상승했다. 서구에서 최소 150년에서 200년은 걸렸을 변화를 우리는 불과 30~40년 만에 해치운 것이다."(한홍구 2003)

김진경 "삼십 년에 삼백 년을 산 사람은 어떻게 자기 자신일 수 있을까? …… 일본이 메이지 유신 이후 100년 동안에 서구의 근대 300년의 변화를 압축해 따라갔다면 한국은 1960년대 이래 30년 동안에 서구의 300년을 압축해 따라갔습니다. 이러한 속도 속에서, 이러한 광기 어린 변화 속에서—좀 과장해 말한다면— 우리는 30년의 생물학적 시간에 300년의 서사적 시간을 살아버린 것입니다. 무서운 속도의 서구 흉내 내기 속에서 자신을 돌아본다는 것은 가능하지도 않았고 필요한 일로도 간주되지 않았습니다."(정영태 2001)

미국이나 한국 모두 자신을 돌아보는 일엔 서투르다. 아니, 그를 불필요한 사치로 생각한다. '깊이'를 희생으로 한 '실용'과 '속도'에 능하다. 거칠게 나누자면, 해외 유학 경험이 있는 한국 지식인들 중 미국파에 우파가 많고 유럽파에 좌파가 많은 건 당연한 일이다. '실속' 위주로는 미국을 지향하고, '상징' 위주로는 유럽을 지향한다고나 할까?

압축 성장에 따라붙는 건 '위험을 무릅쓰는 문화(a risk-taking culture)'다. 본문에서도 지적했지만, 울리히 벡(Ulrich Beck 1997)의 위험사회론은 미국에서는 나올 수 없는 유럽적 산물이다. 리프킨은 유럽의 지성인들은 '리스크 감수'에서 '리스크 예방'의 시대로 가는 대전환을 두고 토의를 벌이고 있지만, 미국의 지성인들 사이에선 그런 토의가 거의 없다고 했다. 미국인들은 리스크를 감수하는 타고난 모험가 기질을 갖고 있기 때문이다. 이는 서부개척 시절부터 몸에 밴 것이다. 미국인들은 자신의 운명을 결정하는 사람은 결국 자기 자신이라는 신념에 중독돼 있기 때문에 눈에 잘 보이지 않는 위험을 인식하기가 매우 어렵다는 것이다.

한국의 경우엔 수난과 시련의 역사 그리고 뒤처진 것을 하루 빨리 만회하겠다는 '빨리 빨리' 문화가 '위험을 무릅쓰는 문화'를 창출했으며, 이는 다시 '빨리 빨리'를 가속하는 이유가 되었다. 주강현(1999)이 잘 지적했듯이, 한국인들은 "즉각, 즉시, 금방, 곧바로, 지체 없이, 빨리 빨리, 얼른 얼른, 빠르게, 좀 더 빠르게, 아주 빠르게, 대단히 빠르게, 말할 수 없이 빠르게, 숨 가쁘도록, 죽기 살기로" 살아왔다. 그래서 한국은 '위험스러운 요소가 많은 사회'를 넘어 '잔인한 사회(Brutal Society)'라는 진단까지 나온다.(고유석 1990)

한국에선 종교마저도 압축 성장의 모습을 보여주었다. 이미 2000년대 중반 한국이 미국에 이어 세계 2위의 선교대국이 된 것도 바로 그런 압축 성장 문화와 연계해 이해해야 하지 않을까? 1979년 93명에 불과하던 한국의 선교사 수는 2004년 전 세계 160여 개국, 1만 2000명으로 미국의 4만 6000명보다 적지만 3위인 영국의 6000여 명보다는 훨씬 많은 수가 활동 중이었다. 한국세계선교협의회(KWMA)의 '2008년 한국 선교사 파송 집계'에 따르면, 2008년까지 파송된 한국 선교사는 168개국, 1만 9413명으로 집계됐다. 이와 관련해 『국민일보』는 "선교사 2만 명 시대가 눈앞으로 다가왔다. 오는 3월이면 한국 교회가 파송한 선교사가 2만 명을 넘을 것으로 전망된다"며 "특히 지난해는 글로벌 경제 위기가 시작돼 교회와 선교단체들마다 어려움을 겪던 상황이어서 선교사 파송의 증가세는 한국 교회의 선교 저력을 확인해준 것으로 평가된다"고 했다.(신상목 2009)

한국 기독교의 선교는 호전적인 것으로 유명하다. 『뉴욕타임스』(2004.11.1)는 「중동의 모슬렘들에게 조용하게 예수를 소개하는 한국인들」이란 기사에서 "미국에 이어 두 번째로 많은 선교사들을 외국에 파견한 한국의 선교사들이 개종이 가장 어려운 집단인 중동의 모슬렘들에게 예수를 전파하고 있고, 중국 정부에 맞서 탈북자들을 개종시켜 남한으로 빼돌리고 있다"고 보도했다. 이 신문은 "새로운 곳에 도착할 경우, 중국인들은 식당을 만들고 일본인들은 공장을 짓지만 한국인들은 교회를 세운다"고 말하는 암만의 40대 선교사 말을 소개하면서 한국의 선교사들이 선교가 가장 위험한 지역인 중동과 중국에서 '무모한' 선교 활동을 벌이고 있다고 지적했다.(류재훈 2004)

이는 압축 성장의 논리와 문법이 몸에 밴 탓으로 이해해야 하지 않을까? 본문에서 지적한 바와 같이, 두 나라 모두 '역사 콤플렉스'를 갖고 있는 것도 바로 그런 압축 성장과 무관치 않다. 고어 비달(Gore Vidal)이 잘 지적했듯이, 미국은 '기억상실의 미합중국(The United States of Amnesia)'이라는 별명이 어울릴 정도로 극단적인 현재·미래 지향성을 보이며, 한국도 이 점에선 다르지 않다.(Engelhardt 2008)

평등주의

둘째, 평등주의다. 미국과 한국은 평등주의가 강하다는 점에서 매우 비슷하다. 무엇보다도 귀족이 없다는 점에서 비슷하다. 미국은 이민 사회라 그렇고, 한국은 식민지배와 전쟁 탓에 그렇게 되었다. 물론 두 나라 모두 새로운 귀족 계급이 탄생했지만, 적어도 정서적 평등주의 만큼은 건재하다. 그런데 그 평등주의는 물질주의와 결합한 평등주의다. 그래서 평등주의가 강하면서도 불평등이 만연하는 역설이 발생한다. 서정갑(2001)은 미국 사회의 평등가치의 강조와 현실적 불평등은 세 가지 사회적 특성으로 나타나고 있다고 했다.

"첫째, 평등한 사회에서 살고 있는 미국인들은 매우 경쟁적이다. 불평등한 사회나 계급적인 사회에서는 경쟁이 불필요할 뿐 아니라 경쟁을 하더라도 별로 도움도 되지 않는다. 그러나 평등한 사회는 경쟁을 해볼 수 있다. …… 둘째, 미국인의 평등사상 강조는 그들로 하여금 계급의식이 나타나게 하였다. 여기서 계급이란 순수한 경제적인 의미의 노동자계급과 자본가계급을 의미하는 것은 아니다. 흔히 생각하는 직장에서의 계급과도 관계가 적다. 여기서는 사회계급을 의미하며 미국에 있어서의 특이성은 많은 사람들이 스스로가 중류계급이라고 생각하는 데 있다. …… 셋째, 평등이 지위불안을 가져왔고 지위불안을 해소하기 위해서 미국인은 고도의 동조력(同調力; conformity)을 보여준다. 즉 그들은 타인의 의견에 민감하며 독자성보다는 다수의 견해에 따름으로써 소속감을 느끼는 동시에 경쟁에서 낙오했다는 감을 피할 수 있다."

서정갑이 말한 두 번째 특성에 대해 좀 더 들어보자. 꼭 한국 이야기를 하는 것 같은 느낌이 들기 때문이다. 그는 "미국인들은 자기가 어느 사회계급에 속하는가에 대해 대단한 관심을 지니고 있다. 유럽에서 미국을 관찰한 많은 사람들은 유럽 사회보다도 소위 평등사회를 자처하는 미국에서 지위나 계급에 대한 관심을 더 가질 뿐 아니라 개인이 축적한 부를 과시하려고 우월감을 상징하는 표적을 찾아내려는 노력을 더욱 많이 한다고 말한다. 사회계급의 존재는 많은 배타적 사교클럽들이 잘 말해주고 있으며, 미국 대학 내에서도 각종 권위(계급) 서열을 엿볼 수 있는 친목단체가 이를 잘 입증해주고 있다"며 다음과 같이 말한다.

"평등한 사회에서 경쟁을 하다보면 자기의 성취가 어느 정도이며 자기가 어느 지점에 있는가에 대해 관심을 갖는 것은 당연하다. 이러한 관심은 결국 지위불안(status uncertainty)을 가져오며 또한 자기 지위에 대한 불확실성으로 인해 어느 나라보다 지위향상을 위한 노력이 강하게 나타난다. 이것은 미국인의 의식구조에서 지위나 계층 혹은 계급 간의 갈등이나 적대심이 거의 존재하지 않음을 말해준다. 립셋(Seymour M. Lipset) 교수의 말대로 적극적이고 부지런한 미국의 근로계층 사람은 자기 계층의 상태를 개선하려 하지 않고, 개인적으로 소속계층(계급)을 탈피하여 상위계급으로 올라가려 하며, 자기가 안 되면 적어도 자기 아이들이 그렇게 할 수 있게 노력한다."

이것 역시 '동조력'의 힘이다. 미국 미주리대학의 도시문제 전문가 데니스 저드가 미국인들을 들쥐떼 같다고 주장한 것도 그런 맥락에서 이해할 수 있겠다. "미국인을 개인주의자로 보는 것은 넌센스다. 우리는 가축이나 다름없는 국민이다. 범죄에 대해 걱정할 필요가 없으며 우리 재산이 안전하게 지켜질 것이라고 누군가 말해주기만 한다면 스스로의 많은 권리들을 포기할 체제순응적인 들쥐떼 같은 존재가 우리다. 우리는 공공영역에서라면 결코 참지 않을 각종 제약들을 회사생활에서는 감내한다. 그런데도 많은 사람들이 인식하지 못하고 있는 것은, 특정한 종류의 회사 내 생활이 점차 우리 모두의 미래 생활이 될 것이라는 점이다."(Kaplan 2001)

유럽인들은 미국인들의 획일성에 놀라곤 한다. 예컨대, 영국의 버트란드 러셀(Bertrand Russell 1997)에 따르면 "미국을 여행해본 유럽인은, 적어도 나 자신의 경험으로 판단할 때, 두 가지 특이한 점에 충격을 받는다. 첫째는 미국 어느 지역을 가나 경관이 대단히 비슷하다는 점이고(단 구남부지역은 빼고), 둘째는 각 지역이 다른 지역들과 다른 특색이 있음을 입증하는 데 열심이라는 점이다. 이 두 번째 특징은 물론 첫 번째 특징에서 연유한다. 어느 지역이나 자기 지역만의 자랑거리를 갖고 싶어 하는 것은 당연하다. 따라서 지형이나 역사, 전통에 있어 독특하다 싶으면 뭐든 소중히 여긴다. 획일성이 크면 클수록 그 획일성을 완화하는 차이점을 찾는 일에 더 열심이다"라고 말했다.

출세에 대한 정의와 출세지향성도 획일적이다. "학교에서는 젊은이들의 인성을 기르는 책임을 매우 등한시한다. 오로지 대학 입학시험 준비, 재활용 습관, 두뇌계발, 음주와 운전습관에 신경 쓸 것을 요구한다. 그러나 올바른 인성을 기르는 것은 젊은이들에게 가장 어려운 일인데도, 갑자기 '그건 너희들이 알아서 해야지, 얘들아'라는 식이다. 자유방임적 윤리관이 지배적이다. …… 세상에는 오직 여섯 가지 직업밖에 없다고 여기는 학생도 있다. 그래서 의사, 변호사, 회사

중역 등 몇 개 직업만 정해놓은 채 다른 독특한 직업에는 전혀 눈길도 주지 않는다. 그 결과 그들은 잘 알려진 길을 간다. 이상하게도 엘리트 체제는 전문성을 그토록 중시하면서도 직업세계에 대해 많은 관심을 기울이지 않는다."(Brooks 2008)

한국에 관한 이야기인지 미국에 관한 이야기인지 구분이 안 갈 정도지만, 미국에 관한 이야기다. 출세지향적인 사람들은 '계급' 개념에 적대적이다. 미국 대통령 조지 부시는 "계급이란 유럽이나 여타 나라들에나 해당될까 미국에는 전혀 적용될 수 없는 개념이다. 미국에 계급이란 존재하지 않는다"고 단언한 바 있다. 물론 그건 미국 대중문화가 표현하는 가공의 세계에서나 통용될 수 있을 뿐 현실은 전혀 그렇지 못하다. 미국은 상층 1퍼센트의 인구가 하층 40퍼센트 인구의 소득과 맞먹는 극심한 불평등 사회다. 절대빈곤층 인구는 전체의 18퍼센트나 되며 이러한 비율은 다른 선진 자본주의 국가들의 네 배에 이르는 것이다.

미국 저널리스트 존 퀴트(John Quirt)는 "워싱턴은, 평범한 민중들이 4년마다 새 피아노 연주자를 뽑을 동안 이런저런 특전을 누리는 고귀한 왕자들이 자기들끼리 향락을 즐기는 매춘굴"이라고 주장했다. 그렇게까지 심한 욕을 하다니! 과장된 독설이라 해도, 미국인들이 그걸 모를 리 없다. 그럼에도 미국인들은 별로 개의치 않는다. 딕 모리스(Dick Morris)가 잘 지적했듯이, "미국 정치에선 '예스'가 '노' 보다 훨씬 더 큰 힘을 발휘할 수 있는 단어다." 정당한 비판 행위에 대해서도 '긍정적 사고'나 '낙관적 사고'의 필요성을 역설하는 게 미국의 풍토다. 이때엔 "긍정적 사고가 현실 감각을 잃어버리면 병을 만든다"는 금언으로 대응하는 게 좋겠지만, 이마저 잘 통하지 않는다.

물질주의

셋째, 물질주의다. 구대륙인 유럽에 비해 아메리카 신대륙에서 자연은 거칠고 험난했기에 정복의 대상이었다. 프런티어 이론이 잘 설명했듯이, 그런 정복의 과정에서 물질주의가 중심적인 가치가 되었다. 사실 춥고 배고플 때에 물질 이외에 무엇이 있겠는가? 이런 사정은 미국의 경우 건국 과정에서 나타났고 한국에선 근현대사에서 나타났다는 차이밖엔 없다. 또한 "너도 하면 나도 한다"는 평등주의적 경쟁은 자연스럽게 물질 위주의 척도 중심으로 이루어졌다. 미국의 청교도주의나 한국의 유교주의는 물질 위주의 노동윤리와 친화적이었기에 두 나라 모두 '일중독' 이라고 해도 좋을 정도로 노동시간이 많다.

한국은 2007년 기준으로 연간 노동시간이 경제협력개발기구(OECD) 국가 평균의 1.3배에 달하는 대표적인 '일중독' 국가이다. "우리나라의 장시간 노동은 국제사회에서 악명이 자자하다"는 말까지 나올 정도다.(경향신문 2010) 이처럼 한국의 일중독이야 천하가 다 아는 사실이니, 미국 중심으로 살펴보자.

국제노동기구(International Labour Organization)의 2001년 보고에 따르면, 평균적으로 미국 노동자들은 일본 노동자들보다 1년에 137시간 이상, 영국 노동자들보다 260시간 이상, 독일 노동자들보다 500시간 이상 일을 했다. 노동시간으론 한국이 미국보다 더 많을지 몰라도, 노동 강도는 미국이 더 세다. 이진(2002)은 「미국 직장생활 체험기/나는 솔직히 미국인들이 그렇게 열심히 일할 줄은 몰랐다!」라는 제목의 글에서 다음과 같이 말한다.

"한국인들이 부지런하고 아주 '오래' 일하며 휴가도 제대로 못 챙기고 월급은 박봉인 반면 미국인들은 우리보다 덜 일하면서 임금은 더 받는 사람들인 줄로만 알았다(신이여! 제 무지를 용서하소서!) …… 한국을 경험한 미국인들은 한국인들의 근무 태도에 놀랐다는 말을 가끔 한다. 일본인들 때문에라도 아시아인들이 근면하다 생각하고 있고, 더군다나 세계 10대 무역대국 중의 하나가 되어 있으니 한국인들이 분명히 근면할 것이라 생각하던 미국인들이 정작 한국인을 경험하고는 '겁을 좀 덜 먹는다'는 말이다. 한국인들의 직장 생활에는 '양해(excuse)'가 많은 듯하다. 전날 부서 회식이 밤늦게까지 있었고 술자리가 과한 탓에 김 부장과 홍대리가 10시쯤 출근했다 해서 나무라는 사람은 그다지 많지 않다. …… (그러나 미국에선) 공적인 일과 사적인 일이 철저하게 구분되며, 회사 기물이나 전화 등은 사적인 일에 쓰이지 않게 최대한 절제된다."

『뉴욕타임스』 2004년 9월 5일자는 직장 내 스트레스로 미국인들의 몸이 망가질 정도라고 보도했다. 미 근로자 한 명이 연간 일하는 시간은 1800시간을 넘어 독일인 한 명보다 350시간이나 많으며, 미 직장인 스트레스 해소 비용은 3000억 달러(360조 원)로 한국의 2005년 예산 132조 원의 2.7배나 되는 것으로 추정되었다.

일중독이 자랑인가? 경쟁과 효율 면에서 미국이 유럽을 앞서고 있는가? 이런 의문이 제기되기도 하지만, 여기서 말하고자 하는 건 일중독이 '아메리칸 드림'과 연결돼 있다는 점이다. 미국의 시인 제임스 러셀 로웰(James Russell Lowell, 1819~1891)은 "실패가 아니라 너무 낮은 목표가 죄다"라고 했으며 "자신보다 낫고 더 아름다운 걸 숭배하는 건 인간의 타고 난 본능이다"라고 했다. 세대가 바뀌어도 미국 학생들은 계속 제임스 러셀 로웰의 시를 공책에 베껴 쓰곤 한다.(Gelfert 2003) 미국인의 4분의 3은 "성공하지 못하는 사람 대부분은 체계를 탓해선 안 되고 스스로를 탓해야 한다"는 데 동의하기 때문이다.(Callahan 2008) 일중독은 이런 철학에서 비롯된 것이다.

독일의 철학자 니체는 '호흡이 곤란할 정도로 허둥대며' 일하는 미국인들을 겨냥해 "오늘날에도 그들은 휴식을 부끄러워하며, 한참 동안 생각에 몰두할 경우엔 양심에 문제가 있다는 핀잔을 들을 정도다. 그들은 한쪽 손목에 시계를 찬 상태에서 생각에 잠긴다"고 비판한 바 있다. 니체만 그런 게 아니라 대부분의 유럽인들이 미국인들의 '부지런함'을 경멸하는 경향이 있다. 반대로 미국인들은 유럽인들의 게으름을 경멸한다. 사실 이게 바로 미국인들이 유럽에 대해 오만해지는 한 가지 주요 이유가 되고 있다.

유럽인들 중에서도 가장 일을 적게 하는 것으로 유명한 프랑스인들의 게으름엔 나름대로의 철학이 있다. 프랑스의 반노동주의자들이 자주 인용하는 책은 칼 마르크스의 사위인 폴 라파르그(Paul Lafarge 1997)가 1883년에 출간한 『게으를 수 있는 권리(El Derecho a la Pereza)』다. 지금까지도 널리 읽히고 있다. 프랑스 노동자계급에 큰 영향력을 행사한 이 책에서 라파르그는 인간 소외를 없애기 위해 노동자는 하루 3시간만 일해야 한다고 주장했다. 이런 게으름뱅이 철학의 기본원칙은 노동과 놀이를 통합해야 한다는 것이다.

'느림의 철학자'인 피에르 쌍소(Pierre Sansot 2000)는 "지칠 줄 모르는 사람들이 있다. 그들의 특성 가운데서 나를 가장 화나게 하는 것은 그들의 에너지가 결코 고갈될 줄 모른다는 점이다"라고 말했지만, 그를 정작 화나게 만든 건 '빠름'이라고 하는 속도일 것이다.

게으름 예찬론자들은 과도한 노동예찬론을 바로잡아야 할 문제의식에 충만한 나머지 다소의 과장을 범하고 있다는 점에 주목할 필요가 있겠다. 라파르그만 하더라도 "노동자 계급의 머릿속에서 지배계급이 새겨 넣은 편견을 말끔히 지워버려야 한다"는 목적으로 문제의 책을 썼다고 밝히고 있으며, 1935년에 나온 버트런드 러셀(Bertrand Russell 1997)의 『게으름에 대한 찬양』도 "'근로'가 미덕이라는 믿음이 현대 사회에 막대한 해를 끼치고 있다"는 문제의식에서 출발한 것이다.

프랑스의 한 역사학자는 프랑스인들의 의식 밑바닥에는 "노동은 신성한 가치가 아니라 고역 또는 고문이라는 생각이 깔려 있다"고 설명했다. 노동(travail)을 뜻하는 라틴어 트레팔리움(trepalium)은 고문의 한 수단이었으며, 전통적 카톨릭 국가인 프랑스는 노동을 통해 인간이 성장한다고 역설한 프로테스탄트·자본주의적 가치관의 세례를 덜 받은 나라라는 것이다.

한 가지 흥미로운 사실은 게으름과 종교적 신앙심은 상호 반비례 관계에 있다는 점이다. 부지런하고 일을 많이 하는 사람이 신앙심도 강하다. 이는 미국과 유럽을 비교해보면 확연하게 드러난다. 미국은 점점 더 강한 종교적 신앙심으로 무장해 가는 반면 유럽은 세속주의로 나아가고 있다. 과거 세계를 놀라게 한 한국인들의 부지런함과 개신교의 초고속 성장도 상호 무관하진 않은 것 같다.

'유러피언 드림'을 역설하는 제러미 리프킨(Jeremy Rifkin 2005)은

주 35시간 근무제가 실업률을 낮췄다고 칭찬했지만, 아무래도 옛날 통계자료에 근거한 것 같다. 주 35시간 근무제는 1999년 사회당 정권 시절 고용증가를 위해 도입됐지만 최근 오히려 실업자를 늘리고 경기를 침체시킨 주범으로 지목돼왔기 때문이다. 도입 당시 프랑스 노동부 장관 마르틴 오브리는 "노동시간을 10퍼센트 줄이면 추가 비용 없이 약 70만 개의 일자리를 만들 수 있다"고 주장했지만, 실업률은 10퍼센트에 근접한 수준으로 프랑스는 유럽에서 손꼽히는 실업률 상위국이 되고 말았다.

영국『파이낸셜타임스』2005년 2월 15일자는 "주 35시간 근로제는 역사상 가장 어리석은 개혁 조치로 전락했다"고 주장했다. 이 기사에 따르면『위기의 프랑스』라는 책을 쓴 경제 전문가 티모시 스미스는 "프랑스의 복지제도는 실업자가 아니라 이미 직장이 있거나 장기 근로를 마치고 퇴직한 기득권층의 이익을 보호하는 수단으로 전락했다"고 주장했다.

미국인들은 자신들이 경쟁자로 여기는 유럽인들이 놀고먹길 좋아한다고 생각하기 때문에 그들의 자부심과 우월의식은 더욱 부풀어 오른다. "돈은 덜 벌더라도 일을 덜 하는 것을 원하는가?" 이른바 '다운시프팅(downshifting)'이라고 불리는 삶의 방식에 대한 설문 조사 결과를 보자. 이 질문에 대해 독일인의 38퍼센트, 영국인의 30퍼센트가 '그렇다'고 답을 한 반면 미국인은 겨우 8퍼센트만이 '그렇다'고 답을 했다. 이는 겉보기엔 어떨지 몰라도 실제로는 미국 사회의 경쟁이 그만큼 치열하며 미국인들이 일을 더 많이 한다는 걸 의미하는 것이다.

그 이유에 대해 미국의 경제학자 로버트 라이시는 미국인들이 열심히 일하고 싶어 하는 것은 앞으로의 수입이 과거보다 그 전망이 더 불투명하고, 경쟁이 더 치열하고, 수입의 불균형이 더 심화된다는 전제가 깔려 있기 때문이라고 말한다. 미국인들이 열심히 일하는 것은 심리적으로 그렇게 '하고 싶기' 때문이 아니라, 매우 역동적인 시장 속에서 살아가고 있기 때문이라는 것이다.

무한 경쟁을 강요하는 사회 시스템과 그런 시스템 속에서 사는 사람들이 세계를 보는 눈은 훨씬 더 각박하고 살벌할 게 틀림없다. 이런 이유 때문에라도 미국인들은 국가안보에 과잉 집착할 것이고, 또 이는 그들 특유의 선민의식으로 인해 악화되어, 때론 자기들 딴엔 좋은 일 한다고 할지 몰라도 다른 나라 사람들이 볼 때엔 오만한 터미네이터 노릇을 하는 게 아니냐는 것이다. 한 사회 내에서도 자신의 '명백한 운명'을 과신하는 사람들을 조심해야 할 이유도 바로 여기에 있을 것이다. 상식 수준에서 중용을 택하자면, 노동을 예찬할 것도 없고 게으름을 예찬할 것도 없다. 강요된 '노동의 종언'이 외쳐지고, 영혼이라도 팔아 취직해 노동을 하고 싶다는 사람들이 수십 만, 수백 만 명이 줄 서 있는 상황에선 더욱 그럴 것이다.

각개약진

넷째, 각개약진(各個躍進)이다. 각개약진이란 적진을 향해 병사 각 개인이 지형지물을 이용하여 개별적으로 돌진함을 뜻하는 군사용어다. 각개약진은 한국적 삶의 기본 패턴이다. 공적 영역과 공인에 대한 불신이 워낙 강해 사회적 문제조차 혼자 또는 가족 단위로 돌파하려는 경향이 매우 강하다는 뜻이다. 미국에선 공적 영역에 대한 불신도 있지만, 그것보다는 개인주의로 불리는 가치가 각개약진형 라이프스타일을 만드는 데에 더 큰 역할을 했다.

두 나라의 각개약진을 상징하는 것이 바로 '아메리칸 드림'과 '코리안 드림'이다. 이 '드림'은 집단 드림이 아니다. 집단 드림이라면 사회주의가 융성하거나 어느 정도의 몫은 누려야 할 텐데, 두 나라 모두 사회주의가 비집고 들어갈 틈이 없다. 각개약진 드림이기 때문이다.

세상에 '드림'이 없는 나라가 어디 있겠느냐고 반론을 펼 수도 있겠지만, 이 두 나라만큼 '각개약진 드림'이 사회 전반에 큰 영향을 미치는 나라는 드물다. 다만 '코리안 드림'은 '아메리칸 드림'과는 달리, 학력·학벌 위주라는 차이만 있을 뿐이다.

'미국은 기회의 나라'라고 하는 '아메리칸 드림'에 대한 환상은 미국의 보수성에 일조하고 있다. 2001년 어느 시사주간지에서 "당신은 1퍼센트의 부자에 속한다고 생각하십니까?"라는 설문으로 여론조사를 실시했는데, 거의 20퍼센트의 미국인들이 '그렇다'고 대답했으며 다른 20퍼센트의 사람들은 "가까운 장래에 그렇게 될 것"이라고 대답한 것으로 나타났다.

정부가 추진하는 세금 삭감이 인구의 1퍼센트에게만 혜택을 주는 일이라고 전문가들이 아무리 경고해도 다수 미국인들이 지지를 보내는 이유가 바로 여기에 있다. 많은 미국인들이 부자들에게만 부과되는 사실상의 상속세인 부동산세를 철폐하는 데에 찬성하는 것도 마찬가지 이유에서다. 미국은 워낙 부강한 나라이기에 쇠락한다 해도 완전히 폭삭 주저앉는 일은 일어나지 않겠지만, 미국인들이 그런 환상을 고수하는 한 '쇠락'은 영원히 일어날 수 없는 일이 아닌가. 빈부격차는 날로 심해진다 해도 미국인 다수가 '아메리칸 드림'을 믿고 기존 체제에 순응하면서 묵묵히 일할 때에 미국의 국가로서의 위상은 건재할 수 있다는 것이다.

한국에선 "사교육비 때문에 못 살겠다"고 아우성치는 서민들조차 그 원인인 '대학 서열화'를 타파하는 일엔 별 관심이 없다. "내 자식을 SKY에 보내면 되지"라는 방식으로 대응한다. '드림'에 들뜬 사람들은 실용적이거나 현세적일 수밖에 없다. 세상을 관조하고 성찰하는 철학엔 영 관심이 없다. '빨리 빨리'에 중독된 나머지 구조를 바꾸는 건 너무 오래 걸린다고 생각한다. 그러나 열망과 환멸은 늘 서로 교차하는 법이다. 그래야만 열망도 지속될 수 있기 때문이다.

미국 정치는 그 어떤 나라의 정치보다도 주기적인 성격을 강하게 띠고 있는데, 아서 슐레진저 2세(Arthur M. Schlesinger, Jr., 1917~2007)는 공공 목적과 사적 이익을 추구하는 주기들의 필수적인 교대가 일어나고 있는 것으로 보았다. 이른바 '공익·사익 교차론'이다. 이는 미국 역사의 주기적 순환 속성 이론 가운데 하나로 약 30년을 주기로 해서 공익(public purpose)의 시대와 사익(private interest)의 시대가 교차해왔다는 것이다.

슐레진저는 미국의 이념적 성향이 주기적으로 순환하는 이유와 관련해 "우리의 전체적 여건을 향상하려고 하는 '공익의 시대'는 상대적으로 짧은 기간에 대규모 변화를 축적한다. 즉 미국에서 개혁은 대개 급격하게 이루어지는 경향을 보인다. …… 이러한 혁신의 물줄기는 곧 정치를 질식시킨다. 왜냐하면 정치는 이 변화를 소화시킬 시간적 여유를 요구하기 때문이다. …… 더구나 지속적인 공익 지향 성향은 정서적인 면에서 곧 고갈된다. (왜냐하면) 한 국가가 고도로 긴장된 정치적 쇄신의 추동력을 감당할 수 있는 능력은 제한되어 있기 때문이다"라며 다음과 같이 주장했다.

"이윽고 사람들은 다시 조용한 사적 생활에 침잠할 수 있기를 갈망한다. 지속되는 전투적 구호와 요구에 지치고 끊임없는 국가적 규모의 사안들에 식상해서, 또 그 혁신 노력의 결과에 환멸을 느껴서 이들은 …… 휴식과 기력 회복을 위한 휴지기를 추구한다. 이렇게 해서 공익을 추구하는 열정, 이상주의, 개혁운동은 침체기에 접어들고 공공의 문제는 겉으로 드러나지 않는 시장 경제의 법칙이 다시 좌우하게 된다. …… 이것이 사익(privatization)의 시대요, 물질주의의 시대다. 이때는 계급문제나 경제적 갈등이 중심이 된 정치가 전면에서 후퇴하고 문화적 차원의 (인종, 종교, 신분, 도덕성의 문제가 주된 이슈가 되는) 정치가 전면에 등장한다. …… 이러한 사익의 시대는 다시 모순을 잉태하는데…… 국민 일부는 사적 이익 획득의 경쟁에서 뒤쳐지고 지식인들은 소외된다. 내버려두었던 문제점들이 심각해지고 …… 사람들은 이기적 동기 추구와 이기적 비전에 식상해한다. …… 이제 사람들은 다시 자신의 사적 생활의 바깥에서 삶의 의미를 찾으려 하고 …… 시장 경제의 법칙에 따라서 해결할 수 없는 문제들이 커지고 급박해져서 …… 마침내 새로운 정치적 시대가 열린다." (권용립 2003)

1984년 정치학자 존 잘러(John Zaller)와 허버트 맥클로스키(Herbert McClosky)의 연구 결과는 분명하게 민주적 가치를 가장 강력히 지지하는 사람들이 자본주의의 원칙에 대해 가장 낮은 지지를 보였으며, 역으로 자본주의 원칙에 대한 지지가 강할수록 민주적 가치에 대한 지지가 낮게 나타났음을 보여주었다.

"역사적으로 번갈아 나타나는 주기로 인해 미국은 부와 민주주의를 동시에 누릴 수 있었으며, 하나의 주기에서 다른 주기로 옮겨갈 수 있는 동력이 미국 정치가 지닌 진정한 힘이다. …… 민주주의와 자본주의는 쉽게 중첩되고 동맹을 맺기도 하지만, 반드시 분리되어 유지되어야 한다. 이 둘을 혼동해서는 안 된다."(Phillips 2004)

물론 이를 한국 상황에 그대로 적용하긴 어렵지만, 시사점을 던져주는 면은 있다. 한국은 오랜 독재체제 끝에 대통령 직선제 20년의 역사를 갖고 있기에 그런 주기가 나타날 수도 없었지만, 한국 특유의 '쏠림'이나 '소용돌이' 현상 때문에 그런 주기가 더욱 확연하게 나타날 개연성은 있다. 한국에선 '성장 대 분배', '경제주의 대 사회정의' 등과 같은 대립항을 놓고 그 사이를 왔다 갔다 하는 주기를 생각해볼 수 있겠다. 상식적으로 생각하더라도 어느 한쪽의 외침에 싫증을 내거나 환멸을 느낀 사람들이 전혀 다른 정치 양식을 선호하리라는 건 얼마든지 이해할 수 있는 일 아닌가.

각개약진형 삶은 높은 이동성을 낳는다. 결과로서의 이동성이라기 보다는 시도로서의 이동성이다. 역사가 리처드 호프스태터(Richard Hofstadter)는 "역사학의 기본 영역은 시간이지만, 미국인들 생각의 기본 영역은 공간이다"라고 했다. 미국인들은 시간보다는 공간에 대한 감각이 더 뛰어나다는 뜻이다.(이주영 1995) 이 말은 여러 해석을 낳을 수 있지만, 미국의 많은 논자들이 강조하는 건 미국인들의 잦은 공간적 이동성이다. 미국은 늘 이동하는 나라라는 것이다. 1980년대에 나온 통계에 따르면, 미국인들은 일생 동안 평균 13회를 이사하고(영국

인들은 8회, 일본인들은 5회), 10회 직업을 바꿨다고 한다.(Time-Life 1988)

1995년과 2000년 사이에 미국 인구의 46퍼센트가 이동을 경험했다. 직업 보유 기간도 평균 6.9년으로 프랑스 10.4년, 독일 10.8년, 일본 11.3년에 비해 훨씬 짧다. 심지어 종교도 자주 바꾼다. 신에 대한 믿음은 미국인 58퍼센트, 프랑스 12퍼센트, 영국 19퍼센트였지만 성인 미국인의 25퍼센트가 개종을 경험했다. 전 인구의 4분의 3이 평소 기부를 하는 미국인들은 유동성에 대한 한계 등을 혐오해 작은 정부를 지향한다. 세금은 GDP의 3분의 1 정도로 스웨덴 52퍼센트, 벨기에·프랑스 40퍼센트에 비해 훨씬 적다. 데이비드 브룩스(David Brooks 2008)는 이런 통계들을 거론하면서 "미국 예외주의는 바로 에너지, 잦은 이동성, 더 나은 상태를 지향하는 정신"이라고 주장한다.

과연 그럴까? 혹 이동성은 주로 국토 사이즈와 관련된 문제는 아닐까? 그럼에도 사이즈는 무시한 채 미국인의 이동성을 강조하는 일은 아예 사회통념으로 굳어졌다. 정치학자 새뮤얼 헌팅턴(Samuel P. Huntington 2004)도 20세기 말 미국인들의 16~17퍼센트는 매년 이사를 했으며, 1999년 3월부터 2000년 3월까지 4300만 명의 미국인들이 주거지를 옮겼다는 통계 수치를 제시하면서 "미국인들은 특정한 지리적 장소에 깊은 개인적 정체성을 갖는 경우가 드물다"고 주장한다.

과연 그럴까? 2000년 미국 정부가 센서스의 일환으로 미국에서 태어난 70만 가구를 상대로 설문조사를 실시한 결과, 조사대상의 67퍼센트가 태어난 주에서 계속 거주하고 있다고 응답했다. 미국에서 자신이 태어난 주에서 계속 거주하는 원주민의 비율이 가장 높은 곳은 뉴욕(New York) 주로 주민의 82.4퍼센트가 이곳 출신이다. 다음은 펜실베이니아(81.7퍼센트), 루이지애나(80.3퍼센트), 미시간(78.9퍼센트), 오하이오(76.6퍼센트) 순이다. 반면 원주민의 비율이 가장 낮은 곳은 네바다(28.2퍼센트)였으며 이어 애리조나(39.1퍼센트), 플로리다(39.5퍼센트), 알래스카(39.4퍼센트), 와이오밍(42.35퍼센트) 순이었다.(한기홍 2001) 즉, 주(州) 내의 이동이냐 주 사이의 이동이냐를 따져봐야지 한꺼번에 싸잡아서 할 이야기는 아니라는 뜻이다. 나라 밖을 생각하면 미국인의 이동성은 아예 신화가 된다. 미국인 중 여권을 소지하고 있는 비율은 고작 7~8퍼센트에 지나지 않기 때문이다. 외부세계에 관심을 끊고 산다고 해도 과언이 아니다.(전영우 2006)

그럼에도, 주와 국가의 경계를 따지지 않는다면, 미국인들이 높은 이동성을 보이고 있는 것은 분명한 사실이며, 이는 미국인들의 '계급'에 대한 무관심이나 적대감을 설명해주는 데엔 좋은 근거가 된다. 에릭 포너(Eric Foner 2006)는 "미국과 서유럽 양쪽 모두에서 살아본 사람이라면 누구나 증언할 수 있을 텐데 극단적으로 높은 이주율이 미국 사회의 특징인 것만은 분명하다"며 다음과 같이 말한다.

"19세기에는 10년마다 거주지역의 주민들이 완전히 바뀌었을 정도였으니까 아무래도 계급에 기초한 단체나 기구들이 생겨나 지속적으로 활동하는 데는 악영향을 미쳤다고 할 수 있을 것이다. 지금도 캘리포니아에서 플로리다에 이른 선벨트는 우중충한 산업도시에 사는 노동자들을 유혹하고 있는데, 프레더릭 잭슨 터너(Frederick Jackson Turner, 1861~1932)가 미국에서 계급 갈등을 대체하고 있다고 규정한 개인적 '도피처'의 또 다른 예라는 것이 자본주의의 성공을 강조하는 논자들의 주장이다."

거리를 불문하고 잦은 이사로 말하자면, 한국을 따라갈 나라가 드물다. 재테크로 변질된 아파트 중심의 주거 구조 때문이다. '주택의 재테크화' 현상으로 인해 아파트 거주자들은 늘 이사 갈 준비를 하는 삶의 자세로 자신의 거주 지역을 대한다. '살 집(house of living)'이 아니라 '팔 집(house of sale)'인 셈이다. 잦은 이사는 위치구속성(situatedness)의 탈피를 가져오고, 이로 인한 개인들의 심리적 불안과 위험, 정체성 위기에 대한 우려의 목소리가 제기된 지 오래다. 이런 우려는 거주 이동성이 매우 높은 한국에서 본격적인 검증 대상이 되었다고 볼 수 있다.

2006년 기준 선진국에선 전체 주택의 5퍼센트 범위 내에서 거래가 이루어진 반면, 한국은 거의 20퍼센트에 이른다. 평균 거주기간도 아파트가 많은 도시지역일수록 짧다. 서울 5.4년, 경기도 6.0년, 인천 6.8년인 데 비해 지방은 9.9년이며 군 단위 지역은 15.7년이다. 특히 재건축 재개발 붐은 한국 아파트의 수명을 단축하는 주요 요인이 되었다. 한국의 주택수명은 약 14.8년으로 일본의 2분의 1, 독일의 4분의 1, 프랑스의 6분의 1, 미국의 7분의 1, 영국의 10분의 1 정도에 불과하다.(박철수 2006) 잦은 이동성 때문에 아파트의 문패가 실종되는 등 익명성도 심화되고 있다. 아파트 내부에서도 가전제품은 개전제품화 되고 가족 성원들끼리도 점점 더 얼굴을 보지 않는 라이프스타일이 자리 잡는다. 그래서 "도대체 아파트에서는 어떤 의미에서 가족이라고 말할 수 있는가"라는 의문까지 제기된다.(전상인 2009)

이런 노마드적(?) 주거생활 탓에 지역공동체를 위한 사회자본의 축적이 어려워지는 문제가 나타나고 있다. 이와 관련해 서울보다는 지방 도시들의 아파트 비율이 더 높은 점이 지역 공동체를 어떻게 바꾸고 있는가 하는 것은 앞으로 심층 연구할 만한 주제다. 주요 도시별 아파트 거주비율은 광주 70.0퍼센트, 울산 64.1퍼센트, 대전 63.8퍼센트, 경기도 62.4퍼센트, 대구 60.1퍼센트, 부산 57.4퍼센트, 서울 55.7퍼센트 등이다.(윤희일 2007) 그간 '민주화의 성지'로 불려온 광주엔 아직도 공동체 의식이 살아 있는가? 공론화되질 않아서 그렇지, 광주의 시민운동가들을 만나보면 한결같이 하는 말이 "큰일 났다"는 것이다. 광주는 이른바 '민주화 이후의 민주주의'에서 더 이상 선진 지역이 아니다.(문순태 2007, 안경호 2009, 안관옥 2009, 장은교 2007) 이게 과연 70.9퍼센트라는 아파트 거주율과 무관할까?

우리는 공공커뮤니케이션의 문제를 주로 언론 등 정보미디어 중심으로만 생각하는 경향이 있는데, 실은 정보미디어의 수용환경, 즉 아파트 같은 거주 체제가 훨씬 더 중요할 수 있다. 광주의 아파트와 공동체의식의 관계는 앞으로 시도할 가치가 충분한 좋은 실증 연구 사례라 하겠다. 그렇지만 이 또한 미국의 경우처럼 이동의 범주와 거리를 따져볼 필요가 있다. 그 어떤 이동을 하건 연고는 건재하다. 아니, 오히려 잦은 이사가 연고의 중요성을 더 키운다고 볼 수도 있다. 또한 이동을 아무리 많이 하더라도 동일 지역 내 이동이라면 별 의미가 없다. 연고 중심의 공식·비공식 조직이 지역의 모든 권력 체계를 장악함으로써 변화와 혁신을 어렵게 만드는 문제가 나타난다.

지역 간 이동이 아무리 잦다 하더라도 '국가적' 공동체의식엔 아무런 영향이 없다. 이 또한 사이즈와 관련이 있다. 최재천이 잘 지적했듯이, "(미국은) 워낙 땅이 넓다 보니 보스턴을 비롯한 뉴잉글랜드 지역에서는 엄청난 변화가 일어나도 저 와이오밍 산골에서는 그 변화가 뭔지도 모르고 삽니다. 그런데 우리나라는 전 국민이 똑같은 신문을 매일 읽는 하나의 똘똘 뭉친 집단 아닙니까. 그러니까 변화가 일어나면 완전히 거국적인 변화가 일어날 수밖에 없는 거죠."(도정일 · 최재천 2005)

한국인들은 미국인들의 기부 문화를 부러워하지만, 그게 인간성이나 시민의식 때문에 빚어진 차이는 아니다. 작은 사이즈로 인해 한국에선 '전국의 지역화' 또는 '지역의 전국화'가 발생하는 게 주요 이유다. 미국의 기부 문화 풍토에 대해 대니얼 부어스틴(Daniel J. Boorstin 1991)은 미국에선 지역사회가 정부보다 먼저 생겨났다는 점에 주목한다. 유럽인들이 미국에 와서 자주 놀라는 것 중의 하나가 미국인들의 성실한 세금 납부라고 한다. 부어스틴은 "이것은 미국인들이 정부를 자기들의 주인으로 생각하는 것이 아니라 하인으로 생각하는 경향이 있다는 사실을 생생하게 보여주고 있는 것이다"라고 주장한다. 요컨대, 미국에선 지역사회 우선주의가 투철하다는 것이다. 매년 연말이 가까워지면 미국 전역에서 'Make a Difference Day'라는 기부 · 자원봉사 캠페인이 벌어지는 것도 바로 그런 '지역사회 우선주의' 때문이다.

프랑스의 지식인 기 소르망(Guy Sorman 1998)도 "정신의 미국화가 유럽의 젊은이들에게 남길 것은 나르시시즘뿐일 것이다. 그런데 미국에서는 공동생활과 수많은 자선단체, 봉사활동 및 각종 시민행동 양식 덕분에 나르시시즘을 어느 정도 억제할 수 있었다"고 말한다. 소르망은 미국 사회가 그 어떤 문제에도 불구하고 단체연대의 전통이 상당한 사회성과 함께 유지되고 있다는 점에 주목했다. 그건 눈에 잘 보이지 않는 것이다. 우리가 국내 어느 지역을 방문한다 하더라도 그 지역의 단체연대와 사회성이 활발한지 그렇지 않은지를 알기는 어려울 것이다. 그러나 그 지역의 힘은 바로 거기서 나온다.

반면 한국에선 기부를 하더라도 전국적으로 하려는 경향이 강하다. 지방에 사는 사람들마저 그런다. 지방에서 성공한 사람들은 대부분 서울 소재 대학들을 나왔는데, 이들은 큰돈을 기부해도 그 서울 소재 대학들에 하지 자신이 사는 지역의 대학은 아예 거들떠보지도 않는다. 그런 차이에도 불구하고, 한국과 미국 모두 이동성이 높은 나라라는 점은 같다.

승자독식

다섯 째, 승자독식이다. 이는 앞서 말한 네 가지 공통점의 당연한 귀결이다.

"대통령제는 승자독식의 제도다. 사실 승자독식으로 치면 미국이 우리보다 더했으면 더했지 덜하지 않다. 그런데도 우리 사회의 갈등이 더 악성이고 고질적인 것은 우리 대선이 승자독식에다 '패자 절망'의 제도로 돼버렸기 때문이다. 절망한 사람에게 '협상하라' '합리적으로 처신하라'는 요구는 사치스러운 얘기다. 절망한 사람의 눈엔 핏발이 서고 목에선 쇳소리가 난다. 정상적인 대화가 될 리가 없다."

『조선일보』 논설위원 양상훈(2009)의 주장이다. 이 칼럼의 취지와 선의엔 동의하기 어렵지 않은데, "승자독식으로 치면 미국이 우리보다 더했으면 더했지 덜하지 않다"는 대목이 영 마음에 걸린다. 이런 생각이 상식처럼 통용되고 있기에 더욱 그렇다. 그래서 승자독식 구조를 바꿔보자고 하면 "미국이 더하다"는 게 바꿀 필요가 없다는 주장의 논거로까지 쓰이니 아주 고약한 일이다.

결론부터 말하자면, 어림도 없는 말씀이다. 미국은 연방제 국가다. 어떤 정권이 들어서건 50개 주의 내정을 건드리는 데엔 명백한 한계가 있다. 미국의 승자독식은 연방정부의 구성에만 국한된 것이다. 반면 한국은 대통령 한 명이 바뀌면 전국 방방곡곡의 말단 행정부서는 말할 것도 없고 공기업과 민간기업까지 흔들린다. 비교할 걸 비교하라! 그럼에도 두 나라 모두 승자독식주의가 심하다는 건 분명하다.

경제학자 로버트 프랭크(Robert Frank)와 필립 쿡(Philip Cook)은 『승자독식사회(The Winner-Take-All Society)』(1995)를 출간해 미국의 승자독식 체제를 비판했다.(Frank & Cook 1997) 그런데 이 책을 읽다보면 "뭘 이 정도를 갖고 흥분하나?" 하고 생각게 만드는 대목이 있다. 『포춘』이 1990년에 실시한 500대 기업 및 500대 서비스 기업을 대상으로 한 설문조사 결과다. 답변을 얻어낸 전·현직 최고경영자 1500명의 출신 대학에 대한 분석이 흥미롭다. 이 조사를 한 사람이 놀랍다는 듯 내놓은 다음과 같은 분석이 우리를 놀라게 한다. "아이비리그의 지배력은 증가하고 있다. 조사대상자 중에서 전직 최고경영자의 14퍼센트가 아이비리그의 학부 졸업생인데 반해, 현직의 경우는 거의 19퍼센트에 이르고 있다."

이 책은 이 통계 외에도 아이비리그로 불리는 동부 명문대학들의 승자독식주의에 대해 많은 지면을 할애하고 있는데, 우리 입장에서 보기엔 그저 가소로울 뿐이다. 아이비리그에 속하는 대학은 여덟 개다. 이 대학 출신들을 다 합쳐봐야 대기업 상층부의 겨우 20퍼센트 미만을 차지하고 있을 뿐이다. 반면 한국은 어떤가. 다음 통계에 주목할 필요가 있다.

①1995년 외무부 외시 출신 외교직 730여 명 가운데 80퍼센트. ②1960년대 이후 1990년대까지 중앙지 편집국장 184명 중 77퍼센트. ③2001년 한 해 동안 일곱 개 중앙일간지에 칼럼을 실은 외부 기고자의 73퍼센트. ④김영삼 정부 각료의 68.1퍼센트. ⑤2004년 전국 고등법원 부장판사 이상 127명 가운데 87.4퍼센트. ⑥2005년 청와대 중앙행정부처의 1급 이상 302명의 66.9퍼센트. ⑦2005년 전체 장·차관급 공무원의 62.2퍼센트. ⑧2002년부터 2005년까지 사법연수원 입소자의 63.1퍼센트. ⑨2006년 국내 4대그룹의 사장급 이상 주요 경영자의 65.8퍼센트. ⑩2007년 국내 100대 기업 최고경영자의 68.8퍼센트.

무슨 통계인가? 이른바 SKY(서울-고려-연세) 대학 출신 비중이다. (④,⑤는 서울대 출신만의 비율이다.) 사회 전 분야에 걸쳐 SKY 출신은 상층부의 50~90퍼센트를 점하고 있다. 사정이 이와 같으니, 한국의 학부모가 목숨 걸다시피 하면서 자식을 SKY에 보내려고 하는 건 매우 합리적인 현상이다. 미국엔 대학이 많기 때문에 아이비리그 대학이 20퍼센트를 점하는 것도 우리에 비해 과하지 않느냐고 생각할 사람이 있을지도 모르겠지만, 이 점에 대해선 전 서울대학 총장 정운찬의 지적을 상기하는 게 좋겠다.

정운찬은 서울대학 총장 시절인 2005년 1월 "현재 서울대는 학부생 2만 1000명에 대학원생이 1만 1000명가량 됩니다. 전체 3만 2000명인데, 아주 많은 것이죠. 이것은 하버드대의 두 배, 예일대의 세 배, 프린스턴대의 다섯 배입니다"라고 말했다. 그는 인구 2억 8000만 명인 미국의 상위 10개 대학의 총 졸업생이 매년 1만 명에 불과한데 인구

4700만 명인 한국에서는 SKY에서만 1만 5000명의 졸업생이 나온다고 지적하면서, 형평성, 효율적인 학교 운영, 연구와 교육의 질 등을 위해 SKY의 정원 대폭 감축이 필요하다고 주장했다.

앞서 말했듯이, 그런데 우리는 그런 생각을 하기보다는 "내 자식을 SKY에 보내면 되지"라는 방식으로 대응한다. 이는 우리가 미국보다 훨씬 더 승자독식 체제에 친화적임을 증빙하는 건 아닐까? 최근엔 입학사정관제가 등장했는데, 만약 이것이 지금과 같은 치열한 입시전쟁의 개선을 위한 목적이라면 그건 '사기극'이라고 단언해도 좋다. 승자독식 체제를 완화시킬 생각은 않고, 그를 전제로 한 변화는 그저 학생과 학부모들을 추가로 괴롭히는 '쇼'에 지나지 않기 때문이다.

경쟁과 탐욕을 예찬하는 이들은 승자독식이 그것들을 부추기는 동력이 돼 사회발전에 기여한다고 믿는다. 그럴 수도 있겠지만, 그 이면도 보아야 할 게 아닌가. 비정규직 문제에서부터 대기업 유통업체 문제에 이르기까지 모든 주요 사회문제들이 바로 승자독식과 관련돼 있다. 대다수 한국인들이 정치에 침을 뱉으면서도 그 파워엔 경외감을 보이는 것도 바로 승자독식 때문이다.

우리는 승자독식 체제 자체를 바꿀 생각은 좀처럼 하지 않는다. 우리 편이 다 먹겠다는 생각만 할 뿐이다. 그래서 정권이 바뀌면 천지가 요동하는 것처럼 모든 게 뒤엎어진다. 정권 잡았을 때 승자독식 체제를 바꿔볼 생각을 전혀 하지 않았던 사람들이 정권을 잃고 나서 아무리 분노와 저주의 목소리를 쏟아내도 설득력을 갖지 못하는 이유가 바로 여기에 있다. 선거가 국가적 도박 축제가 되는 이유기도 하다.

반미주의의 정체

이런 다섯 가지 공통점에 대해 한국이 워낙 친미 국가라 미국을 닮아가게 된 게 아니겠느냐는 주장도 가능하겠다. 아니, 숭미 사대주의라고 할 수도 있겠다. "백화점 문화센터에 '뉴욕 라이프스타일 배우기'라는 강좌가 개설되는 곳은 아마 대한민국밖에 없을 것이다."(탁선호 2010) 어디 그뿐인가. 원정출산도 여전히 기승을 부린다. 이렇듯 적잖은 한국인들이 미국이라면 사족을 못 쓰는 것은 단지 숭미 사대주의 때문일까? 혹 두 나라 사이에 뭔가 비슷한 친화성이 있기 때문이라고 볼 수도 있지 않을까?

세계적으로 낯 뜨거운 '원정출산'으로 인해 상처받을 수 있는 국가적 자긍심을 위해서라도 그렇게 생각해보기로 하자. 한국의 반미주의자들 중에 자식 교육만큼은 미국에서 시키는 이들이 많은 것도 그렇게 이해하는 게 속 편하지 않겠는가. 반미를 능가하는 게 압축 성장, 평등주의, 물질주의, 각개약진, 승자독식이기 때문이다.

이를 무시하고 '유러피언 드림'을 아무리 역설해봤자 한국에선 통하지 않는다. 출산율 급감은 한국인 스스로 '아메리칸 드림' 형 삶에 대해 염증을 내고 저항하기 시작했음을 의미하지만, 그게 곧 '유러피언 드림'으로 향한다는 의미는 아니다. 우리의 실정을 꼼꼼히 살펴보면서 독자적인 '코리언 드림'의 비전을 만들어 나가야 하지 않을까?

반미(反美)를 하더라도 유럽의 반미주의엔 부화뇌동하지 않는 게 좋다. 프랑스의 정치철학자 장 프랑수와 르벨(Jean-François Revel 2003)의 유럽 반미주의에 대한 생각은 경청할 점이 있다. 물론 그는 좀 과격하긴 하다. 그는 1969년 『마르크스도 예수도 없는 혁명(Without Marx or

Jesus)』에서 "오늘날 유럽 제국주의의 자손인 미국에서는 새로운 혁명이 일어나고 있다. 그것은 바로 우리 시대의 혁명으로서, 오늘날의 인류에게 가능한 유일한 탈출구를 제시해준다"고 주장했다. 또 그는 1978년엔 "미국은 여전히 세계에서 가장 혁명적인 국가이며, 사회를 위한 실험실이다. 사회적 실험, 과학적 실험, 인종적 실험, 세대 간의 실험 등 모든 실험이 미국에서 일어나고 있다"고 했다.(Ferguson 1994)

그렇게 미국을 일방적으로 예찬했다고 해서 그의 모든 말을 무시해야 하는가? 그렇진 않을 것이다. 그는 "미국을 전 세계가 저지른 모든 죄악을 뒤집어씌울 속죄양으로 삼으려 드는 반미주의 정신병리학이 존재한다"며 "프랑스는 멀지 않은 과거에 일어난 알제리전쟁을 잊어버렸는가?"라고 묻는다.

르벨은 "누구보다도 유럽인들은 미국의 패권이 생겨난 원인에 있어 자신들이 어떤 책임이 있는지 자문해봐야 한다. 내가 알기로 20세기를 역사상 가장 암흑의 세기로 만든 장본인은 유럽인들이다. 정치·도덕적 영역뿐 아니라 여러 영역에서 그렇다. 두 번의 세계대전을 일으키며 전대미문의 영토 확장 전쟁을 일으킨 사람들은 바로 유럽인들이다"라며 다음과 같이 주장한다.

"우리 유럽인들은 30년도 안되는 기간에 악과 어리석음의 극치에 도달했다. 그 재앙들은 자연 재해와 전염병을 제외하고 인간이 만들어낸 재앙 중 과거의 어느 것과도 비교할 수 없을 정도로 끔찍했다. 두 번의 세계대전과 두 개의 전체주의로 비롯된 유럽의 쇠락과 더불어 식민지 정책의 후유증으로 제3세계에서 생긴 골칫거리들까지, 저개발 국가가 처한 곤경과 격변의 책임은 유럽인들에게 있다. 누가 뭐래도 다른 대륙을 정복하거나 식민지화하려고 한 것은 유럽이다. 즉 영국, 벨기에, 스페인, 프랑스, 네덜란드 그리고 좀 더 늦게, 좀 더 소규모로 발을 들여놓은 독일과 이탈리아가 주범이다. 인디언 몰살과 흑인 노예화를 들먹이며 미국을 비난해보았자 아무 소용없다. 왜냐하면, 유럽에서 이주한 백인 식민지 개척자들이 아니었다면 지금의 미국을 점령한 사람들이 누구였겠는가? 그리고 그 유럽 출신 식민지 주민들이 유럽 노예상인들에게서가 아니면, 누구에게서 노예를 사들였겠는가?"

중국의 반미주의는 좀 다른 색깔이다. 중국의 언론학자 자오궈뱌오는『한겨레』2004년 11월 16일자에 기고한「부시를 위한 변명」이라는 제목의 칼럼에서 "나는 어떤 경우 '반미'라는 구호가 공허하다고 생각한다. 적어도 어떤 나라의 통치 집단들이 의도적으로 내세우는 '반미'는 매우 의심스럽다고 생각한다. 그들은 자신의 아이들은 미국에 유학을 보내고 자신의 돈을 미국의 은행에 저축하며 미국산 고가품을 소비한다. 그러면서 선진적인 민주제도와 인권의식 등 미국의 긍정적인 가치를 인민들이 직시하지 못하게 호도하기 위해 '반미' 구호를 외친다"고 주장했다.

중국은 그런지 몰라도 한국의 경우엔 다르다. 매우 복합적이다. 2003년 1월『중앙일보』여론조사에 따르면 미국 중심의 외교안보정책을 전면 재검토해야 한다는 의견이 11.8퍼센트, 미국 중심의 정책을 탈피해 다변화하는 방향으로 전환해야 한다는 의견이 48.0퍼센트로, 거의 60퍼센트에 이르는 응답자가 미국을 중심으로 삼는 세계 인식에 부정적인 반응을 보였다. 그러나 그렇게 답한 응답자들도 각자 삶에선 '현실'에 따라 미국 일변도의 길을 걷는다.

영국의 BBC는 2003년 6월 17일 방영한 〈세계는 미국을 어떻게 보나〉라는 프로그램은 "한국인은 미국을 모른다"는 결론을 제시했다. 다른 나라 국민들에 비해 한국인들의 응답에 일관성이 없었기 때문이라나. 한국인들은 부시 행정부의 반테러 정책은 적극적으로 지지한 반면 이라크와의 전쟁에 대해서는 반대 의사를 표시해 앞뒤가 맞지 않는다는 것이다.(장태한 2004) 그러나 과연 그럴까? 한국인들은 국익 관점에서 미국을 보는 게 아닐까?

서울대학 교수 임현진은 『서울신문』(2004.11.20)에 기고한 「한미관계는 신화 아닌 현실」이라는 제목의 칼럼에서 "미국 없는 남북한의 미래는 상상이 불가능하다고 해도 지나치지 않다"고 말했다. 이게 바로 문제의 핵심일 것이다. 생존과 번영을 위해 현실적인 힘의 관계에 타협한다고 해서, 그런 현실에 대해 불쾌하게 생각하거나 분노해선 안 된다고 말하긴 어려울 것이다.

그러나 모든 게 다 일관되어야 한다고 생각하거나 주장하는 사람들도 없진 않다. 2004년 10월 한국을 방문한 미국 예일대학 교수 폴 케네디는 그런 '과잉 일관성'을 염려했던 것인지는 알 수 없으나 "한국이 미국 중심에서 벗어나 '친중국' 정책을 펼치는 것은 섣부른 판단"이라고 주장했다.

"중국에 대한 한국의 선호는 성급하다. 중국이 한국에 아무것도 보장해주지 않는 상황에서 미국인들을 분개시킬(irritate) 뿐이다. 만약 한국이 기존의 미국 중심 외교에서 탈피해 친중 기류에 탑승한다면 이는 득실을 치밀하게 계산하지 않은 섣부른 판단이다. 중국은 오히려 미국과의 관계를 매우 중요시하고 있다."

케네디는 "새로운 국제질서 속에서 한국이 살아남는 방법은 무엇인가"라는 질문에 대해선 "한국은 미국, 중국, 일본, 러시아라는 네 마리 코끼리 사이에 앉아 있는 작은 동물의 처지와 같다. 이런 약한 국가의 생존전략은 네 코끼리와 부드러운 관계를 유지하면서 이들이 '날뛰지 못하게' 하는 것이다"라고 답했다.(배극인·김상훈 2004)

케네디는 동물 비유를 좋아하는 것 같다. 그는 『매일경제』(2005.1.3) 인터뷰에서는 "세계적으로 반미현상은 피할 수 없다고 본다. 작은 원숭이 우리에 500파운드 무게의 고릴라가 존재한다고 가정하자. 나머지 작은 원숭이들은 불만을 갖지 않을 수 없다"고 말했다.

『매일경제』(2005.1.25) 1면 머리기사 「한국 반미(反美)감정 과장됐다」는 영국 BBC 월드서비스와 공동으로 주요 22개국을 대상으로 실시한 여론조사 결과를 보도했다. 이 기사에 따르면, 한국인의 반미감정은 54퍼센트로 국제평균 58퍼센트보다 낮았으며, "미국은 국제적으로 긍정적 역할"에 동의한 비율은 미국인 71퍼센트, 한국인 52퍼센트, 영국인 44퍼센트, 중국인 40퍼센트, 인도네시아인 38퍼센트, 멕시코인 11퍼센트 등인 것으로 나타났다.

2006년 1월 16일 미국 워싱턴에서 열린 '한국의 차세대 리더십에 대한 이해'를 주제로 한 세미나에서 조지타운대학 아시아연구실장 데이비드 스타인버그는 "반미주의는 반유대주의처럼 어떤 가치에 반대하는 것이지만 한국의 반미는 미국의 가치를 받아들이면서 미국 대외정책에 반대하는 것이기 때문에 반미정서로 봐야 한다"며 "한국 현실에 대한 오해를 불식하려면 먼저 반미주의와 반미정서를 구분해야 한다"고 말했다. 그는 이어 "반미정서와 미국 가치 수용은 모순이 아니다"라고 지적하면서 "미국은 한국 사회 변화의 역동성을 이해해야 한다"고 말했다.(박완규 2005)

그러나 그렇게까지 걱정할 일은 아니었다. 2008년 6월 미국 여론조사 전문기관 '퓨 리서치'가 내놓은 세계 24개국의 미국에 대한 호감도 조사 결과에서 한국은 응답자의 70퍼센트가 호감을 표시해 1위에 올랐기 때문이다. 폴란드(68퍼센트), 인도(66퍼센트), 탄자니아(65퍼센트)가 뒤를 이었고 프랑스, 독일, 러시아 등 이라크전을 두고 마찰을 빚은 국가들에서는 호감도가 낮았다. 한국은 2007년 조사에서 58퍼센트로 5위에 그쳤으나 12퍼센트 포인트나 올랐다.

이 결과에 대해 『경향신문』(2008)은 "이 결과가 던지는 메시지는 두 가지다. 우선 한국 사회가 권력층, 재계, 학계 등의 많은 인사들이 걱정하는 것만큼 반미주의로 물들지 않았다는 사실이다. 오히려 그 반대. 일부 극우 세력이 걸핏하면 내놓는 친북 · 반미 색깔론도 근거를 잃게 된다. …… 또 하나 분명해진 것은 친미를 넘어선 숭미와 굴욕 외교에 대한 비판 · 반대를 반미로 몰아서는 안 된다는 사실이다"라며 다음과 같이 주장했다.

"언제부터인지 한국 사회에서 미국이라는 존재는 진보와 보수, 좌와 우를 가르는 절대기준처럼 돼 버렸다. 이제는 '레드 콤플렉스'가 아니라 '아메리카 콤플렉스'가 심각한 문제라고도 한다. 미국이 우리의 혈맹인 것은 부인할 수 없는 사실이다. 그러나 그 사실이 우리 사회에 편만한 미국 콤플렉스의 근거일 수는 없다. 퓨 리서치의 조사에서 나타난 우리의 지나친 친미성향을 도리어 우려하는 이유다."

그러나 한국인들의 친미 성향은 1년 후엔 같은 퓨 리서치 조사에서 78퍼센트로 더욱 높아졌다. 이를 우려하거나 개탄해야 할까? 아무래도 그건 아닌 것 같다. 사실 '친미' '반미' 라는 이분법은 다분히 허구적인 것이다. 친미가 무슨 문제가 되나. 미국을 맹목적으로 숭배하는 숭미 사대주의가 문제일 것이다. 진정한 반미주의자들도 극소수다. 예컨대, 미군의 횡포를 규탄하는 촛불 시위에 참여했다고 반미주의자인가? 그렇진 않을 것이다.

사대주의의 정체

'친미' 라고 하면 꼭 '보수' 가 따라붙지만, 진실은 꼭 그런 것만도 아니다. 미국을 한국은 물론 세계의 중심에 놓고 생각한다는 점에선 보수와 진보의 차이가 없다. 어떤 표정을 짓건 모두 다 미국만 쳐다보고 있는 것이다. 때론 진보주의자들이 미국을 더 과대평가하는 경우도 많아, 숭미 사대주의가 꼭 보수만의 것인지 의구심이 들 정도이다.

2004년 9월 세계 최대 배낭여행 사이트인 'lonelyplanet' 웹사이트에 "한국이 여전히 존재하는 것은 기적이다" 는 주장이 올랐다. 그 이유로는 "중국은 한국의 서쪽에서 다가오고 있고, 일본은 동쪽에서 한국을 찌르고 있다. 한국이 수세기 동안 본의 아니게 전쟁 게임에 주인으로 참가했다는 것은 이상한 일이 아니다"라며 결국엔 살아남았다는 설명이 제시됐다. 이에 대해 항의가 잇따르자, 'lonelyplanet' 웹사이트 측은 "비하가 아니라 경탄" 이라고 주장했다. (나기천 2004)

사실 국내에서도 그런 '경탄' 의 관점에서 한국 역사를 다시 보기를 주장하는 이들이 적지 않다. 이른바 '사대주의 논쟁' 이다. 사대주의

(事大主義; flunkeyism)는 주체성이 없이 강한 나라나 사람을 섬기는 태도를 말한다. 사대주의는 늘 비난의 대상이 돼왔지만, 한국의 사대주의에 대해선 다른 의견도 있다는 것이다. 이전에 소개했던 주장들이지만 다시 한번 음미해보자.

김대중(1984)은 "사대주의를 우리는 매우 부끄럽게 생각하지만 세계 역사를 객관적으로, 전경적으로 볼 수 있는 어떤 미국의 학자는 한국의 사대주의를 대류의 압력 아래서 자기의 생존을 유지하려는 슬기로운 지혜라고도 평하고 있습니다"라면서 다음과 같이 주장했다.

"우리 민족은 비록 형식적으로는 사대를 했지만 내부적으로 특히 국민 대중은 자기의 주체성을 튼튼히 유지했습니다. 중국 문명의 월등한 영향 속에서도 문화 전반의 뚜렷한 자기 특색을 보존해왔습니다. 의복, 음식, 언어, 주거 등 전체 생활이 분명한 특색을 간직했으며, 경제 면에서는 저 유명한 화교의 침투와 지배를 완전히 봉쇄하였습니다. 동남아시아 각국이 지금까지도 그 경제권을 화교의 손에 내맡기고 있는 현실을 보면 우리는 우리 조상에게 감사하지 않을 수 없을 것입니다."

조흥윤(2001)은 "종래 조공 관계를 두고 사대주의적 성격으로 보는 안목이 있었다. 전통적 조공이나 준조공 관계는 겉보기에 그런 면이 있고, 또 정치인들 가운데는 실제 중화사상에 사로잡혔던 이도 없지 않다"며 다음과 같이 주장했다.

"그러나 전체적으로 보아 조공은 슬기로운 대외 관계인 것으로 드러난다. 귀족 계급에 의한 장기간의 중앙집권적 지배체제로 한국 사회는 고대의 문무겸전한 모습을 점차 잃어 갔지만, 강대한 중국과 교활한 왜구 내지 일본을 상대로 때와 형편에 따라 비위를 맞추고 달래거나, 때로는 바른 길로 타이르면서 문화를 수입하여 민족 문화를 발전시켜왔다."

함재봉(2004)은 "중국과 끝까지 일대일로 맞서다가 망한 고구려나 발해보다는 비록 비굴해 보였지만 신성 강대국인 명을 공격하는 것이 무모하다고 생각한 이성계의 판단이 우리 민족의 생존을 가능케 한 지혜였다. 비록 '폭군'이란 소리를 들었지만 광해군은 새롭게 부상하는 청을 잘 구슬리는 외교적 수완을 발휘한 반면 당시의 '사림'은 명분을 내세워 몰락하는 명의 편을 들다가 결국 삼전도의 굴욕을 당했다"며 북한의 주체사상을 다음과 같이 비판했다.

"북한의 주체사상은 김일성이 일본을 상대로 장쾌하고 통쾌한 승리를 거두면서 민족해방을 도모했으며 우리 민족사에서뿐 아니라 인류사에서 가장 위대한 인물이라고 선전하고 있다. 세계의 역사가 평양과 한반도를 중심으로 돌아가고 온 세계가 흠모해 마지않는 지도자의 영도 아래 살아가고 있는 가장 선택받은 민족이 한민족이란다. 이러한 허구는 분명 심리적으로 매우 만족스러운 부분이 있다. 소싯적에 탐독하던 허구적 역사소설들과 일맥상통하는 부분이다. 그러나 이러한 허구를 유지하기 위해 치러야 하는 대가는 실로 지대하다. 온 국민을 굶기고 전 세계로부터 고립시키는 한편 민족 전체를 인질로 삼은 핵무기 개발에 광분하고 이를 무기로 강대국에 대드는 돈키호테가 되는 것이 주체사상의 결말이다. 이것이 과연 민족적 자존심을 세우는 방법인가? 이렇게 해서 미국과 일본에 큰소리치는 것이 그토록 자랑스러운 일인가?"

이젠 일본인까지 '사대주의 옹호'에 나섰다. 2010년 1월 일본의 대표적 한반도 전문가 오코노기 마사오(小此木政夫) 게이오대학 법학부 교수는 "한국의 놀랄 만한 발전의 동력은 사대주의"라고 주장했다. 그는 "일본 학자들이 한국을 경멸할 때 써온 말이 사대주의"라고 전제하면서도 "그러나 사대주의는 지금 말로 하면 '글로벌 스탠더드'를 열심히 따라가려는 국가 전략이라고 봐야 한다"고 말했다. 그는 "도요토미 히데요시의 조선 침략 이후 사대주의는 조선의 외교 전략이자 국가 구조의 기본 틀이 됐다"면서 "당시 글로벌 스탠더드는 중국이었고 사대주의는 글로벌 스탠더드를 따라잡으려는 것이었다"고 말했다. 그는 "18세기 이후 글로벌 스탠더드가 더 이상 중국이 아니었는데도 중국 스탠더드를 조선이 고집하면서 일본에 병합되었지만 지금 200년 만에 글로벌 스탠더드와 함께 가는 데 성공하고 있다"고 말했다.

오코노기는 "그에 비하면 일본은 원래 쇄국적 성향이 있었던데다 최근 들어 젊은이들이 외국을 기피하고 있어 점점 '지역 국가(local state)'가 되어 가고 있다"고 했다. 그는 이어 "한국 통신업체들은 일찍이 세계 표준을 선택해 세계로 진출하는 데 성공했지만 일본의 NTT는 일본 표준에 집착하면서 일본 내에 고립되고 있고, 인천공항은 글로벌 스탠더드에 맞는 공항이 됐지만 나리타공항은 국내공항이 되어버렸다"고 했다. 그는 "요즘 일본 내 지식인들 사이에서 '한국은 저렇게 다이내믹한데 왜 일본은 정체되고 있는가' '한국의 젊은이들은 세계로 나아가는데 일본 젊은이들은 왜 국내에 머무르는가' 같은 얘기를 많이 하고 있다"고 말했다.(신정록 2010)

물론 이런 주장들에 꼭 동의할 필요는 없다. 다만 사대주의가 혀를

깨물어야 할 치욕인 것처럼 비분강개의 대상으로 삼는 것은 다시 생각해볼 필요가 있으며, '사대주의'라는 단어에 묻은 때가 차분한 논의를 어렵게 만든다는 점에 주목할 필요가 있다. 즉, 강대국의 반응을 살피면서 한국의 실리를 취하는 건 '실용주의'라고 볼 수도 있는 것인데, 이를 강대국의 눈치나 보며 비굴하게 구는 '사대주의'라고 매도한다면 차분한 논의가 어려워진다는 것이다.

사실 많은 경우 논쟁은 이미 때가 묻은 단어에 대한 '의미의 투쟁'일 경우가 많다. 그 누구도 감히 '사대주의'라는 단어 자체를 옹호할 수는 없다. 사대주의라 불렸던 것들을 다른 이름으로 바꿔 부르면서 옹호할 수 있을 뿐이다. 그러면 반대자는 그게 바로 사대주의라고 역공을 취할 것이다. 물론 이 역공은 관객의 뇌리에 각인된 사대주의라는 단어의 부정적 함의를 이용하고자 하는 것이다.

함재봉은 "미국과 일본에 큰소리치는 것이 그토록 자랑스러운 일인가?"라고 물으면서 북한의 태도가 사대주의의 반대인 것처럼 말했지만, 실은 '미국과 일본에 큰소리치는 것'에 과도한 의미를 부여하는 것도 사대주의다. 물론 이 원리는 한국의 진보 진영에도 해당된다. 한국의 친미와 반미는 모두 사대주의라고 볼 수도 있는 것이다. 미국의 좋은 점은 열심히 배우고 미국의 나쁜 점은 배우지 않는 건 물론 비판하는 게 좋다. 그러나 그 어느 쪽이건 극단은 곤란하다. 극단은 다른 극단을 살려주거나 키워준다. 그런 의미에서 양 극단은 '적대적 공존관계'를 맺고 있는 셈이다.

'이웃 효과'와 '오리엔탈리즘'을 넘어서

카를 마르크스(Karl Marx, 1818~1883)는 "집은 클 수도 작을 수도 있다. 주변의 집들이 똑같이 작다면 그것은 거주에 대한 모든 사회적 수요를 충족시킨다. 만약 작은 집 옆에 궁전이 솟아오르면 그 작은 집은 오두막으로 위축된다"고 했다. "부자란 제 동서(아내의 여동생의 남편)보다 더 많이 버는 사람을 가리킨다"는 헨리 루이스 멘켄(H. L. Mencken, 1880~1956)의 말이 더 가슴이 와 닿는다. 실제로 미국에서 이루어진 조사에 따르면 여동생의 남편이 자기 남편보다 소득이 더 많은 여성은 그렇지 않은 경우에 비해 취업할 확률이 20퍼센트 더 높은 것으로 나타났다.

이와 관련해 찰스 킨들버거(Charles P. Kindleberger)는 "친구가 부자가 되는 것만큼 한 사람의 복지와 판단에 혼란을 주는 것도 없다"고 했다. 경제학자 폴 크루그먼(Paul R. Krugman)의 발언도 흥미롭다. "나는 보수가 매우 좋고 전 세계에서 열리는 회의에 많이 초대받는 매우 좋은 일자리를 갖고 있다. 99퍼센트의 인류와 비교해도 나는 불만스러운 것이 없다. 그러나 인간이라는 동물은 본래 그런 식으로 생각하지 않는다. 나의 정서적 준거 그룹은 내 세대의 가장 성공적인 경제학자들로 이루어져 있고, 나는 그 소수 안에 들어 있지 않다."(Bernstein 2005)

이게 바로 '이웃 효과(neighbors effect)'다. 그 어떤 절대적 기준이 아니라 이웃과의 비교를 통해 자신을 평가함으로써 발생하는 효과다. 한국인들의 자부심이 낮은 주요 이유다. 공부를 잘하는 학생인데도 옆집에 공부를 더 잘하는 아이가 있으면 주눅 들고 집에서 구박받기 쉬운 이유도 바로 여기에 있다. 이른바 '엄친아(엄마 친구 아들)' 현상인 셈이다.

강대국들을 이웃으로 둔 탓에 발생하는 이른바 '이웃 효과'가 한국인들의 정당한 자기평가를 방해하고 있다. 이웃이라고 해서 꼭 지리적 이웃만을 말하는 건 아니다. 멀리 떨어져 있더라도 상호 교류나 의존도에 따라 이웃으로 간주하는 나라가 있을 수 있는데, 한국에겐 미국이 바로 그런 나라다.

한국 민주주의도 바로 그런 '이웃 효과' 때문에 과도하게 폄하되고 있다. 그간 이 주장을 가장 적극적으로 해온 대표적인 학자는 서강대학 정치외교학과 교수 강정인이다. 그는 「서구 민주화 경험에 비춰본 한국의 민주화 과정」이라는 논문에서 일부 지식인들이 한국 민주주의의 짧은 역사는 생각하지 않고 서구 중심주의적 시각으로 한국의 민주화를 폄하하는 것을 비판하면서 "한국의 현실은 비록 급진주의자들의 눈에는 불만스러울지언정 참을성 많은 역사가의 눈에는 상당히 고무적인 것이다"라고 주장했다.

강정인은 "해방 이후 한국 정치는 경제 발전은 물론 민주주의 수립과 관련해 괄목할 만한 성과를 거뒀다"면서 "특히 1987년 이후 20년은 한국 현대정치사에 있어서 민주주의가 가장 안정적으로 정착된 시기"라고 평가했다. 그는 "서구 국가들은 현재의 자유민주주의로 성숙하는 데 적어도 200년 이상 걸렸다"면서 "지난 50년간 이룩한 한국의 민주화를 자기비하적으로 '일탈' '파행' '왜곡'으로 보는 시각을 시정해야 한다"고 역설했다.

강정인은 "이상화된 서구 민주주의 체제에 대한 열망이 한국인들로 하여금 민주주의의 실현을 위해 강력하게 투쟁할 수 있는 동기를 부여해왔다"면서도 "부정적으로는 서구 민주주의를 너무 이상화한 결과 한국의 민주주의를 '예외'나 '일탈'적인 것으로 규정하면서 자기비하의 심리를 내면화 해오게 됐다"고 지적했다.(이한수 2005b)

'이상화된 서구 민주주의 체제에 대한 열망'이 오늘날에도 지속되고 있는 것은 한국의 주요 지식인들이 거의 대부분 미국·유럽에서 공부했으며, 언론인·공무원들도 이런저런 기회로 대부분 미국·유럽 연수 경험을 갖고 있다는 것과 무관치 않다. 지금도 한국 학생은 미국에서 공부하는 외국 학생의 14퍼센트가 넘는 세계 최고의 미국 유학률(인구 대비 일본의 다섯 배, 중국·인도의 30~40배)을 기록하고 있다.(김대호 2008)

외교통상부가 세계 각국의 지역전문가를 양성하고 외무 공무원의 제2외국어 능력을 향상하기 위해 2년 단위로 시행하고 있는 해외연수 프로그램도 미국 일변도다. 2006년부터 2008년까지 3년간 해외연수로 파견된 외무 공무원 105명 가운데 66.6퍼센트인 70명이 미국을 선택했으며, 이어 영국 10명(9.5퍼센트) 중국 9명(8.5퍼센트) 일본 7명(6.6퍼센트) 프랑스 4명(3.8퍼센트) 순인 것으로 나타났다. 특히 2008년엔 9월까지 파견된 외무 공무원 37명 중 89.2퍼센트에 달하는 33명이 미국으로 해외연수를 간 것으로 나타났다.(김광수 2008) 정부 산하기관 경제연구소의 박사급 연구위원들의 대다수도 미국에서 학위를 취득했다. 한국개발연구원은 54명 중 50명, 조세연구원은 30명 중 28명, 한국금융연구원은 32명 중 30명이 미국에서 박사 학위를 받았다.(송현숙 2010)

유럽 유학 출신은 미국 유학 출신에 비해 훨씬 적기는 하지만, 이들 역시 우리와 처지가 비슷한 점이 많은 스페인·이탈리아·그리스보다는 영국·독일·프랑스에 편중돼 있다. 한국 정치의 한심한 점에 대해 과도할 정도로 독설을 퍼붓는 논객들이 대부분 미국·영국·독일·프랑스 유학 경험을 갖고 있다는 게 과연 우연일까?

국내에서 공부를 한 사람들도 의존 문헌은 해외 유학파와 다를 바 없이 미국·영국·독일·프랑스에서 생산된 것이기에 정도는 덜해도 한국 민주주의에 대한 과도한 폄하에서 자유롭지 않다. 아무리 선의가 훌륭하다 해도, 한국 민주주의를 곧장 그런 정치 선진국들과 비교해 매도하는 데에 문제는 없을까? 한국인은 그 어떤 나라에 대해 사대주의를 발휘하건 좀 더 자긍심을 갖고 당당해질 필요가 있지 않을까? 이른바 '오리엔탈리즘'의 굴레를 넘어서 한국이 오랜 세월 역사적·지정학적으로 터득한 생존과 번영의 슬기에 대해 정당한 평가를 하는 게 옳지 않겠느냐는 것이다. 이것이 장시간의 『미국사 산책』을 끝내면서 독자들에게 던지고 싶은 나의 마지막 메시지다.

참고문헌 Althen 2003, Beck 1997·1999, Bernstein 2005, Bishop & Green 2010, Boorstin 1991, Brooks 2008, Bryson 2009a, Brzezinski 2009, Callahan 2008, Chomsky 1996, Chua 2004, Engelhardt 2008, Ferguson 1994, Ferguson 2010, Florida 2002, Foner 2006, Frank & Cook 1997, Gans 2008, Gelfert 2003, Giddens 1997, Halberstam 1996, Huntington 1996·2004, Johnson 2003, Kaplan 2001, Krugman 1997, Lafarge 1997, Lipman-Blumen 2005, Lipset 2004, Mills 1979, Moravcsik 2005, Morley & Robins 1999, Nye 2002, Ogger 2004, Phillips 2004, Portes 2009, Reich 1994·2001·2003·2008, Revel 2003, Rifkin 2005, Russell 1997, Sansot 2000, Schmacher 1995, Shenk 2000, Sorman 1998, Thurow 1992, Time-Life 1988, Vaisse 2002, 강준만 2005·2005a·2006b·2010a, 경향신문 2008·2010, 고성호 2004a·2005b, 고유석 1990, 고종석 2003, 권용립 2003·2003b, 권태호 2009b, 금동근 2005, 김광수 2008, 김남균 2003, 김대중 1984, 김대호 2008, 김명수 2005a, 김민웅 2003, 김봉중 2001, 김형인 2003b, 김희균 2005, 나기천 2004, 도정일·최재천 2005, 류재훈 2004, 문순태 2007, 백문일 2004, 박영배 1999, 박완규 2005, 박철

수 2006, 배극인·김상훈 2004, 복거일 외 1998, 서정갑 2001, 선학태 2010, 선한승 2001, 송현숙 2010, 송호근 2006, 신상목 2009, 신정록 2010, 아루가 나츠키·유이 다이자부로 2008, 안경호 2009, 안관옥 2009, 안병진 2003a, 양상훈 2009, 오관철 2006, 오애리 2005, 우수근 2004, 윤희일 2007, 이주영 1995, 이진 2002, 이한수 2005b, 이흥환 2002a, 장은교 2007, 장태한 2004, 장학만 2005a, 전상인 2009, 전영우 2006, 정영태 2001, 정인환 2005a, 정혜승 2005a, 조명진 2008, 조민근 2006, 조우석 2005, 조흥윤 2001, 주강현 1999, 지동혁 2005, 최형두 2005, 추왕훈 2005, 탁선호 2010, 한홍구 2003, 함재봉 2004

참고문헌

개리 앨턴(Gary Althen), 이상국 외 옮김, 『미국문화와 생활』, 동인, 2003.
케이티 앨버드(Katie Alvord), 박웅희 옮김, 『당신의 차와 이혼하라』, 돌베개, 2004.
켄 올레타(Ken Auletta), 김우열 옮김, 『구굴드: 우리가 알던 세상의 종말』, 타임비즈, 2010.
브루스 바틀릿(Bruce Bartlett), 이순희 옮김, 『백악관 경제학자: 지금 미국은 어떤 미래를 준비하고 있는가』, 웅진지식하우스, 2010.
울리히 벡(Ulrich Beck), 홍성태 옮김, 『위험사회: 새로운 근대(성)를 향하여』, 새물결, 1997.
울리히 벡(Ulrich Beck), 홍윤기 옮김, 『아름답고 새로운 노동세계』, 생각의나무, 1999.
윌리엄 번스타인(William Bernstein), 김현구 옮김, 『부의 탄생』, 시아출판사, 2005.
매튜 비숍(Matthew Bishop) & 마이클 그린(Michael Green), 안진환 옮김, 『박애자본주의』, 사월의책, 2010.
다니엘 J. 부어스틴(Daniel J. Boorstin), 이보형 외 옮김, 『미국사의 숨은 이야기』, 범양사출판부, 1991.
데이비드 브룩스(David Brooks), 김소희 옮김, 『보보스는 파라다이스에 산다』, 리더스북, 2008.
빌 브라이슨(Bill Bryson), 권상이 옮김, 『빌 브라이슨 발칙한 미국 횡단기: 세계에서 가장 황당한 미국 소도시 여행기』, 21세기북스, 2009a.
즈비그뉴 브레진스키(Zbigniew Brzezinski), 김명섭·김석원 옮김, 『미국의 마지막 기회: 세 대통령이 초래한 제국의 위기를 넘어서』, 삼인, 2009.
데이비드 캘러헌(David Callahan), 강미경 옮김, 『치팅컬처: 거짓과 편법을 부추기는 문화』, 서돌, 2008.
티모시 P. 카니(Timothy P. Carney), 이미숙 옮김, 『백인 오바마: 오바마는 어떻게 거대기업의 편이 되었나』, 예문, 2010.
노암 촘스키(Noam Chomsky), 김보경 옮김, 『미국이 진정으로 원하는 것』, 한울, 1996.
에이미 추아(Amy Chua), 윤미연 옮김, 『불타는 세계』, 부광, 2004.

CSIS(국제전략문제연구소) 스마트파워위원회, 홍순식 옮김, 『스마트 파워』, 삼인, 2009.
리사 엔들리크(Lisa Endlich), 형선호 옮김, 『골드만 삭스』, 세종서적, 1999.
탐 엥겔하트(Tom Engelhardt), 강우성·정소영 옮김, 『미국, 변화인가 몰락인가: 미국의 비판적 지성들과 함께 한 블로그 인터뷰』, 창비, 2008.
니알 퍼거슨(Niall Ferguson), 김일영·강규형 옮김, 『콜로서스: 아메리카 제국 흥망사』, 21세기북스, 2010.
매릴린 퍼거슨(Marilyn Ferguson), 김용주 옮김, 『뉴에이지 혁명』, 정신세계사, 1994.
리처드 플로리다(Richard Florida), 이길태 옮김, 『창조적 변화를 주도하는 사람들』, 전자신문사, 2002.
에릭 포너(Eric Foner), 박광식 옮김, 『에릭 포너의 역사란 무엇인가』, 알마, 2006.
로버트 프랭크(Robert H. Frank) & 필립 쿡(Philip J. Cook), 권영경·김양미 옮김, 『이긴 자가 전부 가지는 사회』, CM비지니스, 1997.
허버트 갠즈(Herbert J. Gans), 남재일 옮김, 『저널리즘, 민주주의에 약인가 독인가』, 강, 2008.
한스 디터 겔페르트(Hans-Dieter Gelfert), 이미옥 옮김, 『전형적인 미국인: 미국과 미국인 제대로 알기』, 에코리브르, 2003.
Nancy Gibbs, 「'This Is Our Time'」, 『Time』, November 17, 2008, pp.22~27.
앤터니 기든스(Anthony Giddens), 권기돈 옮김, 『현대성과 자아정체성』, 새물결, 1997.
데이비드 핼버스탬(David Halberstam), 김지원 옮김, 『데이비드 핼버스탬의 1950년대 아메리카의 꿈』, 세종연구원, 1996.
데니스 하트(Dennis Hart), 「그들만의 '객관적 지식'」, 『한겨레 21』, 2007년 8월 9일자.
벨 훅스(Bel Hooks), 이경아 옮김, 『벨 훅스, 계급에 대해 말하지 않기』, 모티브북, 2008.
Samuel P. Huntington, 『The Clash of Civilizations and the Remaking of World Order』, New York: Simon & Schuster, 1996.
새뮤얼 헌팅턴(Samuel P. Huntington), 이희재 옮김, 『문명의 충돌』, 김영사, 1997.
새뮤얼 헌팅턴(Samuel P. Huntington), 형선호 옮김, 『새뮤얼 헌팅턴의 미국』, 김영사, 2004.
제프 자비스(Jeff Jarvis), 이진원 옮김, 『구글노믹스: 미래경제는 구글 방식이 지배한다』, 21세기북스, 2010.
찰머스 존슨(Chalmers Johnson), 이원태·김상우 옮김, 『블로우백』, 삼인, 2003.
데이비드 케이 존스턴(David Cay Johnston), 박정은·김진미 옮김, 『프리런치: 내가 낸 세금은 다 어디로 갔을까?』, 옥당, 2009.
로버트 카플란(Robert D. Kaplan), 장병걸 옮김, 『무정부 시대가 오는가』, 코기토, 2001.
파라그 카나(Parag Khanna), 이무열 옮김, 『제2세계: 세계권력의 대이동은 시작되었다』, 에코의서재, 2009.
Joe Klein, 「Passing the Torch」, 『Time』, November 17, 2008, p.15.
Joe Klein, 「Crisis Management」, 『Time』, October 13, 2008a, p.15.
폴 크루그먼(Paul Krugman), 김이수·오승훈 옮김, 『경제학의 향연』, 부키, 1997.
폴 크루그먼(Paul Krugman), 「멀고 험난한 건보개혁의 길」, 『동아일보』, 2009년 8월 18일자.
비키 쿤켈(Vicki Kunkel), 박혜원 옮김, 『본능의 경제학: 본능 속에 숨겨진 인간행동과 경제학의 비밀』, 사이, 2009.
폴 라파르그(Poul Lafarge), 조형준 옮김, 『게으를 수 있는 권리』, 새물결, 1997.
안 르페브르 발레이디에(Anne Lefèvre-Balleydier), 김용석 옮김, 『값싼 석유의 종말, 그리고 우리의 미래』, 현실문화, 2009.
배리 리버트(Barry Libert) & 릭 포크(Rick Faulk), 박미남 옮김, 『오바마 주식회사』, 지식의날개, 2009.
진 립먼-블루먼(Jean Lipman-Blumen), 정명진 옮김, 『부도덕한 카리스마의 매혹』, 부글북스, 2005.
세이무어 마틴 립셋(Seymour M. Lipset), 문지영 외 옮김, 『미국 예외주의: 미국에는 왜 사회주의 정당이 없는가』, 후마니타스, 2004.
C. W. 밀스(C. Wright Mills), 진덕규 옮김, 『파워엘리트』, 한길사, 1979.
앤드루 모라비치크(Andrew Moravcsik), 「아무도 꾸지 않는 아메리칸 드림」, 『뉴스위크 한국판』, 2005년 2월 2일, 18~24면.
데이비드 몰리(David Morley) & 케빈 로빈스(Kevin Robins), 마동훈·남궁협 옮김, 『방송의 세계화와 문화정체성』, 한울아카데미, 1999.
조지프 나이(Joseph S. Nye), 홍수원 옮김, 『제국의 패러독스』, 세종연구원, 2002.
조지프 S. 나이(Joseph S. Nye), 홍수원 옮김, 『소프트 파워』, 세종연구원, 2004.
조지프 S. 나이(Joseph S. Nye), 김민아 정리, 「[해외칼럼]차기 美지도자와 '소프트 파워'」, 『경향신문』, 2008년 3월 15일자.
버락 오바마(Barack Obama), 이정식 옮김, 『내 아버지로부터의 꿈』, 랜덤하우스, 2007.
Barack Obama, 『The Audacity of Hope: Thoughts on Reclaiming the American Dream』, New York: Vintage Books, 2008.
권터 오거(Günter Ogger), 오승구 옮김, 『사기꾼의 경제: 경제는 이렇게 무너진다』, 창해, 2004.
드미트리 오를로프(Dmitry Orlov), 이희재 옮김, 『예고된 붕괴: 미국은 소련의 종말을 쫓고 있는가』, 궁리, 2010.
존 오르(John Orr), 김경욱 옮김, 『영화와 모더니티』, 민음사, 1999.
Kevin P. Phillips, 『The Emerging Republican Majority』, New York: Doubleday, 1969.
케빈 필립스(Kevin P. Phillips), 오삼교·정하용 옮김, 『부와 민주주의: 미국의 금권정치와 거대 부호들의 정치사』, 중심, 2004.
자크 포르트(Jacques Portes), 변광배 옮김, 『오늘의 미국, 여전히 세계의 주인인가?』, 현실문화, 2009.
클라이드 프레스토위츠(Clyde Prestowitz), 이문희 옮김, 『부와 권력의 대이동』, 지식의숲, 2006.
로버트 라이시(Robert B. Reich), 남경우 외 옮김, 『국가의 일』, 까치, 1994.
로버트 라이시(Robert B. Reich), 오성호 옮김, 『부유한 노예』, 김영사, 2001.
로버트 라이시(Robert B. Reich), 김병두 옮김, 『미래를 위한 약속』, 김영사, 2003.
로버트 라이시(Robert B. Reich), 형선호 옮김, 『슈퍼 자본주의』, 김영사, 2008.

장 프랑수와 르벨(Jean-François Revel), 조승연 옮김, 『미국은 영원한 강자인가?』, 일송-북, 2003.
프랭크 리치(Frank Rich), 「美서 선동가 '베' 이 뜨는 이유」, 『동아일보』, 2009년 9월 22일자.
제레미 리프킨(Jeremy Rifkin), 이정배 옮김, 『생명권 정치학』, 대화출판사, 1996a.
제러미 리프킨(Jeremy Rifkin), 이원기 옮김, 『유러피언 드림: 아메리칸 드림의 몰락과 세계의 미래』, 민음사, 2005.
버트란드 러셀(Bertrand Russell), 송은경 옮김, 『게으름에 대한 찬양』, 사회평론, 1997.
피에르 쌍소(Pierre Sansot), 김주경 옮김, 『느리게 산다는 것의 의미』, 동문선, 2000.
E. F. 슈마허(E. F. Schmacher), 김진욱 옮김, 『작은 것이 아름답다』, 범우사, 1995.
데이비드 솅크(David Shenk), 정태석 · 유홍림 옮김, 『데이터 스모그』, 민음사, 2000.
기 소르망(Guy Sorman), 박선 옮김, 『열린 세계와 문명창조』, 한국경제신문사, 1998.
존 스페이드(Jon Spayde) & 제이 월재스퍼(Jay Walljasper), 원재길 옮김, 『틱낫한에서 촘스키까지: 더 실용적이고 창조적인 삶의 전망 61장』, 마음산책, 2004.
돈 탭스코트(Don Tapscott) & 앤서니 윌리엄스(Anthony Williams), 윤미나 옮김, 『위키노믹스』, 21세기북스, 2007.
레스터 C. 서로우(Lester C. Thurow), 이근창 옮김, 『세계경제전쟁』, 고려원, 1992.
Time, 「Verbatim」, 『Time』, November 24, 2008, p.10.
Time-Life 북스 편집부, 한국일보 타임-라이프 편집부 옮김, 『미국('세계의 국가' 시리즈)』, 한국일보 타임-라이프, 1988.
존 터먼(John Tirman), 이종인 옮김, 『미국이 세계를 망친 100가지 방법』, 재인, 2008.
스티브 터틀(Steve Tuttle), 이원기 옮김, 「워싱턴에 '커피 파티' 태풍」, 『뉴스위크 한국판』, 제929호(2010년 5월 12일).
쥐스탱 바이스(Justin Vaisse), 김종명 옮김, 『미국식 사회모델』, 동문선, 2002.
슬라보예 지젝(Slavoj Zizek), 김성호 옮김, 『처음에는 비극으로 다음에는 희극으로: 세계 금융위기와 자본주의』, 창비, 2010.
강경희, 「세계 경제내(內) 미국 비중 30%(2000년)→25%(2007년)로 줄어들어」, 『조선일보』, 2008년 9월 23일자.
강동호, 「한국인, 작년 美 영주권 취득 9위: 2만5,859명 달해」, 『한국일보』, 2010년 4월 10일자.
강인식 · 박유미, 「미드족, 미국 대선에 빠지다」, 『중앙일보』, 2008년 1월 15일자.
강주화, 「대선 대리전 나선 美언론… NYT는 오바마—WSJ은 매케인」, 『국민일보』, 2008년 8월 25일자.
강준만, 『나의 정치학 사전』, 인물과사상사, 2005.
강준만, 『세계문화사전』, 인물과사상사, 2005a.
강준만, 『강남, 낯선 대한민국의 자화상: 말죽거리에서 타워팰리스까지』, 인물과사상사, 2006b.
강준만, 「아파트의 문화정치학: 아파트가 공공커뮤니케이션에 미친 영향에 관한 연구」, 『사회과학연구(충남대학교 사회과학연구소)』, 제21권1호(2010a), 1~25쪽.
강철원, 「이라크戰 초기 미국 국방보고서 "성경 구절 자주 인용돼" 파장: 부시 환심 사려는 럼즈펠드의 전략?」, 『한국일보』, 2009년 5월 20일자.

강태호, 「미 보수단체 후원 '싱크탱크 저널리즘' 활개: '아이다호…' 등 매체 우후죽순…언론 공정성 위기」, 『한겨레』, 2010년 4월 15일자.

강태호, 「골드만삭스 사기혐의, 5억달러 내고 끝」, 『한겨레』, 2010a년 7월 17일자.

경향신문, 「'반미(反美)주의'에 대한 우리의 시각(사설)」, 『경향신문』, 2008년 6월 14일자.

경향신문, 「'일과 삶의 조화' 위한 노동시간 줄이기 돼야(사설)」, 『경향신문』, 2010년 2월 16일자.

고성호, 「불(佛) 노동시간 늘린다」, 『한국일보』, 2004a년 12월 11일, 11면.

고성호, 「불(佛) '주35시간 근로' 무너지나」, 『한국일보』, 2005b년 2월 11일, 12면.

고유석, 「문명에 차이고 기계에 쫓기고/생의 여로 "위험만재"(인간화 시대:1)」, 『경향신문』, 1990년 1월 1일, 15면.

고종석, 「네오콘? 터미네이터!」, 『한국일보』, 2003년 10월 2일자.

고태성, 「미 역대 대통령 절반은 정신질환자」, 『한국일보』, 2006b년 2월 16일, 6면.

고태성, 「美 저소득층 '아메리칸 드림' 여전: 평균임금 4만弗 미만 69%가 "희망은 있다"」, 『한국일보』, 2008년 8월 5일자.

공병호, 『10년후, 세계』, 해냄, 2005.

공종식, 「지식의 바다 '위키피디어'」, 『동아일보』, 2005a년 6월 2일, A15면.

구둘래·임지선, 「오라, 위키백과의 세상으로」, 『한겨레21』, 2007년 8월 9일자.

구본권, 「구글, 사회관계망까지 검색…사생활 '실시간 노출'」, 『한겨레』, 2010년 1월 6일자.

구정은, 「어제의 오늘」, 『경향신문』, 2009년 6월 24일~10월 28일자.

구정은, 「오바마의 1년, 미국 이념 경계 흔들린다」, 『경향신문』, 2009c년 11월 3일자.

권경복, 「전쟁 중인 오바마, 노벨평화상 받다」, 『조선일보』, 2009년 12월 11일자.

권경복, 「오바마 새 선거 슬로건 'Yes, we did!'」, 『조선일보』, 2010년 7월 12일자.

권경복, 「'티파티(보수 공화당 성향) 對 커피파티(진보 민주당 성향) … 美 풀뿌리 운동 갈렸다」, 『조선일보』, 2010a년 3월 15일자.

권경복, 「애리조나 이민단속, 오바마도 화났다: 불법이민 의심땐 누구든 불심검문, 인종차별 논란」, 『조선일보』, 2010b년 4월 26일자.

권경복, 「애리조나 새 이민단속 '惡法', 역풍 거세다」, 『조선일보』, 2010c년 4월 29일자.

권오성, 「'이라크전 여론조작' 잇단 양심선언: CNN 기자·CBS 앵커 "부정적 보도 말라 압력받아"」, 『한겨레』, 2008년 5월 31일자.

권용립, 『미국의 정치문명』, 삼인, 2003.

권용립, 「미국 민족주의의 본질: 반사와 투영」, 『역사비평』, 통권64호(2003a년 가을), 82~108쪽.

권용립, 「친미와 반미, 그 사이에서 숨은 그림 찾기」, 『당대비평』, 제21호(2003b년 봄), 169~186쪽.

권용립, 『미국 외교의 역사』, 삼인, 2010.

권웅, 「흑인 대통령 나왔다고 인종 갈등 사라지랴」, 『시사IN』, 제99호(2009년 8월 3일).

권웅, 「건강보험 개혁안은 오바마의 담대한 도박?」, 『시사IN』, 제133호(2010년 4월 6일)

권웅, 「'최악의 대통령' 구글 검색 340만건 장본인, 오바마!」, 『시사IN』, 제143호(2010a년 6월 14일).

권태호, 「한국인 78% "미국에 호감" 미 여론조사기관 발표」, 『한겨레』, 2009b년 7월 25일자.

권태호, 「자살하는 미군: 올해 140명 '역대 최고'」, 『한겨레』, 2009c년 11월 19일자.

권태호, 「악몽 늘어나는 '아메리칸드림': 경기침체·실업 여파…자살 늘고 빚 시달리고」, 『한겨레』, 2009d년 11월 25일자.
권태호, 「[워싱턴에서] 한-미 보수, 같은 점과 다른 점」, 『한겨레』, 2009e년 9월 15일자.
권태호, 「오바마 "내가 수상자격 있는지… 황송하다"」, 『한겨레』, 2009f년 10월 10일자.
권태호, 「미 방송 진행자들 대놓고 오바마 비판: '폭스' 비방에 백악관 블로그 대응」, 『한겨레』, 2009g년 10월 14일자.
권태호, 「미, 이번엔 이민개혁…불법체류 1080만명 웃을까」, 『한겨레』, 2010년 4월 5일자.
권태호, "한인 7명중 1명 불법 죽음보다 더 힘든 삶": 미주한인단체 이은숙 사무국장」, 『한겨레』, 2010a년 4월 5일자.
권태호, 「민들레 같은 미국의 인종차별」, 『한겨레』, 2010b년 4월 13일자.
권태호, 「[워싱턴에서] 미국인들이 의보개혁안 반대하는 이유」, 『한겨레』, 2010c년 3월 23일자.
권태호, 「얼어붙은 '미국 자동차 심장'…회생 안간힘: 미 '빅3 도시' 가보니」, 『한겨레』, 2010d년 2월 1일자.
권태호, 「[워싱턴에서] 도요타 사태의 또다른 원인」, 『한겨레』, 2010e년 2월 9일자.
권태호, "커피파티로 민주주의 맛 살려요": 미국 진보 시민단체 '커피파티' 만든 애너벨 박」, 『한겨레』, 2010f년 3월 30일자.
권태호, 「'조세 저항' 티파티, 돈 많은 백인들이 주도: NYT 여론조사 "미국인 20%만 티파티지지"」, 『한겨레』, 2010g년 4월 16일자.
권태호, 「왜곡 일삼는 '폭스뉴스', 시청률·신뢰도는 '1위': 깊어가는 미국 언론의 고민」, 『한겨레』, 2010h년 3월 17일자.
권태호, 「'티파티' 인종차별 못매 맞아: 지역단체 지도자, 흑인차별 글 올려」, 『한겨레』, 2010i년 7월 20일자.
권태호, 「오바마, 이번엔 '이민법 개혁' 팔걷어: "나는 준비됐다…문제는 공화당"」, 『한겨레』, 2010j년 7월 3일자.
금동근, 「불(佛) 35시간근로제 '실패한 실험'」, 『동아일보』, 2005년 2월 17일, A17면.
김광수, 「외교부는 '미국 연수중'」, 『한국일보』, 2008년 10월 4일, 2면.
김남균, 「외교정책의 전통: 예외주의 역사의식」, 김형인 외, 『미국학』, 살림, 2003, 155~178쪽.
김대중, 『김대중 옥중서신: 민족의 한을 안고』, 청사, 1984.
김대호, 「한국사회에 대한 새로운 통찰과 모색」, 사회디자인연구소 창립기념 심포지움 '한국사회를 다시 디자인한다', 2008년 7월 12일, 국회의원회관 1층 소회의실.
김동섭, 「걸프전 마지막 미군 유해」, 『조선일보』, 2009a년 8월 5일자.
김동준, 「미국인 49% 폭스 뉴스 가장 신뢰: 보수적일수록 신뢰도 높아…진보적 성향 CNN·NBC 뉴스 신뢰」, 『PD 저널』, 2010년 2월 10일.
김명수, 「주 35시간 근무제도 산업·지역맞춤 손질: 불(佛)정부 법개정 나서」, 『매일경제』, 2005a년 1월 11일, A9면.
김민구, 「패자는 부시·네오콘·미 언론들 승자는 이란·알카에다·군수업체: 이라크戰 5년 180도 달라진 국제사회 평가」, 『조선일보』, 2008년 3월 17일자.
김민구, 「KKK(백인우월주의 단체) 부활하나: 오바마 당선이후 십자가 화형식 등 200건」, 『조선일보』, 2008b년 11월 25일자.
김민구, 「[미(美)민주당 대선후보 오바마] 대중소통 달인, 미국(美國)변화에도 달인 될까」, 『조선일보』, 2008c년 6월 5일자.
김민구, 「베를린 장벽 부순 지 20년… 이젠 기후변화 장벽 허물 때」, 『조선일보』, 2009a년 11월 5일자.
김민구, 「전쟁터 간 미군(美軍) 30% '외상후 스트레스 증후군'」, 『조선일보』, 2009b년 11월 7일자.
김민구, 「"美 '정치'가 망가졌다": 브루킹스硏 보고서… 납세저항운동 '티파티' 등 장외정치 인기」, 『조선일보』, 2010년 3월 29일자.
김민아, 「美대선 결국 터진 '인종 문제'」, 『경향신문』, 2008년 8월 2일자.
김민아, 「오바마 취임사 키워드는 're~'」, 『경향신문』, 2009년 1월 22일자.
김민아, 「오바마 "월가 보너스잔치는 무책임의 극치"」, 『경향신문』, 2009c년 1월 31일자.
김민아, 「세계를 울린 '황제' 부활… 식지않는 마이클 잭슨 추모열기」, 『경향신문』, 2009d년 7월 4일자.
김민아, 「'흑인교수 체포사건' 여진 계속」, 『경향신문』, 2009e년 7월 24일자.
김민아, 「미국민 94%에 의보혜택」 의료개혁안 재무위 가결: 연내 최종통과 가능성」, 『경향신문』, 2009f년 10월 15일자.
김민웅, 『밀실의 제국: 전쟁국가 미국의 제국 수호 메커니즘』, 한겨레신문사, 2003.
김범수, 「日언론 "미국車 부활 노린 도요타 때리기"」, 『한국일보』, 2010년 2월 3일자.
김봉중, 『미국은 과연 특별한 나라인가?: 미국의 정체성을 읽는 네 가지 역사적 코드』, 소나무, 2001.
김상민, 「한국인들, 美 투자이민의 '큰손'으로: 미국 금융위기로 '빗장' 풀어… 50만달러 투자땐 1년內 영주권」, 『조선일보』, 2010년 2월 8일자.
김상훈, 「美 보건장관 "한국 건보 배우고 싶다"」, 『동아일보』, 2009년 7월 16일자.
김성수, 『오바마의 신화는 눈물이었다: 오바마 신화의 탄생, 현장 100일의 리포트』, 열린책들, 2009.
김성호, 「'친디아를 아십니까'」, 『문화일보』, 2005년 1월 21일, 30면.
김순배, 「미국 오바마시대 개막: 흑-백 사이 '슬픈 줄타기' 넘어 '코즈모폴리턴' 우뚝」, 『한겨레』, 2008년 11월 6일, 5면.
김순배, 「'오바마 천적' 자처한 림보 공화당에 득될까 해될까」, 『한겨레』, 2009b년 3월 6일자.
김순배, 「미 '부의 재분배' 선언… "계급전쟁 시작됐다"」, 『한겨레』, 2009c년 2월 28일자.
김순배, 「오바마 수상 세계 반응… "깜짝 수상" 탄성속 "평화노력 격려 뜻" 평가」, 『한겨레』, 2009d년 10월 10일자.
김순배, 「골드만삭스 '반성'은 없고 발뺌만: "고객 오도한 적 없다" 강변」, 『한겨레』, 2010년 4월 29일자.
김순배, 「분노한 오바마 '하극상 퇴출' 속전속결: 백악관 싸잡아 비난한 매크리스털 결국 군복 벗어」, 『한겨레』, 2010a년 6월 25일자.
김시현, 「자동차를 미국이 발명했다고?: "오바마 첫 의회연설 곳곳 오류투성이"」, 『조선일보』, 2009년 2월 27일자.

김시현, 「미(美) 제1 야당은 '티 파티(Tea Party)'?: 조세저항운동 펴는 시민단체 지지율 공화당 추월」, 『조선일보』, 2009년 12월 9일자.

김신영, 「오바마 "월街, 로비하며 맞서지 말라": '금융개혁 동참' 직격탄 날려」, 『조선일보』, 2010b년 4월 23일자.

김신영, 「'주홍글씨' 골드만삭스」, 『조선일보』, 2010c년 4월 27일자.

김신영, 「104개월 아프간戰 美역사상 최장전쟁: 2001년 10월 시작… 베트남 전쟁 제쳐」, 『조선일보』, 2010d년 6월 9일자.

김신영, 「美, 아프간 9년 전쟁에 염증… 국민 절반 "勝戰보다 終戰을"」, 『조선일보』, 2010e년 6월 29일자.

김연주, 「미국은 특별한가? 오바마와 보수파 논쟁」, 『조선일보』, 2009년 7월 15일자.

김영명, 『나는 고발한다: 김영명 교수의 영어 사대주의 뛰어넘기』, 한겨레신문사, 2000.

김영미, 「미 아프간 주둔 사령관, 일부러 쫓겨났나?」, 『시사 IN』, 제148호(2010년 7월 20일).

김영희, 「오바마, 노벨평화상 수상: 노벨위원회 "국제 사회 협력 강화 노력"」, 『한겨레』, 2009a년 10월 10일자.

김외현, 「오바마 당선 연설 "미국에선 모든 것이 가능하다"」, 『한겨레』, 2008년 11월 6일, 3면.

김외현, 「고객은 망했어도…월가는 25조원 상여잔치」, 『한겨레』, 2009년 1월 30일자.

김재영, 「"오바마 암살될까요?": 美, 페이스북 설문조사 수사 착수」, 『동아일보』, 2009년 9월 30일자.

김정선, 「"힐러리, 월마트 사외이사 경력 누락" NYT 폭로」, 『경향신문』, 2007년 5월 21일자.

김정안, 「매케인-오바마 연설로 본 양당 가치관 차이」, 『동아일보』, 2008년 9월 6일자.

김정안, 「오바마, 클린턴에 앙금… "힐러리 부통령 NO"」, 『동아일보』, 2008a년 11월 11일자.

김정욱, 「'티파티'의 힘 어디까지?: 회원 600명 정치세력화 시동」, 『중앙일보』, 2009년 12월 8일자.

김정욱, 「내일 아프간 개전 8년 … 오바마, 추가 파병 깊은 시름」, 『중앙일보』, 2009a년 10월 6일자.

김정욱, 「2008 대선 '사상 최대 득표' → 2010 중간선거 '72년 만의 최악 참패'」, 『중앙일보』, 2010a년 11월 4일자.

김정욱, 「오바마 "위대한 소통자 레이건·클린턴의 길 따르겠다": '패배 인정' 기자회견장 가보니」, 『중앙일보』, 2010b년 11월 5일자.

김정운, 「왜 빌 게이츠보다 스티브 잡스에 더 열광하나」, 『조선일보』, 2010년 6월 5일자.

김종철, 『오바마의 미국, MB의 대한민국』, 시대의창, 2009.

김주현, 「"또 네이더" 민주 악몽…5번째 '출마'」, 『경향신문』, 2008년 2월 26일자.

김지연, 「할리우드, 전 세계 극장서 25조 원 벌었다」, 『연합뉴스』, 2008년 3월 6일.

김진호, 「'카멜레온' 오바마, 보수측 "사회주의자"에 좌파선 "헤지펀드 민주당원"」, 『경향신문』, 2009년 3월 17일자.

김진호, 「美 '흑백논쟁' 제대로 불 붙였다」, 『경향신문』, 2009a년 7월 25일자.

김진호, 「"극우파, 도 넘은 오바마 공격 라빈총리 암살직전과 닮은꼴": 칼럼니스트 프리드먼 비난」, 『경향신문』, 2009b년 10월 2일자.

김진호, 「"월가 경영진은 살찐 고양이": 오바마, 상원에 보다 강력한 법안 마련 촉구」, 『경향신문』, 2009c년 12월 14일자.
김진호, 「오바마-폭스뉴스 '맞짱 토론'」, 『경향신문』, 2010년 3월 19일자.
김진호, 「[워싱턴리포트]중간선거 판도 뒤흔드는 反오바마 '티 파티 운동'」, 『경향신문』, 2010a년 3월 9일자.
김진홍, 「관타나모 수용소」, 『국민일보』, 2009년 1월 28일자.
김창범, 「[왜냐면] 나는 왜 재외동포 참정권을 반대하는가」, 『한겨레』, 2010년 2월 5일자.
김창진, 「미 대통령 선거는 경매다」, 『한겨레 21』, 제717호(2008년 7월 2일).
김철웅, 「[여적]베를린 장벽 붕괴 20주년」, 2009a년 11월 3일자.
김철웅, 「[여적]불륜 중계」, 『경향신문』, 2009b년 12월 7일자.
김택환, 『오바마의 공감 커뮤니케이션』, 중앙북스, 2009.
김학순, 「탐욕의 거리, 월스트리트」, 『경향신문』, 2008년 10월 11일자.
김향미, 「인디언 30억달러 땅소송 승소」, 『경향신문』, 2009년 12월 10일자.
김향미, 「미 흑백갈등 심상찮다…흑인 사건·사고 잇따라」, 『경향신문』, 2009c년 7월 22일자.
김향미, 「"오바마, 솔직·소탈한 리더십" 인종차별 발언 사과: 흑인교수·경찰·백악관 '맥주회동' 갖기로」, 『경향신문』, 2009d년 7월 27일자.
김현진, 「1분에 70억 '슈퍼볼 광고' 현대는 웃고 GM은 울고」, 『조선일보』, 2008년 9월 30일자.
김형인, 『미국의 정체성: 10가지 코드로 미국을 말한다』, 살림, 2003b.
김희균, 「미, 중(中) 공포증 왜?: '크기' 중시하는 미국인 인구·영토에 두려움 느껴」, 『세계일보』, 2005년 5월 3일, A13면.
나기천, 「"중·일 틈새 살아남은 건 기적"」, 『세계일보』, 2004년 9월 3일, 7면.
나길회, 「배곯는 美: 작년 미국인 7명중 1명꼴… 95년來 최대치」, 『서울신문』, 2009년 11월 18일, 8면.
남승우, 「미국 2만 시위… '제2 민권운동' 번지나」, 『조선일보』, 2007a년 9월 22일자.
남원상, 「"無비자라는데…" 고개드는 美원정출산」, 『동아일보』, 2008년 11월 21일자.
남원상, 「오바마 외교는 '글로벌 포퓰리즘'」, 『동아일보』, 2009년 6월 9일자.
남정호, 「슬슬 터지는 '조승희 후유증'」, 『중앙일보』, 2007년 5월 23일자.
남정호, 「[글로벌 아이] 갈림길에 놓인 '아메리칸 드림'」, 『중앙일보』, 2009년 4월 14일자.
도정일·최재천, 『대담: 인문학과 자연과학이 만나다』, 휴머니스트, 2005.
류이근, 「"고맙다, 터미네이터": 공화당원 슈워제너거 의보개혁안 지지 표명」, 『한겨레』, 2009년 10월 8일자.
류이근, 「오바마-의료보험사 정면대결: 협의체, 대규모 광고공세 등 개혁안 비판 본격화」, 『한겨레』, 2009a년 10월 15일자.
류재훈, 「NYT, 한국 중동선교 '무리한 열정' 짚어」, 『한겨레』, 2004년 11월 2일, 6면.
류재훈, 「경제대국 미국은 건강 후유국?: 기대수명 세계 42위로 '뚝'…건강보험 미비·비만증가 탓」, 『한겨레』, 2007b년 8월 14일자.
류재훈, 「2008년 공화당 몰락의 전조들」, 『한겨레』, 2007c년 9월 10일자.
류재훈, 「서브프라임 대응 '글로벌 금융 공조' 가동」, 『한겨레』, 2007d년 12월 14일자.

류재훈, 「보르사지 "이번 대선, 보수 종말·진보 시대 열것": 미국 미래연구소장 보르사지 인터뷰」, 『한겨레』, 2008년 10월 30일자.

류재훈, 「오바마 VS 매케인 달아오르는 '비방 광고전': 매케인 이어 오바마도 연예인에 빗대 상대 비난」, 『한겨레』, 2008a년 8월 13일자.

류재훈, 「미 스펙터 공화 상원의원 '민주당행': 민주당, 안정의석 60석에 하나 남겨놔」, 『한겨레』, 2009년 4월 30일자.

류재훈, 「국회의원보다는 미 연방의원을」, 『한겨레』, 2009a년 7월 14일자.

류재훈, 「미군, 10km질주하며 민간인에 총질: 가디언 '위키리크스' 아프간전 문건 추적 보도」, 『한겨레』, 2010년 7월 28일자.

류재훈, 「'킹 목사의 꿈' 서린 곳서 미 보수파 힘자랑: 링컨기념관 앞 페일린 등 수십만명 "애국주의" 외쳐」, 『한겨레』, 2010b년 8월 30일자.

맹경환, 「[막오르는 오바마 시대] 호화판 취임식 논란… 사전비용 포함 1억5000만달러 소요」, 『국민일보』, 2009년 1월 20일자.

문성호, 『버락 오바마, 인간적인 너무나 인간적인』, 사람소리, 2008.

문순태, 「5·18과 광주이즘」, 『한국일보』, 2007년 5월 17일자.

박관규, 「"뉴 파운데이션" 오바마의 실수?… 새 정책 문구 국민들은 외면」, 『한국일보』, 2009년 5월 18일자.

박광희, 「美 모르게… 美는 침몰중" 부와 권력의 대이동」, 『한국일보』, 2006년 1월 7일자.

박광희, 「AIG와 인간의 무한 욕망」, 『한국일보』, 2009a년 3월 20일자.

박민희, 「10년안 30억명 영어 사용"」, 『한겨레』, 2004년 12월 10일, 11면.

박병수, 「미 민주당 경선, 여성-흑인 '소수자' 대결…전세계 '흥행대박'」, 『한겨레』, 2008년 1월 11일자.

박선영, 「美 보수주의 기독교 지도자 제리 폴웰 별세」, 『한국일보』, 2007년 5월 17일자.

박승혁, 「美 언론·이민 당국 "한국인 원정 출산 美헌법 허점 악용"」, 『조선일보』, 2010a년 4월 16일자.

박영배, 『미국, 야만과 문명의 두 얼굴: 주미특파원 박영배 리포트』, 이채, 1999.

박완규, 「"한국, 반미주의 아닌 반미정서"」, 『세계일보』, 2005년 1월 28일, 2면.

박용근, 「드러난 '군(軍)산(産)언(言) 복합체' 실체: 장성 출신 매카프리, 국방 홍보·군수 로비·방송 평론 '3역'」, 『조선일보』, 2008년 12월 1일자.

박용근, 「미(美)금융위기 원인은… 월가의 탐욕보단 '시장의 공포'」, 『조선일보』, 2008a년 10월 4일자.

박종세, 「[글로벌 이슈 & 피플] 월가(街)에 대한 충고… 미(美) 대학생들이 들을까」, 『조선일보』, 2009년 4월 16일자.

박종세, 「스티브 잡스 "우리는 완벽하지 않다" 고백」, 『조선일보』, 2010a년 7월 19일자.

박종세, 「美 백인 '소수인종' 되다: "올해 백인 신생아 비율 처음으로 50% 밑으로" 히스패닉·흑인 크게 증가」, 『조선일보』, 2010b년 3월 11일자.

박종세, 「美, 월街 탐욕에 메스 댄다」, 『조선일보』, 2010c년 4월 21일자.

박종세, 「골드만삭스 "주택시장 붕괴때 5100만달러 이익" 내부메일」, 『조선일보』, 2010d년 4월

26일자.

박종세, 「美 대공황이래 '최강 금융개혁법' 곧 발효」, 『조선일보』, 2010e년 6월 28일자.

박지희, 「자중지란, 네오콘의 제국이 진다」, 『경향신문』, 2008년 10월 30일자.

박진용, 「[美 건보개혁안 하원 통과] 3200만명 수혜… 보험사 횡포 제한: 재력 따른 상품서 '권리'로」, 『한국일보』, 2010년 3월 23일자.

박철수, 『아파트의 문화사』, 살림, 2006.

방현철, 「미(美) 좌파 '애국주의' 바람: 오바마 당선 뒤 변해… "법 절차 중요성 인식"」, 『조선일보』, 2009년 1월 8일자.

배극인·김상훈, 「"한국의 탈미-친중정책 걱정돼": 폴 케네디 미 예일대교수」, 『동아일보』, 2004년 10월 13일, A25면.

백문일, 「미 직장인 스트레스해소 비용 한국 예산의 2.7배」, 『서울신문』, 2004년 9월 7일, 1면.

변희원, 「미(美) '대(代)잇는 정치가문' 비결은 돈·돈·돈: WP·폴리티코誌 분석」, 『조선일보』, 2008년 12월 19일자.

복거일 외, 「한국 지식인, 무엇을 생각하는가: 아웃사이더의 목소리」, 『1998 지식인 리포트』, 민음사, 1998.

사루야 가나메, 남혜림 옮김, 『검증, 미국사 500년의 이야기』, 행담출판, 2007.

서수민, 「이번엔 잭슨 목사가…오바마-흑인 잠재 갈등 부각: "흑인 폄훼…그곳 자르고 싶다"」, 『한겨레』, 2008년 7월 11일자.

서수민, 「"흑인은 되고 여성은 왜 안되나": '미 페미니즘 대모' 스타이넘 '안티 힐러리' 담론에 쓴소리」, 『한겨레』, 2008a년 1월 11일자.

서수민, 「미 정부, 이라크전 비판 피하려 군사평론가들 포섭·특혜 드러나」, 『한겨레』, 2008b년 4월 21일자.

서수민, 「"부시, 이라크전 팔아 여론 조작": 매클렐런 전 백악관 대변인 회고록서 정권 비판」, 『한겨레』, 2008c년 5월 29일자.

서정갑, 『부조화의 정치: 미국의 경험』, 법문사, 2001.

선학태, 「왜냐면/노무현과 유러피언드림」, 『한겨레』, 2010년 5월 19일, 33면.

선한승, 『미국은 아니다: 사회학자가 경험한 미국의 11가지 실패』, 춤, 2001.

설원태, 「'인종차별' '범죄예방' 파열음 커지는 미국」, 『경향신문』, 2010년 5월 12일자.

성동기, 「악마에 영혼 판 월街의 물리학자들」, 『동아일보』, 2009a년 3월 11일자.

손병호, 「美 공화당 지지층이 무너진다」, 『국민일보』, 2007년 8월 25일자.

손세호, 『하룻밤에 읽는 미국사』, 랜덤하우스, 2007.

송용창, 「美 선거자금 아웃소싱 '구명': 검은돈 유입·뒷거래 무방비」, 『한국일보』, 2007년 12월 7일자.

송용창, 「[오바마의 미국] 매케인 승복 '아름다운 퇴장'」, 『한국일보』, 2008년 11월 6일자.

송태희, 「오 마이 갓… 美 자동차 시장 '할인 과속': 현대·기아차는 동참 안해… 하반기 추이 주목」, 『한국일보』, 2010년 7월 16일자.

송현숙, 「'미국 박사' 만 있는 국책연구소」, 『경향신문』, 2010년 8월 18일자.

송호근, 『한국의 평등주의, 그 마음의 습관』, 삼성경제연구소, 2006.

송호근, 「불편한 파티로의 초대」, 『중앙일보』, 2008년 9월 2일자.
신상목, 「[한국교회 세계로 세계로] 선교사 2만명 시대 눈앞」, 『국민일보』, 2009년 1월 13일자.
신예리, 「이라크전 5년, 9만 명 숨지고 3조 달러 날아가」, 『중앙일보』, 2008년 3월 19일자.
신예리, 「[분수대] 페일린 vs 오바마」, 『중앙일보』, 2010년 11월 8일자.
신정록, "한국 발전은 사대주의(事大主義), 즉 글로벌 스탠더드 따른 덕분", 『조선일보』, 2010년 1월 28일자.
신정선, 「예능 프로에 밀린 오바마 회견」, 『조선일보』, 2009c년 7월 24일자.
신정선, "흑인이라 차별받아도 일단은 참아야": 파월 전(前) 미(美)국무 한마디」, 『조선일보』, 2009d년 7월 30일자.
신정선, 「백악관 '저격수 글렌 벡(보수파 폭스뉴스 진행자)' 공포」, 『조선일보』, 2009e년 9월 8일자.
신치영, "세금 먹고 목숨 건진 월가, 보너스 파티가 웬말": 백악관 - 월가 재격돌 조짐」, 『동아일보』, 2009년 10월 20일자.
아루가 나츠키·유이 다이자부로, 양영철 옮김, 『상식으로 꼭 알아야 할 미국의 역사』, 삼양미디어, 2008.
안경호, 「2009년 5월, 살벌하게 둘로 갈라진 광주」, 『한국일보』, 2009년 5월 14일자.
안관옥, 「'완장' 차고 온 5월단체」, 『한겨레21』, 2009년 5월 25일자.
안민호, 「美대선 '오바마니아' 진원지는 인터넷」, 『동아일보』, 2008년 3월 11일자.
안병진, 「미국의 이라크 침공의 논리: '충격과 공포' 의 정치학」, 『진보평론』, 제16호(2003a년 여름), 54~67쪽.
양상훈, 「부자들의 천국에 열린 '분노의 포도'」, 『조선일보』, 2008년 10월 1일자.
양상훈, 「팻말만 남은 '공주님 잠자리': 미국인 10분의1이 식량 부족」, 『조선일보』, 2008a년 12월 24일자.
양상훈, 「연방제를 생각해본다」, 『조선일보』, 2009년 7월 29일자.
양상훈, 「LA 두 한인회장과 100년 전 닭싸움」, 『조선일보』, 2010년 9월 1일자.
양성희, 「'아바타' 가 쏘아올린 3D 영상 혁명」, 『중앙일보』, 2010년 1월 5일자.
양홍주, 「[베를린장벽붕괴 20주년] "통일비용 손해" "우린 2등 시민" 배타적 지역주의 심각」, 『한국일보』, 2009a년 11월 3일자.
양홍주, 「美언론 "이해하기 어렵다" 이례적 한목소리: "부시가 아니란 이유만으로…" 반사효과 지적」, 『한국일보』, 2009b년 10월 12일자.
양홍주, 「美軍 아프간戰 기밀정보 9만여건 유출 파문」, 『한국일보』, 2010a년 7월 27일자.
양홍주, 「위키리크스란 '미군 위협 사이트로 지정된 내부고발 전문 매체'」, 『한국일보』, 2010b년 7월 27일자.
여시동, 「오바마의 매력」, 『조선일보』, 2008년 1월 12일자.
여시동, 「저물어가는 미국의 세기(世紀) 세계의 중심은 어디로 가는가」, 『조선일보』, 2009년 1월 17일자.
여현호, 「오레오와 트윙키」, 『한겨레』, 2009년 9월 14일자.
염강수, 「미(美)신문 동났다: "오바마 당선 '역사 기록' 으로 보관하자"」, 『조선일보』, 2008년 11월

7일자.

오관철, 「소득·학력 높을수록 '연줄 중시'」, 『경향신문』, 2006년 12월 27일, 3면.

오애리, 「불(佛) '주35시간 노동' 사실상 포기」, 『문화일보』, 2005년 3월 23일, 20면.

오애리, 「못 믿을 '위키피디아'」, 『문화일보』, 2005c년 12월 6일, 29면.

우수근, 『미국인의 발견』, 살림, 2004.

우태희, 『오바마 시대의 세계를 움직이는 10대 파워』, 새로운제안, 2008.

원세일, 「건강보험 개혁 놓고 미국이 둘로 갈라졌다」, 『조선일보』, 2009년 8월 13일자.

원세일, 「품위를 내팽개친 미(美) 보수파들: 비판 대신 오바마에 대한 악담·저주 난무…내부 자성론 일어」, 『조선일보』, 2009a년 10월 7일자.

원세일, 「오바마 백악관, 보수 언론과 전쟁?: 폭스뉴스의 정부비판에 "뉴스매체 아니다" 맹공」, 『조선일보』, 2009c년 10월 20일자.

원정환, 「'빅3' 위기…절망의 디트로이트: 자구안 마련 소문에 감원 공포… 실업률 美 최고 "먹고 살길 막막" 구제금융 미적대는 공화에 분노」, 『조선일보』, 2008년 11월 25일자.

유신모, 「애리조나 이민단속법안 통과 파문 확산」, 『경향신문』, 2010년 4월 28일자.

유신모, 「미 애리조나주, 소수민족 문화교육도 금지」, 『경향신문』, 2010a년 5월 14일자.

유신모, 「미 연방정부 '애리조나 이민법' 위헌소송」, 『경향신문』, 2010b년 7월 8일자.

유신모, 「골드만삭스 기소 美정치권 후폭풍」, 『경향신문』, 2010c년 4월 19일자.

유신모, 「미 "아프간 철군 일정 수정해야": 새 사령관 취임 계기 '전략 수정' 여론 증가」, 『경향신문』, 2010d년 7월 6일자.

유신모, 「원유 유출 두 달… 피해액 무려 76조원」, 『경향신문』, 2010e년 6월 19일자.

유신모, 「'사면초가 오바마'의 선택은?」, 『경향신문』, 2010f년 11월 16일자.

유윤종, 「오바마처럼 말하기」, 『동아일보』, 2007년 6월 1일자.

윤희일, 「'아파트 숲' 전국을 뒤덮는다」, 『경향신문』, 2007년 4월 18일자.

이경, 「'아메리칸 드림' 미국서도 꿈일 뿐」, 『한겨레』, 2008년 2월 28일자.

이계성, 「오바마의 워틸루」, 『한국일보』, 2009년 7월 24일자.

이고은, 「'소련의 몰락' 전철 밟는 미국」, 『경향신문』, 2010년 4월 24일자.

이광형, 「[책과 길] 세계 권력 '대이동' 한국의 미래는… '제2세계'」, 『국민일보』, 2009년 1월 17일자.

이국배, 「'거품'의 쾌락 다시 끌어 오를까: 금융위기를 맞은 미국인들의 단상」, 『PD 저널』, 2008년 10월 15일자.

이국배, 「건강보험 개혁은 오바마의 분수령」, 『PD 저널』, 2009년 9월 23일자.

이기홍, 「오바마 '중도의 깃발' 드나」, 『동아일보』, 2008년 11월 7일, A1면.

이기홍, 「힐러리 '키친 싱크 정치' 논란: 표절의혹 등 수단-방법 안 가리고 오바마 때리기」, 『동아일보』, 2008a년 3월 8일자.

이기홍, 「"오바마라면…" 보수의 변심」, 『동아일보』, 2008b년 6월 12일자.

이기홍, 「反오바마 폭스뉴스 시청률 쑥」, 『동아일보』, 2009a년 8월 24일자.

이기홍, 「오바마, 관타나모 폐쇄 진퇴양난」, 『동아일보』, 2009b년 5월 22일자.

이기홍, 「오바마, 취임후 흑인사회에 첫 메시지 "고맙다, 하지만…"」, 『동아일보』, 2009c년 7월

18일자.

이기홍, 「광고하듯 건보개혁 역설하는 '헤드온 오바마'」, 『동아일보』, 2009d년 7월 22일자.

이기홍, 「"네트워크가 힘" 친정부 로비스트 전진 배치」, 『동아일보』, 2009e년 5월 7일자.

이대혁, 「[베를린장벽붕괴 20주년] 부활한 이데올로기 논쟁」, 『한국일보』, 2009년 11월 3일자.

이대혁, 「1500만弗 들여 세금 100억弗 줄여: 로비스트가 美 금융개혁을 쥐락펴락」, 『한국일보』, 2010a년 7월 3일자.

이대혁, 「[오바마 노벨상 수상 논란] 노벨상은 미국인 '텃밭': 올 11명중 9명 차지… 108년간 38% 최다」, 『한국일보』, 2009b년 10월 12일자.

이대혁, 「"부시·체니, 드라마 통해 고문기술 배웠다"」, 『한국일보』, 2010년 3월 12일자.

이민주, 「美 은행 '보너스 잔치' 이 정도일줄이야…」, 『한국일보』, 2009년 8월 1일자.

이범, 「오바마는 왜 한국 교육을 부러워할까?」, 『한겨레』, 2009년 6월 2일자.

이본영, 「카스트로 "관타나모 임대료 50년간 단돈 4천달러"」, 『한겨레』, 2007년 8월 20일자.

이본영, 「'오바마 금융개혁법' 미 상원 통과: 파생상품 통제 등 월가 향한 강력한 규제안」, 『한겨레』, 2010a년 5월 22일자.

이상일, 「"아메리칸 드림은 살아 있다": 10만 명의 희망 적힌 워싱턴 '오바마 게시판'」, 『중앙일보』, 2008년 11월 11일자.

이상일, 「"날 위해 한 것처럼 오바마 위해 뛰어달라": 힐러리 승복 현장 르포」, 『중앙일보』, 2008a년 6월 9일자.

이석호, 「제국주의 시절의 영어정책과 영어공용화에 부치는 몇가지 단상들」, 윤지관 편, 『영어, 내 마음의 식민주의』, 당대, 2007, 314~335쪽.

이선민, 「'잉글리시 디바이드'」, 『조선일보』, 2008년 1월 31일자.

이수진, 「'친디아 펀드' 아시나요」, 『문화일보』, 2005년 6월 15일, 15면.

이승철, 「오바마 열기의 수수께끼」, 『경향신문』, 2008년 11월 11일자.

이용수, 「오바마, 움직이면 뉴스 매케인, 어딜가도 찬밥」, 『조선일보』, 2008a년 7월 24일자.

이용수, 「공화 '페일린 도박' 홍행은 대성공: 수락연설 3724만명 시청… 과반수가 여성」, 『조선일보』, 2008b년 9월 6일자.

이용수, 「발굴 가능한 미군 유해 찾는 데만 500년 걸려」, 『조선일보』, 2009년 9월 7일자.

이용수, 「부시 못지않은… '오바마의 제국'」, 『조선일보』, 2009a년 8월 4일자.

이유식, 「대통령 이름」, 『한국일보』, 2009a년 8월 8일자.

이인식, 「오바마 효과」, 『조선일보』, 2009년 6월 27일자.

이인식, 「디지털 모택동주의」, 『조선일보』, 2010년 3월 6일자.

이인열 외, 「美 최하층 자녀 42%, 다시 최하층으로」, 『조선일보』, 2010년 7월 7일자.

이정은, 「여기도 오바마… 저기도 오바마: 휴일 TV대담프로 싹쓸이… 건보개혁 지지 호소」, 『동아일보』, 2009년 9월 22일자.

이제훈, 「"미국은 이제 공포 대신 희망 수출해야 한다": 서울 온 '국제정치 석학' 조지프 나이 교수, '스마트 파워' 강조」, 『한겨레』, 2008년 2월 14일자.

이주영, 『미국사』, 대한교과서, 1995.

이준, 「'탐욕'의 월가(街)가 서울 금융가에 준 교훈」, 『조선일보』, 2009년 3월 31일자.

이준구, 『대통령을 만든 사람들: 선거의 귀재, 정치 컨설턴트』, 청와출판사, 2010.
이진, 「미국 직장생활 체험기/나는 솔직히 미국인들이 그렇게 열심히 일할 줄은 몰랐다!」, 『월간조선』, 2002년 4월, 438~452쪽.
이진석, 「재미 한인들, 제발 센서스 참여합시다」, 『조선일보』, 2010년 3월 16일자.
이진희, 「"소련, 베를린 장벽 붕괴 오히려 환영": 20주년 맞아 미·소 대응 담은 비사 공개… 유럽 정상들 참여 속 기념식 열려」, 『한국일보』, 2009년 11월 10일자.
이진희, 「"관타나모는 지구상의 지옥": 美, 소말리아인 등 수감자 12명본국 송환」, 『한국일보』, 2009b년 12월 23일자.
이진희, 「美 극우단체 '독버섯': 애국주의로 포장한 증오단체 1년새 3배 이상 늘어 512개」, 『한국일보』, 2010a년 4월 12일자.
이진희, 「베일 벗은 '티파티'의 우상… 이중생활에 주변 경악: '미국의 마음' 얼굴없는 가수 신분 공개… 헐리우드 진보단체 회원」, 『한국일보』, 2010b년 5월 19일자.
이진희, 「"대통령이 서명하기 전까지 월街로비는 끝난 게 아니다": 금융규제법안 저지 총력전」, 『한국일보』, 2010c년 5월 24일자.
이진희, 「"네오콘은 죽지 않았다": 美, 아프간 3만 증파·강력한 테러대책 등 '신보수주의의 부활'」, 『한국일보』, 2010d년 1월 26일자.
이진희, 「위키리크스, 아프간戰기밀 유출 파문」, 『한국일보』, 2010e년 7월 27일자.
이진희, 「美 MD시스템 명중률 84%라더니…」, 『한국일보』, 2010f년 5월 19일자.
이청솔, 「오바마는 '조커'…미 공화당 기금모금 자료 파문」, 『경향신문』, 2010a년 3월 5일자.
이청솔, 「이라크 참전병 '살인의 추억'」, 『경향신문』, 2009b년 7월 28일자.
이청솔, 「미국인 삶을 바꾸는 불황」, 『경향신문』, 2009c년 4월 7일자.
이청솔, 「오바마를 향해 거침없이 쏴라: 오바마 저격수 나선 미 극우논객들, 통하거나 욕먹거나」, 『경향신문』, 2009d년 10월 14일자.
이청솔, 「미, 티파티 참여 흑인 증가: 11월 선거엔 37명이 공화당 후보로 출마 준비」, 『경향신문』, 2010년 4월 8일자.
이청솔, 「아프간전 미군 사망자 1000명 돌파」, 『경향신문』, 2010b년 2월 24일자.
이춘재, 「온라인 청원·시위… '아고라' 능가하는 '무브온'」, 『한겨레』, 2008년 9월 6일자.
이충형, 「건국 233년 만에 첫 히스패닉 대법관 탄생」, 『중앙일보』, 2009년 8월 8일자.
이태규, 「"9·11이후 미국은 통제불능의 정보기관 국가가 돼버렸다"」, 『한국일보』, 2010년 7월 20일자.
이태무, 「"원정출산 자진신고 안하면 이중국적 한평생 가능하죠": 정부 불허 방침 불구 원정출산 유혹하는 브로커 활개」, 『한국일보』, 2010년 1월 4일자.
이태훈, 「"구글은 신문의 피 빨아먹는 흡혈귀"」, 『조선일보』, 2009a년 6월 27일자.
이택광, 「유럽을 공습한 '아메리칸드림'」, 『한겨레 21』, 제785호.(2009년 11월 13일).
이하원, 「미(美) 보수, 반격을 준비하다」, 『조선일보』, 2008년 11월 25일자.
이하원, 「오바마에게 금융 위기는 기회였다: '페일린 효과'로 고전하다 경제 부각해 지지율 반등」, 『조선일보』, 2008a년 9월 19일자.
이하원, 「오바마 군단 이끄는 '3대 싱크탱크'」, 『조선일보』, 2008b년 11월 20일자.

이하원, 「6 · 25 60주년과 영화(映畵)」, 『조선일보』, 2009년 12월 24일자.
이하원, 「"오바마, 맞장토론 나와!" '람보'가 된 림보: 美 라디오 시사프로 진행자 거침없이 오바마 비판」, 『조선일보』, 2009a년 3월 6일자.
이하원, 「"추스르고 털어내고… 미국을 재건하자": '18분간의 대통령 취임사' 4대 키워드」, 『조선일보』, 2009b년 1월 22일자.
이하원, 「미(美), 8명중 1명이 '식품구매권(food stamp)' 받아 연명: 어린이는 4명중 1명꼴」, 『조선일보』, 2009c년 12월 1일자.
이하원, 「오바마 연설, 미(美)국민 마음 움직였다」, 『조선일보』, 2009d년 9월 11일자.
이하원, 「"폭스뉴스는 공화당 홍보 매체"… 백악관, 보수언론과 전쟁 선포」, 『조선일보』, 2009e년 10월 13일자.
이하원, 「오바마 "한국전(7월 27일) 휴전일에 조기(弔旗) 달아라"」, 『조선일보』, 2009f년 7월 27일자.
이하원, 「"우파는 탈레반" "오바마, 헌법 파괴"… 美 좌 · 우파 '책전쟁' 한창」, 『조선일보』, 2010년 6월 22일자.
이하원, 「"오바마는 포퓰리스트" 목소리」, 『조선일보』, 2010a년 1월 26일자.
이하원, 「"추잡한 골드만삭스": 상원청문회… 의원들 질타, 경영진 "市場악화로 손실"」, 『조선일보』, 2010b년 4월 29일자.
이한수, 「"서구 민주주의 성숙에 200년 걸려 한국민주화 50년 일탈 · 파행 아니다"」, 『조선일보』, 2005b년 9월 8일, A23면.
이혜운, 「미(美) 카네기연(研) "영어가 미국의 몰락 막을 것"」, 『조선일보』, 2009a년 6월 11일자.
이혜운, 「미(美) 이번엔 시위대가 "오바마 거짓말"」, 『조선일보』, 2009b년 9월 14일자.
이혜운, 「"전례 없는"에 중독된 오바마: 취임후 126번 사용… 부시는 8년간 262번」, 『조선일보』, 2009c년 11월 27일자.
이홍환, 「9 · 11 테러에서 아프간 함락까지, 미국의 언론전쟁」, 『신동아』, 2002년 1월, 320~331쪽.
이희은, 「위키피디어 정보의 기술문화적 함의: 집단지성과 지식권력」, 『언론과학연구』, 제9권 2호(2009년 6월), 461~497쪽.
임귀열, 「[임귀열 영어] Abusive Words (심한 말)」, 『한국일보』, 2009a년 10월 22일자.
임영주, 「미 상원, 노예제 사과 결의안 통과」, 『경향신문』, 2009년 6월 20일자.
임영주, 「미 폭스뉴스에 "광고 중단" 봇물: "오바마는 인종주의자" 토크쇼 역풍」, 『경향신문』, 2009a년 10월 7일자.
임영주, 「미국, 기업 선거광고 무제한 가능… '금권선거' 심화 우려」, 『경향신문』, 2010년 1월 23일자.
임인택, 「"사용자 모임도 '위키적 방식'으로 해야죠"」, 『한겨레 21』, 2007년 8월 9일자.
임지선, 「웹2.0도 모르겠는데 웹3.0?」, 『한겨레 21』, 2007년 8월 9일자.
임진모, 「마이클 잭슨의 '문 워크' 따라해보지 않은 청춘 있을까」, 『중앙일보』, 2009년 6월 27일자.
장은교, 「'그날이 오면' 작곡가 문승현」, 『경향신문』, 2007년 6월 12일자.

장태한, 『아시안 아메리칸: 백인도 흑인도 아닌 사람들의 역사』, 책세상, 2004.
장택동, 「"세계는 反美주의 넘어 美패권 이후의 시대로"」, 『동아일보』, 2008년 5월 5일자.
장학만, 「"미, 신분 세습사회 변질"」, 『한국일보』, 2005a년 1월 27일, A13면.
전병근, 「미 복음주의 기독교운동, 탈정치 운동: 보수화 이끈 팔웰 목사 사망 계기, 보편적 의제 앞세워」, 『조선일보』, 2007a년 5월 23일자.
전병근, 「금융위기 속에서도 미국은 '신나게' 무기 팔았다」, 『조선일보』, 2009년 9월 8일자.
전병근, 「"비폭력운동이 히틀러군대 막을수 없었을 것": 오바마, 노벨평화상 수상 연설에서 '정의로운 전쟁' 옹호해 화제」, 『조선일보』, 2009a년 12월 12일자.
전병근, 「"같은 강물에 두번 발 담글 수 없듯이… 아프가니스탄은 베트남이 아니다"」, 『조선일보』, 2009b년 9월 17일자.
전병근, 「미(美), 아프간전(戰) 8년… 제2의 베트남전(戰) 우려」, 『조선일보』, 2009c년 10월 6일자.
전병근, 「2008년 美대선 막후 스토리 책 '게임 체인지' 에 미(美) 발칵」, 『조선일보』, 2010년 1월 13일자.
전병근, 「"암 투병 중에도 보험회사와 싸웠던 어머니를 위하여…"」, 『조선일보』, 2010a년 3월 25일자.
전병근, 「"1999년 이후 수상한 노벨평화상 10명 중 카터 빼곤 정당성 없다": 노르웨이 평화운동가 주장」, 『조선일보』, 2010b년 7월 26일자.
전병근, 「"지금 의회엔 미국인은 없다 공화당원, 민주당원만 있다": 민주 바이 의원의 '내가 상원을 떠나는 이유'」, 『조선일보』, 2010c년 2월 23일자.
전병근, 「美정부는 골드만삭스 동문: 골드만 출신들 곳곳 포진, 오바마에게도 선거자금…」, 『조선일보』, 2010d년 4월 22일자.
전병근, 「'월街 대수술' … 美 '금융개혁법안' 발효」, 『조선일보』, 2010e년 7월 23일자.
전병근, 「美 '車 빅3' 부활… 디트로이트에 훈풍」, 『조선일보』, 2010f년 8월 17일자.
전상인, 『아파트에 미치다: 현대한국의 주거사회학』, 이숲, 2009.
전승훈, 「글로벌 경제위기에도 美 무기판매액 급증」, 『동아일보』, 2009년 9월 8일자.
전영우, 『광고, 상품, 쇼핑의 노예들: 미국인들이 원하는 것』, 청년사, 2006.
전지성, 「'관타나모 수감자 美 이송' 상원도 승인」, 『동아일보』, 2009년 10월 22일자.
정강현, 「석유 때문에 무너지는 미국, 그럼 한국은?」, 『중앙일보』, 2010년 4월 24일자.
정경민, 「한국인, 미국 적응력 49위: 경제부문 100점, 문화부문 63점, 사회부문 55점」, 『중앙일보』, 2009년 10월 15일자.
정경민, 「월가 또 '보너스 잔치' … 정치쟁점화」, 『중앙일보』, 2009a년 10월 20일자.
정경민, 「오바마, 전기차 개발로 '빅3' 부활 집념」, 『중앙일보』, 2010a년 7월 17일자.
정경민, 「"서브프라임 때 큰돈 벌어" 골드먼삭스 e-메일 파문」, 『중앙일보』, 2010b년 4월 26일자.
정경민, 「'티파티' 후보 대거 당선 … 페일린 기세등등: 보수주의 운동 '티파티' 대모 성적표는」, 『중앙일보』, 2010d년 11월 4일자.
정상환, 『검은 혁명: 자유와 평등을 향하여, 쿤타 킨테에서 버락 오바마까지』, 지식의숲, 2010.
정성희, 「정치광고」, 『동아일보』, 2008년 3월 13일자.
정영오, 「"빅3 실패는 상명하복식 경영 패러다임 탓": 타임誌 "CEO는 숫자놀음, 중간간부는 상정영오, 「부 눈치"」, 『한국일보』, 2008년 12월 6일자.
정영오, 「"남북전쟁 이제서야 막내려" 흑인들 137년 만의 감격」, 『한국일보』, 2008a년 11월 6일자.
정영오, 「[베를린장벽붕괴 20주년] '철의 장막' 걷은 영광의 그 자리엔 또 다른 벽이…」, 『한국일보』, 2009a년 11월 3일자.
정영오, 「미국 민주당 상원 슈퍼 60석 확보: 재검표 논란 프랑켄 후보 승리 확정… 법안 단독처리 가능해져」, 『한국일보』, 2009b년 7월 2일자.
정영태, 「개발연대 지식인의 역할과 반성」, 장회익·임현진 외, 『한국의 지성 100년』, 민음사, 2001.
정의길, 「미 독점자본주의 몰락은 '좋은 소식' 이다: 공산권·금융시장 붕괴 예언 라비 바트라」, 『한겨레』, 2009년 2월 22일자.
정의길, 「럼스펠드가 미군 '고문수법' 승인했다: 2002년께 15가지 기법 허가…군사위 보고서 공개」, 『한겨레』, 2009a년 4월 23일자.
정의길, 「'뉴딜' '뉴프런티어' … 오바마는 '뉴파운데이션'」, 『한겨레』, 2009b년 5월 19일자.
정의길, 「미국 탐욕이 키운 '비운의 아이티'」, 『한겨레』, 2010년 1월 18일자.
정의길, 「역풍 맞는 '관타나모 폐쇄론': 미 언론 '석방 5명중 1명 테러전 복귀' 보도」, 『한겨레』, 2010a년 1월 8일자.
정인환, 「"아메리칸드림은 미국인들만의 환상"」, 『한겨레』, 2005a년 1월 27일, 13면.
정인환, 「흑인 대통령, 그 거대한 분수령」, 『한겨레 21』, 제726호(2008년 9월 1일).
정인환, 「기업의 정치광고도 표현의 자유?: 미 연방대법원 기업체 정치광고 제한법에 위헌판결…」, 『한겨레 21』, 제797호(2010년 2월 5일).
정재홍, 「"부하 충성에 집착하는 대통령은 실패했다"」, 『중앙일보』, 2008년 12월 4일자.
정재홍, 「미국 영향력 "아 옛날이여": 중·러·인도·유럽에 밀려 '세계 최대·최고' 계속 내줘」, 『중앙일보』, 2008a년 5월 5일자.
정재홍, 「진보 vs 보수 … 미 신문 대선 대리전: NYT, 매케인 재산 비판」, 『중앙일보』, 2008b년 8월 25일자.
정재홍, 「"오바마 부상 뒤엔 문학적 재능 있었다"」, 『중앙일보』, 2008c년 5월 19일자.
정재홍, 「"오바마 정치적 성공 뒷받침한 건 시적 감수성과 마키아벨리적 술수"」, 『중앙일보』, 2008d년 6월 6일자.
정재홍, 「미셸 '티 파티' 인종차별 비난」, 『중앙일보』, 2010년 7월 14일자.
정재홍, 「키신저 "성급한 철군 재앙 될 수도"」, 『중앙일보』, 2010a년 6월 30일자.
정진황, 「체니 딸 리즈 '보수층 스타': 관타나모 감옥·물고문 필요성 지적하며 오바마 공격수로」, 『한국일보』, 2009년 12월 9일자.
정진황, 「美 건보 개혁안 5표차로 하원 통과: 찬 220-반 215… 민주 이탈표 속출, 상원 통과까진 첩첩산중」, 『한국일보』, 2009a년 11월 9일자.
정철진, 「'친디아펀드' 수익률 괜찮네」, 『매일경제』, 2005년 8월 10일, A19면.
정철환, 「세계는 지금 '구글' 당하고 있다」, 『조선일보』, 2010년 5월 29일자.
정혜승, 「"공휴일 하루 줄이다니…" 불(佛) 수백만명 파업」, 『문화일보』, 2005a년 5월 17일, 20면.
정환보, 「노엄 촘스키 "정치에 이용당한 소비 탓": "미 대선 누가 이겨도 변화 없다"」, 『경향신문」, 2008년 10월 13일자.
조기원, 「'부시에 신발 던진' 이라크 기자 화려한 귀향」, 『한겨레』, 2009년 9월 12일자.
조기원, 「한국, 미국무기 다섯번째 큰손: 지난해 8억 달러…사우디·이스라엘 등 차례」, 『한겨레』, 2009a년 12월 17일자.
조기원, 「[미국 의보개혁안 통과] 공화, 중간선거서 뒤집기 온힘」, 『한겨레』, 2010년 3월 23일자.
조명진, 『세계의 부와 경제를 지배하는 3개의 축』, 새로운제안, 2008.
조민근, 「미국 인구 3억 명 넘었다」, 『중앙일보』, 2006년 10월 18일, 17면.
조선일보, 「오바마, 일왕에 90도 인사 논란」, 『조선일보』, 2009년 11월 16일자.
조선일보, 「"在外 국민 선거권이 교민사회 흔들어 정착 방해해"(사설)」, 『조선일보』, 2010년 3월 16일자.
조선일보, 「억만장자들의 기부 혁명이 태평양을 건너온다(사설)」, 『조선일보』, 2010a년 8월 6일자.
조우석, 「해외선교사 13000명 미국 이어 2위」, 『중앙일보』, 2005년 1월 8일, 27면.
조운찬, 「중국인 미국 원정출산 붐」, 『경향신문』, 2010년 7월 19일자.
조원희, 「[경제와 세상]골드만삭스, 그 신의 손길 비밀」, 『경향신문』, 2010년 5월 7일자.
조일준, 「관타나모 수용소 문닫을 준비 시작」, 『한겨레』, 2008년 12월 20일자.
조일준, 「'오바마 당선'으로 견고한 인종차별 장벽 균열」, 『한겨레』, 2008a년 11월 11일자.
조일준, 「베를린 장벽 붕괴 20주년 행사: 그날의 열정 되살려 "우리가 인민" 함성」, 『한겨레』, 2009년 11월 11일자.
조일준, 「지엠, 3년만에 흑자 전환: "올 1분기 순익 8억달러 넘어"」, 『한겨레』, 2010년 5월 19일자.
조일준, 「백악관-대법원 '기업 선거광고' 2라운드: 대통령 이어 대변인·고문 등 대법원 비판 '포문'」, 『한겨레』, 2010a년 3월 16일자.
조찬제, 「"인디언에게도 아메리칸 드림을"」, 『경향신문』, 2009a년 11월 7일자.
조찬제, 「관타나모 수용소에 갇힌 오바마」, 『경향신문』, 2009b년 5월 21일자.
조찬제, 「티파티 공세에 '인종차별 딱지' 걸린 오바마 정부: '오바마표 인종차별' 논란」, 『경향신문』, 2010b년 7월 22일자.
조찬제, 「애리조나 국경감시에 '신 나치'까지 가세」, 『경향신문』, 2010c년 7월 19일자.
조홍민, 「'오바마의 미국' 이미지 좋아졌다」, 『경향신문』, 2010년 4월 20일자.
조흥윤, 『한국문화론』, 동문선, 2001.
주강현, 『21세기 우리문화』, 한겨레신문사, 1999.
지동혁, 「불 "주35시간 근무 너무 짧다"」, 『주간동아』, 2005년 1월 18일, 56~57면.
진성훈, 「美 보수 지역모임 티파티로 뭉쳤다: 50만 회원 단일 연합체 결성」, 『한국일보』, 2010년 4월 10일자.
차규근, 「원정출산으로 이중국적 못얻어」, 『한국일보』, 2010년 1월 9일자.
채지은, 「"백악관, 너무 빨리 타협했다": 美 진보진영, 건보개혁안 양보에 오바마 비판 수위 높여」, 『한국일보』, 2009b년 12월 28일자.
최상연, 「지지율 80% 역대 최고 '허니문' 신기록 세울까」, 『중앙일보』, 2009a년 1월 21일자.
최상연, 「WP "오바마에 포퓰리스트 모습": 최근 연설서 "싸우겠다" 표현 20차례 … 대중정서 파고 들기」, 『중앙일보』, 2010년 1월 26일자.

최상연, 「'광야의 늑대' 매크리스털 경질 위기: 잡지 '롤링 스톤' 인터뷰서 오바마 비판 … 백악관, 전격 소환」, 『중앙일보』, 2010a년 6월 24일자.
최상연, 「오바마, 전쟁 중에 장수를 바꾸다… '하극상' 매크리스털 아프칸 사령관 경질」, 『중앙일보』, 2010b년 6월 25일자.
최성우, 「스마트폰족 43% "통화기능만 사용"」, 『한겨레』, 2010년 7월 20일자.
최성진, 「기회의 땅 개척자는 기독교와 성: 아이폰 사용기 ③」, 『한겨레 21』, 제797호(2010년 2월 5일).
최성진, 「선구자와 배척자, '빠'의 두 종류: 아이폰 사용기 ④ 마지막회」, 『한겨레 21』, 제798호(2010a년 2월 19일).
최승현, 「마이클 잭슨 1958~2009: 팝으로… 스캔들로… 세계 대중문화 들썩인 '아이콘'」, 『조선일보』, 2009년 6월 27일자.
최우석·이하원, 「매케인 "워싱턴 낡은 정치 타파하겠다": 부시와 차별화… 오바마엔 '변화와 개혁'으로 맞불」, 『조선일보』, 2008년 9월 6일자.
최우석, 「미(美) '수퍼파워' 시대가 저물고 있다: 美 위상 다룬 책 봇물」, 『조선일보』, 2008년 7월 14일자.
최우석, 「오바마의 '두 얼굴'」, 『조선일보』, 2008a년 6월 26일자.
최우석, 「다시 태어난 미국: 오바마 美대통령 취임… "책임과 봉사의 새 시대 열자"」, 『조선일보』, 2009a년 1월 22일자.
최유식, 「중(中) 대학생들 열광시킨 오바마」, 『조선일보』, 2009년 11월 17일자.
최을영, 「인물 FOCUS: 버락 오바마」, 월간 『인물과 사상』, 2008년 12월호.
최익재, 「이민자 단속 강화 … 왕따 된 애리조나」, 『중앙일보』, 2010년 4월 29일자.
최지향, 「미국이 이라크戰 쓴 1조달러면…」, 『한국일보』, 2008년 10월 29일자.
최지향, 「신발 던진 이라크 기자 '영웅 대접'」, 『한국일보』, 2009년 9월 12일자.
최형규, 「무서운 오바마」, 『중앙일보』, 2009년 11월 24일자.
최형두, 「"미 정계 족벌주의 판친다"」, 『문화일보』, 2005년 1월 24일, 19면.
추왕훈, 「미국, 신분제 사회로 변질"」, 『내일신문』, 2005년 1월 26일, 8면.
탁선호, 「너 자신의 뉴욕을 소유하라: 시크한 신자유주의 도시 뉴욕에 관한 편파적 보고서」, 인물과사상사, 2010.
태혜숙, 『한국의 탈식민 페미니즘과 지식생산』, 문화과학사, 2004.
하영선, 「'스마트 파워'론과 대통령선거」, 『조선일보』, 2007년 11월 16일자.
하윤해, 「[오바마 시대 변화의 미국] 싱크탱크도 교체된다」, 『국민일보』, 2008년 11월 7일자.
하태원, 「"영혼을 흔드는 연설의 연금술사": 타고난 웅변가 오바마」, 『동아일보』, 2008년 2월 20일자.
하태원, 「美 구제금융 부결 쇼크…떨고 있는 美정치지도자 4인」, 『동아일보』, 2008a년 10월 1일자.
하태원, 「[美대선D-60]페일린 연설에 美언론 "만루홈런 쳤다"」, 『동아일보』, 2008b년 9월 5일자.
하태원, 「매케인 "Fight" 25차례나 써가며 애국심 호소: '전쟁영웅' 美공화 대선후보 수락연설」, 『동아일보』, 2008c년 9월 6일자.
하태원, 「美공화당 리더는 '라디오 스타' 림보?」, 『동아일보』, 2009년 3월 5일자.

하현옥, 「관타나모 석방자 '국제 미아' 신세로」, 『중앙일보』, 2009년 6월 19일자.
한겨레, 「'야만의 전쟁' 5년(사설)」, 『한겨레』, 2008년 3월 20일자.
한승동, 「세상을 홀린 '구글' …미래를 홀릴 '힌트'」, 『한겨레』, 2010년 2월 21일자.
한현우, 「1위 예약한 '아바타' "우린 잔치 안해요"」, 『조선일보』, 2010년 2월 25일자.
한홍구, 『대한민국사』, 한겨레신문사, 2003.
함석진, 「[유레카] 위키피디아」, 『한겨레』, 2007a년 9월 14일자.
함재봉, 「한국 외교의 현실」, 『중앙일보』, 2004년 12월 11일, 31면.
홍수영, "국민대접 기쁘지만 선거바람에 동포사회 분열 걱정", 『동아일보』, 2009년 2월 6일자.
홍준호, 「미국이 어쩌다…"모든 걸 시장에 맡기자" 美의 30년 패러다임 종언」, 『조선일보』, 2008년 9월 24일자.
황유석, 「속타는 백악관·의회 "포섭가능 의원 잡아라" 총력전」, 『한국일보』, 2008년 10월 2일자.
황유석, 「"10시간 차몰고 온 것도 쇼" 조롱·질책만: 美 '車빅3 구제금융 청문회' 첫날」, 『한국일보』, 2008a년 12월 6일자.
황유석, 「페일린열풍 유감」, 『한국일보』, 2008b년 9월 22일자.
황유석, 「미국 학교 1% '시한부 생존' 맞는다: 오바마 교육개혁 고삐… "성적부진 5000곳 5년 내 폐교"」, 『한국일보』, 2009년 5월 13일자.
황유석, 「미국, '흑인교수 체포 사건' 맥주 한잔에 흑백 앙금 털었다」, 『한국일보』, 2009a년 8월 1일자.
황유석, 「관타나모 수감자 송환안 가결」, 『한국일보』, 2009b년 10월 17일자.
황유석, 「[워싱턴 리포트] 감정싸움… '여우'에 못 당하는 백악관」, 『한국일보』, 2009c년 10월 21일자.
황유석, 「'전 국민 의료보험' 100년 만에 완성… 오바마 최대 승리자」, 『한국일보』, 2010a년 3월 23일자.
황유석, 「'오바마=히틀러·레닌' 비유 논란: 美 보수단체 '티파티' 세 지도자 등장 광고판 설치」, 『한국일보』, 2010b년 7월 15일자.
황유석, 「히스패닉과 미국 정치」, 『한국일보』, 2010c년 7월 19일자.
황유석, 「'이민법 개혁' 역풍 맞은 오바마: 美 경제난으로 불법체류자에 여론 부정적」, 『한국일보』, 2010d년 7월 20일자.
황유석, 「오바마의 이민정책 실패」, 『한국일보』, 2010e년 8월 9일, 31면.

찾아보기

9·11테러 9, 10, 66, 83, 96, 99, 101, 116, 280, 292
11·2 중간선거(2010년) 110, 168, 171, 173, 176, 208, 222, 225, 230, 246~248, 261, 262, 298~301

AIG 100, 101, 202, 258
GM 103~111, 318

게리맨더링 265
게이츠 사건 142, 147, 164
게이츠, 빌 296, 308, 325
게이츠, 헨리 루이스 147~154
고르바초프, 미하일 187, 194
고정관념 위협 143
골드먼삭스 254, 256~258, 267~274, 277~279
공공(의료)보험(public option) 157, 166, 168
관타나모 수용소 81~84, 89, 93~97, 99
구글 41, 297, 301~304, 312
구글리제이션 301, 304
군·산·언 복합체 84
금융개혁 법(금융규제 개혁)(안) 246, 248, 259, 262, 267, 270, 271, 274, 275, 277~279
기업 선거광고 무제한 허용 판결 259~263, 266
깅리치, 뉴트 151, 186, 199, 223

나이, 조지프 28, 81, 99, 119

남부연합 218, 219
네오콘 33, 55, 56, 69, 70, 85, 117, 284
네이더, 랠프 26, 27
노무현 128, 334~336
노벨평화상 177, 181~183, 185~187
뉴 파운데이션(새로운 토대) 140

다운시프팅 350
대량살상무기(WMD) 85
디트로이트 104, 105, 107, 108, 111

라덴, 오사마 빈 9, 10, 66, 280, 290
라이트, 제러마이어 28
래니어, 재론 306
레이건, 로널드 32, 48, 55, 76, 152, 192
루스벨트, 프랭클린 140, 168, 205, 299
리드, 해리 66, 266, 274
림보, 러시 76~78, 145, 146, 183, 201, 204

마이스페이스 199, 303
말리키, 누리 알 38
매케인, 존 26, 28, 30, 37~43, 46, 48, 49, 54~58, 158, 242, 243, 247, 269, 272, 289
(매케인-페인골드) 선거자금개혁법 260, 261, 263
매크리스털, 스탠리 282~289
맥도널, 로버트 218, 219
맥월드 122

맥주 정상회담 153
머독, 루퍼트 206
메디케어 160, 166, 171
메디케이드 170, 172
멕시코만 원유 유출사태 275~277
모건 스탠리 256, 257, 277
무료급식 교환권 137, 138
무브온 (닷오르그) 39
무어, 마이클 51
미국 쇠락론 112, 114, 118, 314
미국 예외주의 126, 299, 320, 321, 356
미국진보센터 69

바웬사, 레흐 183, 194, 195
바이든, 조지프 46, 47, 100, 153
박, 애너벨 209, 214, 215
버핏, 워렌 296
번스타인, 칼 15
베를린장벽 187, 190~192, 194, 195
벡, 글렌 163~165, 201~204, 223
부시, 조지 20, 23, 38, 41, 44, 46, 48, 50, 52, 55, 66~69, 72, 74, 77, 81, 85, 87~92, 94~96, 98, 99, 117, 127, 129, 165, 182, 183, 186, 198, 203, 228, 249, 268, 280, 345, 367, 368
부시, 조지 H. W. 187, 192, 194
브루킹스 연구소 69, 116, 134, 211, 258

샤프턴, 앨 17, 225
선벨트 218, 357
소토마요르, 소냐 145, 227, 260
소프트 파워 28, 119, 129, 297
슈워제네거, 아널드 165, 243
스마트 파워 28, 119, 129
스콧, 리 13
스타, 케네스 24, 25
스타이넘, 글로리아 21
스틸, 마이클 75, 77, 182
신미국안보센터 69
싱크탱크 저널리즘 217

아바타 124~126
아이폰 297, 308, 310~312
아프가니스탄(아프간)전(쟁) 74, 84, 85, 97, 98, 183, 280~292, 294, 326
알자이디, 문탄다르 91

애리조나 주 이민단속법 240, 242~244, 247, 249
액설로드, 데이비드 168, 206, 258, 266
역사의 종언 190, 191
영어 제국주의 119, 120, 122
오레오 36
오바마, 버락 9~12, 17, 19~26, 28~50, 52, 54~61, 63~66, 68~75, 77, 78, 93~96, 99, 100, 102, 106, 108~111, 116, 117, 126~129, 139~141, 143~147, 149~151, 153~159, 161~171, 173, 176, 177, 181~187, 196, 198, 200, 202, 204~210, 213, 218~220, 222~225, 227, 228, 233, 237, 242~244, 246~249, 258, 259, 262~270, 272, 274~289, 293, 295, 298~301
오바마노믹스 73
외상후 스트레스 증후군(PTSD) 97, 98
원정출산 230~232, 239, 365
월마트 13, 164, 318
월스트리트(미국)발 금융 위기 50, 53~55, 60, 87, 100~102, 189, 191, 202, 203, 255, 267
위키노믹스 304
위키리크스 289~292
위키피디아 304, 306, 307, 312
윌, 조지 56
유러피언 드림 332~336, 349, 365
유럽연합(EU) 52, 116, 117, 120, 188, 332
의료보험 개혁/의보개혁/건강보험 개혁/건보개혁(안) 140~142, 155~158, 161, 165~173, 176, 208, 210, 213, 219, 248, 261, 262, 299
이라크전(쟁) 19, 20, 25, 26, 33, 38, 41, 54, 66, 74, 84~87, 89~94, 97~99, 112, 117, 183, 282, 284, 285, 290, 293, 294, 323, 326, 368, 370
잉글리시 디바이드 120

잡스, 스티브 307, 308, 311
재외동포 참정권 233
잭슨, 마이클 126, 129, 219
잭슨, 제시 17, 35, 61
제2세계 116
정의로운 전쟁 186
제나 식스 사건 17~19

체니, 딕 88, 95, 99
촘스키, 노엄 53, 54, 314

친디아 112, 113

카다피, 무아마르 91
카스트로, 피델 83, 84, 159
카터, 지미 11, 181, 187, 300
커피파티 운동 209, 210, 212, 214, 215
케네디, 에드워드 23, 31, 44, 159
케네디, 폴 314, 368, 369
퀸트 102
크라우트해머, 찰스 55
크라이슬러 104, 105, 107, 110, 111
크롤리, 제임스 147, 148, 150, 151, 153, 154
크루그먼, 폴 61, 157, 326, 376
클린턴, 빌 13, 15, 25, 30, 31, 44, 65, 76, 167, 173, 268, 300, 323
클린턴, 힐러리 12, 13, 15~17, 20~26, 28, 30~33, 44, 49, 60, 61, 73, 195, 196, 260, 261, 300
키신저, 헨리 288, 289
키친 싱크 25

타운홀 미팅 155, 156, 230, 262
탈레반 96, 183, 222, 280, 281, 289~291
토요타 리콜 사태 109~111
토플러, 앨빈 118
트위터 151, 199, 299, 303, 311
티파티 (운동) 160, 198~200, 208~214, 218, 219, 221~226, 299

파월, 콜린 55, 152
팍스 아메리카나 19, 114, 115, 119, 124, 297, 304, 307, 312, 314
페이스북 163, 199, 212, 213, 243, 303
페일린, 새라 46~50, 55, 56, 208, 210, 214, 223, 290, 299, 300
펠로시, 낸시 210, 266
포드 104, 105, 107, 109~111, 318
폭스뉴스 39, 89, 90, 162, 164, 165, 169, 170, 200, 201, 205~207, 213, 215, 216, 223, 226, 267
폴웰, 제리 11, 12
필리버스터 75, 169

하드 파워 119, 129
헌팅턴, 새뮤얼 356
헤리티지 재단 69, 182

후쿠야마, 프랜시스 33, 190, 192
힐튼, 패리스 40~43